LA LETTRE
ET
LA VOIX

PAUL ZUMTHOR

LA LETTRE
ET
LA VOIX

DE LA « LITTÉRATURE » MÉDIÉVALE

PUBLIÉ AVEC LE CONCOURS
DU CENTRE NATIONAL DES LETTRES

ÉDITIONS DU SEUIL
*27, rue Jacob, Paris VI*e

CE LIVRE
EST PUBLIÉ DANS LA COLLECTION
POÉTIQUE
DIRIGÉE PAR GÉRARD GENETTE
ET TZVETAN TODOROV

ISBN 2-02-009546-7.

© ÉDITIONS DU SEUIL, MARS 1987.

Au cours des années 50 de notre siècle, plusieurs médiévistes découvrirent l'existence de la poésie orale. Cela fit un peu de bruit, souleva même des tempêtes dans le verre d'eau des professeurs. Personne, certes, n'avait jamais mis en doute le rôle des troubadours, minstrels, Minnesänger et autres artistes du verbe dans la diffusion de la « littérature » médiévale. Cette dernière, aux yeux de la plupart des germanistes, avait été, dans son ensemble, destinée à la transmission de bouche à oreille ; les romanistes, spécialement les Français, répugnaient à une telle généralisation ; mais, de toute façon, nul ne tirait de ce fait de conséquences touchant à la nature des textes qui nous ont été conservés. Un ordre entier de traits relatifs à la poéticité du langage médiéval était ainsi, moins que nié, simplement méconnu. C'est l'existence de cet ordre que, sur la piste d'ethnographes, croisée par un heureux hasard, constatèrent, avec enthousiasme ou timidité, quelques-uns de nos pionniers. A la même époque, le grand Menendez Pidal, poète autant qu'érudit, publiait en 1953 les deux forts volumes de son Romancero hispánico, retraçant l'histoire orale d'un genre poétique attesté dès le XIVᵉ siècle. Les stratégies constitutives de la poésie apparaissaient ainsi irréductibles aux modèles que l'on avait jusqu'alors tenus pour seuls valables et, comme par nature, intemporels ; les conditions de son exercice, sans commune mesure avec les rhétoriques de l'écriture. L'un des premiers, Werner Krauss le reconnut... à propos justement du Romancero de la guerre civile espagnole.

On peut s'étonner, avec un recul de plus de trente années, du scandale que provoqua, chez certains, l'émergence, à l'horizon de leurs études, de ces rivages nouveaux. Mieux valait nier l'évidence, et cette menace dont on avait lieu de redouter qu'à court terme elle ne ruine la stabilité d'une philologie assise sur des siècles de certitudes. Cependant, la curiosité et l'honnêteté intellectuelle (peut-être émoustillées d'effroi), ou bien le goût exquis du risque, en poussaient d'autres à fouler la terre inconnue. On

7

prenait possession de ce continent neuf; ou plutôt, car de très anciens souvenirs s'éveillaient à cette aventure, on reprenait droit sur un univers perdu. Cette contrée en effet — notre vieille poésie orale —, dont se dessinaient peu à peu les paysages, avait été durant une longue période reniée, camouflée, refoulée dans notre inconscient culturel. C'était un peu de cette histoire que, vers 1960, contait Marshall McLuhan. Douze ou quinze générations d'intellectuels formés à l'européenne, asservis aux techniques scripturales et à l'idéologie qu'elles sécrètent, avaient perdu la faculté de dissocier les idées de poésie et d'écriture. Le «reste», marginalisé, tombait dans le discrédit : estampillé «populaire», par opposition à «savant», à «lettré»; désigné (on le fait encore de nos jours) de l'un de ces termes composés qui dissimulent à peine un jugement de valeur, «infra», «para-littérature» ou leurs équivalents en d'autres langues. Que, de tel texte du XIIᵉ siècle, on pût prouver (supposons-le) que son mode d'existence avait été principalement oral, cela nuisait gravement, vers 1960-1965 encore, en France du moins, à son prestige. De tel texte admiré, tenu pour «chef-d'œuvre», un préjugé très fort interdisait à la plupart des lecteurs érudits d'admettre qu'il eût pu ne point être écrit et, dans l'intention de l'auteur, offert à la seule lecture.

Le terme de littérature *marquait comme une borne la limite du recevable. Un* no man's land *isolait celui-ci de ce que, sous le nom de* folklore, *on abandonnait à d'autres disciplines. Au début de notre siècle, la «littérature» embrassait ainsi, à l'échelle mondiale, de manière exclusive les faits et les textes homologues à ceux qu'engendrait la pratique dominante de l'Europe occidentale : eux seuls concernaient la conscience critique, crédités qu'on les avait de caractères relevant, selon l'opinion unanime, de sa compétence. L'ensemble de présupposés régissant cette attitude d'esprit tenait en quelque façon au centralisme politique depuis longtemps instauré par la majorité des États européens. Il s'accordait aux tendances mythificatrices, voire allégorisantes, qui y présidaient à l'élaboration des «histoires nationales» : exaltation de héros personnifiant le surmoi collectif; confection d'un Livre d'Images où fonder un sens qui justifiât le fait présent : les voix de Jeanne d'Arc, la croisade de Barberousse ou le bûcher de Jean Hus... La Seconde Guerre mondiale n'a pas laissé sur pied beaucoup de ces statues, ni conforté ces assurances. En l'espace de bien peu d'années, un puissant retour du refoulé ébranlait, avec l'histoire, les autres sciences humaines, et les études dites littéraires dans leur sillage. C'est alors que, par la fenêtre entrebâillée,*

*le terme d'*oralité *entra comme un voleur dans le vocabulaire des médiévistes.*

*Le terme : mais au profit de quelle idée? Dans l'usage le plus commun,
celle-là seule, à fonction négativement classificatoire, qui renvoyait à
l'absence d'écriture. Le problème central, dans cette optique, se rédui-
sait à une exclusion ou un dosage : oui, non; ou oui et non. La diffusion
tardive du beau livre de H. J. Chaytor,* From Script to Print *(dont la
première édition date de 1945), puis des travaux (antérieurs à 1935!) de
Milman Parry sur l'épopée yougoslave donna consistance à ces questions : on disposait là, semblait-il, de procédures permettant de sémanti-
ser, sur le plan de la forme poétique, chacun des termes en cause. Des
recherches anthropologiques comme celles de Walter Ong, à la suite de
McLuhan, demeuraient en revanche ignorées du plus grand nombre des
médiévistes et furent sans effet, avant la fin des années 70, sur leurs
travaux.*

*Telles sont les bases sur lesquelles nous avons (durant les années mêmes
où s'est déroulée ma carrière professorale) travaillé et disputé. Or, voici
qu'aujourd'hui une illusion commence à se dissiper, en même temps
qu'un doute s'insinue : l'«oralité» est une abstraction; seule la* voix *est
concrète, seule son écoute nous fait toucher aux choses. Cette simple
vérité d'expérience a mis du temps à percer parmi nous. C'est fait :
témoins, livres et essais divers, assez nombreux déjà, parus depuis le
début des années 80. Médecins, psychanalystes, ethnologues, musiciens,
poètes : je renvoie à la bibliographie de mon* Introduction à la poésie
orale. *Les médiévistes, je le souhaite, ne tarderont pas à suivre, au prix
sans doute d'une double conversion méthodologique. Il n'y réussiront, en
effet, que s'ils admettent de considérer, tout au moins en un premier
temps, la poésie médiévale comme objet d'anthropologie et comme lieu
dramatique privilégié où «saisir», dans le plein de leur signifiance, des
tensions qui mettent en cause notre idée de l'homme; de rompre radicalement avec la terminologie et les concepts que nous inspira et que
maintint, par suite de notre naturelle inertie, l'expérience de l'écriture
— quitte à y revenir, dans un autre éclairage, par-delà cette purification.*

*

*Mon intention n'est pas d'enfoncer une porte grande ouverte en prou-
vant l'existence d'une oralité médiévale ; mais bien de mettre en valeur le*

fait que la voix *fut alors un facteur constitutif de toute œuvre dénommée, en vertu de notre usage courant, « littéraire ».* J'entends moins affirmer, *une fois de plus après d'autres, l'importance de l'oralité dans la transmission, voire la production, de ces œuvres qu'essayer de juger et de jauger ce que cette oralité implique ; moins évaluer le volume d'un « secteur oral » dans l'ensemble des textes conservés qu'en intégrer les valeurs propres à ma perception et à ma lecture. Ce dessein me conduit, chemin faisant, à redire certaines choses déjà (et parfois très bien!) dites ; je pense utile de reprendre ainsi et de lier en faisceau les fils de réflexions diverses, analogues sinon convergentes, et dont le cumul manifeste l'homogénéité. Sans doute n'est-il pas prématuré, en 1985, d'esquisser une telle synthèse et d'assumer ouvertement le risque allègre de l'entreprise!* Quatorze ans après l'achèvement de mon Essai de poéti*que médiévale, je lui fournis ainsi un cadre qui, dans mon intention, l'embrasse et le situe. Un lecteur qui reprend aujourd'hui l'*Essai *y repère sans peine les points d'ancrage de ce livre-ci : à plusieurs reprises, j'y signalais l'aspect « théâtral » de toute poésie médiévale, mais ne poussais guère au-delà de cette déclaration, dont les conséquences demeuraient implicites.* La Lettre et la Voix *tente de définir cette théâtralité, notion englobante et non contradictoire avec celles dont l'*Essai *faisait usage. Ce dernier traitait de* textes. *Mon point de vue ici est celui de l'œuvre entière, concrétisée par les circonstances de sa transmission et la présence simultanée, en un temps et un lieu donnés, des participants de cette action. L'œuvre contient et réalise le texte ; elle ne l'abolit en rien car, dès qu'il y a poésie, il y a, d'une manière quelconque, textualité.*

Aussi, en dépit de la chronologie, l'ouvrage publié en 1987 jouit-il, à l'égard de celui qui parut en 1972, de plus d'autonomie que ce dernier envers lui. Il s'adresse, pour cette raison même, à un public plus large que naguère : au-delà du cercle des médiévistes spécialisés dans l'étude des textes, à tous les médiévistes ; au-delà de la communauté des médiévistes, aux amateurs de textes. Les remises en question que force m'est bien d'opérer (hors de tout iconoclasme) pourraient les concerner en commun. C'est pourquoi, désireux de faciliter la lecture aux non-historiens, j'ai fourni çà et là des informations que les médiévistes patentés trouveront probablement superflues : qu'ils les biffent, et passent. J'ai traduit tous les textes cités en ancien français ou en langues étrangères : sauf indication contraire, ces traductions sont de moi. Les exemples que j'allègue (certains, complexes, à plusieurs reprises), ceux que, plus rarement, je discute, sont presque toujours ponctuels et forment ensemble une série discontinue : ce pointillisme est le résultat d'un choix ; le seul, m'a-t-il semblé, qui, avec un peu de chance, pouvait me permettre de joindre la rapidité de l'écriture aux enchaînements de l'argumentation.

Ce livre a été écrit entre 1982 et 1985. Je fournis, en fin de volume, sous le titre « Documentation », une liste des études sur lesquelles, en tout ou en partie et à un titre ou à un autre, je me suis fondé. Les notes de bas de page ne donnent que des références particulières. Le dépouillement de ce matériel a été arrêté fin 1985. La diversité des présupposés et des méthodes représentés par ces études exige que soit fourni sommairement au lecteur un axe de référence chronologique. Toutes les fois que je fais allusion à ces recherches, j'emploie, de façon systématique, les mots récemment *pour référer aux années 1980-1985,* naguère, *aux années 1970-1980 et* jadis, *à tout ce qui précéda. Par ailleurs, je renvoie globalement à mon* Introduction à la poésie orale, *dans laquelle j'ai tenté d'élaborer les principes d'une Poétique de la voix. Cet ouvrage-là était originellement, dans mon intention, le chapitre introductif de celui-ci. Je souhaite que mon lecteur ne les dissocie pas *.*

Montréal, décembre 1985.

* Une première esquisse de ce livre a fourni, en février-mars 1983, la matière de quatre leçons au Collège de France : le texte en a paru en 1984 aux PUF sous le titre *la Poésie et la Voix dans la civilisation médiévale.*

Introduction

1. Perspectives

Le malentendu. - Les multiples oralités. - Déplacements nécessaires. - Repères spatio-temporels.

C'est à propos de la chanson de geste que se posa d'abord, en France, le problème ; ailleurs, à propos de formes diverses de poésie héroïque, du *Beowulf* aux *Nibelungen* et au *Cantar de mio Cid*. De ce domaine privilégié, les questionnements s'étendirent peu à peu à d'autres secteurs de notre « littérature médiévale », au gré de circonstances tenant à la nature des textes, des langues concernées, voire des traditions scientifiques locales et des contraintes universitaires : ainsi, dans l'œuvre de Jean Rychner, l'un des principaux initiateurs, la focalisation se déplaça, en l'espace de cinq ans, de la chanson de geste au fabliau. Rien de surprenant à ce qu'une rupture se soit produite dans les présuppositions des chercheurs, justement sur le premier point. Des habitudes héritées du romantisme poussaient à ranger globalement de telles œuvres sous l'étiquette d'« épopée » ; et celle-ci renvoyait à Homère, chasse gardée des poéticiens de formation classique. La découverte, déjà ancienne, de la multiplicité des couches textuelles dans l'*Iliade* et l'*Odyssée* n'avait rien enlevé à ces poèmes de leur caractère exemplaire : avait à peine distendu le lien, intime et irrationnel, qui les attachait à une conception de la poésie, générale en Europe depuis le XVIe siècle. D'où une valorisation des « épopées » médiévales, dans le contexte des révolutions romantiques. L'exemple français est le plus clair : de Francisque Michel (en passant par Victor Hugo) jusqu'à Joseph Bédier, on assiste à une récupération des chansons de geste, reçues et déchiffrées comme les documents originels de la littérature nationale.

D'où la force du choc quand, deux ans après le *Romancero* de Menendez Pidal, parut en 1955 *la Chanson de geste, essai sur l'art épique des jongleurs,* de Rychner. Celui-ci s'inspirait des communications présentées en 1936, puis en 1951, par A. B. Lord à l'Association américaine de

15

philologie : exploitant les recherches de son maître Parry, prématurément décédé, Lord expliquait les particularités du texte homérique par les nécessités propres à la transmission orale chez les aèdes, et rendait compte de celles-ci en décrivant la pratique de *guslar* serbes et bosniaques observés vers 1930. Autour de Lord, Rychner rameutait d'autres sources, plus anciennes et demeurées inconnues des médiévistes, tels le livre de L. Jousserandot sur *les Bylines russes* (1928) et — beaucoup plus important à long terme — celui de Marcel Jousse sur *le Style oral et mnémotechnique chez les verbo-moteurs* (1925).

Rychner opérait sur neuf chansons de geste du XIIᵉ siècle (certaines représentant sans doute une tradition un peu plus ancienne). Il relevait, dans l'ordre de la composition, de la texture verbale et du mouvement général, les ressemblances, sur plusieurs points frappantes, entre ces poèmes et les chants yougoslaves. Il en déduisait une homologie que l'on pouvait étendre aux conditionnements externes de l'œuvre : action du récitant, distribution des séances, insertion dans la vie sociale. Le livre laissait bien des points obscurs, et l'auteur s'était peut-être facilité la tâche par le choix des exemples. Peu importe : un tournant était pris. Un congrès, réuni à Liège en 1957, en mesura l'envergure… en même temps que l'énergie de ceux qui gardaient la main sur le frein ! Dans les dix ans qui suivirent, recherches et hypothèses se multiplièrent. Une méthode de dépistage de l'oralité s'était constituée, d'autant plus sûre d'elle-même que plus attaquée de l'extérieur. Ses tenants n'hésitaient pas à tirer une doctrine des conclusions empiriques (et du plus grand intérêt) qu'elle leur permettait d'atteindre. Dès 1967, Michael Curschmann pouvait, à l'intention des médiévistes, faire un bilan, encore sommaire. Mais, à la fin des années 70, paraissaient successivement en Allemagne le premier ouvrage de synthèse et de bibliographie ainsi qu'une anthologie d'articles parus entre 1953 et 1977 sur l'oralité de l'épopée médiévale anglo-saxonne et allemande : la chanson de geste y était touchée par le biais de la musique [1]. Aussi bien, les résistances demeuraient fortes. En 1978 encore, au Congrès de la Société Rencesvals, regroupant la plupart des spécialistes européens et américains en la matière, l'un d'eux fulminait contre le « prétendu caractère oral des chansons de geste ». Sa communication fut suivie d'un débat qui, me semble-t-il, tournait à sa confusion, mais révélait plus encore à quel point, de part et d'autre, l'argumentation,

---

1. Curschmann 1967 ; Haymes ; Voorwinden-Haan.

fondée sur la seule démarche comparatiste, éludait le véritable problème [2]. En fait, celui-ci, pour cette raison même, sans doute, ne passionna dans les années 60-70 qu'une minorité de médiévistes; et aujourd'hui, chacun tenant ses positions pour acquises, l'intérêt retombe.

L'impression, ressentie par beaucoup, de déboucher sur une impasse provient de la nature même des procédures employées, au cours des années, pour localiser approximativement, dans l'étendue et la durée — s'agit-il en effet d'autre chose? —, les faits d'oralité médiévale. De ces procédures, je n'ai pas à refaire ici le catalogue. Un malentendu embrume l'horizon, qu'il importe d'éclairer d'emblée : bien des spécialistes (oublieux d'un important article publié dès 1936 par Ruth Crosby) admettent tacitement que le terme d'*oralité,* en deçà de la transmission du message poétique, implique son improvisation; la plupart laissent leur lecteur dans le doute, faute de s'être posé la question. D'où tant de querelles suscitées par la théorie de Parry-Lord, élaborée pour rendre compte de procédés de pseudo-improvisation épique, mais prise pour définitoire de toute poésie orale. De même, on s'est exposé à bien des divagations faute d'avoir distingué entre *tradition* orale et *transmission* orale : la première se situe dans la durée; la seconde, dans le présent de la performance.

En vérité, le fait de l'oralité, réduit aux termes où l'ont, assez sommairement, défini tant de savantes contributions, s'intègre mal dans la perspective générale des études médiévales. Il y figure désormais : c'est le seul point assuré; mais de façon marginale, comme une curiosité, voire une anomalie. Au pis, on en prend son parti : toute nature produit ses monstres, ce n'est pas une raison pour faire de la tératologie la mesure de tout! On oublie qu'une «anomalie», c'est un fait en quête d'interprétation. Jamais jusqu'ici l'on n'a tenté même d'interpréter l'oralité de la poésie médiévale. On s'est contenté d'en constater l'existence. Or, tout comme un squelette fossile, une fois repéré, doit être dégagé des sédiments qui l'emprisonnent, de même la poésie médiévale doit l'être du milieu tardif où l'existence des manuscrits lui a permis de subsister : c'est dans ce milieu que se constitua le préjugé faisant de l'écriture la forme dominante — hégémonique — du langage. Les méthodes élaborées sous l'influence de ce préjugé (en fait, toute la philologie du XIXe siècle, et du nôtre encore pour une part) non seulement tiennent peu de compte de

2. Calin-Duggan.

leurs limites de validité, mais ont du mal à déterminer, dans la profondeur chronologique, la juste distance d'où considérer leur objet. Recherches et réflexions sur l'oralité de la chanson de geste (je prends cet exemple) ont eu jusqu'ici pour effet d'ébranler quelque peu les assurances, d'atténuer la portée de plusieurs termes et de diffuser un petit nombre de doutes communs. Elles ne nous ont point apporté de certitude. Mais, justement, la question n'est pas celle d'une certitude. C'est celle de notre mode de perception et, plus encore, de notre volonté d'ouverture, impliquant une intégration, dans la lecture de nos vieux textes, d'une sorte d'imagination critique. De ce point de vue, peu importe la chanson de geste comme telle. C'est un phénomène général qu'il convient de considérer, bien en deçà de la matérialité de tel genre particulier : le phénomène de la voix humaine, dimension du texte poétique, déterminée à la fois sur les plans physique, psychique et socioculturel. Si les discussions sur l'oralité des traditions poétiques ont aujourd'hui perdu tout mordant, ce n'est pas — ou ce n'est que secondairement — à cause de l'équivocité des faits. C'est parce que — hormis quelques fugaces exceptions — cette oralité n'est interrogée ni sur sa nature ni sur ses fonctions propres, non plus que le moyen âge en tant que lieu de résonance d'une voix.

*

Trois remarques générales, avant de poursuivre.

Il convient — d'abord — de distinguer trois types d'oralité, correspondant à trois situations de culture. L'un, primaire et immédiat, ne comporte aucun contact avec l'écriture ; en fait, il se rencontre seulement soit dans des sociétés dépourvues de tout système de symbolisation graphique, soit dans des groupes sociaux isolés et analphabètes. On ne peut douter que tel ait été le cas de larges secteurs du monde paysan médiéval, dont la vieille culture, traditionnelle, opprimée, archéo-civilisation emplissant les vides de l'autre, dut comporter une poésie d'oralité primaire, dont quelques bribes subsistent peut-être, recueillies par des amateurs de pittoresque : ainsi, au XIIIe siècle, dans bien des sermons où ils permettent au prédicateur d'illustrer plaisamment ou allégoriquement son thème. Il n'est pas douteux cependant que la quasi-totalité de la poésie médiévale releva de deux autres types d'oralité, dont le trait commun est qu'ils coexistent, au sein du groupe social, avec l'écriture. Je les ai nommés respectivement oralité *mixte* quand l'influence de l'écrit y demeure externe, partielle et retardée, et oralité *seconde* quand elle se recompose à partir de l'écriture au sein d'un milieu où celle-ci tend à exténuer les valeurs de la voix dans l'usage et dans l'imaginaire. En inversant le point de vue, on dirait que l'oralité mixte procède de l'existence d'une culture « écrite » (au sens de « possédant une écriture ») ; l'oralité seconde, d'une culture « lettrée » (où toute expression est marquée plus ou moins par la présence de l'écrit). Entre le VIe et le XVIe siècle, prévalut une situation d'oralité mixte ou seconde selon les époques, les régions, les classes sociales, sinon les individus. La répartition, en revanche, ne suit aucune chronologie, même s'il est, en gros, vraisemblable que l'importance relative de l'oralité seconde se soit accrue à partir du XIIIe siècle. Le plus ancien poème « français », la séquence d'*Eulalie,* peu antérieure à 900, composée par un moine lettré à l'intention des fidèles assemblés dans l'église de Saint-Amand, près de Valenciennes, relevait d'un régime d'oralité seconde ; les originaux « populaires » de ce que j'ai nommé les « chansons de rencontre », aux XIIe et XIIIe siècles, se transmettaient probablement en régime d'oralité mixte.

Deuxième remarque : Au sein d'une société connaissant l'écriture, tout texte poétique, dans la mesure où il vise à être transmis à un public, est matériellement soumis à la condition suivante : *chacune* des cinq opérations qui constituent son histoire (sa production, sa communication, sa réception, sa conservation et sa répétition) se réalise soit par voie sensorielle orale-auditive, soit par le moyen d'une inscription offerte à la perception visuelle, soit — plus rarement — par ces deux procédures concurremment. Le nombre des combinaisons possibles est élevé et la problématique, ainsi, diversifiée. Lorsque *communication* et *réception* (ainsi que, de manière exceptionnelle, production) *coïncident dans le temps,* on a une situation de *performance.*

Troisième remarque : Lorsque le poète ou son interprète chante ou récite (que le texte soit improvisé ou mémorisé), sa voix seule confère à celui-ci son autorité. Le prestige de la tradition, certes, contribue à le valoriser ; mais ce qui l'intègre à cette tradition, c'est l'action de la voix. Si le poète ou l'interprète, en revanche, lit dans un livre ce qu'entendent ses auditeurs, l'autorité provient plutôt du livre comme tel, objet visuellement perçu au centre du spectacle performanciel ; l'écriture, avec les valeurs qu'elle signifie et maintient, est explicitement partie à la performance. Dans le chant ou la récitation, même si le texte déclamé a été composé par écrit, l'écriture reste occultée. La lecture publique, par là

19

même, est moins théâtrale, quelle que soit par ailleurs l'*actio* du lecteur : la présence du livre, élément fixe, freine le mouvement dramatique, tout en y introduisant des connotations originales. Elle ne peut néanmoins éliminer la prédominance de l'effet vocal.

La coexistence, dans la pratique culturelle, de ces conditionnements poétiques divers est universellement attestée en Occident, de l'Irlande à la Moscovie et de la Norvège à l'Espagne, du Xe ou XIe siècle aux XVIe, XVIIe, parfois XVIIIe. Les combinaisons, en revanche, de tant de facteurs au gré des circonstances engendrent des situations trop multiples pour ne pas estomper (aux yeux de l'observateur moderne) leur trait commun. Beaucoup de médiévistes sont ainsi portés à négliger celui-ci, ou à le tenir pour acquis, c'est-à-dire nul et sans effet : et cela d'autant plus que rien ne permet d'attacher de façon stable à tel genre poétique tel mode de transmission : aucun indice, dans la tradition documentaire ni dans les textes, ne nous interdit de penser — même si cela est peu probable — que telle *chanson* ait un jour été lue, à voix parlée, devant un groupe d'auditeurs ; certains fabliaux n'auraient-ils pas été chantés, à l'imitation ironique peut-être d'une chanson de geste, comme *Audigier ;* d'une chanson lyrique, comme *Baillet,* dont la forme métrique répugne, me semble-t-il, à la simple récitation ?... Les possibilités éclatent, les schèmes présupposés s'effritent dans le concret. Reste l'omniprésence de la voix, participant, de sa pleine matérialité, à la signifiance du texte, et par là modifiant en quelque façon pour nous les règles de sa lecture.

L'acte d'audition, en effet, par lequel l'œuvre (au terme peut-être d'un long procès) se concrétise socialement ne peut pas ne point s'inscrire par anticipation dans le texte, comme un projet, y tracer les signes d'une intention ; et celle-ci définit, pour une part, le lieu d'articulation du discours dans le sujet qui le prononce.

*

Ainsi, non moins que de dominer les techniques de la philologie et de l'analyse textuelle, la tâche idéale du médiéviste serait de se convaincre des valeurs incomparables de la voix ; d'y sensibiliser son attention ; mieux, de les vivre, car elles n'existent qu'à chaud, indépendamment des concepts dans lesquels force est bien de les emprisonner pour les décrire. Notre étude devrait puiser son inspiration et son dynamisme dans la considération de cette beauté intérieure de la voix humaine, « prise au plus près de sa source», comme disait Paul Valéry. Cette beauté peut, il est vrai, se concevoir comme particulière, propre à l'individu émetteur du son vocal : à ce titre, et sauf exception difficilement imaginable, elle nous reste insaisissable, par-delà de si longues durées. Mais elle est concevable aussi comme historique et sociale, en ce qu'elle unit les êtres et, par l'usage qu'on fait d'elle, module la culture commune. Dans le texte prononcé, ne serait-ce que du seul fait qu'il l'est, s'investissent des pulsions d'où provient pour l'auditeur un message spécifique, informant et formalisant à sa façon celui du texte : ce que Fonagy, dans un livre récent, nomme, au sens le plus fort du terme, le «style vocal[3]». Au moment qu'elle l'énonce, la voix transmue en «icône» le signe symbolique délivré par le langage : elle tend à le dépouiller, ce signe, de ce qu'il comporte d'arbitraire ; elle le motive de la présence de ce corps dont elle émane ; ou bien, par un effet contraire mais analogue, avec duplicité elle détourne du corps réel l'attention, dissimule sa propre organicité sous la fiction du masque, sous la mimique de l'acteur à qui pour une heure elle prête vie. A l'étalement prosodique, à la temporalité du langage la voix impose ainsi, jusqu'à les gommer, son épaisseur et la verticalité de son espace.

C'est pourquoi je préfère, au mot d'*oralité,* celui de *vocalité.* La vocalité, c'est l'historicité d'une voix : son usage. Une longue tradition de pensée, il est vrai, considère et valorise la voix en tant qu'elle porte le langage, qu'en elle et par elle s'articulent les sonorités signifiantes. Pourtant, ce qui doit nous retenir davantage, c'est la fonction large de la voix — dont la parole constitue la manifestation la plus évidente, mais ni la seule ni la plus vitale : je veux dire l'exercice de sa puissance physiologique, sa capacité de produire la phonie et d'en organiser la substance. Cette *phonê* ne tient pas au sens de manière immédiate : elle ne fait que lui procurer son lieu. Ce qui se propose ainsi à l'attention, c'est l'aspect corporel des textes médiévaux, leur mode d'existence en tant qu'objets de perception sensorielle : aspect, mode d'existence qui, après tant de siè-cles, relèvent pour nous de cette «sorte de mémoire, toujours en retrait, mais prête à intervenir pour faire résonner la langue, et presque à l'insu du sujet qui l'aurait comme apprise *par cœur* »... comme l'écrit superbement Roger Dragonetti[4]. L'éloignement des temps, cette si longue absence,

3. Fonagy, p. 57-176.
4. Dragonetti 1984, p. 369.

nous contraint à poursuivre ce que nous savons ne pouvoir atteindre : c'est donc en nous que se joue le sort de la paradoxale connaissance à laquelle ainsi nous aspirons. Nul doute que la voix médiévale (de même que le chant dont nous entrevoyons quelle put être la pratique) eût répugné à se laisser capturer dans nos métaphores, inspirées par une hantise du discours prononcé, linéaire et homophone : pour celui-ci, temps comme espace constituent un récipient neutre, où se déposent des sons comme une marchandise. Mais il est une autre voix — une autre écoute à laquelle, du reste, nous invite notre musique la plus récente — qui se refuse à penser l'un, se refuse à réduire l'acte vocal au produit d'une chaîne causale univoque.

C'est dans la perspective de son ultime incapacité d'éprouver (sinon de prouver !) que le médiéviste enregistrera ce fait majeur — et qu'il s'efforcera d'en tirer, sur le plan de l'interprétation, les conséquences : l'ensemble des textes à nous légués par les Xe, XIe, XIIe siècles, et dans une mesure peut-être moindre XIIIe et XIVe, a transité par la voix non pas de façon aléatoire, mais en vertu d'une situation historique faisant de ce transit vocal le seul mode possible de réalisation — de socialisation — de ces textes. Telle est ma thèse — ou mon hypothèse. Elle embrasse naturellement les chansons, mais aussi bien les récits et déclamations de tout genre, les chroniques même. Seul pourrait exiger un examen distinct le roman : je le ferai. Sans doute exhumerait-on quelques cas exceptionnels : ils seraient, une fois repérés, à considérer un à un, comme échappant à la norme.

Il s'agit de dialoguer avec des termes anciens, porteurs d'un discours que, réduits à notre seule instrumentation intellectuelle, nous n'entendons plus. Ne subsiste que la possibilité de circonscrire et d'éclairer quelques secteurs-carrefours où convergent de grandes perspectives et où, dans leur axe, se reforme figurément un espace. L'oralité de la poésie médiévale est moins une question de fait, supposant reconstitution et preuve, que d'explication, visant à surmonter une altérité réciproque. La voix médiévale n'est pas la nôtre, du moins rien ne nous assure que, dans son enracinement psychique ni son déploiement corporel, elle lui soit identique ; le monde s'est désintégré, où elle résonna et où elle engendra — tel est le seul point certain — la dimension d'une parole. C'est pourquoi, dans la considération de cet Autre, ces huit ou dix siècles découpés (pour d'obscurs motifs idéologiques, non moins que par commodité de pédagogue) dans la continuité des durées, une double tentation nous guette : de les concevoir comme une origine, notre enfance, dans le droit fil organique de ce que nous voici devenus; et de leur supposer, par là même (insidieusement), une unité qu'ils n'eurent pas, c'est-à-dire, sous quelque prétexte méthodologique et dans n'importe quel style que ce soit, de folkloriser le « moyen âge ». On ne dialogue pas avec le folklore. On en grave des disques à l'intention des touristes. Dans l'effort que nous sommes en droit de tenter pour percevoir un écho de cette voix ancienne et en évaluer la portée, rien ne nous égarerait davantage que la recherche d'un pittoresque: d'une facilité.

Évitons de prêter à ces textes plus qu'ils ne nous livrent, ni plus qu'ils ne dissimulent. Reste que la civilisation de l'Occident médiéval fut celle des populations d'une petite presqu'île extrême de l'Eurasie qui, durant un millénaire, et de toutes manières, dans tous les domaines, à tous les niveaux, consacrèrent l'essentiel de leur énergie à intérioriser leurs contradictions. C'est dans ces limites, et dans ce sens, que l'on évoquera l'oralité foncière de leurs cultures: comme un ensemble complexe et hétérogène de conduites et de modalités discursives communes, déterminant un système de représentations et une faculté de tous les membres du corps social de produire certains signes, de les identifier et de les interpréter de la même manière; comme — par là même — un facteur entre autres d'unification des activités individuelles. Rien de plus; mais la portée de ce trait est considérable, car il réfère à la source première de l'autorité régissant la pratique (à défaut de l'idéologie) d'un monde. Il nous reste, par notre manière d'ausculter ces signes, à y faire résonner le non-dit; à ne jamais oublier que tout ce que nous livrent les manuscrits médiévaux fut le produit d'une censure — celle même (par-delà l'intervention des clercs) qu'impliquait la mise par écrit.

Plus ou moins confusément, la plupart des médiévistes le savent aujourd'hui. D'où un curieux retour parfois du romantisme originel de nos études: il suffit que se dessine à l'horizon une probabilité, même lointaine ou purement analogique, d'oralité, pour que joue le présupposé: Au commencement était le Verbe. Ces facilités ne cessent de susciter de saines réactions négatives, ainsi d'un Rieger récemment à propos des troubadours mêmes; d'hispanistes américains comme Michaël Walker et d'autres; plus violentes et fortement documentées du germaniste M. J. Scholz pour qui l'évolution du type oral-auditif de transmission des textes vers le type graphique-visuel était déjà très avancée au milieu du XIIe siècle, et qui fait remonter à cette époque nos pratiques modernes de lecture. Scholz écarte comme atypique et fortuite toute communication verbale, hésite même à en admettre la généralité dans la poésie lyrique. Toute faussée qu'elle est par le préjugé, cette position a le grand mérite de déplacer l'accent du texte même vers le public qui le reçoit, et de substituer, à l'opposition abstraite oral/écrit, les oppositions concrètes oreille/œil et ouïr/lire. Le retournement de la perspective nous fait sortir de ce qui pouvait être une impasse. En dépit des chausse-trapes dont est semé le chemin de toute remontée dans le passé, le point de vue de la réception des textes nous rapproche, d'une manière qui n'est pas simplement métaphorique, des sujets qui les *entendirent*. C'est pourquoi j'aimerais faire miennes ici quelques règles simples que j'extrais du discours-programme de H. R. Jauss, *Un défi à la théorie littéraire* [5], et que je réfère à un certain comportement intellectuel plus qu'à une méthode :

- accorder à une esthétique de l'effet produit la prééminence sur une esthétique de la production ;
- fonder la démarche critique sur la considération de ce que fut l'« horizon d'attente » du public premier de l'œuvre ;
- tenir compte d'abord, pour définir celle-ci en tant qu'objet d'art, de la nature et de l'intensité de son effet sur ce public ;
- veiller toujours à poser, dans la mesure du possible, les questions auxquelles l'œuvre répondait de son temps, avant celles que nous lui posons aujourd'hui.

Certes, les lacunes de notre information limitent l'efficacité de ces préceptes. Reste un fait : c'est dans l'acte de perception d'un texte, beaucoup plus clairement que dans son mode de constitution, que se manifestent les oppositions définitoires de la vocalité. Que le texte ait été ou non composé par écrit importe, certes, parfois considérablement à son économie interne et à sa grammaire. Mais qu'il soit reçu par lecture individuelle directe, ou par audition et spectacle, modifie profondément son effet sur le récepteur, donc sa signifiance. Cela reste vrai de la forme atténuée de performance que constituerait une lecture publique faite par un interprète assis, ou même debout, devant son lutrin. A partir de cette constatation initiale, on opérera les distinctions qu'impose la complexe réalité historique. La voix est toujours active ; mais son poids parmi les déterminations du texte poétique fluctue en vertu des circonstances, et la

---

5. Jauss 1978, p. 46-63.

connaissance (nécessairement indirecte) que nous pouvons en avoir passe par une investigation de ces dernières.

Peut-être sommes-nous aujourd'hui mieux que naguère aptes à cette tâche. Désaliénés du positivisme, nous sommes redevenus plus attentifs au souvenir proche des nombreuses traditions médiévales qui se maintenaient encore au sein de la société du XIXe siècle, voire, dans nos campagnes, çà et là jusqu'au milieu du nôtre. C'est en effet moins une coupure qu'une série de déchirements partiels qui peu à peu nous a retranchés de l'univers médiéval. Dans la même dérive qui nous a fait prendre envers lui une distance définitive, nous en avons intériorisé la mémoire. Il en résulte une situation défavorable aux démarches historiques conventionnelles, qui tendent à reconstituer une prétendue réalité passée ; non moins défavorable aux interprétations modernisantes, inspirées par une conception hyperbolique de l'altérité ; nous sommes en revanche poussés à la pratique d'une modélisation des documents du passé, utilisant des fragments de l'expérience contemporaine — notre propre historicité — comme révélateurs : projection du passé dans l'espace moderne, comportant à tout instant un retour critique sur ce passé comme tel. Ma propre voix m'importe ici, et le sentiment que j'en ai : importe à ce que je peux dire de cette autre voix, perdue.

*

Il n'est toutefois pas un des problèmes ainsi soulevés qui ne s'énonce en perspective chronologique, ne comporte mouvance entre deux termes : en amont, la haute époque où, dans les royaumes barbares, prenaient consistance les futures langues européennes ; en aval, le monde « moderne », bourgeois et mercantile. L'entre-deux, s'il convient parfois, pour faire simple, de le désigner comme tel, sera notre « moyen âge » — expression contestable s'il en est, mais dont je n'ai pas à faire ici la critique. D'un point de vue global, je partage l'opinion de J. Le Goff sur l'existence d'un « long moyen âge », étendue entre le IVe siècle et le début de l'ère industrielle. La nécessité n'en est que plus grande de marquer les nuances et d'introduire quelque périodisation. Des frontières découpent le temps non moins que l'espace : aussi floues, et pourtant réelles, ici que là. Je m'en tiens à ce qui, pour mon propos, paraît essentiel : en amont, la première émergence de « langues vulgaires » distinctes, en aval, les commencements de l'imprimerie. Admettons que toute société humaine peut être considérée comme un système de communications ; chacun des moments successifs de son existence se définira en vertu de deux critères : la nature des techniques dont elle fait usage pour la transmission des messages ; et la nature des formes assurant la différenciation de ceux-ci. Ces principes d'analyse s'appliquent simultanément à plusieurs niveaux. S'agissant de poésie, les termes en cause, quant aux techniques, seront la voix et l'écrit ; quant aux formes de différenciation, diverses structures sociales et mentales ou, plus restrictivement, politiques et esthétiques. N. Luhmann, qui propose ces distinctions, fonde sur elles un schème évolutif : du « segmentaire » au « stratifié » et au « fonctionnel ». Du VIIe au XVIIe siècle, les masses dominées, dans les terroirs d'Occident, basculèrent du premier type au deuxième, pour glisser ensuite au troisième, chaque situation nouvelle conservant des traits de la situation antérieure, de sorte qu'à tout moment de la durée se chevauchèrent des ensembles ou fragments d'ensembles culturels d'âge différent : au mieux, se dégage une tendance dominante, par rapport à laquelle telle autre donne une (fausse ?) impression d'archaïsme ; et telle paraît futuriste. Les parties de ce magma dérapent les unes sur les autres, lentement, puis soudain une accélération les précipite et un séisme quelque part ébranle la surface des choses et des discours. Dans la continuité du millénaire « médiéval », se dessinent ainsi deux périodes critiques, sommets d'une double courbe, où le rythme s'accélère et la visibilité tend à se brouiller : le siècle qui s'étend de 1150 environ à 1250, puis celui qui, à partir de 1450, descend jusque vers 1550, en quelques régions plus bas encore. Entre ces dates-là se situe ce que l'on désigne communément du nom de « littérature médiévale ». Ce n'est pas simple coïncidence, mais bien la manifestation d'une relation profonde : la « littérature médiévale », c'est l'ensemble des formes poétiques qui non seulement participèrent à ces crises et à la dérive qui mena de l'une à l'autre, mais en furent le produit et l'un des théâtres principaux.

Rien, certes, de ce qu'apporte le XIIe puis le XVe siècle n'est absolument nouveau ; mais la conscience qu'alors on en prit conférait à la « nouveauté » son efficace, en actualisait les latences. Il serait erroné de fixer au XIIe siècle (comme on est parfois tenté de le faire depuis Haskins), ou, selon la vieille doctrine de J. Burckhardt, au XVe, le début de l'ère moderne. A l'une et l'autre de ces étapes de notre histoire se produisit une maturation, en apparence rapide, d'éléments venus parfois de très loin en deçà et revêtus de valeurs propres, irréductibles — ce qui n'autorise aucunement à les traiter de survivances, mais exige plutôt de nous un effort de *reconstruction,* de redécouverte du réseau de relations qui les maintint. C'est avec ces réserves que, dans la suite de ce livre, j'en situerai l'objet relativement aux deux termes chronologiques de 1150-1250 et 1450-1550, chacun d'eux découpant la durée en un avant, un pendant et un après. Seul l'après-1550 reste, sauf exception, hors de mon propos.

1150-1250 : s'engage un procès qui, à moyen terme, amènera une certaine dé-sacralisation de la société et de l'image que l'on s'en forme ; une zone profane commence à s'y dessiner, régie par des lois particulières : ainsi, l'ensemble de mœurs et de discours désigné par le mot de *courtoisie* et ses équivalents en d'autres langues. L'existence collective n'apparaît plus aussi universellement ritualisée, et à mesure que se réduira la part des rites, ceux-ci tendront à la sclérose. D'où les conflits familiaux et personnels, lisibles entre les lignes du *De vita sua* de Guibert de Nogent : des conduites traditionnelles, objet de sanctions communautaires, l'honneur ou la honte, que proclame la parole collective, s'opposent aux valeurs éthiques, intériorisées, de mieux en mieux reconnues en milieu aristocratique... ainsi qu'en témoigne, encore, la «courtoisie», au moins dans la figure mythifiée qu'a transmise le discours poétique qu'elle engendra : premier aboutissement d'une quête de l'individu, sujet de pouvoirs, de responsabilités et de droits, commencée un siècle plus tôt. Ainsi le multiple se manifeste au sein de l'unité ; émerge un type d'homme pluridimensionnel, aux yeux duquel, soudain, rien n'apparaît plus banal. Le mot de *modernitas* exprime alors le sentiment que l'on éprouve à ce spectacle et l'intelligence qu'on aspire à en avoir. Être «moderne», c'est juger hommes et choses en vertu de ce qu'ils ont ou de ce dont ils manquent ; c'est connaître leurs attributs afin d'en maîtriser l'usage. Être «antique» (les deux termes s'opposent dans le jargon scolaire d'alors), c'est connaître et juger en vertu de l'être ou du néant. Pour ce qui concerne la poésie, l'écriture apparaît moderne ; la voix, antique. Mais la voix, peu à peu, se «modernise» : elle attestera un jour, en pleine «société de l'avoir», la permanence d'une «société de l'être».

Où jusqu'alors la qualité déterminait les choix, la quantité entre en ligne de compte. Certes, faire un objet, pendant des siècles encore, ce sera faire un bel objet ; mais déjà perce l'idée d'un travail productif, — dont on sait à quelles absurdités, sept ou huit siècles plus tard, il aura conduit ! Le temps même se quantifie : on parle de *translatio* pour en indiquer les mutations mesurables, dans l'histoire des empires et celle du savoir ; au XIVe siècle on concevra et on construira, comme Giovanni Dei Dondi à Padoue, des machines à le compter. Où les oppositions se tranchaient, blanc-noir, oui-non, sans échappée, surgissent des termes tiers et médiateurs : J. Le Goff l'a montré, retraçant dans sa *Naissance du purgatoire* l'intervention, au cœur de la théologie, d'un comptable divin et, par suite de la situation médiane du *locus purgatorius,* une théâtralisation des fins dernières. L'argent circule davantage et engendre un réseau plus serré d'obligations, de contraintes et de désirs. Le *negotium* se distingue du *labor,* et les temps sont proches où l'on en admettra le mérite, sinon la noblesse ; mais l'esprit qui y préside ne dispose pas encore d'un langage où s'exprimer, et il lui faut s'infiltrer dans d'autres discours, fût-ce celui de l'Église ou celui des poètes de cour.

L'univers de sens qui s'était constitué à partir des IVe, Ve siècles en Occident reposait sur une vision symbolique qui distinguait mal entre la réalité des choses et leur iconicité. Le XIIe siècle éprouva, sporadiquement, les premiers doutes. C'était grave, et on le fit sentir aux novateurs, tel Abélard. Alors se répandit, en un temps assez bref, la vogue universelle de l'allégorie, jusqu'alors simple technique de lecture et d'interprétation exégétique : dès 1230 s'est élaboré sinon un langage, un type de discours, qui occupera, jusqu'au XVe siècle, à travers l'Europe entière, une position de maîtrise presque absolue dans les usages protocolaire et poétique. Sans doute un tel discours répondait-il à une nécessité, en un temps où semblait cesser toute congruence entre la réalité cosmique et le langage humain. Cependant s'ouvraient de nouveaux espaces culturels, nouveaux besoins, nouveaux publics — les villes, la bourgeoisie en formation, les cours royales —, occasion de nouvelles tensions. Les formes d'expression existantes demeurent presque inchangées ; mais leur investissement par le sujet qui s'exprime obéit à d'autres règles : ainsi, le sens du petit mot *je* en poésie n'aura plus en 1250 tout à fait son sens de 1150.

Tel est mon premier axe de référence. La fonction poétique de la voix se modifie, au cours de cette période ; son usage perd un peu — très peu — de son absolue nécessité antérieure ; mais son autorité n'est pas encore touchée. Quant au second axe, *1450-1550,* il est, en chronologie, plus flou que le premier : 1400-1500, voire 1400-1450 ou 1470-1520 (comme je le suggérais dans mon livre sur les rhétoriqueurs [6]) se justifie-

6. Zumthor 1978, p. 11.

raient aussi. Peu importe. Dans l'intervalle entre 1250 environ et ces termes-ci, d'autres lignes de force se dessinent : prend forme, aux yeux et sous les mains d'une minorité grandissante de clercs, de potentats et de bourgeois, un univers où s'affirmera un jour l'importance déterminante de l'œil, de la fuite du temps et de l'ouverture sur un avenir imprévisible. L'Occident entre à petits pas dans l'âge de l'écriture, dont les *scriptoria* carolingiens avaient échoué à imposer le modèle. D'où un lent glissement vers ce que, dès environ 1200-1250, un homme de Sirius aurait pu prévoir : une prédominance à long terme du modèle scriptural. Je consacrerai un chapitre à cette histoire. Entre le début du XIIe et le milieu du XVe siècle, partout en Occident s'est produit, à des degrés certes divers, une mutation profonde liée à la généralisation de l'écriture dans les administrations publiques, qui a conduit à rationaliser et à systématiser l'usage de la mémoire. D'où une, extrêmement lente et dissimulée, dévaluation de la parole vive. On entre, à reculons et à pas comptés, dans un monde où, comme disait Octavio Paz, le destin final des littératures, c'est d'engendrer des œuvres vivantes dans des langues mortes. Aux alentours de 1500, il est vrai, aucune des cultures européennes, dès lors distinctes, n'a vraiment atteint ce terme. Sans doute, la France en est le plus proche.

Dans un petit livre paru en 1980, j'ai tenté de décrire, en quelques paragraphes, les traits à mon avis principaux de la mutation qui, fin XVe-début XVIe siècle, affecte les mentalités et les mœurs européennes. Je me permets de renvoyer à ces pages, ainsi qu'à mon livre, déjà cité, sur les rhétoriqueurs [7]. J'en retiendrais expressément ici un élément qui concerne de façon spécifique mon propos : la distance que l'homme alors semble prendre envers lui-même, son éloignement de son propre corps, sa méfiance, voire sa honte, des prises directes, des spectacles non apprêtés, des manipulations à main nue : tendance, certes, sans cesse contrariée, néanmoins dominante. L'usage de la voix subit, dans ce contexte, le même genre d'atténuations et exige le même type de pratiques substitutives que les manières de table ou le discours sur le sexe. Un art qui reposait sur des techniques d'assemblage, de combinaison, de collage, sans souci d'authentification des parties, recule et cède assez vite le terrain à un art nouveau, qu'anime une volonté de singularisation. La

---

7. Zumthor 1978, p. 22-53 et 1980 *a*, p. 77-78 ; cf. Garin, p. 21-35 et 74-88 ; Gumbrecht 1985.

théâtralité généralisée de la vie publique commence à s'estomper, et l'espace se privatise. Les registres sensoriels visuel et tactile, depuis des siècles à peine dissociables dans l'expérience vécue du plus grand nombre, se distinguent, se séparent : d'abord chez les lettrés, puis partout, à mesure (cause ou effet ?) de la diffusion de l'écriture ; à mesure que s'éloignent les uns des autres les « arts » et les « sciences ». Les activités culturelles ainsi se diversifient, à la fois dans les fonctions qu'elles remplissent, dans les sujets qui les opèrent et dans le public qu'elles visent : se dessine l'ébauche d'une division du travail et d'une spécialisation des tâches, facteurs qui jouent contre la plénitude et l'omniprésence de la voix. Le champ, jusqu'alors très étendu, de la mouvance des formes poétiques se rétrécit ; s'instaure l'idée d'une fixité du texte. La mutabilité, la variation, l'incessante reprise de thèmes obligés, le renvoi (implicite même) à l'autorité d'une tradition non écrite, la prédominance indiscutée des communications vocales font désormais figure de moyens pauvres, tant soit peu méprisables. Leur usage se marginalise, cantonné bientôt dans la zone de nos « cultures populaires ».

Celles-ci, passé 1550-1600, ont conquis leur espace et leur identité, l'un et l'autre aux contours, du reste, encore flous. C'est là un fait nouveau. Le « moyen âge » n'avait rien connu de tel. La confrontation des langues vulgaires avec le latin des clercs, des mœurs avec la mythologie professée par l'Église et l'école, n'alla certes pas sans conflits ; et l'on ne peut nier que la poésie des troubadours et *Minnesänger,* comme celle des romanciers de la première génération, ne révèle une forte poussée dans le sens de la fermeture, de l'isolement hautain des coutumes mentales aristocratiques. Tout ce qui, dans la culture commune, résiste à cette poussée (et réagit à l'entreprise d'acculturation en vain menée par certains milieux dirigeants depuis des siècles) tend à s'isoler à son tour, à se durcir en un effort et peut-être une prise confuse de conscience, d'une amplitude jusqu'alors inconnue. Mais, avant le XVe siècle, rien n'est joué : « populaire » (si l'on tient à user de cet adjectif) ne désigne pas encore ce qui s'oppose à la « science », à la *lettrure,* mais réfère à ce qui relève d'un horizon commun à tous — sur lequel se détachent quelques constructions abstraites propres à une infime minorité d'intellectuels.

Ainsi, la très grande majorité des textes dont j'interroge la vocalité sont antérieurs à l'émergence de cette « culture populaire » distincte — tour à tour dédaignée en d'autres lieux ou flattée pour son charme désuet — consécutive à la cassure sociale, politique, idéologique, des années 1500[8]. Ce n'est pas un hasard si la «découverte» des textes du moyen âge par les érudits romantiques coïncida avec celle qu'ils firent des «poésies populaires» de leur temps! D'où l'application candide, par les médiévistes du XIXe siècle; à cet ensemble ancien, d'une classification en éléments «populaires» et «savants» ou «lettrés», voire «courtois»... Il est vrai qu'au début encore de notre siècle plusieurs traits de nos «cultures populaires» provenaient formellement de traditions médiévales : le fait est prouvé pour beaucoup de contes et de chansons paysannes, en Europe et en Amérique. Mais ce n'était là qu'une apparence de continuité : fonctionnellement, rien ne lie les termes de ces fausses analogies. Les univers sémantiques où respectivement ils s'inscrivent sont à peine comparables, et nous ne pouvons, sur le plan documentaire, pas inférer grand-chose de l'un à l'autre d'entre eux.

Tel est le résultat des efforts prométhéens accomplis par les hommes qui, vers 1500, 1600, ayant appris à mathématiser l'espace et le temps, comprirent qu'ils allaient dominer la nature à leur profit — et mirent en place les pensées et les institutions destinées à réprimer les «autres», les «pauvres», au mode de vie archaïque, aux mentalités déterminées par leurs peurs. Un nouvel équilibre s'instaurait, parmi les débris d'un ensemble complexe de pulsions et de mœurs ressenti comme la manifestation d'une impuissance ou d'un refus. Désormais, pour trois ou quatre siècles, des oppositions jusqu'alors peu marquées et flottantes durciraient, et se figeraient pour finir. L'oralité de la poésie médiévale ne peut aucunement se comprendre à partir d'une telle situation.

*

Encore le rythme du temps n'est-il pas uniforme en tout lieu. Les dates, à dessein approximatives, que je propose ici renvoient aux étapes historiques que franchirent, avec plus ou moins de hâte, les terroirs de l'antique empire d'Occident, et quelques autres au-delà du Rhin, du Danube ou de la mer. Plus à l'est, se produit un décalage chronologique, mais la nature et la succession des phases de développement restent à peu près les mêmes : ainsi, dans les terroirs russes s'étend, du VIIIe-IXe siècle jusque vers l'an mil, une époque archaïque de poésies orales de cour; suit, jusqu'au milieu du XIIe, un procès de christianisation qu'accompagne

8. Muchembled, p. 213-221 et 382-384; Gourevitch, p. 42.

31

l'introduction de pratiques scripturaires ; de 1150 à 1350 se recueillent et s'élaborent les textes que nous possédons, alimentés par le souvenir des anciennes sagas. Plus loin...? La délimitation géographique du champ d'étude ne relève d'aucune évidence. Je considère, d'abord et par principe, les terroirs français et occitans. Sans doute, je les connais mieux que d'autres. Mais peut-être invoquerait-on aussi à un tel choix des raisons moins personnelles. A bien des questions en effet que pose, en général, la poésie médiévale, le corpus français, par son ancienneté, sa complexité et son ampleur, permet de formuler des réponses plus nuancées, par là même de plus large validité. Reste qu'aucune vision du « moyen âge » n'est tout à fait justifiable si elle n'englobe d'assez vastes cantons de l'Occident. M'installant dans mon lieu, je m'efforce d'ouvrir les fenêtres sur un ailleurs. Jusqu'où étendre le regard sans risquer d'imprévisibles distorsions de la perspective ? G. Duby récemment limitait à l'Europe occidentale l'application du terme « moyen âge » ; P. Chaunu l'étendait un peu vers le sud et le nord-ouest, sur un territoire trois fois grand comme la France d'aujourd'hui, et que peuplèrent au XIIIᵉ siècle quelque quarante millions d'êtres humains, mais au XVᵉ pas plus d'une vingtaine [9]. Gourevitch lui fait embrasser la Scandinavie avec l'Islande, laissant des marches indécises à l'est et au midi. D'où la possibilité de recourir, avec prudence, quand il s'impose de confirmer des informations plus directes, à l'argument comparatif : pour externe qu'il demeure, il ne manque pas, en synchronie, de toute vraisemblance. Ce que nous apprenons des scaldes scandinaves ne peut être totalement étranger aux coutumes régnant entre Elbe et Rhin ou entre Loire et Seine. Cet univers-là ignorait, fût-ce dans le plus vaste espace, les différences absolues : témoins, les voyageurs, de Robert de Clari à Marco Polo, partout et toujours de plain-pied avec la « merveille ». Rien de comparable pour eux, prisonniers de l'immensité eurasiatique, à l'étrangeté parfaite de ce que découvrirent nos navigateurs à partir de la fin du XVᵉ siècle.

Au sein de ces très larges limites, l'aire offerte à la résonance des voix médiévales est homogène, en dépit de différences, croissant avec la distance, que l'on constate dans leur régime ou leur portée. Dans ce que j'appellerais le « moyen espace », les ressemblances prédominent. Quant à moi, je prends ici pour noyau territorial ce qui fut l'empire carolingien, avec des prolongements dans la péninsule Ibérique, l'Italie centrale et

9. Duby dans Gourevitch, préface ; Chaunu, p. 15-16 et 21.

méridionale, l'Angleterre du Centre et du Sud-Est. Au-delà, les pays celtes, slaves, nordiques, les Balkans, Byzance dessinent des zones en dégradé où jouent d'autres facteurs de culture, de plus en plus puissamment à mesure qu'on s'éloigne. C'est ainsi que je tiendrai compte, quitte à travailler en cela de seconde main, des régions ibériques, italiennes et allemandes (ce que je nomme, pour simplifier, l'Occident), sans m'interdire quelques très brèves excursions par-delà. Cette démarche réfère implicitement à l'unité organique d'une culture, tout en en signalant l'extrême diversité ; suggère (sous bénéfice d'inventaire) l'un des niveaux auxquels on peut tenir pour valide, d'un bout à l'autre de l'Europe, l'idée d'une universalité « médiévale ». De celle-ci, le support et le lien ne se réduisent pas (comme le suggère une opinion erronée) à l'usage de la langue latine et des traditions scolaires qu'elle véhicule. Les apports germaniques et nordiques (dans une moindre mesure, celtiques) en constituent une composante essentielle et générale, indiscernablement emmêlée à l'élément méditerranéen — lui-même en constant brassage entre Byzance et l'Occident. Or, c'est aux premiers, semble-t-il, beaucoup plus qu'au dernier, que tient l'importance primordiale du rôle assigné à la voix.

C'est pourquoi bien des questions (avant que les exigences philologiques ne les spécifient) méritent d'être posées à un niveau assez général. Ainsi, toute étude des chansons de geste françaises gagne à se situer dans la perspective de l'épopée européenne. Le problème posé aux spécialistes du français par l'oralité présumée de ces chansons concerne, parfois depuis plus longtemps encore, les germanistes, anglicistes, hispanistes dans leur domaine respectif ; les questions relatives aux tenants et aboutissants de la transmission vocale de l'épopée sont, pour ces chercheurs, souvent plus urgentes et comme plus évidentes, par suite des termes particuliers où se définit la situation de diglossie dans les zones culturelles qu'ils envisagent. Comme la nature des faits, quoique comparable, n'est pas identique dans toutes les parties de l'Occident, des idées ont pu émerger de telle recherche sectorielle, qui ailleurs feront peut-être office inattendu d'embrayeur. Des racines profondes qui, en deçà de formes manifestes assez diverses, unissent apparemment le fait épique de part et d'autre de l'Aquitaine (en France du Nord — en Castille et en Aragon), ne peuvent pas ne point imposer, au *Cid* et à la *Chanson de Guillaume,* un nombre élevé de traits communs, justiciables des mêmes procédures. Au-delà de cette relation sans doute privilégiée, c'est à travers l'Occident entier que se constitua un discours épique dont les régimes locaux restèrent durant des siècles assez proches : de l'Elbe au Guadalquivir... ou par-delà, si l'on suit A. Galmés de Fuentes. Les germanistes ont ainsi accumulé une somme considérable d'observations et de réflexions dont il serait dommageable d'isoler entièrement les nôtres : elles concernent spécialement les modalités de transmission et d'altération des textes ; les relations entre l'écriture et la tradition orale, entre le mythe, la légende, l'épopée ; entre celle-ci et l'univers du chanteur. Du *Kudrun* (à propos duquel fut pour la première fois, vers 1935, formée l'hypothèse d'une spécificité linguistique de l'épopée orale) au texte-amalgame des *Nibelungen*, contant une geste burgonde du Ve siècle sur le mode de romans français du XIIe, la liste des problèmes touchés serait longue. Même ouverture du côté anglo-saxon, où les études sur le *Beowulf* ont de proche en proche ratissé l'horizon presque entier de l'antique épopée nordique et de sa tradition.

I. Le contexte

2. L'espace oral

Les indices d'oralité. - Dire *et* entendre. - *Avant l'écrit.* - *Le réseau des traditions.*

Admettre qu'un texte, à un moment quelconque de son existence, fut oral, c'est prendre conscience d'un fait historique qui ne se confond pas avec la situation dont subsiste la trace écrite, et qui jamais n'apparaîtra, au sens propre de l'expression, « à nos yeux ». Il s'agit alors pour nous d'essayer de voir l'autre face de ce texte-miroir, de gratter au moins un peu de tain. Là-derrière, par-delà l'évidence de notre présent et les rationalités de nos méthodes, ce résidu : ce multiple sans origine unificatrice ni fin totalisante, cette « noise » dont parle Michel Serres et dont la connaissance appartient à l'ouïe. C'est là, et là seulement, que se situe pour nous l'oralité de notre « littérature médiévale » : vocalité-résidu de nos philologies, rétive à nos systèmes de conceptualisation.

Nous ne l'évoquerons jamais qu'en figure... Au reste, il nous arrive souvent de percevoir dans le texte la rumeur, éclatante ou confuse, d'un discours parlant de la voix même qui le porte. Chaque texte en cela demeure incomparable et exige une écoute singulière : il comporte ses propres *indices d'oralité,* de netteté variable, parfois, il est vrai (mais rarement), nulle. Je rappelle ici brièvement quelques faits connus, à remettre en perspective.

Par « indice d'oralité », j'entends tout ce qui, à l'intérieur d'un texte, nous renseigne sur l'intervention de la voix humaine dans sa *publication :* je veux dire dans la mutation par laquelle ce texte passa, une ou plusieurs fois, d'un état virtuel à l'actualité, et désormais exista dans l'attention et la mémoire d'un certain nombre d'individus. L'indice prend valeur de preuve indiscutable lorsqu'il consiste en une notation musicale, doublant les phrases du texte sur le manuscrit. Dans tous les autres cas, il marque une probabilité, que le médiéviste mesure, en général, à l'aune de ses préjugés. Les textes musicalement notés, très nombreux et répartis de façon assez régulière au cours du temps — du Xe siècle au XVe —, forment ensemble, à l'égard de tous les autres, un contexte significatif connotant fortement une situation globale, car il manifeste l'existence d'un lien habituel entre la poésie et la voix. Dans les recueils copiés à partir de la fin du XIIIe siècle, le perfectionnement des graphies accroît beaucoup la fréquence de cet indice. On compte par milliers les textes ainsi marqués : surtout des poèmes liturgiques (en particulier, le secteur presque entier du drame ecclésiastique) et des chansons de troubadours, trouvères ou *Minnesänger*. Ainsi, les quelque cinquante «chansonniers» des XIIIe, XIVe et XVe siècles grâce auxquels nous est parvenue cette poésie de langue française ou occitane ne contiennent pas moins, variantes comprises, de 4 350 mélodies, relatives à environ 1 700 chansons, elles-mêmes comportant de nombreuses variantes textuelles. En chiffres arrondis, voici les données :

- nombre de poètes en cause : troubadours 450, trouvères 200 ;
- nombre de chansons conservées : troubadours 2 500, trouvères 2 000 ;
- dont conservées avec mélodie : troubadours 250, trouvères 1 500.

Les manuscrits allemands sont moins généreux : nous possédons à peine, pour 150 poètes, 200 mélodies de *Minnesänger,* dont moins de la moitié appartient au grand chant courtois.

L'ambiguïté commence lorsque la notation accompagne non le texte même, mais une citation qui en est faite ailleurs. Ainsi, le poème héroï-comique d'*Audigier* ne comporte, sur le seul manuscrit qui nous l'a transmis en entier, aucune notation. En revanche, le v. 321, prononcé par un personnage du *Jeu de Robin et Marion* d'Adam de la Halle, y est surmonté, sur deux manuscrits, d'une ligne de notes... dont l'interpréta-tion, du reste, a soulevé plus de problèmes qu'elle n'en a résolu. Par-delà en effet *Audigier,* on a tenté d'en tirer des informations concernant la musique des chansons de geste, genre que ce texte parodie mais dont aucun document n'est musicalement noté. On y relève souvent, en revan-che, un autre type d'indice, allusion explicite à l'exercice vocal que constitue la « publication » du texte, lorsque celui-ci se désigne lui-même comme *chanson.* Il est peu probable en effet que ce terme ait pu référer à des ouvrages offerts à la seule lecture. On ne saurait, certes, écarter tout à fait le soupçon qu'une inertie de vocabulaire ait maintenu, au-delà d'une époque primitive, *chanson* comme un simple mot technique, évoquant des genres tombés ensuite dans le domaine de l'écriture. Rien toutefois n'autorise *a priori* à vider de leur sens ces *or commence chanson, orrés chanson* («vous allez entendre une chanson») et formules apparentées, fréquentes dans nos épopées, et du reste non inconnues d'autres genres exploitant, par imitation ou ironie, le modèle «épique».

J'ai pratiqué un sondage dans les prologues et épilogues de trente-deux chansons de geste. Le mot *chanson* y apparaît 47 fois en fonction autoréférentielle; 25 fois, une épithète laudative, quasi publicitaire, l'accompagne: *plaisante, merveilleuse, glorieuse* et surtout *bonne chanson*. Cette dernière expression pourrait provenir d'une sorte de jargon chevaleresque: le combattant gagné par la fatigue ou le découragement s'exhorte à agir de manière que ne soit *chantée* de lui *mauvaise chanson*... Ainsi, à trois reprises dans le *Roland;* ou dans la *Chronique* de Jordan Fantosme, composée vers 1175, en forme, il est vrai, de chanson de geste [1]. De telles expressions — non moins que celle de *chanson de geste* qui apparaît çà et là vers la fin du XIIe siècle — réfèrent à ce qui, d'évidence, est perçu comme un ensemble de discours défini par les singularités de l'art vocal qu'il implique. Jean Bodel confirme en d'autres termes ce témoignage quand, au prologue de sa *Chanson des saisnes,* il distingue dans l'art d'un récitant ce qui tient, d'une part au *vers* et au *dit,* d'autre part au *chant:* dédoublement fréquent dans les textes allemands, qui réfèrent à euxmêmes comme à *Wort und Wise* («mot et mélodie») [2].

Reste l'occasion d'un doute — que la musicologie n'est pas en mesure de lever tout à fait, en dépit des hypothèses qu'elle avança depuis le début de ce siècle. Du moins, le *De musica* du maître français Jean de Grouchy, vers 1290, semble-t-il bien apporter la preuve que le genre «épique» était identifiable, pour les usagers, à sa spécificité vocale: *cantus gestualis* [3]. Quels que soient les problèmes musicologiques que soulève l'interprétation de ce texte, du moins paraît assurée l'existence d'un type de mélodie particulière, apparentée à celle des chansons de saints. Le témoignage de Jean de Grouchy est corroboré à la même époque par celui du *Penitentiale* de Thomas de Cabham [4]: des doutes subsistent néanmoins qui tiennent, d'une part à la nature du document, peu explicite et d'une langue assez ambiguë; d'autre part à sa date, car il est postérieur à la grande époque des chansons de geste, contemporain en revanche de la constitution des

---

1. Segre 1971, v. 1014, 1466, 1517; Bezzola, p. 200-207.
2. Mölk 1969, p. 6; Sayce, p. 73-74.
3. Poirion 1972, p. 11-14.
4. Salmen, p. 42-43.

premiers recueils écrits de narrations épiques, tels le cycle de Guillaume du manuscrit BN fr. 1448...

On souhaiterait que le témoignage de tous nos textes ait la clarté de celui de la vieille *Sainte Foy* pyrénéenne, du milieu du XIe siècle. Aux laisses 2 et 3 de ce poème, un locuteur s'exprimant à la première personne (l'«auteur») présente le texte de manière très explicite afin d'en définir la nature : le sujet, emprunté à la tradition latine, néanmoins très généralement connu, d'Agen jusqu'en Aragon, provient d'un texte que j'ai entendu lire par des gens instruits; le poème que *je* vais *vous* communiquer le sera dans une langue aisément intelligible et un style usuel en pays français. Ce poème, à deux reprises appelé *canczon* («chanson»), comporte un *son* («mélodie») réglé sur le «premier ton», c'est-à-dire, selon l'interprétation d'Alfaric, en psalmodie alternée — ce que semble confirmer, peu après, le pluriel *de cui cantam esta canczon* («... sur qui *nous chantons* cette chanson»). Enfin, le chant s'accompagne d'une danse, sans doute de type processionnel.

A la même époque, le chant sur les miracles du Christ, commandé par l'évêque de Bamberg aux clercs Ezzo et Wille, expose dans sa première strophe de quelle façon ceux-ci collaborèrent (l'un composa le texte, l'autre la mélodie) et décrit le puissant effet exercé par cette œuvre sur ceux qui l'entendaient. La clarté de tels témoignages a permis à plusieurs chercheurs d'en extrapoler les données et de les appliquer au genre entier des «chansons de saints», attesté de la fin du IXe au milieu du XIIe siècle dans plusieurs régions de France et de la haute Allemagne : conclusion confirmée par le prologue qu'ajouta, vers 1120, le rubricateur du manuscrit de Hildesheim à la belle *Vie de saint Alexis* normande (contemporaine de la *Sainte Foy*). Rédigé en prose rythmée et rimée, il présente, en la vantant, cette «chanson spirituelle»; or, les premiers mots qu'il en dit reproduisent la formule d'ouverture la plus fréquente dans les chansons de geste : «ici commence agréable chanson»... Ce prologue ne fonctionne pas, par rapport au poème, bien différemment des premiers vers du *Guillaume de Dole* de Jean Renart peu après 1200, annonçant d'emblée qu'il a, pour les fixer dans la mémoire de ses auditeurs, fourré son récit de diverses chansons avec leur mélodie. Jean Renart inaugurait une technique qui eut du succès chez les romanciers français et chez certains Allemands, aux XIIIe et XIVe siècles. Par une sorte de figure en abîme, le récit, avant de s'ouvrir ainsi sur un morceau lyrique, signale, afin d'assurer la suture, qu'il est chanté par tel personnage : la phrase emploie des

termes référant au chant même, ou à la mélodie seule. Parfois est souli-
gnée la vocalité de l'effet : telle dame de *Guillaume de Dole* (v. 309-311)
a la voix « haute, pure et claire ». Lorsque ces interventions musicales se
répètent plusieurs dizaines de fois, c'est le caractère vocal de l'œuvre
entière qui est ainsi exalté : 47 fois dans *Guillaume de Dole,* 58 fois dans
le *Frauendienst* d'Ulrich von Lichtenstein, 79 fois dans le *Méliador* de
Froissart, encore, vers 1380 !

Le texte livre parfois d'autres indices, plus directs, d'oralité : ainsi,
pour O. Sayce, les allusions que font certains poèmes allemands du
XIIIᵉ siècle à un accompagnement instrumental ; voire le titre, inexplica-
ble, de plusieurs pièces du « Recueil de Cambridge » (vers l'an mil), qui
pourrait signifier « sur l'air de » : *Modus Liebinc, Modus Florum,* et le
reste [5].

*

A la lumière de ces textes s'éclairent ceux, plus nombreux encore, et en
tout genre, qui pour se désigner eux-mêmes dans le mouvement de leur
« publication » recourent à quelque verbe de parole (en français, *dire,
parler,* voire *conter*), souvent complété, du point de vue de la réception,
par un *ouïr* ou *écouter*. Pierre Gallais, il y a vingt ans, relevant de telles
tournures dans un répertoire de 370 textes français des années 1150-1250,
en trouvait une proportion telle qu'il ne pouvait l'interpréter autrement
que comme un trait pertinent du discours poétique de cette époque. Des
formules du type *je veux dire, je dis, je dirai* se rencontrent, selon ses
calculs, dans 40 % des *lais,* 25 % des chansons de geste, 20 % des
romans et des fabliaux, 15 % des vies de saints [6]. Des relevés ultérieurs,
comme ceux de Mölk, le confirment. Menendez Pidal jadis relevait une
quinzaine de formules de ce type dans le seul *Cantar de mio Cid.* Côté
allemand, j'en ai compté plusieurs dizaines dans le *Tristan* de Gottfried et
dans celui d'Eilhart. Dans plus de la moitié de ces textes, *dire, sagen,
dicere,* ou leurs équivalents selon les langues, apparaissent en corrélation
avec *ouïr, hören, audire* (ou, comme chez Gottfried, v. 1854-1858, avec
une allusion aux oreilles du public !) : il faudrait de très fortes raisons,
tirées du texte même, pour attribuer alors à ces verbes une autre valeur

5. Sayce, p. 348-349 et 370.
6. Gallais 1964, p. 491-492.

que la plus commune. L'emploi du couple *dire-ouïr* a pour fonction manifeste de promouvoir (fût-ce fictivement) le texte au statut de locuteur et de désigner sa communication comme une situation de discours *in praesentia*. Certains romanciers, tels Chrétien de Troyes au début d'*Yvain*, ou Eilhart von Oberg à plusieurs reprises, n'opposent pas en vain *ouïr, hören* (par l'oreille) et *entendre, vernemen* ou *merken* (par l'esprit). Parfois même, le texte semble user de *dire* pour signifier, par métonymie ou litote, « chanter » [7] : dans cinq des vingt-quatre prologues épiques de Mölk, *dire* et *chanter* alternent, ou s'additionnent en figure d'accumulation : « Cette histoire », selon Adenet le Roi, dans les *Enfances Ogier,* au vers 52, « est gracieuse à dire et à chanter. » Dans huit autres chansons, *dire* s'emploie seul ; le reste n'a que *chanter.* Ces faits de style n'autorisent pas à conclure à la synonymie des deux termes. Du moins interdisent-ils d'interpréter *dire* sans référence à un acte vocal, provoquant l'ouïe. U. Mehler, récemment, analysant les rubriques des drames liturgiques, y montrait l'ambiguïté de *dicere* et *cantare,* plus ou moins interchangeables, faute d'une définition précise du « chant ». Nul doute qu'il en allait de même dans les langues vulgaires.

Une figure d'*expolitio* plus ou moins clichée, fréquente en latin comme dans les langues vulgaires, atteste l'atténuation, entre tous ces termes, des contours sémantiques. Elle revêt des formes diverses, réductibles à l'une ou l'autre de deux séries, soit cumulative, soit alternative : *dire* et/ou *écrire, ouïr* et/ou *lire.* La forme alternative, qui semble prédominer dans les textes ecclésiastiques de haute époque, réfère, en les distinguant, aux deux modes possibles de réception ; l'auteur entend désigner par là l'universalité du public qu'il vise. Ainsi, chez Bède, *Historia ecclesiastica,* à plusieurs reprises : *religiosus ac pius auditor sive lector...* (« l'auditeur ou lecteur pieux et vertueux... ») [8]. C'est devenu, semble-t-il, un lieu commun du discours poétique ultérieur :

> *Pour les amoureus esjoïr*
> *qui le vorront lire ou oÿr*

(« Pour réjouir les amoureux qui voudront le lire ou l'entendre ») [9], écrit l'auteur du roman du *Chastelain de Couci,* à la fin du XIIIe siècle, tandis

7. Winkler, p. 288 ; Scholz 1984, p. 144-145.
8. Crosby, p. 90.
9. Mölk 1969, p. 61.

que Hugo von Trimberg, son contemporain, s'adresse à qui voudra *lesen oder hören lesen* («lire ou entendre lire») son *Renner*. Vers 1465 encore, l'Autrichien Michel Beheim, en d'autres termes, présente sa chronique comme propre à deux usages : on peut en effet *es lesen als ainen spruch oder singen als ain liet* («la lire comme un discours ou la chanter comme une chanson»)[10]. R. Crosby cite plusieurs exemples anglais des XIVe- XVe siècles.

La formule cumulative en revanche paraît faire problème car elle conjoint des perceptions apparemment (pour nous) différentes. Certes, *audire et legere* peut s'entendre comme référence redondante à un acte d'audition. La variante, largement attestée, *audire et videre, voir et écouter, hören und sehen* semble, elle, accuser l'opposition des registres sensoriels; en réalité, elle ne fait que renvoyer à la double existence de tout écrit : on en *voit* les graphismes, mais on en *entend* le message, prononcé par quelque spécialiste... de ceux qui, selon le *Poème moral* (environ 1200), *en livre voient et l'escriture entendent* («discernent ce qu'il y a dans le livre et comprennent l'écriture»), tandis que les laïcs *pou sevent et en livre ne voient* («sont ignorants et ne savent distinguer ce qui est écrit dans un livre»). Trois quarts de siècle plus tard, pour l'auteur du roman de *Palamède*, les deux perceptions restent encore distinctes : *li bon qui verront cest mien livre et escouteront les beaux dis...* («les gens de bien qui verront mon livre et écouteront ces belles paroles»). Entre-temps, c'est devenu la formule initiale des chartes françaises que « A ceux qui verront et orront... ». *Aucuns lira ou orra lire ches vers* («Quelqu'un lira ou entendra lire ces vers»), selon le Reclus de Molliens, au début du XIIIe siècle, en écho à Guillaume de Malmesbury : *aut ipsi legere aut legentes possitis audire* («... que vous puissiez soit lire vous-même, soit entendre ceux qui lisent»)[11]. Quels que soient le contenu et la fonction du texte nous sommes ainsi, de toutes parts et de toutes manières, renvoyés à la modalité vocale-auditive de sa communication. Crosby relève des occurrences de ce *topos* en Angleterre jusqu'aux temps de Lydgate; Scholz le signale en Allemagne jusqu'au XVe siècle. En toutes langues, les termes renvoyant aux notions, pour nous distinctes, de «lire», «dire» et «chanter» constituèrent ainsi, pour des générations, un champ lexical mouvant, dont le seul trait commun permanent était la dénotation d'une

---

10. Scholz 1984, p. 139.
11. Mölk 1969, p. 78; Crosby, p. 90-91 et 99-100.

oralité : Asser de Sherborne, dans ses *Gesta Alfredi,* vers 900, en subsumait toutes les nuances dans le verbe *recitare* [12].

Ce sont là autant d'appels aux valeurs vocales, émanant de la texture même du discours poétique. Parfois des indices externes les confirment, extraits de documents anecdotiques, relatifs à un ou plusieurs textes et les évoquant en termes tels que le caractère vocal de leur «publication» se trouve mis en haut relief. Je citerai en exemple, illustre pour la diversité des jugements qu'elle suscita, l'archaïque *Chanson du roi Clothaire* (plus souvent dite *de saint Faron*), procurée au milieu du IXe siècle par Hildegaire de Meaux, dans la *Vita sancti Faronis,* et que l'on considéra tour à tour comme l'enregistrement d'une cantilène populaire, comme une notation ultérieure approximative, comme un pastiche en latin de cuisine, ou comme un faux d'Hildegaire! Celui-ci, avant d'en citer les quatre premiers vers et les quatre derniers, la désigne comme «un chant public à la mode paysanne (ou : en langage paysan?)» dont on chantait les paroles tandis que des femmes dansaient en frappant des mains *(carmen publicum juxta rusticitatem per omnium paene volitabat ora ita canentium, feminaeque choros inde plaudendo componebant).* Deux des cinq manuscrits donnent des versions plus brèves et légèrement différentes; du moins partout est-il question d'un *carmen* ou d'une *cantilena* [13]. L'histoire du moyen âge européen est parsemée de documents de cette espèce. La Chronique de l'Espagnol Lucas de Tuy, au XIIIe siècle, reproduit trois vers d'une chanson populaire castillane qui aurait couru sur Almansour, le héros andalou, aux alentours de l'an mil; un manuscrit historique anglais, décrit par Ker en 1957, cite les quatre premiers vers d'une chanson qu'aurait composée, pour ses guerriers, le roi danois Knut, mort en 1035. Une chronique latine faisant l'histoire de Treviso à la fin du XIIe siècle nous a conservé quatre vers en dialecte local d'une chanson épique improvisée à la suite d'une victoire survenue en 1196 [14].

L' «anecdote», le plus souvent, renvoie globalement à un ensemble de textes, dont certains seulement sont connus. D'où une incertitude, mais aussi l'importance, pour l'histoire générale, de l'enjeu. Ainsi en va-t-il du texte fameux de la *Translatio* de saint Wulfram, écrite par un moine de Fontenelle, et qui signale, parmi les miracles de son héros, la guérison en

12. Crosby, p. 90.
13. Avalle 1965, p. 23, et 1966 *a*.
14. Wardropper, p. 177; Ker, p. 137; Lomazzi-Renzi, p. 607.

1053 d'un certain Thibaut, chanoine de Vernon : *Hic quippe est ille Tebaldus...* (« Celui-là même, bien connu, qui adapta avec éloquence, du latin en langue vulgaire, l'histoire de nombreux saints, dont saint Wandrille, et en composa de belles chansons aux rythmes éclatants ») [15]. Ce texte fut souvent réexaminé, depuis que Gaston Paris l'eut jadis interprété comme une allusion à l'auteur du *Saint Alexis,* sinon à ce poème même. En fait, la *Translatio* n'est qu'un témoignage particulièrement explicite parmi ceux qui attestent la fonction vocale des « chansons de saints ». De façon plus succincte, mais en termes semblables, l'auteur de la *Vita* de l'évêque Altmann, vers 1130, évoque le clerc Ezzo composant en allemand sa *Cantilena de miraculis Christi* [16].

Un document de poids — mais tant soit peu équivoque — qu'Alfaric versait au dossier de la *Chanson de sainte Foy* confirme l'existence et les modalités de cette très ancienne poésie : le *Liber miraculorum sanctae Fidis,* rapport final d'une enquête pratiquée, à partir de 1010, par Bernard d'Angers sur la vénération populaire dont était l'objet la sainte enfant, Foy d'Agen — ouvrage critique, désireux de réhabiliter les traditions du vulgaire en les passant au crible de ses *argumenta.* Or, Bernard signale qu'en vertu d'une « antique » coutume (évidemment condamnable à ses yeux) les pèlerins assistant aux offices de nuit, lors des vigiles des saints, dans l'église de Conques, accompagnaient de leurs « cantilènes rustiques » la psalmodie des moines. Une année, l'abbé, exaspéré, fit fermer l'église à clé le soir de la Sainte-Foy. Par miracle les portes s'ouvrirent d'elles-mêmes à la foule : preuve, conclut Bernard, que dans sa miséricorde Dieu aime les chansons, fussent-elles de langue populaire ; acceptons-les donc : *innocens cantilena, licet rustica, tolerari potest* (« on peut tolérer une chanson *innocente,* même si elle est *rustique* ») [17]. Qu'entendre par la « rusticité » de ces chants ? la langue vulgaire, ou quelque mélodie de caractère populaire, ou bien un mode particulier de déclamation ? Tout cela ensemble, sans doute : les « chansons de saint » subsistantes représenteraient la récupération de ces traits par l'Église, au sein de la vaste action dramatique qu'était sa liturgie.

L'ancienneté de tous ces documents, autant que leur homogénéité, leur donne un poids historique considérable, car c'est au sein de la liturgie, ou

---

15. Storey, p. 22-23.
16. Wapnewski, p. 33.
17. Zaal, p. 58-60 ; cf. Mölk 1983.

dans sa zone d'influence, que s'élaborèrent, aux XIᵉ et XIIᵉ siècles, la plupart des genres poétiques recueillis par les copistes du XIIIᵉ et du XIVᵉ : soit que la liturgie en ait fourni le premier modèle, soit qu'elle se soit conformée à des modèles poétiques plus anciens, auxquels elle sut conférer leur pleine efficacité. Ces liens étroits et complexes, non sans équivocité, attachent plus ou moins directement aux « chansons de saints » les chansons de geste françaises ; au chant ecclésial, la poésie des troubadours et de leurs imitateurs ; à l'homilétique, ce qui deviendra le « théâtre » ; au discours pastoral, par l'intermédiaire des *exempla,* plusieurs genres narratifs...

*

Lorsque l'indice d'oralité tient à quelque caractère propre d'un texte, il pose de délicats problèmes d'interprétation. Lorsqu'il se fonde sur des documents extérieurs au texte, il en pose de reconstitution. La visée diffère : l'interprétation opère sur le particulier ; la reconstitution, le plus souvent, sur des tendances générales ou des schèmes abstraits. Ainsi dans les recherches concluant, de la tradition manuscrite d'un texte, à l'influence d'une transmission orale, lorsque les variantes, d'une copie à l'autre, atteignent une certaine amplitude. Pour ceux même qui refusent l'idée d'une existence orale de la *Chanson de Roland,* les manuscrits — une dizaine — qui nous l'ont conservée attestent l'existence de deux traditions au moins : on peut admettre entre elles une marge de jeu propice aux initiatives des récitants, c'est-à-dire au déploiement de leur art vocal. Je parlerais ici, plutôt que d'*indice,* de *présomption* d'oralité.

Cette présomption devrait, en principe, jouer en faveur de la quasi-totalité des textes de langue romane dont la composition fut antérieure au XIIIᵉ siècle. Nous ne possédons, en effet, qu'un nombre dérisoire de textes poétiques dans des copies exécutées avant 1200 : en occitan, des scribes du XIᵉ siècle nous ont procuré la *Sainte Foy,* le poème sur Boèce, et quelques vers d'usage liturgique ; du XIIᵉ, deux ou trois textes scolaires ; puis plus rien jusque vers 1250 ; en français, à part l'*Eulalie* du IXᵉ siècle, le manuscrit de Hildesheim de l'*Alexis,* celui d'Oxford du *Roland,* peut-être le texte le plus ancien du *Saint Brandan,* tous trois du XIIᵉ, restent à peu près seuls ; ni l'italien ni les langues ibériques ne sont mieux lotis. L'essentiel de la poésie anglo-saxonne archaïque, en revanche, une trentaine de textes très divers, nous a été conservé par quatre manuscrits, tous du Xe siècle; mais, par-delà l'établissement du régime normand, s'ouvre un vide documentaire complet : pas un manuscrit de poésie anglaise avant 1300.. De tels écarts chronologiques font problème. Ainsi, la chanson V de Jaufré Rudel (je prends cet exemple au hasard) peut être datée, pour des raisons externes, du milieu du XIIe siècle, peut-être vers 1145; mais de la quinzaine de manuscrits qui nous en ont conservé les versions, parfois assez différentes les unes des autres, aucun n'est sûrement antérieur à 1250, la plupart datent de la fin du XIIIe siècle ou du XIVe. R. T. Pickens, à qui nous devons la meilleure édition de ce troubadour, expose avec beaucoup de nuances en quoi l'étude d'une telle œuvre implique, avouée ou non, de la part du lecteur, une fiction historique. Par impuissance, ajouterais-je, à conceptualiser l'histoire propre de la voix humaine. Le recueil de dictons et vers sapientiaux composé dans la basse Antiquité et qui circula pendant des siècles sous le titre de *Disticha Catonis,* copié, traduit, adapté en toutes langues, finit par n'être plus qu'une constellation mouvante, dont l'oralité faisait le dynamisme. Nous savons qu'on l'apprenait par cœur dans les écoles...

De toutes manières les traditions manuscrites sont ainsi troublées, et les certitudes que l'on attendrait d'elles ne sont souvent que faibles probabilités. D'où, en cas extrêmes, le recours à l'hypothèse de manuscrits perdus, autre mythe peut-être? Certains faits, il est vrai, sont troublants. Ainsi, tous les textes en vers qui, en français et en allemand, nous ont transmis la « légende » de Tristan sont fragmentaires, ou très courts et épisodiques, ou bien ils présentent une tradition manuscrite trop embrouillée pour qu'il soit possible de voir clairement les relations qui les unissent. Il est vrai, comme l'écrivait G. F. Folena, que le « hasard » présidant à la conservation des textes n'est généralement qu'un aspect d'une « nécessité » plus large... dont ne peuvent seuls rendre compte la pratique de l'écriture, ses implications, et ses ratés.

La situation critique n'est pas très différente lorsque, de l'existence de formes modernes observées en contexte d'oralité, on infère la possibilité, sinon la probabilité, d'une tradition longue, plus ou moins indépendante des textes écrits. Ainsi, les *Cîntece bătrineşţi* recueillis dans la Roumanie moderne attesteraient l'ancienneté des chants héroïques de cette partie des Balkans, et la longue durée de leur existence purement orale. Ainsi encore, l'étude de C. Laforte sur les chansons québécoises en forme de *laisses* conclut à une remarquable permanence de ce type rythmique et narratif, en marge des traditions écrites. Or, l'examen thématique et textuel permet de faire remonter aux XIIIe, XIVe, XVe siècles 14 des 355 chansons enregistrées, proportion faible mais non insignifiante ; comparable à celle que fournit l'étude critique et comparative des 300 ballades anglaises et écossaises tirées, par H. Sargent et G. Kittredge, du vieux recueil de Child : une dizaine (soit 3,5 %) sont datables des mêmes siècles. Combien d'autres sont aussi anciennes ou davantage, à notre insu ? Qu'en fut-il, pour de longues générations peut-être, de ces « rimes rurales » dont parlent avec mépris les rhétoriqueurs du XVe siècle, ou des chansons de métier allemandes qu'à la même époque note le copiste du *Königsteiner Liederbuch* [18] ?

L'hypothèse explicatrice s'articule plus aisément entre deux textes ou états textuels éloignés dans la durée mais entre lesquels se manifeste une ressemblance à la fois partielle et assez forte. C'est ainsi qu'à la base des épopées franco-italiennes de la fin du XIIIe siècle beaucoup d'italianistes, à la suite de E. Lévi, ont admis une tradition orale, venue de France sur les pas des croisés, avant l'importation des premiers manuscrits ; à cette tradition se rattacheraient les *cantari* héroïques des chanteurs toscans du XIVe et du XVe siècle. Les ressemblances les plus convaincantes sont, plutôt que thématiques, perceptibles à certaines contraintes formelles ou à des tics de composition, voire de vocabulaire : or, l'ethnologie l'atteste, ce sont justement là des éléments très stables dans les traditions orales — ce qui tient au fonctionnement de la mémoire vocale (corporelle et émotive) qui les maintient. C'est par ce biais que l'on a pu repérer, dans la poésie lyrique courtoise, en France et en Allemagne, la présence latente d'une poésie différente, peut-être d'origine beaucoup plus ancienne, mais dont quelques exemples ne seront recueillis par écrit qu'à l'époque moderne, après cinq, six ou huit siècles d'existence uniquement orale. C'est, plus discutablement, la fermeté et la perfection formelle des chansons de Guillaume IX ou de Heinrich von Veldeke qui poussa bien des médiévistes à supposer au modèle poétique courtois des antécédents demeurés, peut-être très longtemps, sous un régime de pure oralité.

Dans tous les raisonnements de cette nature, fondés sur la constatation d'une rupture de continuité textuelle, l'argument ne peut porter que sur un ensemble. L'idée de pré-histoire en effet, qu'implique l'hypothèse, ne fait sens que global. Ce que tel d'entre nous dénommerait la « préhistoire du *Roland* d'Oxford » embrasse — en vertu de la nature même des faits

18. Renzi, p. 4-14 ; Laforte, p. 8-48 et 261-266 ; Langlois, p. 315 ; Stappler.

considérés — tous les éléments d'un vaste cycle au sein duquel se dissout l'identité des seuls textes subsistants. L'hypothèse est invérifiable, puisque les voix passées se sont tues : ce qui en fonde la validité, c'est sa fécondité, son aptitude à saisir le particulier au moyen du général. Des probabilités d'ordre divers la soutiennent, de très inégale force persuasive. Elles résultent parfois de la découverte d'un débris textuel isolé, dans lequel on pense déchiffrer les traces d'une situation où tout était livré aux aléas des transmissions vocales. Ainsi du « Fragment de La Haye », vers l'an mil, par rapport à la geste de Guillaume : mise en prose d'un poème latin, résultat peut-être d'un exercice scolaire archaïque. Mais ce poème latin lui-même, qu'était-il ? Adaptait-il une épopée de langue vulgaire très ancienne, ancêtre du cycle attesté par les manuscrits du XIIIe siècle ? Ainsi, encore, de la « Nota Emilianense », datable d'environ 1060, découverte naguère dans une marge d'un manuscrit de San Millan de la Cogolla, dans la Rioja espagnole, bref récit où l'on s'accorde à voir le résumé d'une *Chanson de Roland* primitive. Le Xe siècle nous a légué un poème latin sur le héros *Waltharius,* composé à l'abbaye de Saint-Gall et dont on peut admettre qu'il imite ou pastiche des chansons épiques non écrites de l'Allemagne du Sud...

Le besoin d'interpréter des situations aussi équivoques engendra en France, à la fin du XIXe siècle, la théorie des « cantilènes », inspirée par celle des rhapsodies homériques et à laquelle Gaston Paris attacha son nom : le texte transmis par le copiste était considéré comme la résultante d'une pluralité de poèmes courts, de transmission purement orale. Cette théorie a durablement influencé non seulement bien des recherches sur le moyen âge, mais (par l'intermédiaire de C. M. Bowra ?) les travaux de certains ethnologues jusqu'aujourd'hui. L'idée, en particulier, de l'antériorité « naturelle » de la « ballade » par rapport à l'« épopée » n'est fondée sur rien de solide. L'histoire du *Romancero* ibérique fournit assez d'arguments pour la ruiner. S. G. Armistead a mis récemment les choses au point. La réflexion historique autant que nos recherches les plus récentes nous convainquent aujourd'hui que, jusqu'à preuve du contraire, le complexe est en tout plus probable que le simple, et l'un moins que le divers.

C'est pourquoi, peut-être, de présomptions cumulées se dégage parfois une force persuasive capable d'assurer l'unanimité de l'opinion ! Exemples privilégiés : la préhistoire des *sagas* islandaises et la poésie scaldique ancienne (les *eddas*), ainsi que, à l'autre extrémité de l'Occident, les chansons de geste espagnoles. Les *sagas,* inspirées par divers événements liés à la colonisation de l'île, entre 930 et 1030, furent mises par écrit au XIIIe siècle : sous quelque forme orale que ce soit (peut-être des poèmes généalogiques), elles avaient alors deux ou trois cents ans d'âge. Quant aux *eddas*, ils nous sont parvenus sous forme de citations (des centaines) dans l'*Art poétique* du lettré Snorri Sturluson, vers 1220. L'usage même qu'en fait celui-ci, et la parenté de leur art avec la poésie allitérative anglo-saxonne ainsi (pour une part) que leur contenu, permet d'en faire remonter au Xe siècle la tradition orale. D'Espagne, à part le *Cid*, composé au XIIe siècle, et le *Fernán González* du XIIIe, aucun poème épique ancien ne nous est parvenu. L'existence toutefois d'une tradition de chansons de geste, restée, dans son ensemble, de régime vocal pur, est prouvée par quelques allusions qu'y fait une *Chronica gothorum* du XIe siècle, et surtout par l'ensemble de citations, résumés et références que fournissent la *Crónica general* rédigée en 1289 sur l'ordre d'Alphonse X, puis sa seconde rédaction, de 1344. On a reconstitué hypothétiquement l'une de ces chansons, les *Infantes de Lara*. Deux autres, consacrées au roi goth Rodrigo et à Bernardo del Carpio, inspirèrent par la suite tout un cycle de *romances*. Ces poèmes, à leur tour, progressivement recueillis en *Romancero* par des amateurs des XVIe et XVIIe siècles, mais dont l'existence est clairement attestée au XVe, constituèrent comme une seconde vague épique, dont la tradition orale et la fertilité se maintinrent dans tout le monde hispanique jusqu'au XIXe siècle, en quelques régions jusqu'à nos jours.

On invoquerait aussi bien ici les branches françaises et germaniques du *Renart*, telles qu'elles apparaissent vers 1170-1200 à notre horizon, et dont on ne doute plus que des formes orales les précédèrent. Le vide documentaire s'emplit ainsi, peu à peu, d'un concert de voix perdues. C'est parfois aux formes d'un folklore moderne à jouer le rôle de révélateur : entre le jeu des marionnettes siciliennes *(puppi)* telles qu'on les connaît depuis le XVIIIe siècle, les *Reali di Francia* d'Andrea da Barberino au XIVe, et les chansons de geste franco-vénitiennes du XIIIe, quelles traditions vocales ont-elles assuré la continuité ? Et entre chansons de geste ou romans français du XIIe, et les cycles héroïques véhiculés au Brésil par la *literatura de cordel,* sur le long chemin où le seul relais fut quelque compilation du XVe siècle ?

*

Cette recherche des preuves, la quête aux indices, les présomptions, d'un point de vue méthodologique, demeurent d'ordre instrumental. Elles mènent, au mieux, à construire — le plus souvent, à esquisser en pointillé — le simulacre d'un objet. Telle est leur utilité : une fois atteinte cette fin, elles n'importent plus. Informés par le simulacre, essayons de saisir l'objet. Le simulacre, c'est ici une « tradition orale » ; l'objet qui se dérobe, l'action de la voix dans la parole et dans le temps. Ce que nous suggèrent les textes ainsi auscultés, ce sont les dimensions d'un univers vocal : l'espace propre de cette poésie, dans son existence réelle, au jour le jour. Ce que nous suggèrent aussi plusieurs d'entre eux, c'est la stabilité de cet univers, la stabilité qu'il assura, dans la longue durée, à l'œuvre, en elle-même si fugace, de la voix. Le recul fait apparaître à nos yeux un réseau serré de traditions poétiques orales embrassant tout l'Occident ; et l'étude comparée de certains thèmes narratifs non moins que de formes (tel le modèle rythmique du *zejel*) révèle une remarquable continuité entre ce réseau et ceux qui recouvrent l'ensemble de l'Eurasie. J'ai fait allusion, dans le chapitre précédent, au profit que peut tirer le médiéviste d'un examen comparatif du fait épique à travers l'Europe entière à haute époque : simple exemple. Mais on ne peut, du chant héroïque, dissocier tout à fait la « ballade », qui en pays anglo-saxon et germanique a fait récemment encore l'objet d'études importantes [19]. Variété d'épopée courte, constituant un art vocal autonome, la ballade, répandue dans tout le monde germanique jusqu'aux XVIIIe ou XIXe siècles, ainsi que dans la plus grande partie de la Romania médiévale, n'est pas attestée, semble-t-il, dans les textes de l'ancienne France. Mais peut-être n'y est-elle simplement pas identifiée. Pour ma part, je n'hésite pas à considérer comme ballade telle de nos « chansons de toile », comme *Bele Aiglentine,* dont j'ai tenté jadis de reconstituer l'histoire textuelle à travers les mutations dues à l'intervention des chanteurs, sinon telle « chanson populaire » comme *le Roi Renaud,* dont le texte français apparaît en pays gallo au XVIe siècle, mais dont des versions ont été relevées en Scandinavie, en Écosse, en Armorique, d'où l'on peut supposer qu'elle pénétra en terroir français [20] ! Des ouvrages comme ceux de Buchan ou de Metzger en 1972, d'Anders en 1974, fournissent un matériel et des perspectives d'interprétation, inégalement assimilables par

19. Anders ; Buchan ; Jonsson ; Metzer ; etc.
20. Davenson, p. 157-162.

le romaniste, mais propres à entraîner une saine remise en question de positions apparemment acquises. Un colloque tenu à Odense, au Danemark, en 1977, jeta sur l'européanité de la ballade une lumière certes inégalement puissante, mais qui révélait dans sa pénombre les traces de multiples et très anciennes traditions orales, entrecroisées. Une tentative de définition de ce type de poèmes s'appuyait sur plusieurs discussions relatives à ses formes et son histoire scandinaves, ainsi qu'à ses manifestations dans l'Europe du Nord, du Centre et de l'Ouest : Finlande, Hongrie, Slovénie ; Buchan retraçait les premiers cheminements, entre XIIIe et XVe siècle, du genre anglais, définitivement constitué vers 1450 ; D. Laurent faisait remonter jusqu'au XIIe, sinon au IXe, la tradition de plusieurs « ballades » bretonnes, dont la *gwerz* de Skolan[21].

Un semblable élargissement de la perspective s'était imposé (dans la foulée, il est vrai, de la quête romantique des Origines), voici près d'un siècle, aux historiens de la poésie « lyrique » romane. Dès les années 1880 en effet, certains médiévistes avaient été conduits, sur la foi de témoignages indirects, à présumer une ou des traditions orales, depuis longtemps éteintes et dont même les effets historiques restent difficiles à démêler, par suite de la relative rareté des soures latines disponibles pour le haut moyen âge, et de l'inexistence de documents en langue vulgaire. Ce silence s'explique, en partie, par une censure ecclésiastique. D'où l'importance que l'on est en droit d'attacher aux « fuites » qui, de temps à autre, se produisent, sous couvert de condamnation. On en a dressé depuis longtemps l'inventaire : du Ve siècle au Xe se dessine une longue série de déclarations officielles réprouvant ou interdisant l'usage de *cantica diabolica, luxuriosa, amatoria, obscaena, turpia,* de *cantationes sive saltationes,* de *cantilenae rusticorum,* ou, selon un capitulaire carolingien, de ces mystérieux *winileodos* (« chansons d'ami » ou « de travail ») chers aux nonnes des pays allemands. Réglementations royales, interdictions conciliaires comme celles de Châlons en 569 et 664, de Rome en 853, conseils épistolaires comme ceux d'Alcuin à l'évêque de Lindisfarne ou aux moines de Jarrow en attestent la vigueur et l'universalité dans la pratique populaire. Ce que les mainteneurs de l'ordre rejettent ainsi, c'est à leurs yeux une persistance païenne : à nous d'en déduire l'existence de traditions longues. On a supposé, sans trop de preuves, que certaines pièces du recueil latin des *Carmina cantabrigen-*

---

21. Holzappel 1978.

sia, du Xᵉ siècle, refléteraient quelque chose de cette poésie archaïque. Rien n'est moins sûr : les quelques phrases méprisantes tombées de lèvres sacerdotales ou royales signalent pour nous un trou noir, d'où s'élèvent d'autres voix inaudibles, mais innombrables, un éclat soudain, de toutes parts, qui bientôt sera réprimé, ou confisqué par l'écriture. Aussi a-t-on cherché à retrouver, parmi les textes d'une époque ultérieure, les fragments ou les traits supposés de notre lyrique « originelle ». L'enquête n'avait aucune chance d'aboutir, si on la contraignait dans les limites d'une langue ou d'un terroir. Sur plusieurs points, elle procura des résultats probables. Ainsi, lorsque le compilateur d'un chansonnier du XIIIᵉ siècle signale négligemment que le troubadour gascon Peire de Valeira, l'un des plus anciens qui nous soient connus (dans la première moitié du XIIᵉ), « ne valait pas grand-chose » car il composait des vers « de feuilles, de fleurs, de chants et d'oiseaux » [22], on présume qu'il fait ainsi référence à un genre tombé, de son temps, en désuétude ou en désaffection. Or, de ce genre, rien ne subsiste que — peut-être — des fragments mal identifiables, chants de printemps égaillés parmi les chansons de *Minnesänger,* ou les « reverdies » et « romances » françaises, jadis publiées par K. Bartsch d'après des manuscrits relativement tardifs.

Autre exemple : une tradition de chants de lamentation sur les morts, spécialement lors du décès d'un chef, indirectement attestée dès le VIIIᵉ siècle, remonte sans doute plus haut encore, et se maintint très longtemps : Boncompagno da Signa, en 1215, dans son traité de style *(Rhetorica antiqua,* dite le *Boncompagnus),* consacre un chapitre à la manière dont on chante le *lamento* chez treize peuples de son temps [23] ! Des clercs d'époque carolingienne en composèrent en latin : il nous en reste plusieurs, parfois assez rustiques par leur langage, et thématiquement toujours « engagés » : sur la mort de Charlemagne, sur celle d'Éric, duc de Frioul, sur la bataille fratricide de Fontenoy en 841, sur le meurtre du sénéchal Alard en 878, pour la mort de Guillaume Longue-Épée, duc de Normandie, en 942... Cette tradition imprègne les chansons de geste, les chansons de saints même, dont l'un des motifs est la plainte sur la mort du héros, si bien réglée que j'ai pu jadis en faire la typologie. Au XIIᵉ siècle, le *planctus* est devenu un genre noble, cultivé par des poètes de cour ou d'école : on connaît le *planh* des troubadours ; ou les six beaux

---

22. Boutière-Schutz, p. 14.
23. Goldin 1983, p. 38-39.

planctus musicaux dans lesquels Abélard, à l'intention des nonnes du Paraclet, fait chanter divers personnages bibliques confrontés à la mort tragique d'un être aimé. Le manuscrit Pluteus 29.1 de la Laurentienne nous a conservé, avec leurs mélodies, une dizaine de plaintes composées entre 1180 et 1285 à l'occasion de la disparition de grands personnages féodaux ou ecclésiastiques, d'Espagne, d'Angleterre et de France[24]. Cette histoire se prolongea jusqu'à la fin du moyen âge.

Troisième exemple, manifestant la presque unanimité des spécialistes : l'existence, durant les cinq ou six siècles précédant 1200, de chansons, dites « de femmes » (à la suite des premiers germanistes qui identifièrent d'archaïques « Frauenlieder » allemands). Césaire d'Arles, au Vᵉ siècle, semblait y faire allusion déjà, dans son indignation : « Combien de paysannes chantent de ces chansons diaboliques, érotiques, honteuses ! » *(Quam multae rusticae mulieres cantica diabolica, amatoria et turpia decantant!)* ; les Pères du concile de Rome, en 853, mentionnaient à leur tour des chansons féminines « aux paroles honteuses », accompagnant des rondes[25]. Bien des refrains insérés dans les chansons courtoises françaises des XIIᵉ et XIIIᵉ siècles, des strophes réutilisées par les auteurs des *Carmina burana* ou par certains *Minnesänger* constituent probablement à la fois les débris et les témoins d'une tradition dont la vigueur se manifestera encore, à partir du XIIIᵉ siècle, dans certains *villancicos* espagnols, dans les *cantigas de amigo* portugaises, voire dans les « chansons de toile » ou les « maumariées » françaises, et sans doute dans beaucoup de chansons de danse, tels les *carols* d'Angleterre. Un ample mouvement poétique, traversant les siècles, se dessine ainsi dans le miroir de formes plus tardives, sans doute plus élaborées, mais qui en imitent ou pastichent les œuvres. Quand, à la fin des années 40, je commençai à m'intéresser à ce problème, je me persuadai que le « grand chant courtois » des troubadours occitans s'était constitué, vers 1100, par réaction contre cette poésie sauvage. L'existence de cette dernière n'en demeura pas moins hypothétique jusqu'à ce que, entre 1948 et 1952, S. M. Stern puis E. G. Gomez eussent déchiffré et publié une série de brefs poèmes andalous insérés, en graphie sémitique, à titre de *jarchas* (strophe terminale) dans des *muwassahas* hébraïques et arabes des XIᵉ, XIIᵉ et XIIIᵉ siècles[26].

24. Communication de G. Le Vot, 1985.
25. Romeralo 1969, p. 365-366.
26. Heger; Hilty; Romeralo 1969, p. 347-364.

Cette découverte a largement confirmé, en le précisant, ce que l'on supposait de la puissance expressive et de la continuité d'une très ancienne poésie érotique, d'extension quasi européenne (de Grenade aux forêts saxonnes; de Rome à la mer du Nord), de transmission orale et assurément chantée. Il est désormais possible d'en identifier certains thèmes, voire quelques traits formels. Ce que j'en retiens surtout, c'est l'image suscitée ainsi: à l'aube du monde issu de la désagrégation des cultures gréco-romaines, et durant les siècles mêmes où se rétablissait peu à peu l'équilibre des forces civilisatrices, se maintint et se développa un art vocal original. Les réactions indignées du haut clergé non moins que l'utilisation folkloriste qu'en firent, à partir du XIIIe siècle, les poètes de cour attestent son irréductibilité et sa longue fécondité. Les œuvres de cet art sont pour nous irrémédiablement perdues. Nous n'en percevons que des reflets. Mais elles existèrent; elles se succédèrent, au sein d'une tradition vivante, pendant toute l'époque mérovingienne, l'époque carolingienne, la haute époque féodale. Il est historiquement bien improbable qu'une telle expérience n'ait pas marqué, longtemps encore après ce terme, toute poésie: non tellement dans les formes de langage ni les motifs imaginaires que, à un niveau profond, dans l'expérience d'un certain accord entre le verbe et la voix.

*

Une vive lumière frappe ainsi — aux yeux de qui tente de s'affranchir du préjugé littéraire — les œuvres que nous ont conservées les manuscrits confectionnés à partir des XIIe-XIIIe siècles. Elle nous procure la quasi-certitude d'un usage (à haute époque exclusivement) vocal des chansons de geste jusque vers la fin du XIIIe, et de l'ensemble de la poésie «lyrique» *popularisante,* au sens où P. Bec entend cet adjectif, renvoyant à un substrat culturel d'oralité pure: aubes, pastourelles, et d'autres, spécialement les formes à refrain. Nous ne connaissons que par des témoignages indirects (ainsi celui de Wace, aux vers 9792 et suivants du *Roman de Brut*) l'existence de contes transmis par la seule tradition orale. Mais cette dernière dut jouer un rôle prépondérant dans la diffusion du genre des fabliaux français et des *Schwänke* allemands, qui apparaît au cours de la seconde moitié du XIIe siècle: l'examen, par J. Rychner, dès 1960, de la tradition manuscrite des fabliaux est convaincant à cet égard;

et l'on n'aurait pas de peine à retrouver des indices comparables d'oralité dans plusieurs formes de « récit bref », contes pieux, miracles de Notre-Dame... jusqu'à la *novella* italienne, selon R. J. Clements et J. Gibaldi. Les *razos* et *vidas* insérées dans les chansonniers de troubadours furent probablement, à l'origine, soumises au même régime : la *Vida* de Guillem de la Tor en fournit la preuve directe : *Quant volia dire sas cansos, el fazia plus lonc sermon de la rason que non era la cansos* (« Quand il voulait exécuter ses chansons, son commentaire [*razo*] durait plus long-temps que la chanson elle-même »)[27]. M. Egan a montré qu'il s'agit là de mini-récits calqués sur le plan des *accessus ad poetas,* ce qui nous renvoie aux pratiques orales de l'enseignement.

Personne ne met en doute, en dépit du faible nombre des mélodies subsistantes, l'oralité de la poésie des troubadours, trouvères ni *Minne-sänger :* du moins, en ce qui concerne sa communication. Mais plusieurs raisons inclinent à penser que la tradition même en fut, en bien des cas (peut-être en concurrence avec des feuilles volantes), confiée à la mé-moire des interprètes. Peu importe que Guillaume IX, à l'aube de cette tradition, assure avoir improvisé telle de ses chansons et Jaufré Rudel, expédié la sienne à son destinataire sans l'aide du parchemin. On invo-quera plutôt la longue durée qui s'écoula entre l'époque où vécurent les poètes et la date des plus anciens manuscrits : au-delà de deux siècles, sinon trois pour la plupart des troubadours antérieurs à la croisade des Albigeois. Tout se passe comme si les amateurs et les copistes du XIVᵉ siècle, inversement, avaient considéré qu'une époque de leur his-toire poétique vivante avait pris fin avec le XIIIᵉ. Or, quelle avait été, dans ce vide d'écriture, le mode d'existence des textes ? les mouvements de l'intertextualité — de l'intervocalité — de l'une à l'autre de ces centaines de chansons ? Un livre récent de J. Gruber fonde implicitement sur ce fait une interprétation globale et « dialectique » du *trobar.* D'autres en voient l'effet dans la *mouvance* généralisée de la chanson : 40 % de celles que nous ont conservées plusieurs manuscrits comportent des variantes signi-ficatives. C'est ainsi que s'éclairent (plutôt que par un appel aux audi-teurs, invités à faire l'exégèse de ce discours) les déclarations de plusieurs poètes, modulées (au début ou à la fin de la chanson) sur le thème : plus on entendra mes vers, mieux ils vaudront ; plus le temps passe, plus signifiants ils deviennent... Ainsi, Cercamon, Jaufré Rudel, Bernart de

---

27. Boutière-Schutz, p. 236.

Ventadorn [28], trois des pères de cette poésie. La chanson, au long de son histoire, s'enrichit, non seulement, non même peut-être principalement, du renouvellement incessant de son texte et de sa mélodie, mais de la force vitale émanant de la multiplicité et de la diversité de toutes ces gorges, ces bouches qui successivement l'assument.

La situation est analogue dans d'autres zones de l'ancienne Carolingie : transfert par voie d'oralité, au XIIIe siècle, de l'épopée française dans la plaine du Pô et en Vénétie ; de la chanson troubadouresque à la cour sicilienne de Frédéric II. La poésie franciscaine des premières générations de l'ordre, soucieuses d'échapper à tout prestige « savant », connut sans doute une phase initiale d'oralité pure. Tout le monde semble, dès 1228-1229, connaître le *Cantico di Frate Sole* de François d'Assise ; mais sa mise par écrit n'est pas assurée avant la fin du siècle. Côté germanique, dès les années 20 de notre siècle, plusieurs savants d'outre-Rhin soutenaient la thèse de l'oralité généralisée de la poésie allemande, aux XIIe, XIIIe siècles encore. Ils l'entendaient, il est vrai, dans un sens plus large qu'on ne le faisait ailleurs, et l'étendaient au roman courtois. A partir de 1968, le livre de H. Linke sur Hartmann von Aue relança la discussion ; F. Knapp, F. Tschirch appuyèrent de leur autorité une position qui (je l'ignorais alors) était celle même que définissait, dans le même temps, mon *Essai de poétique*.

La péninsule Ibérique fournit les plus riches exemples de traditions poétiques vigoureuses qui se sont maintenues jusqu'à hier sans le secours de l'écrit. Celle du *Romancero* remonte, çà et là, au XIIIe siècle, sinon même plus tôt, et son étude ne cesse de s'étendre et de se préciser. Ainsi, une équipe dirigée par Diego Catalán a récemment suivi l'histoire exemplaire du *romance* qui fut le premier mis par écrit, vers 1420, *La dama y el pastor*. Une vingtaine de versions orales distinctes en ont par ailleurs été relevées, depuis le XVIe siècle, chez les Sépharades et, d'un *villancico* qui fournit l'équivalent lyrique de ce récit, on n'a pas retrouvé moins de 180 versions, en Espagne, en Amérique latine et, encore, en milieu sépharade [29]. Ces faits impliquent l'existence d'une tradition bien antérieure au XVe siècle.

Chez les Anglo-Saxons, avant la conquête normande, l'impact de la christianisation sur les antiques traditions germaniques engendra une

---

28. N^{os} de Pillet-Carstens 112, 262, 70.
29. Lamb-Phlipps.

poésie orale, dont les traces restent assez aisément repérables. Après 1066, et durant tout le XIIᵉ siècle, divers échos assourdis nous permettent d'entendre la voix d'une poésie de langue germanique, populaire, refoulée par le français et le latin des dominateurs et des lettrés. Le XIVᵉ siècle en ressent peut-être les effets dans le mouvement que l'on a distingué comme *alliterative revival*. Au-delà de la Severn et de la mer, le monde celtique, en dépit de l'intense activité scripturaire des moines irlandais, demeurera jusqu'à notre siècle exceptionnellement riche de traditions orales, de même, à l'époque ancienne, les pays nordiques, en dépit de différences notables entre Suède, Danemark et Norvège d'une part, Islande d'autre part. On invoquerait aussi bien, à l'autre bout de la chrétienté, la poésie vulgaire de Byzance, et les chants où se forma le cycle héroïque de Digenis Akritas ; plus tard, les ballades serbes commémorant la guerre de Kossovo ; voire, en « Païenie », la transmission des *qasidas* arabe du Proche-Orient... et, partout, présente dans les interstices des cultures dominantes, celle des juiveries du bassin méditerranéen, de la France, de l'Allemagne, de l'Angleterre. On commence aujourd'hui à mieux en percevoir l'ampleur et l'originalité, celles en particulier d'une poésie liturgique ou profane, en hébreu, en vernaculaire, souvent bilingue : art vocal qu'entre le Xᵉ et le XIIIᵉ siècle développèrent avec éclat (parallèlement à la poésie chrétienne des *tropes*) les communautés sépharades de Provence et d'Espagne [30].

Jusqu'où poursuivre cette randonnée ? Plus on la prolonge, plus nous attendent de pièges ; et plus s'étend l'espace considéré, plus fortement décroît la valeur des ressemblances observées. Reste qu'un caractère commun, essentiel quoique profondément enfoui sous les manifestations de surface, subsiste dans les substructures de toutes les civilisations à dominante orale. En ce sens, il n'est peut-être pas abusif, comme l'ont fait récemment plusieurs savants japonais, de relever les analogies entre le mode de déclamation du *Heiké,* de nos jours encore, et ce que l'on peut savoir de l'énonciation épique dans le moyen âge occidental. J'ai moi-même fait l'expérience de la lumière que projettent, sur la nature et le probable fonctionnement de nos fabliaux, les performances de *rakugo*. J. Opland tirait, de la pratique des récitants bantous, des informations sur celle des *skops* anglo-saxons... Les réserves inspirées par une saine philologie conservent en cela leur validité ! Mais plus encore que la

30. Bahat.

« prudence » habituellement recommandée, s'impose un juste éclairage de
la démarche. Il ne s'agit pas en effet — sauf exception — d'apporter une
preuve ni même de fonder telle hypothèse relative à tel texte ou tel terroir,
mais bien de provoquer l'imagination critique : cette ouverture aux images visuelles et auditives, intégrées parmi les éléments d'information que
mettent en œuvre le philologue et l'historien — images sans lesquelles je
ne saurais vivre ce que j'apprends, c'est-à-dire échapper à l'illusion
scientiste.

3. Les interprètes

Jongleurs, récitants, lecteurs. - Un rôle social. - La fête. - Le défi.

Le texte n'est que l'occasion du geste vocal ; et l'auteur de ce geste importerait davantage à mon propos s'il n'était presque impossible à saisir, dans la pénombre des siècles. Du moins, les documents ne font pas entièrement défaut, qui permirent à des savants comme Faral ou Menendez Pidal d'esquisser le portrait robot de plusieurs espèces de chanteurs, récitants, acteurs, lecteurs publics auxquels (sauf rares exceptions) la société médiévale confia la transmission et la « publication » de sa poésie. Après un demi-siècle de presque oubli, *les Jongleurs en France au Moyen âge* non moins que *Poesia juglaresca y juglares,* avec le très riche matériel qu'ils proposent, retrouvent leur actualité et prennent, à la suite de ce qui s'est produit dans nos études au cours des années 60 et 70, fraîcheur nouvelle et valeur probante. L'ouvrage de Faral fut réédité en 1964, plus d'un demi-siècle après sa parution. Un article d'Ogilvy avait, l'année précédente, rappelé l'attention des chercheurs sur l'ensemble des questions qu'il soulève ; en 1977, à Viterbe, un congrès les reprenait dans l'optique particulière de la dramaturgie italienne : les Actes, parus en 1978, contribuèrent à en préciser et en éclairer plusieurs aspects. Le livre de Schreier-Hornung en 1981, celui de Salmen en 1983 (considérant, il est vrai, les musiciens plus que les poètes) en reprirent, à la lumière de recherches récentes, les données d'ensemble.

Les titres de ces études mettent en vedette le mot de *jongleur* ou ses équivalents, *juglar, giullare,* en allemand *Spielmann.* Ce n'est là qu'une simplification lexicale. Les sociétés médiévales disposèrent, pour désigner les individus assumant dans leur sein la fonction de divertissement, d'un vocabulaire à la fois riche et imprécis, dont les termes, en une générale mouvance, ne cessent de glisser les uns sur les autres. Le groupe social auquel ils réfèrent tire sans doute sa lointaine origine de la tradition des chanteurs de chants germaniques, confondue dans celle des musiciens et acteurs de l'Antiquité romaine. D'où, à haute époque, une double couche terminologique : *skops* des terroirs anglo-saxons, attestés dès le IVᵉ siècle ; *scaldes* islandais, puis norvégiens, du Xᵉ au XIIIᵉ ; et, du côté latin, *mimus, scurra, histrio,* en provenance directe de la Rome du Bas-Empire, recouvrant plus ou moins inadéquatement la réalité médiévale. Conrad, chantre de l'église de Zurich, vers 1275, désirant entrer dans le détail, n'emploie pas moins, en figure d'accumulation, de vingt mots latins différents (renvoyant aux instruments de musique employés par chacun, mais de sens, à part cela, uniforme !) [1]. Au XIᵉ-XIIᵉ siècle, se généralise dans les langues vulgaires l'emploi des dérivés du latin *joculator* (de *jocus :* jeu) : français *jongleor* et *jongleur,* occitan *joglar,* espagnol *juglar,* galicien *jogral,* italien *giullare* et *giocolare,* anglais *jugelere* ou *jogler,* allemand *gengler,* néerlandais *gokelaer...* seules les langues celtiques et slaves ne sont pas touchées : le russe *smorokh* restera dans l'usage jusqu'au XVIIIᵉ siècle, de même que le mot gallois et irlandais dont nous avons fait *barde*. Restent à l'écart, à demi préservés de cette contagion, quelques termes spéciaux, comme *goliards,* qualifiant les clercs errants ou marginaux dont beaucoup, par ailleurs, se distinguent mal des « jongleurs » ; ou *troubadours, trouvères, Minnesänger,* référant plutôt aux compositeurs. Dans le même temps, l'allemand *Spielmann,* sémantiquement calqué sur *joculator* (*Spiel :* jeu), gagne les pays flamands, scandinaves, baltiques, l'Europe centrale même. Mais, dès la fin du XIIIᵉ siècle — dans la mesure peut-être où tendent à se refermer sur elles-mêmes les cours princières, non moins que le milieu bourgeois urbain —, cette terminologie passe de mode et des désignations nouvelles apparaissent : *ménestrel, ménétrier, minstrel, Meistersinger, cantastorie.*

Les vers 592 à 709 du *Roman de Flamenca* occitan ainsi (dans une optique bien différente !) qu'un célèbre passage, déjà signalé, du *Pénitenciel* de l'évêque anglais Thomas de Cabham, vers 1280, suggèrent la complexité, sinon les contradictions, d'une réalité que, en y renvoyant avec approximation, brouille à nos yeux un tel vocabulaire. Si l'on écarte du tableau « jongleurs » au sens moderne, saltimbanques, acrobates et montreurs de fauves, restent musiciens, chanteurs, conteurs, à peu près confondus dans l'opinion de leur clientèle. L'ancien espagnol, il est vrai, distingue des toucheurs d'instrument les *juglares de boca* (« jongleurs de

1. Faral 1910, p. 323 ; cf. Salmen, p. 19.

bouche »). Ce sont eux et leurs semblables que je subsume, au cours des pages qui suivent, sous l'appellation d'*interprètes :* je retiens ainsi leur seul trait commun pertinent pour moi, à savoir qu'ils sont les porteurs de la voix poétique. Je leur joins ceux qui, clercs ou laïcs, pratiquaient, de façon régulière ou occasionnelle, la lecture publique : nul doute que beaucoup d'entre eux se distinguaient à peine, pour leur auditoire, jusqu'au XIVe siècle au moins, des « jongleurs » ou ménétriers de toute farine. Ce qui tous les définit ensemble, pour hétérogène que soit leur groupe, c'est d'être (analogiquement, comme les griots africains d'hier) les détenteurs de la parole publique ; c'est — surtout — la nature du plaisir qu'ils ont vocation de procurer : plaisir d'oreille ; du moins, dont l'oreille est l'organe. C'est le *spectacle* qu'ils donnent.

Des documents, souvent très imprécis, qui les concernent, on s'est efforcé d'extraire des renseignements à caractère social, sur leur origine, leurs carrières, leur intégration, et surtout leur possible spécialisation. Les réponses données sont parfois contradictoires. De son enquête, Faral conclut que l'on appréciait plus que tout chez l'interprète une sorte d'universalité dans les arts de divertissement et, s'il disait ou chantait de la poésie, une égale maîtrise des divers genres ; Menendez Pidal soutient l'opinion contraire et fonde sa classification des *juglares* sur l'instrument de musique dont ils s'accompagnaient — ce que pourrait confirmer un document londonien du XIVe siècle, publié en 1978 par C. Bullock-Davies. Un passage du *Verbum abreviatum* de Pierre le Chantre décrit du moins l'extrême facilité avec laquelle un habile *joculator vel fabulator* (entendons : un « spécialiste de la narration ») se meut au sein de son propre répertoire : *qui videns cantilenam de Landerico non placere auditoribus, statim incipit cantare de Antiocho...* (« s'il voit que la chanson de Landri ne plaît pas à ses auditeurs, il se met aussitôt à chanter la prise d'Antioche », et si l'on n'aime pas l'histoire d'Alexandre il embraie sur celle d'Apollonius ou de Charlemagne, ou sur n'importe quelle autre !) [2]. Le troubadour Guiraut de Calanson, dans son sirventés *Fadet joglar,* exigeait de son interprète la capacité de jouer de neuf instruments différents.

Quelques certitudes semblent acquises. D'une part, l'impossibilité de distinguer systématiquement entre les fonctions de musicien et de chanteur ou diseur. L'existence, d'autre part, assurée entre la fin du XIIe siècle

2. Baldwin, p. 143.

et le milieu du XVᵉ, en Italie, en France, en Allemagne, aux Pays-Bas, d'écoles, permanentes ou saisonnières, *scholae mimorum,* dont certains maîtres eurent quelque réputation, comme le Simon qui, en 1313, tenait classe sur le champ de foire de la ville d'Ypres[3]. En Irlande et dans les régions gaéliques d'Écosse, des écoles bardiques fonctionnèrent jusqu'au milieu du XVIIᵉ siècle. Enfin, des « goliards » gyrovagues, en rupture d'école ou d'abbaye, et parfois organisés en bandes, firent profession d'amuseurs, poètes, et spécialement de chanteurs, à ce titre confondus dans la foule des « jongleurs » laïcs, quoique plusieurs des œuvres qu'on leur attribue, comme les *Carmina burana,* n'aient convenu sans doute qu'à des publics très limités. Aucune de ces informations n'implique que la spécialisation ait été la règle. Il se peut qu'elle n'ait été requise que pour l'interprétation de certains genres. Tandis qu'en Espagne le *Romancero* était, selon F. Lopez Estrada[4], transmis par des non-spécialistes, tous les témoignages recueillis dans les terroirs français attestent l'existence d'un groupe distinct et hautement respecté de « jongleurs » voués à l'exécution des chansons de geste, dont ils déclamaient la mélopée en s'accompagnant de la vielle ou de la *cifoine.* On en rencontre encore à la fin du XIVᵉ siècle quoique dès avant 1300 ils soient tombés en défaveur. En 1288, la ville de Bologne leur interdit de se produire sur les places publiques. Ils sont en effet partout, dans l'Italie du Nord, venus de France ou formés sur place, à Milan, à Florence. Vers 1400 encore, à Lucques, Andrea di Goro pratique avec succès cet art[5].

Plusieurs de ces « chanteurs de geste » appartinrent à la classe, apparemment nombreuse, des « jongleurs » aveugles, signalés dans l'Europe entière, jusqu'aux XVᵉ, XVIᵉ, XVIIᵉ siècles, de la péninsule Ibérique à la Sicile, des Balkans à l'Irlande, de la Hongrie à l'Allemagne et à la Russie : détenteurs d'un répertoire assez fortement typé pour que, en Espagne et au Portugal, on lui donne un nom, *arte de ciego, romances de ciegos.* Les documents français sont rares ; mais on ne saurait douter que les terroirs du royaume de France n'aient connu ce phénomène : au milieu du XIIIᵉ siècle, des aveugles, sans doute venus d'outre-monts, disaient la *Chanson de Roland* sur la grand-place de Bologne. Ils firent des disciples : vers 1435 encore, l'aveugle Niccolo d'Arezzo chantait à Florence

3. Salmen, p. 110-113 ; Gérold, p. 367.
4. Lopez Estrada 1970, p. 249.
5. Menendez Pidal 1924, p. 52 et 432 ; Duggan 1981, p. 311 ; Salmen, p. 66.

pour le petit peuple les guerres de Roland et d'autres paladins[6]. Cette spécialisation des aveugles constitue un fait ethnologique remarquable, que l'on a pu observer, de nos jours encore, dans tout le tiers monde[7]. Sans doute, dans une société dont aucune institution n'assure la prise en charge ni la réinsertion de l'aveugle, la solution la plus obvie de son problème est la mendicité, et le chant peut en être le moyen. Mais, plus fortement que des motivations économiques, ont dû jouer les pulsions profondes que signifient mythiquement pour nous des figures antiques comme Homère ou Tiresias : ceux dont l'infirmité signifie la puissance des dieux, et que leur « seconde vue » met en rapport avec l'envers des choses, hommes affranchis de la vision commune, réduits à n'être pour nous que voix pure.

*

Omniprésente, insistante, agitée, la masse des interprètes n'a pas de délimitations fixes et précises. Socialement hétérogène, elle se recrute dans tous les secteurs non paysans de la population et fait preuve d'une mobilité qui, d'un jour à l'autre, peut modifier la condition de l'individu, faire du chevalier un errant misérable, du clerc un saltimbanque, du récitant populaire un conteur introduit dans le beau monde. L'interprétation peut être occasionnelle et ne pas affecter le statut de l'interprète : Gautier Map évoque des nobles de la cour d'Angleterre improvisant et chantant des vers satiriques ; Jean Renart, dans son *Guillaume de Dole,* montre un jeune chevalier qui, cheminant sur la grand-route, entonne la longue « chanson de toile » de *Bele Aiglentine,* accompagné par le vielleux de l'empereur ; des moines récitaient pour l'édification de leurs confrères les *Vers de la mort* d'Hélinant[8] ; dans bien des châteaux, le chapelain ou un chanoine de la collégiale voisine dut faire office de lecteur. Vers 1275, le troubadour Guiraut Riquier, dans une supplique au roi Alphonse X, protestait contre l'assimilation abusive qui, sous le nom de *joglars,* rangeait pêle-mêle assez bas dans l'échelle sociale tous ceux qui se mêlaient de poésie[9]. De grands personnages n'hésitaient pas, en chantant leurs propres vers, à se mettre au niveau des gens de peu : ainsi,

6. Menendez Pidal 1924, p. 36, 110, 426-427 ; Burke, p. 97-98.
7. Zumthor 1983, p. 218-221.
8. Payen 1968, p. 497.
9. Salmen, p. 55-62 ; Stegagno-Picchio, II, p. 65-67.

le roi de Norvège Harold, vers 1050; le duc d'Aquitaine Guillaume IX, au scandale d'Orderic Vital, « dépassait même en bouffonnerie les *histrions les plus bouffons* » *(facetos etiam histriones facetiis superans)* [10]; cent ans plus tard, l'empereur Frédéric II, bon compositeur, dédaigne de chanter, raconte Salimbene, et abandonne ce soin à des professionnels : souci que ne semblent partager, vers 1300 encore, ni le duc Henri de Breslau, ni le prince Witzlav de Rügen, ni le roi Wenceslas de Bohême.

Les rares informations personnelles que nous possédions sur tel ou tel interprète de telle œuvre ou groupe d'œuvres connues témoignent de la plus grande diversité de caractère et de destin. L'*Historia ecclesiastica* de Bède fournit, livre IV, 24, l'exemple le plus ancien : le chanteur Caedmon, sur qui les études se sont multipliées car le récit de Bède semble éclairer la tradition poétique anglo-saxonne [11]. Paysan illettré, recueilli, vers la fin du VIIe siècle, dans un monastère du Yorkshire, Caedmon reçoit « par miracle » un don extraordinaire d'improvisation, lui permettant de composer sur demande, en style poétique de langue vulgaire, toute espèce de poèmes sacrés... Plus près de nous dans le temps et l'espace, l'existence du mystérieux Bréri (ou Bleheri, ou Bledhericus), *famosus ille fabulator* selon Giraud de Barri, a posé plus d'un problème aux historiens de la légende de Tristan, qu'il aurait, séjournant à la cour de Poitiers, contribué à faire connaître sur le continent : cet illustre « conteur » ne serait autre, selon Mary Williams, que le Gallois Bledri a Califor, de la région de Carmarthen, chevalier-poète comme il y en avait bon nombre alors en pays celtique, en Allemagne et en Occitanie.

On glanerait nombre de renseignements à travers les quelque cent *Vidas* de troubadours insérées dans les chansonniers : Élias de Barjols, fils d'un marchand de la région d'Agen, le quitta un jour pour se faire jongleur et se mit à courir les châteaux avec son « copain » Olivier; un autre Élias, fils d'un bourgeois de Bergerac, suivit la même voie; la grâce poétique toucha un troisième Élias, orfèvre de Sarlat, sans grand talent, avoue le biographe, mais que son errance emmena jusqu'à Salonique. Fils de marchand aussi, l'Agenais Uc de Pena; fils d'un pauvre chevalier provençal, Raimbaut de Vaqueiras; fils d'un tailleur, et tailleur lui-même, Guillem Figueira. Gausbert, fils du châtelain de Puicibot, était moine, mais pour l'amour d'une femme quitta le cloître et vint quérir chez

---

10. Stegagno-Picchio, II, p. 68.
11. Fry.

le seigneur de Mauléon son «équipement de jongleur» *(arnes de joglar);* le moine de Montaudon, lui, ramenait au couvent les gains qu'il réalisait comme chanteur. Gui d'Ussel, chanoine de Brioude, composait des chansons qu'il interprétait lui-même pour Marguerite d'Aubusson... jusqu'au jour où un légat pontifical le lui interdit. Peire Roger, chanoine de Clermont, préféra partir. *E fetz se joglars* («et il se fit jongleur») revient comme un refrain, appel récurrent, dans cette société occitane, en cela exemplaire, mouvement de conversion qui touche indifféremment tous les «états du monde», vocation de la parole et du chant, suscitant une élite de porte-voix. De tel autre troubadour, le biographe se borne à signaler qu'il «fut jongleur», comme Guillem Magret, de Vienne, joueur et pilier de taverne.

En Italie, une épître de Michel Verino décrit la technique et l'action du célèbre *cantarino* Antonio di Guido, au milieu du XVᵉ siècle. Quant à l'Espagne, elle a conservé le souvenir quasi épique de plusieurs figures comparables, jusqu'au seuil de la Renaissance. En 1453 apparaît à la cour de Jean II un *juglar* errant, Juan, Juif converti, fils du crieur public de Valladolid, surnommé El Poeta; Menendez Pidal a retracé sa biographie, déjà picaresque, ses voyages à travers la Navarre, l'Aragon et, en Italie, de Milan à Mantoue et à Naples. Peut-être les mœurs espagnoles maintinrent-elles plus longtemps des conditions favorables à ce genre de carrière. Le dernier des jongleurs d'Occident ne fut-il pas le morisque Román Ramírez, arrêté à Soria en 1595 par l'Inquisition et mort en prison quatre ans plus tard, inculpé de sorcellerie tant il semblait à ses juges avoir besoin de l'aide du Diable pour réciter de mémoire, comme il l'assurait, des romans entiers de chevalerie [12]!

D'autres, plus mal traités par l'histoire, a survécu le seul nom, parfois un sobriquet plaisant (l'Italien Maldicorpo ou l'Occitan Cercamon), souvent déformé par la tradition orale de ses admirateurs: tel le ménestrel bourguignon, vers 1360, que les sources appellent Jacquemin, Commin, Quemin, voire Connin [13]. Certains, figurés aux enluminures de manuscrits, sculptés en reliefs décoratifs (sinon brodés en tapisserie comme le *Turoldus* de celle de Bayeux), typifiés, ont perdu tout caractère individuel. En revanche, les textes poétiques mettent parfois en scène leur propre interprète dans les «boniments de jongleurs»; ou, du moins,

12. Harvey.
13. Salmen, p. 10.

celui-ci décline son nom ou son surnom — indice de fierté suggérant qu'il jouissait de quelque réputation : le Gautier de Douai de *la Destruction de Rome*, le Guillaume de Bapaume de *la Bataille Loquifer*. Ailleurs, et plus souvent, le récit intègre un épisode décrivant une performance, ou présentant un interprète en action : du *skop* de Hrotgar, dans le *Beowulf,* au scalde de la *Saga d'Egil* et au chanteur saxon de la trahison de Krimhild dans les *Gesta Danorum,* ou au *Tristan* de Gottfried, les exemples sont nombreux dans le monde germanique mais ils ne lui sont pas propres. Faral, en appendice de ses *Jongleurs,* publie près de deux cents textes analogues pour la seule France ; Crosby, soixante-sept, français ou anglais, des XIIe, XIIIe et XIVe siècles. Sans doute faut-il tenir compte des clichés et de probables truquages narratifs. On ne peut toutefois dénier à cet abondant matériel une valeur documentaire globale. Plusieurs textes, particulièrement explicites, dépeignent les conditions d'exercice de cet art vocal, et l'ampleur de son registre. Ainsi, en français, à la fin du XIIe et au XIIIe siècle, le *Roman de Renart, Huon de Bordeaux, Bueve de Hanstone, Doon de Nanteuil,* le *Roman de la Violette,* et divers autres [14]. Quelques-uns de ces témoignages se rapportent non à des chanteurs ou récitants, mais à des lecteurs : tantôt, un auteur, ayant achevé quelque ouvrage, en fait la lecture à haute voix, devant son commanditaire ou en présence d'un auditoire choisi : ainsi, Giraud de Barri, en 1187, qui eut besoin de trois journées pour lire en public à Oxford sa *Topographia hiberniae ;* ainsi, vers la même époque, Benoît de Sainte-More, évoquant, dans sa *Chronique des ducs de Normandie,* le moment où il la réciterait devant le roi Henri II ; en 1215 à Bologne, en 1226 à Padoue, Boncompagno da Signa fit la lecture publique de sa *Rhetorica* [15]. Ou bien un groupe d'amateurs requiert un lecteur professionnel à « *conter* » ou « *retraire* » (tels semblent avoir été les termes techniques en usage en France) le texte souhaité : ainsi les *Lais* de Marie de France, selon Denis Piramus qui en trois vers brosse la scène [16]. Le lecteur entame souvent un long récit, dont l'on peut présumer qu'il tient une copie sous les yeux : *Flamenca,* aux vers 599 à 700, montre ainsi des lecteurs capables de produire, outre des *lais* et des *histoires ovidiennes,* le *Roman de Thèbes,* celui de *Troie,* l'*Éneas,* l'*Alexandre,* l'*Apollonius, Érec, Yvain, Lancelot, Perceval,* le *Bel In-*

---

14. Respectivement : br. I*b*, v. 2403-2580 et 2857-3034 ; v. 12803-12818 ; v. 5-18 et 83-118 ; v. 1386-1402.
15. Bezzola, p. 48 et 195 ; Haskins, p. 142.
16. Mölk 1969, n° 74, v. 43-45.

connu, d'autres encore! Enfin, dans un petit groupe aristocratique, l'une des personnes présentes, homme ou femme, fait la lecture aux autres, rassemblés alentour. Dans *le Chevalier au lion,* de Chrétien de Troyes, v. 5355-5364, une jeune fille, au jardin d'un château, s'occupe à lire à ses parents un roman «qui traite je ne sais de quel héros»; Konrad von Würzburg campe, au prologue de *Der Welt Lohn,* un lecteur en pleine action; *l'Escoufle,* de Jean Renart, v. 2058-2059, fait l'éloge d'une noble demoiselle, habile à «chanter des chansons et conter des contes d'aventure»; des tableaux de ce genre se rencontrent fréquemment. Scholz en a dressé une liste pour l'Allemagne.

Ces diverses pratiques ont dû être favorisées, à l'époque même où se répandait en langue vulgaire l'usage de l'écriture, par la répugnance (comme le suggère Crosby) des Grands, fussent-ils lettrés, à s'imposer le pénible travail qu'était la lecture directe. Aussi bien, il était désormais aisé de trouver, parmi les clercs ou même les bourgeois, des gens compétents dans cet art. Une classe d'interprètes ainsi spécialisés dut assez rapidement se former. Bien des indices du reste inclinent à penser que ces «lectures», confiées aux nouveaux professionnels, ne tardèrent pas à se transformer en spectacle: beaucoup des représentations figuratives que nous avons de «lecteurs» suggèrent que le livre, devant eux sur son lutrin, peut n'être qu'une sorte d'accessoire servant à dramatiser le discours — comme il l'était naguère, pour les bardes serbo-croates, dans le mode de récitation dit *z kniga.* Je n'hésiterais qu'à peine à interpréter ainsi un vers du prologue de *Doon de Mayence* dans le manuscrit BN 7635:

> ... *la tierce dez gestes, dont no livre commence*

(«la troisième de ces histoires héroïques, celle dont mon livre entreprend le récit»). Le manuscrit de Montpellier ne donne pas l'équivalent de ce vers, mais annonce simplement:

> *jà orrés comment cheste canchon commenche* [17]

(«vous allez entendre comment débute cette chanson»). Le livre que «lisait» Roman Ramirez était un paquet de feuillets blancs. Pressé par l'Inquisition, le Morisco avouait sa technique: il avait préalablement

---

17. *Ibid.,* p. 13-14.

appris par cœur le nombre des chapitres que comportait l'ouvrage, les grandes lignes de l'action, les noms des lieux et des personnages ; puis, en récitant, ajoutait, condensait, supprimait, sans toucher à l'essentiel de l'histoire et en employant « le langage des livres »...

*

Peu importe les différences d'origine, de statut social, de situation économique (certains devinrent riches, reçurent des fiefs en tenure), de sexe même — quoique les *jongleresses,* très nombreuses au XIIIe siècle, semblent avoir été surtout danseuses, à quelques exceptions près comme la célèbre Agnès, chanteuse favorite du roi Wenceslas de Bohême, vers 1300 [18]. Cela seul compte que — contrairement à la thèse de Hartung sur les jongleurs — les interprètes de la poésie ne furent pas dans ce monde-là des marginaux. On ne saurait, il est vrai, parler de leur *position :* ils ne se posent, à proprement parler, nulle part ; ils se distinguent ; se situent par contraste avec les autres « états du monde » ; beaucoup d'entre eux s'affublent de vêtements voyants ou excentriques, se traitent eux-mêmes ironiquement de fous. Pour une part ils manifestent le côté carnavalesque de cette culture ; mais pour une part seulement. A partir de la fin du XIIe siècle, bien des textes, issus de milieux cléricaux ou aristocratiques, attestent chez leurs auteurs et leurs diffuseurs une réaction de défense, protestation d'honorabilité et de sérieux : d'où le cliché « je ne suis pas de ces jongleurs qui... » : indice d'une situation, générale encore vers 1200-1250. L'extension de l'usage de l'écriture et (de manière plus inexorable) le lent effondrement des structures féodales ruinèrent, à très long terme, le prestige des récitants, chanteurs, conteurs professionnels ; l'imprimerie les fit tomber dans une sorte de sous-prolétariat culturel. Leur grande époque s'était étendue du Xe au XIIe siècle : siècles mêmes de la plus brillante « littérature médiévale » ! L'Allemagne et les pays romans offrent peu d'exemples de carrières comparables à celle de quelques grands scaldes islandais du XIe siècle, dont la gloire rayonna sur toute l'Europe du Nord, voire devenus personnages d'épopée, comme Egil ; mais la faveur dont jouirent beaucoup d'interprètes — ainsi que leur profession comme telle — est prouvée de façon continue pendant plus de deux cents ans. Le roman de *Daurel et Beton,* du début du XIIIe siècle, a pu être

18. Faral 1910, p. 64-64.

interprété comme un éloge de l'activité jongleresque; le prologue de *Doon de Nanteuil*, vers 1200, cite huit maîtres illustres de l'art d'interprétation épique; le troubadour Raimbaut d'Orange, trente ans plus tôt, donnait à sa dame le *senhal* («surnom emblématique») de *Bel Joglar*, «Beau Jongleur». Dans ce contexte, les demandes d'argent et autres formules de mendicité, si fréquentes dans les textes des XIIe et XIIIe siècles, n'ont rien de vil: elles manifestent un rapport social dépourvu d'ambiguïté, et qui d'une certaine manière s'établit entre égaux.

Les coutumes à cet égard sont les mêmes d'un bout à l'autre du continent, jusqu'à la Moscovie et à Byzance. Récitants, jongleurs, lecteurs pénètrent tout l'espace social. Ils s'attachent parfois, de façon plus ou moins durable, à une cour seigneuriale, voire à un poète mieux placé qu'eux et moins compétent, dont ils ont vocation de dire les textes, ainsi le chanteur qu'engage le troubadour Peire Cardenal, fils d'un noble chevalier auvergnat. Plusieurs cours royales eurent leurs jongleurs et lecteurs attitrés: celles de Castille, d'Aragon, de Portugal, de France, d'Angleterre, celles de l'empereur en réunirent des foules, à certains moments des XIIe et XIIIe siècles. On a parlé à ce propos de mécénat: il s'agit plutôt d'un échange de services. Gottfried von Strassburg trace du chanteur de cour un portrait qui exclut toute idée d'abaissement. La communication de la poésie des troubadours et de leurs imitateurs, les formes anciennes du roman, l'une et les autres expressément destinées à un public courtois, exigeaient un personnel dont on ne pouvait pas ne point estimer la valeur. Par un glissement naturel, il arriva qu'un prince confiât à tel de ses ménestrels une mission, délicate ou confidentielle, de messager ou même d'ambassadeur [19]. Au XIVe siècle, au XVe, toute cour de quelque importance a ses ménestrels: vers 1500 encore, la reine Anne, le roi Charles VIII entretiennent auprès d'eux des «rhétoriqueurs» célèbres, Jean Lemaire, André de La Vigne. Ces poètes se désignent eux-mêmes du terme d'*orateur*, par lequel, apparemment, ils évoquent la traditionnelle fonction de porte-parole.

Les dignitaires ecclésiastiques se tinrent souvent à l'écart, retenus par les préjugés propres à leur milieu, de favoriser un art qui échappait à leur emprise. Les exemples pourtant ne manquent pas, de prélats ouvrant à des «histrions» les palais épiscopaux: ainsi, aux XIIIe, XIVe siècles encore, en Angleterre et en Espagne. Certaines églises commanditèrent des poètes et

---

19. Salmen, p. 80.

chanteurs qu'elles chargeaient de leur publicité auprès des pèlerins. C'est à cette coutume que l'on devrait, dans la région de Saint-Jacques-de-Compostelle (et dans plus d'une douzaine de petits sanctuaires locaux), les chants de *romaria* que nous ont conservés quelques chansonniers ibériques. Selon Bédier, jadis, telle aurait été l'origine des chansons de geste. Du Xe au XIIIe siècle des « fêtes de jongleurs » se tinrent périodiquement dans quelques grandes abbayes, comme la Trinité de Fécamp : lieux de contact et de compétition entre clercs et interprètes, entre interprètes entre eux, contribuant sans doute à la formation, parmi ces derniers, d'une élite. Dans certaines villes, la municipalité appointa des conteurs, chanteurs, musiciens afin d'en mieux contrôler l'activité. Dès la fin du XIIe siècle, une confrérie arrageoise réunit, sous l'invocation de Notre-Dame, bourgeois et jongleurs de la ville. Cette institution ou d'autres semblables ne sont pas étrangères à la formation des *puys,* qui, du XIIIe au XVIe siècle, dans plusieurs villes du nord de la France et des Pays-Bas, regrouperont périodiquement citoyens amateurs de poésie, chanteurs et « rhétoriciens ». Vers 1300 se dessine, spécialement en France et en Espagne, un mouvement tendant à la constitution de guildes de ménestrels : le règlement corporatif assurait, en même temps qu'une assiette économique, une intégration incontestable aux structures de la Cité.

Jusqu'à cette époque relativement tardive, la majorité des « jongleurs » mena une existence errante : de maître en maître, au gré des saisons ou plus durablement, comme le troubadour Peirol, faute d'avoir su trouver patron ; par « goût » peut-être..., par crainte ou refus d'un lien. On a, récemment encore, considéré un certain nomadisme comme le trait commun de ces porte-parole du monde médiéval [20] : aussi nombreux, aux XIVe et XVe siècles, selon W. Salmen, que les gens d'Église. Les renseignements que fournit cet auteur complètent, pour les pays germaniques et slaves, les données jadis recueillies par Menendez Pidal. L'Europe entière fut concernée par cette migration giratoire, permanente. On a pu en tracer des cartes. Salmen en dressa sept, repérant les itinéraires de « jongleurs » présents, au XVe siècle, dans des fêtes organisées à Hildesheim, Nuremberg, Bâle, et d'autres villes : ils s'étendent jusqu'au Danemark, à la Suède, la Pologne, la Hongrie, l'Écosse, la Bourgogne, la Lombardie, l'Espagne. Les itinéraires mentionnés par Menendez Pidal

20. Hartung.

embrassent les terres ibériques, françaises, italiennes. Ajoutons à ces tableaux les États « francs » de Grèce et du Proche-Orient durant le XIIIᵉ siècle, Chypre jusqu'au XVᵉ. Si Beuve de Hantone, héros de chanson de geste française, a passé dans le folklore russe, il le doit sans doute à quelque jongleur au long cours. Cependant, à cette invasion incessante d'instables au métier douteux, les villes bourgeoises réagissent. Les municipalités adoptent — en même temps qu'elles officialisent l'activité de certains jongleurs — des règlements limitant le nombre de ceux qu'elle admet à résidence, même temporaire : Strasbourg n'en veut, en 1200, pas plus de quatre ; Cracovie, en 1336, huit ; Cologne, en 1440, quatre. Les autres ne sont pas tolérés dans l'enceinte urbaine plus de deux ou trois jours consécutifs ; à Boulogne, en 1288, à Paris et Montpellier en 1321, il leur est interdit d'y passer la nuit. Dans une lettre à Boccace, écrite à Pavie vers 1365, Pétrarque évoquera avec mépris ces gens qui hantent encore l'Italie du Nord [21]. Selon qu'en effet leur mode de vie est plus sédentaire ou plus itinérant, chanteurs, récitants, lecteurs représentent deux types d'homme aux mentalités de plus en plus distinctes à mesure que passent les générations. Sans doute, les cas médians furent-ils, au XIIᵉ, au XIIIᵉ siècle, les plus nombreux. Mais, à terme, la différence, en se creusant, préparait l'avènement de notre « homme de lettres », dont les plus anciens spécimens se rencontrèrent dans l'Italie du XIVᵉ, dans la Bourgogne et la France de la fin du XVᵉ.

Au cœur d'un monde stable, le « jongleur » signifie une instabilité radicale ; la fragilité de son insertion dans l'ordre féodal ou urbain ne lui laisse qu'une modalité d'intégration sociale : celle qui s'opère par le jeu. Tel est le statut paradoxal que manifeste la liberté de ses déplacements dans l'espace ; et, de façon fondamentale, qu'implique la parole dont il est à la fois l'organe et le maître. C'est pourquoi le « jongleur » est lié à la *fête,* l'une des assises de la société médiévale, à la fois épanouissement et rupture, prospective et rédemption rituelle, espace plénier de la voix humaine. Fêtes publiques, telles que couronnements ou adoubements princiers : à celui d'Édouard de Carnarvon, le 22 mai 1306, prirent part 150 ménestrels (dont nous est restée la feuille de paie) ; dix-huit ans plus tard, une cour réunie à Rimini par les Malatesta en rassemble 1 500 [22] ! De mémorables rencontres jalonnent ainsi l'histoire de quatre siècles.

21. Salmen, p. 53, 74, 95 ; Triaud, p. 764.
22. Bullock-Davies, p. 67-173 ; Faral 1910, p. 61.

L'adoubement des fils de Frédéric Barberousse, à Mayence en 1184, l'entrevue du même empereur avec le roi de France à Meuzon en 1187 furent l'occasion entre chanteurs romans et germaniques de contacts personnels qui contribuèrent à la diffusion européenne du grand chant courtois. La chronique du XVe siècle conserve le souvenir d'une série de vastes rassemblements festifs, tissant sur l'Occident, jusqu'à la Bohême de Sigismond et à la Hongrie de Mathias Corvin, un réseau serré de relations princières et de discours exaltant, par la bouche des poètes, l'Ordre ainsi manifesté.

Les fêtes privées — banquets, baptêmes, et surtout noces — requièrent aussi, plus modestement, l'intervention d'interprètes de poésie. Sur ce dernier point, les témoignages sont innombrables, de l'époque mérovingienne jusqu'au XVIe siècle. On renonce plutôt à la noce que de s'y passer de jongleurs, selon le *Roman de Renart* (branche I, v. 2763-2764); en 1461 encore, pour célébrer son mariage, à Jaen, le connétable Miguel Lucas dépensera une fortune pour s'assurer de la présence d'un nombre suffisant de ménestrels et de les vêtir avec la splendeur nécessaire [23]. Dans une lettre modèle de recommandation pour un jongleur, Boncompagno da Signa, vers 1200, le dit apte à se produire aussi bien à la Cour qu'à une cérémonie nuptiale [24]. Le lien, apparemment fonctionnel, attachant à cette dernière l'audition de chanteurs ou de diseurs (l'épisode des noces de Flamenca en constitue la plus brillante illustration), subsiste jusqu'aujourd'hui dans les mœurs paysannes de plusieurs terroirs européens et américains : élément rituel dont le fondement tient aux valeurs psycho-physiologiques, mythiques et sociales investies dans la voix humaine. Il manifeste la puissance de la fonction vocale dans la culture dont relève ce rite. C'est pourquoi l'interprète de poésie assume au sein de celle-ci un rôle de mesureur du temps social : celui, justement, que rythment les fêtes ; mais aussi les moments forts qui, sans récurrence régulière, marquent la succession des jours : voyages, longues chevauchées. Rois et grands seigneurs se faisaient suivre, dans leurs déplacements diplomatiques, de troupes de jongleurs des deux sexes.

C'est dans ce contexte sociologique et à partir de lui — non de seules considérations philologiques — qu'il convient d'interpréter les nombreuses allusions faites, en contexte le plus souvent fictionnel, aux chants

23. Menendez Pidal 1924, p. 99-109 ; cf. Faral 1910, p. 87-92.
24. Goldin 1983, p. 46.

guerriers déclamés, en pleine action de combat, soit par des spécialistes, soit par les combattants eux-mêmes. En dépit du scepticisme jadis affiché par Faral, il semble assuré que c'était là une tradition fort ancienne, bien enracinée chez les Germains, les Anglo-Saxons et les Celtes, et qui se maintint en Occident jusqu'aux XIIe-XIIIe siècles — non exclusivement lors de batailles rangées, comme le montre l'exemple d'une bande de pillards bourguignons, qu'évoque vers 1100 Raoul le Tourtier[25]. Le cas le plus explicite et (sans doute à tort) le plus contesté n'est autre que celui de la bataille de Hastings, qui en 1066 livra l'Angleterre à Guillaume le Conquérant. Sept des dix chroniques qui nous en font le récit, respectivement rédigées entre 1070 environ et le début du XIIIe siècle, mentionnent un jongleur qui, marchant en tête de l'armée normande, donna par son chant le signal de la mêlée; trois de ces textes le nomment: Taillefer; deux suggèrent qu'il chanta une version de la *Chanson de Roland*[26]. Selon divers documents, comme la laisse 97 de la *Chanson de Guillaume*, les chefs de guerre aimaient à s'attacher des chanteurs épiques aptes au combat. Dans une société encore foncièrement guerrière, ces hommes remplissaient une fonction forte, leur voix diffusait une vertu, effectuait le transfert d'une vaillance ancestrale aux combattants d'aujourd'hui: «pour allumer, à l'exemple martial d'un héros, comme l'écrit Guillaume de Malmesbury, ceux qui se préparent à combattre».

*

Sur les lèvres, par la gorge de tous ces hommes (beaucoup plus rarement, sans doute, de ces femmes) se prononçait une parole nécessaire au maintien du lien social, soutenant et nourrissant l'imaginaire, diffusant et confirmant les mythes, revêtue en cela d'une autorité particulière quoique non clairement distincte de celle que prend le discours du juge, du prêcheur, du savant. D'où l'usage que le pouvoir tenta périodiquement d'en faire, engageant comme propagandistes jongleurs ou clercs lisants: le chancelier de Richard Cœur de Lion recrutait en France des chanteurs chargés de louer son maître dans les villes anglaises, sans doute tenues pour peu sûres; les *podestà* italiens, au XIIIe siècle, entretenaient des thuriféraires à gages; la France du temps de Saint Louis, celle, deux siècles plus tard, de Charles VIII sont riches de tels exemples. Toutes les

25. Gitton; cf. Faral 1910, p. 55-59.
26. Sayers.

grandes polémiques d'alors gagnèrent par cette voie les lieux publics, engageant les foules, et cette tradition se maintint jusqu'aux temps de Louis XIV, ailleurs beaucoup plus tard. A chaque humain, sa parole assigne dans le groupe une *place,* dont il lui est, au cœur de sociétés assez rigidement formalisées, difficile de changer. La place du porteur de poésie, dans l'Europe du Xe au XVe siècle, est centrale. L'identité d'un interprète se manifeste avec évidence dès qu'il ouvre, ès qualités, la bouche : elle se définit en opposition avec toutes les autres identités sociales, par rapport à elle dispersées, incomplètes, latérales, et qu'elle assume, totalise, magnifie.

Metricus enim modus est histrionum qui vocantur cantores nostro tempore et antiquitus dicebantur poetae, qui... cantus ad arguendum vel instruendum mores vel ad movendum animos et affectus ad delectationem vel tristitiam fingunt et componunt (« Le rythme appartient aux " histrions ", que nous appelons aujourd'hui chanteurs et que l'on nommait dans l'Antiquité poètes... eux qui façonnent et harmonisent leurs chants en vue de convaincre ou de corriger les mœurs, ou d'inciter les esprits et les cœurs soit à la joie soit à la tristesse ») : tels sont, vers 1280, les termes qu'emploie Engelbert d'Admont[27]. Qu'ils reprennent un cliché d'origine antique n'en fait pas des mots vides. L'Allemand connu sous le nom de Der Meissner s'exprime vers la même époque de manière semblable dans l'une de ses chansons, mettant l'accent sur la fonction de « conseil » *(ratgebe aller tugent),* c'est-à-dire de discernement et de véridicité... Entendons, en contexte : sur une capacité spécifique du langage poétique, mis en situation par un artiste compétent[28]. Notion « utilitaire », mais indissociable de celle de divertissement : aux XVe-XVIe siècles, alors que les poètes commençaient à distendre leurs attaches sociales et à se détourner de cette grande idée, les « fous » et bouffons de cour tendirent à la reprendre pour leur compte... Fondamentalement, la poésie, en effet, pendant des siècles avait été *jeu,* dans l'acception la plus profonde, sinon grave; sa visée ultime : procurer aux hommes le *solatium* (l'ancien français disait *soulas :* nous avons perdu ce joli mot !). Mais pour la plupart des gens d'Église, tout *solatium* sent le soufre : le terme réfère à un plaisir, à quelque allègement de l'âme et du corps, à l'espoir d'une liberté, à la gratuité d'une action — à la Fête. D'où la générosité dont fait

---

27. Salmen, p. 63.
28. Sayce, p. 422 ; cf. Schnabel, p. 274-277.

preuve envers ses amuseurs le public, mais aussi la réputation de cupidité que s'attirent à tort ou à raison ces derniers : argument de poids pour les censeurs, dans l'esprit de qui *soulas* signifie obstacle à la pénitence, fondatrice des normes chrétiennes, bien pis, signifie triomphe de Mensonge et de Dépravation. Ces jugements sévères influencent l'opinion générale, sans réfréner les coutumes ludiques auxquelles sont associées les diverses formes de poésie. D'où les contradictions que l'on relève à ce propos dans les textes. Les milieux chevaleresques, à mesure que la progression générale de l'économie leur assure plus de loisir et élargit leur espace de jeu, sont moins sensibles à cet ascétisme culturel. Aux XIVe et XVe siècles, en dépit des ruines accumulées à travers l'Occident, une frénésie semble saisir les cours princières, où s'instaurent de véritables liturgies du *soulas,* dont chanteurs et récitants, avec les musiciens, sont les officiants principaux : triomphe non pas du mensonge, comme le disent les Autres, mais du déguisement, du masque, de la fiction joyeuse.

L'existence des interprètes de poésie constitue un élément actif, un ferment, dans cette société à la fois ouverte et sans cesse tentée par le refermement. Elle fascine et inquiète. L'Église n'a cessé d'y subodorer une force secrètement rivale, peut-être inspirée par l'enfer : conflit de cultures, jadis ouvert par saint Augustin, dont les formules condamnatrices seront inlassablement reprises en déclarations, règlements, édits — ecclésiastiques et parfois royaux —, jusqu'à l'époque moderne — où le théâtre finalement concentra ces attaques. Or, le théâtre, à partir du XVIIe siècle, fut la dernière forme poétique où subsistât quelque chose du régime médiéval, entièrement déterminé par la performance. Le grief, quand il se précise, tient dans le mot de *scurrilitas,* excès de parole, usage dénaturé du verbe. Peu à peu, dans le contexte des premières bourgeoisies, s'y joindra l'*inutilitas,* négation du travail producteur. Rien toutefois ne put empêcher la multiplication de cette engeance qui, au XIIIe siècle, représentera dans l'Europe entière une puissance, insaisissable mais toujours là. Les morigéneurs dès lors (se rangeant majoritairement à une opinion sans doute depuis longtemps répandue parmi eux) font la part des choses. De la masse des amuseurs, Thomas de Cabham distingue le groupe privilégié des chanteurs de geste et des chanteurs de saints, à qui l'on ouvre même, comme à Beauvais, aux grandes fêtes, les portes du cloître [29]. A la même époque, Thomas d'Aquin posait la question en

29. Faral 1910, p. 44-50 et 62 ; Casagrande-Vecchio, p. 923 ; Salmen, p. 43.

termes théoriques. La *Somme théologique* (IIa IIae, *questio* 163, art. 3) admet, le divertissement de l'homme étant nécessaire, que l'activité de l'*histrio* n'est pas mauvaise en soi et peut être considérée comme un travail : premier effort pour reconnaître au porteur de poésie une fonction spéciale dans un monde où tout ce qui existe a une fin.

C'était là résoudre ce qui, aux yeux de lettrés de ce temps, constituait un vrai problème. Peu leur importait en revanche la question souvent posée par les médiévistes des années 1900 : quelle distinction faire entre auteur et interprète ? où situer l'un et l'autre ? Dans les termes les plus banals, l'interrogation se ramenait à savoir si, quand, comment le « jongleur » fut, aussi, poète. Divers indices amenèrent des critiques à répondre affirmativement, s'agissant de tel individu, de tel texte. Ainsi de plusieurs fabliaux, de romans même, comme le *Tristan* de Béroul. Ce sont là cas d'espèce, dont on ne peut tirer aucune conclusion générale : d'autant moins que l'anonymat de la plupart des textes indique à quel point le sentiment médiéval en ces matières, en l'absence de toute notion de propriété intellectuelle, différait du nôtre. Nous déplacerions aujourd'hui l'accent et nous demanderions plutôt quelle action l'interprète put exercer sur la poésie ; de quelle manière il intervenait dans l'économie propre et le fonctionnement du dire poétique. L'usage constant, dans les *Vidas* de troubadours et les *razos* de chansons, des termes, tantôt conjugués et tantôt en opposition, de *saber (trobar)* et *s'entendre* (au chant) me semble trahir une perception de l'originalité de l'interprète : contrairement à Boutière et Schutz, je comprends en effet ces verbes comme référant à deux activités différentes, celle du compositeur *(saber)* et l'autre ; il est remarquable en cela qu'*entendre,* évoquant dessein, concentration et percée intellective, est beaucoup plus riche de connotations que *saber.* La *Vida* d'Arnaut Daniel désigne expressément le travail de l'interprète comme un double procès : *entendre,* mais aussi *apprendre,* c'est-à-dire intérioriser.

Mieux vaut écarter d'emblée, dans cette étude, certaines obsessions héritées du romantisme et dont les médiévistes ont du mal à s'affranchir : celle, ainsi, qui pousse au classement (d'auteurs, de textes, de traditions) en *populaire* et *savant, clercs* et *jongleurs,* ou d'autres semblables. De telles distinctions ne font pas sens. Arnaut Daniel, qui passa pour l'un des poètes les plus difficiles de son temps, et à qui Dante même donnera la parole dans la *Comédie,* devint jongleur après avoir appris *las letras.* Il ne fut pas le seul. Les médiévistes allemands opèrent, dans cette perspective, à l'aide d'une notion dont on peut contester le bien-fondé : celle de *Spielmannsdichtung* («poésie de jongleur»), utilisée pour catégoriser, en particulier, les épopées d'origine germanique ancienne, telles que *König Rother* ou *Herzog Ernst,* ou des rimailleries plaisamment didactiques, tel le *Salman und Morolf.* En Espagne, deux vers du *Libro de Buen Amor,* interprétés comme un jugement classificatoire, ont donné lieu dans le vocabulaire des médiévistes à une opposition entre *mester de clerecía* («art de clergie») et *mester de juglaría* («art de jonglerie») : opposition qui, du reste, s'atténue dans les travaux les plus récents. Ni la France ni l'Italie n'ont été l'occasion de distinctions aussi tranchées ; mais le modèle en flotte entre les lignes de plus d'un ouvrage savant. Monaci jadis évoquait l'existence d'une *letteratura giullaresca,* nettement différente de la *clericale.* L. Stegagno Picchio suggère avec finesse que les différences ainsi dénotées perdent toute pertinence si l'on tient compte du caractère mimique de la communication : la totalité de la poésie italienne la plus ancienne, du *Ritmo cassinese* aux *contrasti* génois, manifeste, de ce point de vue, une parfaite homogénéité. Je ne m'exprimerais pas autrement à propos de la poésie française. La question se pose en termes identiques dans toute l'Europe.

Du moins ne peut-on nier l'importance du rôle joué par les récitants et les chanteurs professionnels, à travers des terroirs si divers, dans la formation de langues poétiques romanes et germaniques et, peut-être, des systèmes de versification. Rôle triple ou quadruple. Le nomadisme même de beaucoup d'interprètes, la dispersion de leur clientèle, rendit possible et nécessaire la constitution d'idiomes communs à de plus ou moins vastes régions, transcendant les patois locaux originels. Peut-être, par là même, les «jongleurs» transmirent-ils au monde médiéval des débris d'archaïques formes imaginaires, intégrées au fonctionnement d'un langage : le fait n'est guère douteux dans les pays nordiques [30]. La parole poétique ainsi vocalement portée, au jour le jour ré-entendue, plus et mieux que ne l'aurait pu l'écriture, favorise la migration de mythes, de thèmes narratifs, de formes langagières, de styles, de modes, sur des aires parfois immenses, affectant en profondeur la sensibilité et les capacités inventives de populations que rien autrement n'eût rapprochées. On sait combien de contes circulèrent ainsi d'un bout à l'autre de l'Eurasie. Le phénomène se produisit aux sources mêmes d'une parole. Mais rien n'eût

30. Gourevitch, p. 85.

passé, n'eût été reçu, aucun transfert ne se fût efficacement opéré sans le ministère et la collaboration, sans l'apport sensoriel propre, de la voix même et du corps. L'interprète (serait-il simple lecteur public) est une présence. Il est, face à un auditoire concret, le « locuteur concret » dont parlent les pragmaticiens d'aujourd'hui; il est l'« auteur empirique » d'un texte dont l'auteur implicite, à l'instant présent, importe peu, car la lettre de ce texte n'est plus lettre seule, elle est le jeu d'un individu particulier, incomparable.

*

C'est plutôt par leur ensemble et leur continuité que valent les témoignages de toute espèce évoquant pour nous ces porteurs de voix. Encore convient-il de les percevoir sur le fond de bruitage dont ils se détachent parfois mal: le fourmillement sonore de ces villes, de ces cours, de ces églises de pèlerinage, murmures, cris, appels, chants, invectives, auquel font si souvent allusion, avec une sorte de joie, poètes, romanciers et conteurs. Cour d'Arthur, vigoureusement évoquée par Wace, résonnant de « chansons, rotrouenges, airs nouveaux », de la voix des jongleurs et jongleresses, du son des vielles, *rotes,* harpes, *fretels,* lyres, tymbales, cors, non moins que des jurons et des querelles de joueurs; noces d'Archambaut dans *Flamenca :* images idéales conçues par des écrivains courtois [31]. Mais des comptes rendus provenant de tout autres sources nous font, d'individus ou de circonstances bien réelles, des tableaux semblables. S'agirait-il d'un thème littéraire généralisé qu'il ne renverrait pas moins, de manière indirecte, à un trait de mœurs et de mentalité. *E plac li dons e domneis e guerra e messios e cortz e mazans e bruda e chanz e solatz e tuich aquil faich per qu'om bons a pretz e valor* (« Or ce qui lui plaisait, c'étaient offre de cadeaux, galanterie, guerre, dépenses prodigues, fêtes de cour, tapage, tumulte, chant, gaieté et tout ce qui confère à un homme de qualité mérite et valeur »), écrit le biographe du troubadour Blacatz; et le moraliste Pierre de Blois, inversement, évoquant avec irritation la cour du roi d'Angleterre, type même de toute cour, dépeint le cortège scandaleux qui l'accompagne et s'y mêle: histrions, chanteuses, bouffons, mimes, charlatans, barbiers, prostituées, joueurs professionnels, taverniers hâbleurs... La description des fêtes jongleres-

---

31. Arnold, v. 10543-10586; Gschwind, v. 251-792.

ques organisées à Paris en 1313 pour la visite d'Édouard II emplit quatre cents vers retentissants de la *Chronique* de Geoffroy [32]. Des manifestations de cette nature deviennent plus fréquentes et nous sont de mieux en mieux connues à mesure que l'on approche de 1500.

De tels témoignages jalonnent des siècles d'histoire. Inlassablement ils nous redisent l'ubiquité, dans cet univers, de la voix poétique. Ils ne font, dirait-on, que confirmer ainsi une évidence... Certes, mais ils lui donnent son poids, et — littéralement — mesurent son retentissement. De toutes parts, dans ce qui pour nous est devenu pénombre, s'agite une humanité bavarde et bruyante, pour qui le jeu vocal constitue l'accompagnement obligé de toute action, de toute parole, de toute pensée même abstraite, dès qu'elles sont senties ou voulues comme le reflet d'une immanence, immunisées contre l'usure des circonstances et du temps. Il n'y a pas d'*art* sans voix. Au XVe siècle à Namur, on nommait « chanteur de geste » un porte-parole public, dont la fonction, définie par cette appellation, consistait à « monumentaliser » tout discours [33]. Ainsi se dessine un trait fondamental d'une culture. La voix poétique s'inscrit dans la diversité plaisante des bruits, par elle maîtrisés dans la gorge et l'oreille humaine. La peinture du paradis à venir, brossée par les prédicateurs (ou, l'imitant, celle du pays des fées par un roman comme l'anglais *Sir Orfeo,* vers 1300), annonce des joies auditives : chœurs des anges, cantiques des saints, harmonie des instruments de musique, spécialement la harpe ; et, par effet contradictoire, les peines infernales s'accompagnent de stridences intolérables et de paroles horribles [34]. On perçoit ici l'écho d'un thème poétique très vivant depuis la basse Antiquité, sinon depuis Virgile : le *locus amoenus* — lieu idyllique du jeu, de la confidence, de l'amour, l'un des *types* les plus fortement clichés de la poésie médiévale, en toutes langues — comporte un élément sonore, chant des humains, des oiseaux ou des vents, procurant un plaisir d'oreille, image, cause et effet de celui du cœur.

C'est, figurément, à un lieu idyllique semblable qu'aspire la « courtoisie », répandue depuis la fin du XIe siècle en milieu chevaleresque : chez les premiers troubadours, ce lieu porte un nom : *aizi, aizimen,* signifiant à peu près la « demeure d'Amour et d'Harmonie » ; et ce n'est point un hasard si ces mêmes poètes prirent l'habitude de commencer leurs chan-

32. Diverres, v. 4703-5098.
33. Rey-Flaud 1973, p. 21.
34. Pulega, p. 63-65 ; Lerer, p. 102-103.

sons par une strophe évoquant le renouveau printanier et les chants des oiseaux. Le mot *courtoisie,* lorsqu'il apparaît, au XIIe siècle, dans la langue, réfère idéalement à la vie des cours seigneuriales : d'un monde incohérent traversé de poussées anarchiques, la cour idéalisée, utopique, thématise les contradictions, les harmonise dans la fête et le jeu. Le chevalier, dès qu'on l'y accueille, s'y trouve prisonnier d'un espace enchanté, où toute l'énergie des êtres vise à une parfaite maîtrise de la parole, plus que des comportements ; vise à domestiquer la multitude des voix spontanées pour en organiser le concert. L'amour de la parole est une vertu ; son usage, une joie. On loue la première chez les Grands ; on goûte auprès d'eux la seconde. Bezzola jadis réunit à ce propos plusieurs témoignages de la fin du XIIe siècle relatifs à la cour d'Angleterre [35]. Les romans, les *Vidas* de troubadours, les commentaires même d'un anecdotier comme Gautier Map fourmillent de remarques de ce genre. L'art de vivre le plus exquis que produisit ce milieu, la *fine amor* (que chantent les troubadours, et leurs imitateurs à travers l'Occident), demeure, en son essence, jeu verbal. Cet « amour », qui — pour cette raison même — jamais n'engendre une connaissance, fait scandale auprès de certains clercs, car il rompt pour eux avec une tradition d'origine augustinienne, intériorisée par le christianisme et selon laquelle l'amour unit l'intelligence à ce qu'elle sait. Expérience de parole, le plus souvent de parole obscure, la *fine amor* n'est jamais assurée de s'épanouir dans l'expérience d'un *sens.*

Pour illustres qu'ils soient à nos yeux, les troubadours ne font pas exception. Plus ou moins, tout jongleur, ménestrel, récitant, lecteur public porte une voix qui le possède plus qu'il ne la maîtrise : à sa propre guise, interprète du même vouloir primordial que le prêtre ou le juge. Son discours est plus général que celui de ces derniers ; son statut, moins précis. Mais la variété des paroles qu'il a pour mission de prononcer en présence du groupe, leur aptitude particulière à refléter (en l'exaltant) la diversité de l'expérience humaine, à répondre aux demandes sociales : cette ductilité et cette omniprésence confèrent à la voix de l'interprète, dans sa pleine réalité physiologique, une apparence d'universalité — au point que parfois semblent résonner en elle, qui les embrasse et les signifie, l'ordre du chef, le sermon du prêtre, l'enseignement des Maîtres. Dans le kaléidoscope du discours que tient, sur la place du Marché, à la

35. Bezzola, p. 214-239.

cour seigneuriale, sur le parvis de l'église, l'interprète de poésie, ce qui se révèle à ceux qui l'*entendent,* c'est l'unité du monde. Les auditeurs ont besoin d'une telle perception... pour survivre. Elle seule, par la grâce d'une parole étrange, fait sens, c'est-à-dire rend interprétable ce que l'on vit. Mais l'homme vit aussi le langage dont il est issu, et ce n'est que dans le dire poétique que ce langage devient véritablement à la fois signe des choses et signifiant de lui-même.

C'est ainsi que, par-dessous toutes les contradictions et les ruptures de surface, jamais la voix poétique ne peut être reçue de façon radicalement différente de celle du prêtre, du prince, du maître. Elle s'élève du même lieu, antérieur aux paroles prononcées, mais résonnant de tous ces échos grâce aux sonorités qui émanent de *cette* bouche, de *ce* visage, scandées au geste de *cette* main.

4. La parole fondatrice

La voix de l'Église. - Les Docteurs. - Les Princes. - Convergences fonctionnelles. - Le nomadisme de la voix.

L'idée, profondément ancrée dans les mentalités d'alors, de la puissance réelle de la parole engendre une vue morale de l'univers. Tout discours est action, physiquement et psychiquement effective. D'où la richesse des traditions orales, répugnant à ce qui brise le rythme de la voix vive. Le Verbe se répand dans le monde, qui par son moyen fut créé, et auquel il donne vie. Dans la parole s'origine le pouvoir du chef et de la politique, du paysan et de la semence. L'artisan qui façonne un objet prononce les paroles fécondant son acte. Verticalité lumineuse jaillissant des ténèbres intérieures, entées sur les paganismes archaïques, encore marqué de ces traces profondes, le mot proféré par la Voix crée ce qu'il dit. Pourtant toute parole n'est point Parole. Il y a la parole ordinaire, banale, superficiellement démonstratrice, et la parole-force ; une parole inconsistante, versatile, et une parole plus réglée, enrichie de son propre fonds, archive sonore de masses qui, en leur immense majorité, ignorent l'écriture et sont encore mentalement inaptes à participer à d'autres modes de communication que verbal, inaptes — par là même — à rationaliser leurs modalités d'action. La parole-force a ses porteurs privilégiés ; vieillards, prêcheurs, les chefs, les saints et, de manière à peine différente, les poètes ; elle a ses lieux privilégiés : la Cour, la chambre des dames, la place de la ville, la margelle du puits, le carrefour, l'église.

L'église-bâtiment, certes, où se déroule la liturgie et, en général, la prédication. Mais, plus encore, l'Église-institution, avec ses hiérarchies et son appareil de gouvernement, dépositaire, au sein de la société, d'une fonction totalisante. Dans l'ordre des croyances et des rites, la double procession du message divin, *Verbum* et *Scriptura,* interdisait que fût jamais remise en question l'autorité du premier. Le catholicisme faisait de la « tradition » l'une des deux sources du dogme, et cette notion embrassait, avec les écrits des Pères, un vaste circuit de discussions et déclarations orales, institutionnalisées en pratiques pastorales ou conciliaires. Jusqu'au XIIe siècle, l'évêque (plus expert, note Duby, que le roi au maniement de la rhétorique) détient en fait le monopole de la parole véridique [1]. Par la suite, un début de laïcisation se produisit, au profit, sans cesse contesté, du discours politique... et de la poésie. Mais, dans la relation dramatisée qui confronte au sacré l'*homo religiosus,* la voix intervient toujours, à la fois comme puissance et comme vérité. A son souffle se réalisent les formules sacramentelles et exorcisantes sans lesquelles il ne saurait y avoir de salut. Elle n'est donc pas, cette voix, seulement moyen de transmission d'une doctrine ; elle est, dans son vécu, fondatrice d'une foi. C'est pourquoi, jusqu'à la Réforme et au-delà, la plupart des clercs nourrirent un préjugé en faveur des communications orales. La technique d'exposition des Sommes comme celle de Thomas d'Aquin est la *disputatio,* la «discussion». Pourquoi, se demande Thomas (III*a, questio* 32, art. 4), Jésus n'a-t-il pas écrit ? Parce que la parole demeure plus près du cœur et n'exige pas de transposition ; elle est savoir direct ; déjà Pythagore et Socrate en furent conscients... La pratique de la confession dite auriculaire s'est ainsi répandue progressivement à partir de l'an mil, dans le cadre même d'une théologie pénitentielle constituée, elle, en écriture. L'insistance des traités de discipline monastique sur la valeur du silence témoigne à la fois de l'invasion des cloîtres par la parole et de la volonté d'épurer celle-ci. Albertano da Brescia n'écrivait-il pas en 1245 un *De arte loquendi et tacendi* («Art de parler et de se taire»)?

D'où un incessant échange de fonctions entre clercs et porteurs de poésie. Une concurrence inavouée semble même s'être instaurée dès le temps de l'évangélisation, et elle perdurera jusqu'au XIXe siècle. D'où la sévérité des jugements portés par le magistère sur les *mimi* et *scurrae* de tout genre. Le moyen âge occidental ne diffère point en cela d'autres cultures eurasiatiques — l'islam et le bouddhisme — comportant un corps clérical, jaloux détenteur de la Parole de Vérité ! Nos récits hagiographiques signalent pourtant des conversions survenues à l'audition d'un pieux jongleur : celle de saint Aybert, au début du XIIe siècle, celle de l'hérétique Pierre Valdo vers 1270. L'amplification théâtrale de la liturgie, caractéristique des Xe, XIe, XIIe siècles, exigea souvent le recours aux spécialistes de la poésie et du chant vulgaires. Le clerc du château

1. Duby, p. 27-31.

seigneurial était pour son maître, autant que chapelain, conteur [2]. Vers 1140, rédigeant à la demande et à l'intention d'un chanoine d'Arras une lettre de direction spirituelle, Bernard de Clairvaux proposait à son correspondant de se comporter comme un *joculator* : il entendait, comme un «fou de Dieu», cherchant son propre avilissement aux yeux des hommes [3]. C'était là point de vue de prélat conservateur. Lorsque François d'Assise se disait «jongleur de Dieu», il signifiait sa disponibilité et sa joie.

Par vocation errants et prédicateurs, les ordres mendiants entraient dans l'espace du jongleur. Les premiers franciscains, raconte Salimbene, furent traités d' «histrions». En fait, avec le *Cantique des créatures* et les *Laudi* anonymes jusqu'à Iacopone, les premiers franciscains occupent une place privilégiée dans l'histoire de la poésie italienne la plus ancienne. Mais leur parole poétique ne se distingue en rien, dans leur intention, de leur pastorale. Ils recherchent le lieu central où puisse, par le verbe, s'opérer, avec le *populus christianus,* un contact fructueux : en témoigne la langue qu'ils emploient, celle de la «sage ignorance», modulant dans le registre du quotidien et du plus commun. Ils se situent, en la dépassant, dans une tradition ecclésiastique qui remontait au IXe siècle, et visait à mettre à la portée des fidèles les moins instruits la forme, le ton, le contenu des prédications. Cette pratique ne faisait pas l'unanimité : en 1200 encore, le prieur élu de Bury Saint Edmunds, en Angleterre, refusait la charge, se jugeant incapable de prêcher en latin [4]. Il est vrai qu'il s'agissait de moines ; mais combien de ceux-ci comprenaient-ils le latin ? D'illustres sermonnaires du XIIe siècle, comme Maurice de Sully, prêchèrent en langue vulgaire pour le peuple ; mais la majorité des homiliaires qui nous restent sont latins, plusieurs retraduits de la langue vulgaire... tout juste bonne à l'usage oral ! L'historien ne peut pas ne point être frappé des analogies qu'offre cette situation avec celle de la poésie en langue vulgaire durant les mêmes siècles.

Telle est sans doute la raison pour laquelle ne nous est parvenu qu'un nombre infime de sermons dus aux frères mendiants. Quelle que fût par ailleurs la position de ceux-ci envers les interprètes professionnels de la poésie vulgaire, ces derniers leur donnaient l'exemple de techniques

---

2. Auerbach, p. 217 ; Pulega, p. 11-13 ; Avalle 1984, p. 52-54 et 87.
3. Leclercq 1975, p. 671-672 et 686.
4. Clanchy, p. 159.

depuis longtemps éprouvées, les seules dont disposât la société d'alors pour la communication de masse : procédés supposant une parfaite maîtrise de la voix, du geste, du décor signifiant. On introduit les sermons par un « Oyez, bonnes gens ! », formule connue ; on y cite (en la fredonnant, sans doute) une chansonnette [5]. Le général des Frères Prêcheurs, Hubert de Romans, au XIIIe siècle, énumère les quarante-quatre situations où peut se prononcer un sermon : plusieurs d'entre elles sont aussi bien des occasions privilégiées d'exhibition jongleresque, noces, assemblées de confréries, foires et marchés [6] ! Les *Contes moralisés* du franciscain anglais Nicole Bozon, vers 1300, sont-ils des contes proprement dits, des sermons populaires, ou une imitation de ceux-ci ? La culture livresque et scolaire, passé les débuts difficiles des ordres nouveaux, imprégnera le discours pastoral ; mais, loin de s'y enfermer, le prédicateur contribuera à la diffuser auprès d'une population qui y est étrangère, et à en intégrer des pans entiers dans les traditions orales ; rôle de médiation que remplissent aussi, pour leur part et dans leur ordre propre, les poésies de langue vulgaire dans tout l'Occident. Une convergence devait se produire, dans l'appareil du dire : en français, en occitan, en allemand, en italien, on rime des sermons en vers, d'un rythme souvent très élaboré et que plus rien ne distingue formellement à nos yeux du reste de la poésie. Où tracer la frontière entre de tels textes et les *Laudi* franciscaines ou les *Vers de la mort* français du XIIIe siècle ? On a supposé, non sans vraisemblance, que les Danses macabres des XIVe et XVe sont issues d'un sermon versifié [7]. Le pseudo-augustinien *Sermo contra Judaeos,* lu dans beaucoup d'églises à l'Office des matines de Noël, se développa jusqu'à engendrer, au XIIe siècle, un genre dramatique particulier, largement répandu en France, en Espagne et en Italie, l'*Ordo prophetarum.* Une version en langue vulgaire en fut intégrée au *Jeu d'Adam,* tenu pour la plus ancienne pièce de théâtre française, mais qui pourrait aussi bien en son entier être interprété comme un sermon dialogué et mimé. Le manuscrit unique qui nous l'a conservé contient, outre plusieurs récits hagiographiques, une série de textes montrant le même caractère ambigu. Ce qui nous apparaît comme un jeu d'interférences fut sans doute perçu, par la majorité des contemporains, comme la manifestation d'une unité profonde des éner-

5. Zink 1976, p. 365-376 ; Bremond-Le Goff-Schmitt, p. 99.
6. Bourgoin, p. 261.
7. Pulega, p. 22-23.

gies humaines, polarisées par la voix. La violente diatribe de Dante, au XXIXᵉ chant du *Paradis,* trahit une réaction d'intellectuel, n'admettant pas que l'on sacrifie la «philosophie» à la «pensée des apparences», le discours divin à l'exhibition.

L'élargissement de l'art prédicatoire le rapproche, sur un point précis, de la pratique des conteurs professionnels : le sermon, l'homélie se farcissent d'apologues, les *exempla ;* technique non dépourvue d'antécédents, mais qui tend à se généraliser entre 1170 et 1250, l'époque même où, dans les jeunes universités, se constituent les *Artes praedicandi,* systématisant en termes de rhétorique l'éloquence pastorale. Passé 1250, et pour un siècle, la mode des *exempla* fait fureur ! On compile, à l'intention des sermonnaires, des recueils puisés aux sources les plus diverses, surtout aux traditions narratives orales, locales ou exotiques : nous n'en possédons pas moins de quarante-six, des XIIIᵉ, XIVᵉ et XVᵉ siècles, et qui parfois rangent leur matière en ordre alphabétique, afin d'en faciliter l'emploi. En fait, on constate un courant intéressant d'échanges entre les *exempla* et des formes de divertissement narratif comme les fabliaux, entés peut-être, pour une part, sur un ancien folklore. Plusieurs «fabliaux» se désignent eux-mêmes du nom d'*essample.* La limite devait être bien floue, pour l'auditeur, entre ces récits débités au coin des rues et ceux qui émaillaient le prêche d'un moine de passage, peut-être lui aussi pérorant au carrefour !

Les hérétiques, tels les Cathares, ne pratiquaient pas autrement, et disposaient d'un trésor d'*exempla...* en partie les mêmes. Différait l'interprétation. La prédication était le moyen presque unique de diffusion des hérésies, qui demeuraient, pour l'essentiel, de tradition orale : se succédant, de façon continue de l'an mil à la Réforme, comme le long appel d'une voix que rien ne réussit à étouffer. Si de nombreux troubadours, après 1220, furent suspectés de catharisme, les facteurs socio-historiques n'expliquent peut-être pas seuls ce fait. La maîtrise de ces poètes-chanteurs et l'apparente étrangeté de ce qu'ils faisaient entendre devaient sentir aussi le fagot. Au reste, l'hérésie sur ses franges se distingue mal de ce que l'on nomme, depuis Étienne Delaruelle, la «religion populaire», cet autre christianisme emmêlé de survivances animistes, mal distinct, sur ses confins, de la sorcellerie, elle aussi de tradition orale, coexistant non sans conflit ni influences réciproques avec les doctrines et les pratiques sacerdotales. Or, ces dernières seules — constituant l'Église institutionnalisée — revendiquaient l'autorité ultime d'un Écrit dépositaire de la parole divine. Les enseignements et les rituels de la « religion populaire » se transmettaient de bouche à oreille. La voix s'identifiait à l'Esprit vivant, séquestré par l'écrit. La Vérité tenait à la puissance vocale de ceux qui savaient, se perpétuait par leurs seuls discours : bribes d'Évangile appris par cœur, souvenirs d'histoire sainte, éléments dissociés du *Credo* et du Décalogue, noyés dans un ensemble mouvant de légendes, de fables, de recettes, de récits hagiographiques. D'où, on peut le penser, la profondeur où s'inscrivaient dans le psychisme, individuel et collectif, les valeurs propres et la signification latente de cette Voix ; mais aussi les équivoques, en surface et en profondeur, entre elle et la voix porteuse de poésie. Le christianisme populaire — dont Isambert note qu'il prolongeait et en quelque mesure perpétuait un « paganisme populaire » de l'Antiquité — refusait tout universalisme, aspirait en revanche à permettre à chacun, moyennant diverses médiations, un contact particularisé avec le divin : un dialogue, fait de parole et d'ouïe, dans un lieu et un temps concrets et familiers. Tout ce que disaient ou chantaient les poètes et leurs interprètes tendait à la même anhistoricité, dans l'expérience unique de l'audition.

Ces facteurs durent influer d'autant plus efficacement sur les mentalités et les mœurs que l'Église officielle, de deux manières, entrouvrait l'Institution aux manifestations de la « religion populaire », par les fêtes, nombreuses et périodiques, auxquelles donnait lieu sa liturgie, et par le culte des saints. Le lien attachant à un antique fonds de culture paysanne les traditions hagiographiques, souligné jadis par Delahaye, ne commence à se distendre qu'à la fin du XIIᵉ siècle, quand apparaissent les premiers procès de canonisation, substituant à la « voix du peuple » l'enquête et le jugement. Encore rencontrera-t-on jusqu'au XVᵉ siècle des canonisations spontanées, imposant aux autorités ecclésiastiques des cultes à leurs yeux suspects : ainsi, celui du « bon Werner », le pseudo-martyr rhénan du XIIIᵉ siècle [8] ! Même ambiguïté dans la transmission du souvenir (histoire ou légende) du saint personnage : si l'écriture en est le véhicule principal, elle subit la forte influence de traditions orales, parallèles ou concurrentes. On peut contrôler et comparer les deux cheminements à propos de saint Guillaume de Gellone, prototype du Guillaume épique, héros central du cycle du même nom [9]. A l'époque où, à partir du

8. Vauchez.
9. Saxer.

milieu du XIIe siècle, de nombreux récits hagiographiques latins sont adaptés en langue vernaculaire, ce transfert (impliquant un changement de clientèle) s'accompagne d'une transformation narrative parfois profonde. La «traduction», destinée à être récitée publiquement, comme un sermon, est — sauf exception et jusque vers la fin du XIIIe siècle — composée en vers, c'est-à-dire dans une forme privilégiant les rythmes du langage. Tous les textes poétiques de langue romane qui nous ont été conservés d'une époque antérieure à 1100 servirent soit à la liturgie, soit à la transmission hagiographique, parfois à l'une et l'autre, comme les «chansons de saints» archaïques, psalmodiées par ou pour les fidèles aux offices de nuit de grandes fêtes. L'Église détenait alors le monopole de l'écriture : rien d'étonnant à ce qu'elle ait noté ces textes, et non d'autres, à jamais perdus pour nous. Soit, mais cela n'explique pas tout. Culte et poésie restaient fonctionnellement unis au niveau de pulsions profondes, culminant dans l'œuvre de la voix. C'est autrement que par analogie que la voix poétique se rapporte à la voix religieuse. Elle le fait en vertu de quelque identité, partielle certes, mais qui, des siècles durant, dut être sensible et productrice d'émotion. Dans un monde où des rapports à la fois très chaleureux et très étroits liaient dans l'unicité de leur destin les hommes entre eux et avec la nature, le champ d'extension du religieux, mal distinct du magique, était aussi vaste que l'expérience vécue. La «religion» fournissait à l'immense majorité des humains le seul système accessible d'explication du monde et d'action symbolique sur le réel. La poésie, dans la pratique sociale, s'en distinguait sans doute, en cette fonction, bien peu.

*

Deux autres sphères d'activité vocale — à peine dissociables, elles aussi, du religieux — entretiennent avec la poésie les mêmes relations étroites, en un courant d'échanges fonctionnels réciproques et incessants : l'enseignement, dans le sens le plus large du mot, et l'exercice du pouvoir selon les règles du droit.

Identifiées à l'exercice ecclésial, la liturgie ainsi que la prédication ont pour objet la transmission d'un savoir privilégié, indispensable au maintien du pacte social et à l'accomplissement individuel et collectif. Mais d'autres savoirs, moins dignifiés, déterminent en fait le fonctionnement du groupe humain : ceux qui, informant les comportements et l'usage des techniques, régissent l'existence quotidienne et la production des biens.

Leur transmission, au sein de la famille ou de la cellule artisanale, est confiée à la voix et au geste. L'introduction et la diffusion d'un instrument « scientifique » pourtant réservé, par sa fonction même, à une minorité de clercs, comme l'abaque, sont dues aux descriptions qu'en firent, de bouche à oreille, ceux qui l'avaient, au Xe siècle, vu entre les mains de mathématiciens arabes [10]. Il dut en aller de même de toutes les technologies importées en chrétienté jusqu'au XIIIe siècle. Certes, divers « traités » nous ont été conservés, depuis la *Mappae clavicula* carolingienne, destinées à des peintres et orfèvres : le nombre s'en accroît après 1300, mais ils demeurent exceptionnels. Le temps ne viendra qu'aux XVIe, XVIIe siècles, où le sentiment d'une opposition entre forme pure (l' « Art », la « Science ») et sujet (l'artiste) exigera la médiation didactique d'un livre. Les rares textes de langue vulgaire comme le *Petit Traité* d'horlogerie que j'ai publié jadis, ou les livres de cuisine du XVe siècle, ne sont guère que recueils de notes hâtives, aide-mémoire à peu près inutilisables sans glose orale... de même, on peut le supposer, que la plupart des récits de voyage ou de pèlerinage que nous ont conservés les bibliothèques.

Le goût ou le besoin du secret (que bien des cultures attachent à la connaissance) a pu freiner, sinon tout à fait interdire, en milieu artisanal, d'autres modalités d'apprentissage que par la voix du Maître. Telle fut la politique des guildes. L'alchimie en offre un autre exemple — illustrant par ailleurs la remarque de W. Ong selon qui, dans les cultures où prédomine l'oralité, les connaissances les plus abstraites demeurent potentielles dans l'esprit, ou présentent un caractère implicite, clos, symbolique, proche de ce qui fait le mythe et la poésie et excluent les catégorisations rationnelles [11]. Quelle que fût peut-être son antiquité (on l'a rapportée à la magie primitive des arts du métal), l'alchimie fut désignée par ses adeptes médiévaux du nom de *philosophia,* ainsi spécialisé pour référer non à une spéculation pure, mais à une tradition de savoir emblématisé par Mercure, dieu messager et « vif-argent » insaisissable : analogue à ce que, parmi nous, vers 1930, on nommait la « connaissance poétique » ! L'alchimie en effet, pas plus que la poésie, n'a l'ambition ni la fonction de découvrir du nouveau. Elle n'a, comme la poésie, qu'à transmettre des secrets ; elle entoure d'un rituel l'accomplissement de sa

---

10. Beaujouan, p. 587-588.
11. Ong 1967, p. 203-206.

tâche : le rite met en action ce dont elle parle. D'où la permanence, en dépit de quelques aménagements superficiels, des images fondamentales et des structures métaphoriques du langage alchimique qui pénètre dans l'Occident chrétien au XIIᵉ siècle. Certains de ces éléments ont été consignés par écrit, mais c'est grâce à la transmission orale que l'ensemble conserve sa cohérence. Grâce à elle, des bribes du savoir philosophal filtrent hors du cercle des initiés et, on l'a supposé à plusieurs reprises, informent la sensibilité, sinon l'idéologie, de quelques poètes : la conception que se fait du Graal Chrétien de Troyes pourrait tenir de telles influences [12] ; aux XIVᵉ, et surtout XVᵉ et XVIᵉ siècles, elles touchent, de façon diffuse, mêlées à celles qui proviennent de l'hermétisme et de la Cabale, la plupart des écrivains lettrés.

La voix est le truchement de la *Philosophie* et du *Grand Œuvre* qui la réalise. Chaque geste opératoire s'accompagne de paroles qui le sémantisent en l'interprétant. A partir du XIIᵉ siècle, sûre de ses assises, l'alchimie occidentale entre — à pas feutrés — dans l'âge de l'écriture : on traduit en latin divers ouvrages arabes ; Nicolas Flamel, au début du XVᵉ siècle, fait le récit exemplaire de sa vie et de ses travaux dans le *Livre des figures hiéroglyphiques :* l'ouvrage est orienté vers la seule pratique, et renvoie aux traditions maintenues par les confréries [13]. La *Philosophie* reste conçue par ses adeptes comme « droite preuve de nature ferme et véritable, dite de bouche de philosophe éprouvé de vérité », selon les termes de l'anonyme *Puissance d'amour,* vers 1260 [14].

L'alchimie est exemplaire en ce qu'elle manifeste un mode d'être ailleurs à demi occulté à nos yeux. Les mots employés par l'auteur de la *Puissance d'amour* s'appliqueraient aussi bien à l'enseignement dispensé, dans les écoles, monastiques ou urbaines, depuis le haut moyen âge, jusque par-delà la première diffusion des universités, aux XIIIᵉ-XIVᵉ siècles. Dans la parole vive, initiatique, est déposé le germe de toute connaissance. Les notes, si le professeur en rédige, viennent ensuite résumer son discours. On prouve et l'on éprouve le savoir par l'exercice vocal : l'instauration d'examens écrits est très postérieure à l'invention de l'imprimerie ! Le *cursus studiorum,* programme d'études, s'organise en vue de porter à sa perfection la parole, dont dépend l'autorité et l'utilité de

12. Duval, p. 519-609.
13. Gagnon 1977, p. 54-70.
14. Speroni, p. 30.

la science. Lorsque se répand, après 1250, chez les étudiants, l'usage de la *reportatio,* la prise de notes, certains maîtres le déplorent. On enseigne le latin, langue morte pour tous ces clergeons, mais on veille à la qualité de la prononciation, on s'efforce du moins d'en inculquer les traits qui paraissent essentiels à la correction de lectures à haute voix : la tradition des *Artes lectoriae* s'inscrit dans cette pratique [15]. Les techniques pédagogiques se constituèrent dès le haut moyen âge, sur une étroite base d'écrit, par mémorisation : on chantonne, seul ou en groupe, selon un usage remontant à l'Antiquité, les formules condensant les rudiments d'une science, ces *versus memoriales* dont il nous reste un vaste corpus, encore à peine dépouillé. Mieux encore : nous possédons quelques manuscrits, établis en milieu scolaire médiéval et qui donnent des extraits d'Horace et de Virgile portant une notation musicale [16] ! On apprend par cœur tel ou tel de ces florilèges, nombreux depuis le Xe siècle, destinés à conserver *in arca pectoris* (« dans le tabernacle du cœur ») les Dits des Anciens. Le *Memoriale* d'Alexandre de Villedieu, de la fin du XIIe siècle, manuel de base largement utilisé, n'est qu'une grammaire versifiée, donc vouée au même mode d'emploi. Mémorisée, elle fonde, de la part du professeur, la glose orale, en équilibre instable aux frontières de l'écrit, car la citation, qui conforte le dire en référant à l'*Autorité,* transite nécessairement par la voix : la voix de l'Auteur, re-présenté par celui qui la prononce, en une performance quasi théâtralisée. Même effet produit par l'usage constant (et que systématisa la scolastique) de formes pédagogiques dialoguées, *disputationes,* discussions fictionnelles sinon fictives, mais où la position des corps en présence ne peut indifférer. L'enseignement médiéval récupérait ainsi, en la revivifiant, une forme d'expression de tradition ancienne en Orient non moins qu'en Grèce... et qui par ailleurs engendra plusieurs genres poétiques : dialogue symbolique du Christ ou d'un saint avec l'un de ses fidèles, mais aussi bien la *tenso* et le *joc partit* des troubadours ou le *débat* allégorique.

Rien ne sépare, dans la pratique des écoles, les doctrines concernant la démarche de la pensée de celles qui se rapportent à l'usage efficace de la parole. Grammaire et rhétorique fonctionnent, au sein du *trivium,* comme une propédeutique générale, attestant la primauté du verbe humain dans la constitution des « arts libéraux ». La transmission même des *artes* s'opé-

---

15. Kneepkens-Reijnders, p. X-XLII.
16. Riché 1985, p. 137-143 ; Thorndike.

rait principalement de voix, et certains des caractères propres à toute expression orale (son adaptabilité aux circonstances, payée d'imprécision notionnelle ; sa théâtralité, mais aussi sa tendance au raccourci en même temps qu'à la redondance...) s'intégraient à leur technicité même. S. Lusignan le rappelait récemment encore, le « formalisme » des genres philosophiques médiévaux n'est souvent qu'une apparence. La place faite aux différents *Auctores* d'où l'on tirait l'argumentation, spécialement dans les arts du *trivium,* n'a cessé de varier. Les sources écrites, à travers lesquelles nous tentons de déchiffrer ce que fut la théorie, nous dissimulent un peu trop ce qu'elle eut sans doute d'ambigu, indissociable d'une pratique, des problèmes concrets posés par celle-ci, des langues parlées auxquelles se superposait le latin [17]. Comment interpréter, sinon comme un écho de la parole vive d'un bon pédagogue en présence de ses étudiants, les refrains lyriques parsemant, en français, vers 1250, le traité latin du cistercien Gérard de Liège, *Quinque incitamenta ad amandum Deum ardenter* (« Les cinq motifs d'un amour ardent de Dieu ») [18] ? La scolastique en général présente plus de rigueur apparente, du moins dans les disciplines étrangères au *trivium :* son développement va de pair avec l'extension du marché du livre et la constitution de bibliothèques. Ce n'est pourtant qu'au XIVe siècle que l'on entend çà et là plaider en faveur d'une science fondée en lecture plutôt qu'en audition. C'est alors même qu'apparaissent par ailleurs les premiers indices d'un affaiblissement vocal de la poésie...

Jusqu'à cette date avancée, l'enseignement médiéval ne cessa de recourir aux méthodes que M. Jousse désignait comme « verbo-motrices » et « rythmo-pédagogiques » : celles mêmes qui fondent toute pratique poétique orale. Ces méthodes, on le sait, triomphent de nos jours encore dans les écoles sémitiques de type traditionnel, et l'on peut se demander si, au cours des siècles post-carolingiens, une influence judaïque ne s'exerça pas en milieu chrétien. On n'a que trop sous-estimé le poids que, dans les villes possédant une communauté juive, les traditions propres à celle-ci purent avoir sur certaines pratiques, les suscitant, les confirmant, les modélisant en quelque manière. Or, le texte rabbinique, base d'enseignement et de controverse, n'est pas un livre : il est acte de parole rapporté ; la tradition est Voix. Des parties entières de la Bible, tels les

17. Lusignan 1986, p. 16-17.
18. Boogaard 1985, p. 109-124.

93

Psaumes, ont conservé les marques formelles et les particularités sémantiques d'un discours oral. Or, les Psaumes furent, des siècles durant,
dans tout l'Occident chrétien, le livre où les écoliers s'exerçaient à la
lecture, à la prononciation et à la mémorisation. A plusieurs reprises au
cours de sa longue histoire, le judaïsme a suivi le parcours propre aux
religions que l'on dit « du Livre » : une Révélation primitive, émanant
d'un locuteur divin, engendre une tradition orale au sein de laquelle
cristallisent des croyances recueillies plus tard dans une Écriture, dont la
richesse et les ambiguïtés exigent qu'une incessante glose en corrobore,
en l'explicitant, le message. Les commentaires oraux du Midrash, les
récits de la Aggada fourmillaient autour de la Torah dont ils rendaient
possible la lecture. Codifiés dans les livres talmudiques, ils proliféraient
en nouvelles vagues d'oralité à travers les juiveries, disséminant des
croyances et un folklore à travers des terroirs dont les érudits découvrent
aujourd'hui avec étonnement l'étendue. L'idée de *Cabbale* (d'une racine
hébraïque signifiant « recevoir », c'est-à-dire « entendre ») depuis le
XIIe siècle délimita, parmi ce discours infini, un centre moteur, une
puissance et une règle : une parole, occulte en cela seulement qu'elle se
donnait pour primordiale et réservée à un petit nombre de disciples
qualifiés ; transmise sans écriture parce que impossible à formuler autrement que de bouche ; jamais fixée, personnellement reçue, vécue, re-
transmise, embrassant l'ensemble des modes d'exister, de penser et de
dire des mystiques juifs.

Or, le milieu où se formèrent et vécurent ces derniers constituait un
réseau étroit de relations embrassant l'Europe de la Méditerranée au
Danube et au Rhin, assurant une circulation de vie entre des communautés apparemment isolées. Côté chrétiens, les gens d'Église et d'École ne
l'ignoraient pas, et l'histoire est jalonnée de conférences, colloques,
rencontres, disputes, ou échanges d'informations provoqués — en dépit
d'un antisémitisme latent chez les simples — par des prélats ou des
maîtres en quête de l'*hebraica veritas* : Raban Maur déjà au IXe siècle ;
Sigo, abbé de Saint-Florent-de-Saumur, au milieu du XIe ; Étienne Har-
ding, abbé de Cîteaux, au XIIe. Le mouvement alors se généralise, pour
un siècle au moins, favorisé par l'essor urbain. A Troyes, les gloses du
rabbin Rashi font autorité ; à Paris, un quartier juif se forme dans la Cité
sur la rue joignant le Pont-au-Change au Petit-Pont, segment de la
grand-route de commerce et de pèlerinage unissant le Nord au Sud du
royaume et de l'Europe. L'abbaye de Saint-Victor, sur l'autre rive de la

Seine, compte deux ou trois générations d'hébraïsants, en relations plus ou moins étroites avec ces voisins de l'île. Hugues de Saint-Victor utilise les commentaires de Rashi, de Samuel ben Meir, de Joseph Karo; ses élèves Richard et André fréquentent les lettrés de la Juiverie; André nouera des relations avec l'illustre Joseph Bekhor Shor, d'Orléans, dont l'œuvre marquera la sienne [19]. Par tant de canaux, et quel que fût le projet initial des savants chrétiens, passait un courant de pensée et de sensibilité qui ne pouvait qu'affiner leur perception de l'autorité propre à la parole prononcée.

*

Ce sont, dès le début du XIIᵉ siècle, des clercs formés dans cet environnement institutionnel et mental qui entreprirent de raconter, pour l'empereur germanique, les rois d'Angleterre, ceux de France, voire les princes russes, l'histoire des nations en formation sous leurs règnes. Leur visée était politique; ils participaient ainsi, au profit (et sans nul doute à l'instigation) de leur maître, à la consolidation de son pouvoir et à la légitimation de ses initiatives: les Normands d'Angleterre — non sans raison soucieux, après 1066, d'assurer leurs arrières et de rassembler autour d'eux des populations hétérogènes — jouèrent en cela un rôle initiateur. Or, les auteurs de ces premières «histoires nationales» puisèrent, autant (et parfois plus) qu'aux sources écrites, à la tradition orale, recueillie dans leur milieu, parfois recherchée par enquête [20]. Spontanément, ils intégraient cette «histoire orale» que nous avons redécouverte vers 1950! Déjà, un demi-millénaire plus tôt, Bède, dans son Histoire de l'Église anglo-saxonne, invoquait (en détournant le sens d'une phrase de saint Jérôme) une *vera lux historiae* («lumière véritable de l'Histoire») identifiée à la *fama vulgi* («la voix publique») [21]. C'est à elle que recourent, avec confiance, dès que l'écrit fait défaut (ce qui est fréquent), les chroniqueurs des ducs de Normandie — de Guillaume de Jumièges à Wace — ou les historiens des premières croisades — de Guibert de Nogent à Guillaume de Tyr —, puisant au fourmillant univers des récits suscités chez les participants de cette grande aventure par la force du choc

19. Graboïs, p. 616-621.
20. Guénée, p. 77-85; Lacroix, p. 50-53.
21. Ray.

qu'ils en avaient ressenti : le texte de Villehardouin, de Robert de Clari, de Philippe de Novare en résonne, comme d'une récurrente revendication d'autorité. Joinville encore, vers 1300, Froissart au seuil du XVe siècle se fondent en plus d'une occasion sur le souvenir qu'ils conservent de discours jadis entendus.

L'objet de la chronique recule-t-il dans un temps à la fois très ancien et dépourvu de référence chez les historiens gréco-latins et dans les livres bibliques, la tradition orale devient la source presque unique que l'écriture mettra, avec plus ou moins de bonheur, en forme : ainsi de l'histoire ancienne des Francs chez Grégoire de Tours, ou de celle des Danois dans le *Saxo grammaticus*. Parfois, il est vrai, une protestation isolée s'élève — confirmant *a contrario* l'opinion commune : ainsi, l'auteur d'une traduction de la chronique du pseudo-Turpin (vantant, il est vrai, sa marchandise à ses patrons, le comte et la comtesse de Saint-Pol), vers 1200, exécute en une phrase ceux qui se contentent de la tradition orale, *quar il non seivent rien fors par oïr dire* (« car ils ne savent rien que par ouï-dire ») [22]. En revanche, Orderic Vital, dans l'*Historia ecclesiastica*, VI, 8, évoque (en déplorant que pour certains événements ce soit là notre seule source d'informations) les récits vénérables des vieillards narrant aux jeunes autour d'eux les événéments de leur longue vie, de manière à les exhorter à la vertu [23] ! Vertu et vérité coïncident. Les Anciens, exemples vivants, sont les dépositaires de la mémoire collective. Leur parole la manifeste, en un style formulaire dont on perçoit l'écho dans bien des chroniques.

Jusqu'au-delà du XVe siècle, en certains lieux du XVIIe, la parole restera sinon la source ultime, du moins la manifestation la plus convaincante de l'autorité. A ce double titre, elle est l'instrument privilégié de l'application du droit et de l'exercice du pouvoir. L'acte juridique le plus personnel, la dévolution testamentaire des biens d'un mourant — en dépit de sa consignation écrite, relativement fréquente après le XIIIe siècle —, est fondamentalement oral, déclaration prise en note par le notaire, mais authentifiée par une voix que reconnaissent les témoins : statut si peu équivoque qu'il fonde en fiction le genre poétique du *Testament*, déjà constitué deux cents ans avant Villon et auquel le talent de ce dernier sut rendre sa vigueur originelle de performance vocale. La vérité du droit est

22. Woledge-Clive, p. 27.
23. Lacroix, p. 53.

concrète, elle se perçoit sensoriellement. La promulgation d'une loi, d'un édit, c'est sa proclamation. Des agents royaux, les *hérauts,* sont commis à cet office. En Islande, où les lois longtemps demeurèrent purement orales, l'unique fonctionnaire de cette société, et personnage considérable, est le «diseur de loi» *(lögsögumadhr)* [24]. Partout, la culpabilité ou l'innocence comportent une matérialité. La vue, la main *saisissent* l'objet litigieux ou son symbole; la voix en prononce le sens. Si (comme les rois tentent de l'imposer à partir du XIIe et surtout du XIIIe siècle) un procès comporte exhibition de preuves écrites, c'est par lecture publique que celles-ci requièrent la conviction. Le rituel, un comportement codifié et normalisé, fait foi et oblige, plus que les textes. D'où, ensemble, l'efficacité du système dans le quotidien de l'existence, son caractère contraignant dans la procédure... et son manque de rigueur. J. Le Goff ne cite pas moins de quatre-vingt-dix-huit objets symboliques pouvant, lors du serment vassalique, signifier l'hommage et le lien qu'il crée. Un souvenir du juridisme romain poussait, une fois l'accord conclu, à l'établissement d'un document. L'habitude en fut contractée dès le haut moyen âge par les peuples germaniques mêmes. Pourtant, la «charte» ainsi dressée resta longtemps, aux yeux du grand nombre, le simple rappel allégorique d'un acte réel, en lui-même créateur de droit. D'où les *cartae sine litteris,* parfois utilisées, morceaux de parchemin non écrits, purs symboles, au même titre que le sceau royal accréditant, sans autre instrument, un ambassadeur et les paroles qu'il va dire. En cas de contestation, le système exclut des motivations toute perspective universelle, et, plutôt que de trancher, vise au marchandage et au compromis. Bernard d'Angers évoque un procès, vers l'an mil, où, dans la confusion des cris entremêlés des parties, toute notion d'une vérité s'effaçait [25]. Les choses changèrent peu à peu, au XIIIe siècle, sous l'action conjointe des rois et de la bourgeoisie urbaine. Alors s'estompera peu à peu l'idée traditionnelle qu'être le chef, c'est *dire le droit;* que c'est manifester, dans le présent d'une confrontation physique, visuellement et auditivement réelle, ce qui est la norme, donc le juste.

Ce «droit coutumier» impliquait ainsi, au sein d'un groupe social clairement identifiable par chacun de ses membres, adhésion commune à une règle oralement transmise, émanant de la mémoire collective intério-

---

24. Byock, p. 155-156.
25. Stock 1983, p. 42-59.

risée et suscitant, avec le passé social, une relation ontologique : la
« coutume ». Celle-ci provient de deux sources confluentes : l'ancienneté
et la répétition ; elle se manifeste dans la parole, généralement formulaire,
suffisant à faire foi. Distincte de ce que nous nommerions l'usage, elle est
conçue comme immémoriale ; en fait, des coutumes sont invoquées parfois, dont nous savons qu'elles remontent (surtout s'agissant de propriété
terrienne) à peine à une ou deux générations. Le grand âge et une longue
mémoire habilitent le témoin ou le juge à en fournir de vive voix la
preuve. On requiert, s'il est nécessaire, dans la communauté les souvenirs
de chacun : c'est l'enquête « par turbe », auprès d'experts promus porte-
parole de la norme collective. Au roi, au seigneur, revient un pouvoir
légal : mais qu'est-ce que faire une loi, sinon « restaurer » une coutume
tombée en déclin ou en oubli ? Au moins on en invoquera le prétexte.
Aucune autre ordonnance n'a l'autorité plénière d'une coutume attestée,
présente dans la parole qui la *dit :* propriété inaliénable du petit nombre
d'hommes et de femmes constituant, *hic et nunc,* l'entité sociale, dans un
espace « à portée de voix » : souvenir, par-delà l'émiettement des premières féodalités, de pratiques germaniques du haut moyen âge, faisant de
l'assemblée (en principe générale) des hommes libres l'origine de tout
droit : le *placitum* ou *mallus* des Francs latinisés, le *holimote* anglo-saxon,
l'*Allthing* de l'Islande [26].

Il en résulte une extrême diversité, de province à province, de village à
village ; mais aussi une grande souplesse : la coutume conseille plutôt
qu'elle n'ordonne ; multiple, elle se contredit parfois ; elle est plus ou
moins notoire, d'où les accommodements, innovations camouflées.
Lorsque, durant le haut moyen âge, l'influence du modèle romain poussa
les rois barbares à faire mettre par écrit les coutumes de leurs peuples, ce
Bréviaire d'Alaric, cette *Loi* des Burgondes, le code d'Euric, la « Loi
Gombette », la *Loi salique,* les Lois anglo-saxonnes d'Ethelbert, dans le
Kent, tous ces textes des VIᵉ-VIIᵉ siècles n'étaient destinés qu'à remplir
une fonction probatoire. Ils continuaient à tenir leur seule force de la voix
très ancienne qui les avait prononcés. Les capitulaires carolingiens res-
taurèrent pour un temps, de façon très partielle, un régime de droit écrit.
Mais, au Xᵉ siècle, l'Occident vivait entier sous ses coutumes. Fin XIᵉ, le
Domesday Book, compilé sur l'ordre de Guillaume le Conquérant, paraît
ouvrir en Angleterre une époque nouvelle : la collation des coutumes de

---

26. Gourevitch, p. 157-211.

Mercie, du Wessex, du Danelag doit, en assurant à chaque individu son droit, en faire prédominer la forme codifiée. En fait, malgré la forte impression que fit cette entreprise sur les contemporains, le *Domesday Book* resta lettre presque morte pendant deux siècles; en 1279, Édouard Ier recommençait l'enquête[27]. A cette date, en France et en Allemagne, les *Coutumiers* de plusieurs régions avaient été rédigés ou allaient bientôt l'être : le mouvement s'était amorcé dès la fin du XIIe siècle, et continuerait jusqu'au XVIIIe. Mais, du *Très Ancien Coutumier de Normandie,* de 1199, et des *Assises de Jérusalem* au *Sachsenspiegel,* au *Mühlhauser Rechtsbuch,* et aux recueils établis à la demande de Charles VII, comment ces rédactions auraient-elles été possibles sans audition de témoins dépositaires de ce savoir collectif; sans tenir compte des modulations que leur voix, leur geste conféraient à leur discours? Hector de Chartres, chargé de recueillir les coutumes régissant l'exploitation des forêts normandes, y travailla de 1338 à 1405, visita trois cent cinquante paroisses, entendit un millier de témoignages! La fluidité des coutumes se prêtait mal à la codification. L'écriture pétrifiait ce qui avait été conservatisme mobile et vivant. C'est pourquoi, peu à peu, un autre modèle s'imposa, en un temps (passé 1100, 1200, 1300 même) où toutes les dynasties princières, de l'Angleterre et de la Castille à la Pologne — ou, en Italie, les municipalités urbaines —, prenaient conscience de leur pouvoir et, dans cette mesure même, se méfiaient des coutumes locales : le modèle du droit canon, écrit et en partie encore de tradition romaine, textes bibliques ou patristiques, décrets conciliaires, bulles papales, organisés de bonne heure en collections comme le *Corpus juris* et le *Decretum* de Gratien de Bologne, vers 1140, et dont la pratique avait étendu la compétence, en matière civile et criminelle, bien au-delà des limites de l'Église. En fait, la lente redécouverte que fit l'Europe, à partir du XIIe siècle, des textes du droit romain et, en partie sous cette influence, la réapparition d'une législation royale écrite marquèrent, à terme, l'universalité des relations sociales. Écrit, le droit devenait projectif, engageait l'avenir. Le prix de cette transformation était lourd, et les vieilles communautés, engoncées dans une féodalité désuète mais encore vivante, n'avaient pas les reins assez solides pour assumer entièrement une telle charge... Le mouvement n'en était pas moins irréversible. Au XIIIe siècle, dans tout l'Occident, se marque un recul général des coutumes. Désor-

27. Clanchy, p. 6, 11, 21.

mais, jusqu'au triomphe des premières monarchies autoritaires, vers la fin du XVᵉ siècle, deux registres juridiques coexistent, mal distincts en ce que les marques orales (formularité, labilité) du premier subsistent dans le second, tandis que celui-ci peu à peu imprègne celui-là. Le second découle, par le canal des gloses de « légistes », des principes énoncés jadis par Justinien ; le premier, d'une longue opinion unanime. Il en résulte des conflits, dont s'inquiétait Jacques de Révigny déjà, qui enseignait vers 1260-1270 le droit romain à Orléans [28]. Mais, en dépit de ces divergences, l'application finale du droit s'opère au moyen d'une série d'actes vocaux, requêtes, dépositions, sentence.

C'est là une ressemblance — étrange en apparence mais non fortuite — entre l'histoire du droit et celle de la poésie, tant en latin que dans les langues vulgaires. Oppositions entre une tradition provenue, plus ou moins directement, de l'esthétique de la basse Antiquité et des « innovations » dont les sources dispersées sont parfois beaucoup plus profondes ou lointaines ; tensions entre pratique orale et formes écrites, entre langue savante et discours quotidien, engendrant des besoins expressifs nouveaux, dans un contexte social modifié ; déplacement progressif du centre de gravité de tout le système langagier... et, approximativement, même chronologie : époque tournante entre 1100 et 1250, et mouvement de bascule final au-delà de 1350-1400, annonciateur de bouleversements à venir dans un imprévisible futur. Un livre de R. H. Bloch, en 1977, soulignait avec vigueur ces parallélismes : concentrant son analyse sur les XIIᵉ et XIIIᵉ siècles, il la poussait, de façon convaincante, sur le terrain des mœurs et de l'idéologie. Mais un rapport beaucoup plus complexe encore, enraciné dans les fantasmes ataviques qui fondent la société humaine, attache l'un à l'autre les deux genres de discours, juridique et poétique, et chacun de ceux-ci au discours religieux et prophétique. Un vouloir y fermente et en fait lever les œuvres : volonté de dépasser la contingence du vécu, de freiner la dispersion aléatoire des paroles, de transcender l'accidentel en en dégageant l'historicité propre, sur quoi se construit et par quoi se soutiennent la puissance morale, la conscience d'une collectivité et sa capacité d'action.

*

28. Waelkens.

Ce qui, dans ce vouloir même de la société européenne, jusqu'au XVIᵉ siècle au moins, résiste aux mœurs et mentalités scripturaires, c'est une sorte de *nomadisme* radical, historiquement et ontologiquement lié à la prééminence de la voix. L'écriture, ses pompes et ses œuvres de plus en plus fermement essaient d'ancrer dans la stabilité un monde qui, emporté par une incessante dérive vocale, s'y dérobe comme on fuit. Guillaume de Saint-Pathus, vers 1300, contant à l'une des filles de Louis IX les saintes actions de son père, distingue deux temps de l'existence, qui en engendrent pour chacun le rythme : la *demeure* et la *chevauchée*. La seconde l'emporte dans les formes de l'imaginaire : la vie est un voyage, on suit l'itinéraire de l'âme. Le voyage, certes, est lent ; et long tout itinéraire. On se déplace à pied, à pas de bête, à ras de sol ; on finit après trois ans, comme Marco Polo, par arriver chez les Mongols. Mais on n'y reste pas. Marco lui-même revint à Venise. Lorsqu'au XIIIᵉ siècle se précisent les traits désormais définitifs de l'ordre nobiliaire, les clercs chargés d'en élaborer une définition insistent sur la *certa habitatio,* le lieu fixe, celui d'où l'on est [29] ; bientôt, grâce à un jeu de préposition, le toponyme qui le désigne deviendra patronyme ! Ainsi le noble se distinguera, pour longtemps encore, de tous autres. Pourtant chaque printemps l'appelle à recommencer la guerre, qui est sortie — peut-être mortelle — de ce lieu ; et c'est en termes d'errance plutôt que d'assiette assurée qu'il se récite sa geste fondatrice... Autour de lui, un peuple peu nombreux s'éparpille en hameaux isolés, que séparent des déserts, forêts, landes, marais, montagnes ; en bourgs mal reliés entre eux par de mauvaises routes, des pistes saisonnières. Des villages se déplacent, comme des campements ; ou bien on les abandonne. En Allemagne, au cours des siècles médiévaux, 20 à 40 % des villages, selon les régions, auraient été ainsi, un jour ou l'autre, désertés [30]. Mais combien de châteaux mêmes ont été construits, détruits, remontés ailleurs, comme en quête d'un vrai lieu ?

Dans l'étroitesse, le cloisonnement, l'imprécision de ces fragments humanisés d'espace, l'ami et l'ennemi, le puissant, le faible, le traître sont des êtres connus, dont le visage s'offre à tout instant au regard, dont la voix s'entend, résonne ici et maintenant dans la richesse ou la pauvreté concrètes de ses timbres, de sa portée. Surgisse d'ailleurs, par merveille,

---

29. Labatut, Introduction.
30. Chapelot-Fossier, p. 63-64, 169-172, 187.

un visage neuf, jamais vu, et jaillissent la terreur ou l'espérance, irrationnelles. Au-delà de «chez nous», dans l'inconnu et l'étrange, s'étend le cercle immense d'un univers parcellisé, dont les cellules isolées parfois se rapprochent, pour un jour ou une saison, quand passe le receveur des gabelles ou une troupe de soldats du roi; puis elles retombent à elles-mêmes, autour du château seigneurial, de la maison du maire ou de la croix d'un carrefour. Tel est, dans son enracinement sociologique, l'univers de la voix, où rien de l'existence collective ni même de la réalité ambiante ne peut être perçu et compris que ce qui passe par elle. Tel est, dans sa signifiance intime, le *nomadisme de la voix*. Les villes échappent mieux, et de plus en plus, à cette insularité mouvante. Mais elles restent relativement rares jusqu'au XIIe siècle, et leur croissance est plus tardive encore; avant le XVe, elles ne modifient vraiment le paysage social et mental qu'en quelques régions comme la Flandre ou l'Italie septentrionale. Les villes sont filles de l'Écrit. Autour d'elles se sont reconstruits les remparts antiques, s'en sont élevés d'autres, parfois concentriquement, comme à Paris, à mesure de la croissance de la population. Mais ces murs découpent le monde en «dedans» et «dehors»: ils rejettent les marginaux, exclus pour un temps ou par nature, les uns tenus pour périlleux, misérables, ribauds, filles de joie ou lépreux, les autres asservis mais utiles, maintenus à distance salubre, comme les Juifs et les «Lombards». D'où les troubles sociaux qui, se multipliant en milieu urbain à partir de 1250, y introduisirent, par la violence, une nouvelle, imprévisible, instabilité. Au reste, pour le pauvre, après une émeute, nécessairement écrasée, que reste-t-il, si on lui laisse la vie, sinon fuir? Tous ces gens, rôdant là-dehors, font, pour le citadin, problème. Dans les villages même, à mesure qu'ils prennent racine, on se méfie des *horsains*. Mais les constructeurs des villes les ont édifiées autour d'une place publique où tous se rassemblent, où l'on rencontre comme en lieu neutre les hôtes de passage, où chacun sort et discourt, où circulent les processions et les parades, se produisent les bateleurs: substitut du nomadisme ambiant.

Partout, la même ambiguïté. R. H. Bloch voit l'un des caractères définitoires de la société française aux XIe-XIIIe siècles dans sa hantise des généalogies. Le trait n'est pas seulement français, ni propre à cette époque-là: il tend à se durcir à partir du XVe. Nobles et bourgeois énumèrent leurs ancêtres; et ces chaînes servent d'amarre à leurs lignages, menacés par quels courants qui les entraîneraient où? Inversement, les clercs qui conçurent, au XIIe siècle, à l'intention d'une chevalerie en voie de sédentarisation, les récits merveilleux qu'ils appelèrent « romans », leur donnèrent pour ressort narratif l' « aventure », mot étrange, venu d'un futur latin, et désignant quelque fuite en avant, dans le temps certes, mais d'abord dans l'espace. Cependant, par un contre-effet remarquable, la plupart de ces « romanciers » se montrent soucieux de fournir la généalogie de leurs « chevaliers errants ». Paradoxe de ces compositions, exaltant ainsi, à l'avant-veille de notre modernité, des formes d'errance archaïque, dans un univers fantasmé, aux apparences mouvantes, aux imprévisibles violences... mais qui constituent les premiers produits d'une « écriture », dans un sens proche de celui que nous prêtons à ce mot ! Je reviendrai sur cette équivoque.

De l'Espagne aux plaines de Moscovie, les points les plus fixes, auxquels semble ancrée l'humanité, ne sont autres que les grands monastères de toutes observances. Or, beaucoup d'entre eux sont des sites de pèlerinage, de sorte qu'un réseau, parfois vaste et complexe, de mouvements migratoires s'organise autour d'eux, drainant des foules, pendant des siècles ; et, pour chaque individu lancé dans ces équipées, la longueur du voyage, les risques du trajet, le coût, l'épuisement physique guettant les plus faibles en font plus qu'une entreprise, un mode de vie, surimposé ou pour un temps substitué à l'autre, quel qu'il soit. Le pèlerinage est cheminement, mais en même temps représentation mentale, déplacement moins dans l'espace commun que dans un espace-temps spécifique, à la fois dangereux et sacré, métaphore ritualisée de la condition de créature. Situation contradictoire ? Le commerce à long rayon, lié — cause et effet — au développement urbain et à ses formes de sédentarité, pousse sur routes et rivières ses caravanes, ses barges, sur mer ses navires : et l'on sait l'étendue de ces errances intéressées, qui au XIIIᵉ siècle toucheront, par relais et intermédiaires arabes, jusqu'à l'Extrême-Orient et aux empires d'Afrique. Hugues de Saint-Victor, dans le *Didascalicon,* II, 24, fait l'éloge de ces *mercatores* qui pénètrent aux lieux les plus secrets de l'univers, abordent à des rivages inconnus, et vont humaniser par leur négoce les peuples sauvages !

Les agitations qui travaillent ainsi ce monde et le meuvent, plus que d'une houle continue tiennent comme d'une irréquiétude envers l'univers, envers soi, envers Dieu même. Avec le temps, ces agitations s'organisent plutôt qu'elles ne s'apaisent, s'ordonnent en tendances majeures, parfois contraires, qui traverseront jusqu'à nous les siècles « modernes ». Tel est, me semble-t-il, la meilleure perspective où considérer les tensions qu'engendre la persistance des communications vocales dans un milieu où tend, à long terme, à s'instaurer une hégémonie de l'écrit. Double nomadisme, à la fois externe, tourné vers les espaces à conquérir, et interne, poussé par les menaces d'un enfermement redouté ; à la fois déterminé par la nature de toute histoire, cette guerre incessamment livrée par les hommes à l'espace qui les investit, mystérieux, impénétrable, hostile, et par la peur qui renaît d'elle-même, au sein de groupes emmurés dans l'horizon étroit d'un terroir quotidien : péril et sauvegarde, lieu où les conflits éclatent et se détendent mais, à la longue, tueraient : situation qu'ont décrite, à propos des terreurs du XVe siècle, R. Muchembled et J. Delumeau [31]. La communauté humaine se sent fragile : d'où un effort séculaire pour créer des institutions propres à la renforcer, et dont les résultats commencent d'apparaître, selon les terroirs, au XIIe, XIIIe, XIVe siècle ; d'où la curiosité et, chez certains, la passion de l'écriture. Mais à l'attachement qui se manifeste envers la terre, où l'on naquit et qui vous détient, s'oppose fortement le désir de terres nouvelles, autres, riches, où la vie serait plus facile et moins brève. A l'opposé, joue la tendance au rassemblement : elle se manifesta politiquement déjà chez les empereurs carolingiens, dont l'idéologie devait marquer à terme le pouvoir ecclésiastique, qui la leur avait inspirée ; plus tard elle serait réassumée par les dynasties royales et, plus encore et en union étroite avec ces dernières, par les bourgeoisies urbaines. Un espace fixe et un temps mesuré existent dès lors, exemplaires, proposés à une Europe en mouvement perpétuel. Dédoublement de l'existence, qui apparaît comme un fait de nature.

Les étendues encore en grande partie (malgré les défrichements) forestières qui forment la France, les pays allemands et slaves, l'Angleterre, les Balkans resteront jusqu'aux XVIe-XVIIe-XVIIIe siècles, sillonnées par une population errante, inintégrable aux communautés qu'elle traverse, quoique intégrée à l'image globale qu'elles se font d'elles-mêmes. Gens de métier, dont chemins et sentiers constituent l'espace professionnel, cordiers, potiers, vanniers, forgerons, aiguiseurs, musiciens ambulants, colporteurs, montreurs d'ours ou de reliques, bergers transhumant des terroirs méditerranéens ; soldats sans guerre, pauvres chevaliers sans maître ; et tous les vagabonds que chassent au hasard la misère, la maladie, la rupture d'un lien social, la crainte d'une vengeance, et le goût d'autre chose : *goliards,* clercs vagants, écoliers bourlinguant de ville en

31. Muchembled, p. 21-55 ; Delumeau 1978, p. 143-170.

ville, moines fugitifs, mendiants, brigands, prostituées, voyantes, guéris-
seurs et, si l'on en croit les légendes partout répandues, âmes en peine des
réprouvés. Lorsque, au cours du XIIe siècle, se manifestent en Allemagne, en France, en Angleterre les premiers mouvements antisémites,
périodiquement les Juifs à leur tour sont jetés sur les routes d'exils
incertains. En 1182, Philippe Auguste les expulse de son domaine ; en
1196, il les rappelle ; en 1276, 1283, 1291, 1299, on les oblige à se
concentrer dans les grandes villes ; en 1306, Philippe le Bel les expulse à
nouveau ; en 1315, Louis X les rappelle, et à partir de 1320 commence la
série des pogroms. Cela pour le seul royaume de France... Au milieu du
XIVe siècle, les premiers Tsiganes apparaissent dans les îles de la Méditerranée ; vers 1400, ils ont atteint la Hongrie ; vers 1420, l'Allemagne ;
vers 1450, l'Espagne. A l'autre bout de l'échelle sociale, on se déplace en
grand arroi, que ce soit pour la guerre, le tournoi, la fête ou, universellement, la chasse. A mesure que le monde s'embourgeoise et se stabilise, la
classe noble produit davantage de héros à tout faire, matamores ou
sportifs errants, courant en armure l'Europe à la recherche d'occasions de
gloire : un Hans von Traun au XIVe siècle, un Jacques de Lalaing au XVe.
Le roman s'empara de telles figures, en fit Jean de Saintré et Don
Quichotte.

C'est de ce monde-là que sont porte-voix la majorité des interprètes de
poésie. C'est dans ce monde-là qu'ils vivent, en partageant le sort et les
conflits. Contre l'omniprésence de cette voix sans lieu, une partie du
corps social se défend, à l'aveuglette et sans comprendre l'enjeu. Le refus
méprisant opposé par les « romanciers » de la première génération,
comme Chrétien de Troyes, à l'art des « conteurs », c'est, au même titre
que les règlements municipaux contre le vagabondage, le refus d'un
nomadisme radical, investissant le langage même, réalisant l'imaginaire
poétique. C'est contre le nomadisme social que s'était constituée, au
niveau de lieux proches et concrets, la première féodalité ; puis, plus
abstraitement et comme en chemin vers l'universel, principautés et
royaumes. Mais jusqu'au milieu du XIIe siècle la parole poétique, dans les
langues maternelles, se formait uniquement sur les lèvres des nomades.
Et cette situation, au sein de communautés qui paraissaient (faussement)
s'y prêter de moins en moins, perdura — altérée, diversement modalisée — jusque bien après Gutenberg. Combien de *Vidas* de troubadours,
rédigées aux XIVe, XVe siècles, signalent élogieusement les errances de
leur héros, tel cet Élias Cairel, du Périgord, lettré « subtil en poésie et en

parole », qui *serquet la major part de terra habitada* («parcourut la plus grande partie de la terre habitée ») [32]. Perpétuel retour des errants sur les lieux successifs d'un monde fini, où tout toujours recommence, dans la perspective de millénarismes jamais complètement étouffés, ces errances de l'univers, cette quête spiraloïde du Graal, du Prêtre Jean, du Roi Congo, des Isles du Grand Khan : tout ce qui empêche l'Histoire de se refermer en Destin, et la parole, en livre clos.

32. Boutière-Schutz, p. 254.

5. L'écriture

Formes et techniques. - Les scribes. - Manières de lire. - La voix dans l'écrit.

Tout ce dont j'ai fait état dans les chapitres précédents n'empêche que le « moyen âge » fut — aussi — un âge de l'écriture. D'où un problème que le médiéviste ne peut éluder. Longtemps, Chaytor resta le seul à l'avoir explicitement posé ; à partir de 1979, en revanche, plusieurs auteurs en ont repris et approfondi les données : ainsi, M. Clanchy, F. Bäuml, B. Stock. Je n'y touche ici que par la bande ; un seul en effet de ses aspects me concerne : y a-t-il, d'une quelconque manière, en poésie, contradiction entre l'usage de l'écriture et les pratiques vocales ?

Depuis McLuhan — et quoique les intuitions de cet auteur aient été sur bien des points dépassées ou corrigées —, on sait la complexité du rapport opposant l'écriture à la voix. Dès la fin des années 60, les travaux de W. Ong, d'ethnologues comme J. Goody ont progressivement nuancé les thèses et affiné le vocabulaire propre à les exprimer. Reste une proposition fondamentale, diversement modulée : l'histoire des mentalités et des modes de raisonnement (en fait, presque tout ce que désigne notre mot de *culture*) est déterminée par l'évolution des moyens de communication. Encore faut-il ne pas trancher de façon trop brutale, et distinguer la technique de son usage. L'imprimerie, que la Chine posséda plusieurs siècles avant l'Occident, ne marqua pas semblablement la vieille société impériale et la nôtre, et les effets intellectuels que nous attribuons à cette invention nous ont sans doute été propres — tenant, du reste, moins à l'imprimerie comme telle qu'au caractère alphabétique de nos graphies ! La relation entre *medium* et tournure d'esprit n'est, en perspective historique, pas univoque. Enfin, l'écriture ne se confond pas avec le dessein ni même l'aptitude à faire, du message, un *texte*. Elle a son histoire, son rythme propre de développement ; la textualité a les siens, ainsi que les mentalités scriptoriales. Aucun synchronisme ne lie rigoureusement ces devenirs : toujours se perçoit un décalage, plus ou moins sensible selon les zones sociales observées.

Confiné, jusque vers l'an mil, à quelques monastères et cours royales, l'usage de l'écriture se répandit avec une extrême lenteur dans les classes dirigeantes des jeunes États européens. Le livre magistral de M. Clanchy l'a prouvé en ce qui concerne l'Angleterre des XIIe et XIIIe siècles. La prolifération des documents administratifs durant cette période ne change rien encore d'essentiel dans les comportements. B. Stock esquisse la même histoire, et en dégage les implications, dans l'ensemble de l'Occident, très spécialement en France : il insiste, comme M. Scholz de son côté, sur le lien attachant l'écriture au développement du commerce, à l'intensification des communications et à la personnalisation du droit, traits majeurs des siècles qui s'étendent entre 1050 et 1350. Ce qui pourtant (Clanchy en fait la remarque) dut favoriser la diffusion de l'écriture fut la relation même, dans son étroitesse, qu'elle maintenait avec la voix [1] : en amont, certes, dans la mesure où l'écrit servait à fixer des messages initialement oraux ; mais, plus radicalement, en aval, parce que le mode d'encodage des graphies médiévales faisait de celles-ci une base d'oralisation. C'est pourquoi l'imprégnation des sensibilités et des mœurs par les valeurs qu'engendre la *manuscriture* ne commença guère à marquer ses effets avant le XVe siècle, plus tôt ici, plus tard ailleurs ; et la saturation scripturaire, caractéristique de la culture « moderne », se produira beaucoup plus tard encore. Les modifications partielles qui progressivement s'opérèrent ainsi, sur les plans anthropologique et social, entraînèrent moins un changement d'état que la complexification croissante d'une situation, en somme, identique à elle-même. Les coutumes régissant les modes de vie faisaient au corps humain et à ses exigences une place trop éminente pour ne pas engendrer des résistances longtemps insurmontables. Le Tristan du roman de Gottfried von Strassburg est, pour son temps, « dans le vent » et fait les études qui (selon l'auteur) conviennent à sa condition : mais le texte ne nous cache pas (v. 2062-2095) que c'est là une épreuve trop rude pour engendrer jamais l'amour des livres ni pour y conformer un tempérament. Nombre de clercs, suggère Garnier de Pont-Sainte-Maxence dans son poème sur Thomas Becket, ne parviennent pas plus à s'habituer à lire qu'à bien chanter [2].

1. Clanchy, p. 230.
2. Mölk 1969, p. 91.

Rien en cela ne change vraiment avant la grande vague de l'humanisme, vers 1450 : tant de siècles n'auront pas suffi à la société européenne pour intérioriser vraiment sa connaissance et sa pratique de l'écriture.

Une série de mutations lentes se produisit, certes, au cours du temps, mais dues à des glissements plus qu'à des ruptures. Il convient de les considérer moins comme telles que relativement à un lointain point de fuite, post-médiéval, qui les met en perspective. Recul d'un vaste espace mémoriel au profit de l'Archive ; extériorisation des relations sociales ; émergence d'une notion explicite d'histoire ; grammaticalisation de la langue vulgaire et, par voie de conséquence, dissociation d'un code oral et du code écrit ; distinction, peu à peu admise, entre un modèle linguistique interne et la capacité d'en user, entre la *langue* et la *parole*. Mais les lignes d'évolution ainsi dessinées ne commencent pas à converger avant l'époque, au tournant des XIVᵉ et XVᵉ siècles, où apparaît en Europe la première peinture de chevalet, annonçant la prochaine prédominance, dans cet univers, du sens de la vue et de la perception de l'espace !

Ces lignes traversent le champ de la poésie : elles agissent, de manière contrastée et complexe, sur la visée et la composition du discours qu'elle tient et (dans une moindre mesure peut-être) sur les modalités psychiques de sa réception. Ce qui, profondément, se trouve ainsi mis en question, c'est la relation triple établie à partir et à propos du texte : entre celui-ci et son auteur, son interprète et ceux qui le reçoivent. Selon les lieux, les époques, les personnes impliquées, le texte relève tantôt d'une oralité fonctionnant en zone d'écriture, tantôt (et ce fut sans doute la règle aux XIIᵉ et XIIIᵉ siècles) d'une écriture fonctionnant en oralité.

Les données quantitatives sont éloquentes. Jusque vers 1200, une dizaine de volumes suffisait à un savant pour faire carrière utile : collection aisément transportable, modifiée ou accrue au cours des années par échange, copie, rarement achat. L'extrême cherté de l'écrit en restreignait, de fait, l'utilité. Le système des *peciae,* cahiers débitant un texte par tranches, inventé dans les écoles du XIIIᵉ siècle, n'en franchit jamais les murs. Les bibliothèques restaient d'une surprenante maigreur. Vers 1080, celle, réputée, de Toul, comptait 270 volumes ; celle de Michelsberg, en 1120, 242, dont un livre arabe et deux livres grecs de mathématique ; celle de Corbie, vers 1200, 342 ; celle de Durham, l'une des plus grandes d'Europe, à la même époque, 546 ; celle de la Sorbonne, vers 1250, un millier. Ces chiffres grandirent continûment jusqu'au XVIᵉ siècle, mais ils demeurèrent, relativement, du même ordre : vers 1300, l'église du Christ à Cantorbéry possède treize cents volumes. Dans sa très belle bibliothèque, le roi Charles V en rassembla jusqu'à mille ; les ducs de Bourgogne, jusqu'à neuf cents[3]. A l'heure où commença la diffusion de l'imprimerie, ni le nombre des livres disponibles ni l'activité scripturaire courante n'assuraient encore dans les sociétés européennes un primat de l'écriture. Ce n'est que dans le cours du XIIIe siècle que l'on relève, à Paris, à Bologne, les premières traces d'un commerce de librairie. Il restera longtemps embryonnaire. Quant au tirage de ce qui sort des ateliers de copistes, il dépasse rarement un très petit nombre d'exemplaires. Lorsqu'un texte nous a été conservé par de nombreux manuscrits (près de trois cents, pour le *Roman de la Rose*), ils sont de date et d'origine diverses et témoignent de la persistance d'une tradition plutôt que d'une diffusion immédiate et horizontale. De la plupart des textes poétiques de langue vulgaire un peu anciens nous ne possédons que des copies très postérieures à la date probable — sinon prouvée — de leur composition ; de la poésie épique et « lyrique », principalement des anthologies ou recueils constitués à l'intention d'amateurs de la fin du XIIIe ou des XIVe-XVe siècles.

Encore le sens du terme *écriture* n'est-il pas uniforme, et peut référer à des techniques, des attitudes et des conduites diverses selon les temps, les lieux et les contextes événementiels. De ce que nous désignons et pratiquons comme *écriture* (dans la visée ou avec la présupposition d'un passage à l'imprimé) à la *manuscriture* médiévale, la distance — en termes d'anthropologie culturelle — est sans doute aussi grande qu'entre manuscriture et oralité primaire. McLuhan déjà notait la différence « abyssale » qui distingue l'« homme scribal » de l'« homme typographique » : les « cultures de manuscrit », enseignait-il, restent globalement tactiles-orales, et l'écriture y exerce beaucoup moins d'effets que dans notre monde. Idée reprise par W. Ong, qui situe le manuscrit dans la continuité de l'oral, la rupture n'intervenant — progressivement — qu'avec l'imprimerie. La production du manuscrit introduit en effet (dans la transcription du texte comme telle, non moins que dans l'opération psychophysiologique du scribe), entre le message à transmettre et son récepteur, des filtres qu'éliminera en principe l'imprimerie mais qui, en revanche, sont étroitement analogues aux bruits parasitant la communication orale.

3. Riché 1979, p. 300-303 ; Clanchy, p. 82 et 131-132 ; Delisle.

En dépit des perfectionnements qui lui furent apportés au cours du temps, la technique de l'écriture est difficile à maîtriser et exige des compétences rares. Ses diverses phases sont assumées par le même homme : composition de l'encre, taille du calame ou de la plume, et parfois préparation du support avant le tracé des caractères. Le matériel résiste, par sa fragilité (comme la plume) ou parce qu'il exige un long traitement préalable (comme le parchemin) [4]. Deux systèmes graphiques se combinent, l'un hérité de Rome (l'alphabet, et certains procédés abréviatifs), l'autre dû à des innovations souvent propres à tel ou tel atelier : abréviations par suspension de syllabes, par suscription ; introduction de signes sténographiques et de symboles — système appelé à prendre un grand développement entre le XIIIe et le XVe siècle, par suite même de l'accroissement du nombre des écrits [5]. Écrire est un métier, ardu, fatigant, dont l'exercice constitue un artisanat organisé : des monastères carolingiens aux « libraires » urbains du XIVe siècle, le chemin fut long, mais sans virages brusques.

Coucher par écrit un texte, quel qu'il soit, comporte deux opérations : le recueillir sur des tablettes de cire (parfois en résumé, sinon en *notes tironiennes,* tachygraphie d'origine antique) ; puis le mettre au net sur le parchemin. De plusieurs lettrés du XIIe siècle, comme les théologiens de Cîteaux ou Pierre le Vénérable, nous savons qu'ils composaient de tête leurs ouvrages, et les dictaient à un secrétaire qui le notait au stylet sur tablettes ; l'auteur ensuite reprenait et corrigeait ce brouillon. Il arrivait qu'il s'acquittât seul du premier travail et inscrivît directement, en le prononçant à voix haute, son texte sur les tablettes. Il est probable que les écrivains de langue vulgaire, à la même époque, tels nos premiers romanciers, usèrent de ces procédés. Une peinture du chansonnier N (de la Pierpont Library, à New York), exécuté au milieu du XIVe siècle, représente un troubadour notant (avec une difficulté manifeste) sa chanson sur une longue feuille volante [6]. De tels procédés, par ailleurs, expliquent sans doute l'extrême rareté des manuscrits autographes : aucun en latin avant le XIe siècle, en français avant le milieu du XIVe [7]. Le vocabulaire désignant l'opération scribale provient, en vernaculaire, directement du latin, ce qui semble bien impliquer l'identité des méthodes : *dictare,*

---

4. Stiennon, p. 146-163 ; Clanchy, p. 88-115.
5. Stiennon, p. 124-129.
6. Rieger 1985, p. 399.
7. Garand, p. 80-81 ; Ouy-Reno ; Williams.

111

dictitare (voire *legere*) d'une part, *scribere* d'autre part. *Dictare* réfère à ce que l'on perçoit comme l'origine du texte : d'où le substantif *dictamen,* désignant l'art de la composition ; d'où la métaphore du Dieu *Dictator,* énonciateur de sa Création ; et le français *dictier,* renvoyant à l'ouvrage poétique achevé, l'allemand *Dichtung,* « poésie ». *Scribere* exige un effort musculaire considérable : des doigts, du poignet, de la vue, du dos ; le corps entier participe, la langue même, car tout, semble-t-il, se prononce. En hiver, le froid immobilise les doigts, on peut craindre le gel de l'encre. Orderic Vital préfère attendre le printemps pour recopier des tablettes hâtivement griffonnées en décembre [8]. Écrire exige d'infinies patiences : tel travail de copie s'étend sur des mois, sur un, deux ans. Souvent, quand il a tracé la dernière ligne, le scribe exhale son soulagement et sa joie : il se compare au marin rentrant enfin au port, ou bien réclame du vin, une jeune vierge, voire une « grosse putain » ! Wattenbach, jadis, recueillit de telles confidences, parfois crayonnées dans les marges [9]. Vers 1400 encore, la pratique de l'écriture, dans tout l'Occident, restait, malgré quelques innovations (dont l'usage du papier), captive de sa technicité et de son élitisme de fait ; elle n'était toujours que faiblement capable d'influencer de façon directe le comportement ou la pensée des poètes et, moins encore, l'attente de leur public.

En langue vulgaire, on était alors depuis peu sorti de difficultés d'un autre ordre : comment noter les sons propres aux langues médiévales à l'aide d'un alphabet créé, plus d'un millénaire auparavant, pour le latin archaïque, et lui seul ? On se posa la question — en vain — dès l'époque mérovingienne. Les langues romanes soulevaient relativement peu de problèmes, car la prononciation du latin savant et scolaire avait beaucoup évolué : on en fut quitte pour des bricolages, comme la combinaison de *c* et *h* pour rendre en français un phonème inconnu du latin. A l'autre extrême du domaine latinisant, le polonais fit preuve d'une stupéfiante inventivité en la matière ! Les langues germaniques introduisirent quelques signes nouveaux, le *w* ou le *thorn.* Cet indispensable travail d'adaptation de la graphie ne fut pas achevé avant que se fussent fixés sinon les systèmes orthographiques modernes, du moins un faisceau de traditions scribales à peu près stables : entre le XIIIe et le XVe siècle. Jusque-là, l'ampleur des variations que l'on constate entre les coutumes graphiques

8. Stock 1983, p. 75-76.
9. Stiennon, p. 16-18.

locales (et parfois individuelles) atteste que les langues vulgaires n'ont pas encore assimilé pleinement les pratiques de l'écriture. Une seule société, dans l'Occident médiéval, échappa, jusque vers le XIᵉ siècle, à cette sorte de diglossie : le monde scandinave, avec ses *runes,* bien adaptés à la phonétique germanique, et dont le plus ancien exemple date du IIᵉ siècle de notre ère. Nous ne possédons pas moins de trois mille inscriptions runiques. Destinés principalement à la gravure sur roc, les runes servent à y tracer soit des titres commémoratifs, soit des poèmes. En fait, la poésie norroise la plus ancienne ne nous est parvenue, sous sa forme littérale, que de cette manière. Elle s'y enrichit de connotations tenant aux valeurs magiques par ailleurs attachées aux runes : connotations référant à la puissance de la voix qui prononce la formule inscrite. Pour cette raison même, l'Église, une fois implantée dans le Nord, imposa l'alphabet latin. Pourtant les runes, qui entre-temps avaient pénétré dans l'Angleterre danoise, ne sortirent pas vite d'usage ; on les employa même sur manuscrits ou tablettes, concurremment avec l'écriture latine : à Bergen, encore, en 1200 ; au Danemark, çà ou là jusqu'au XIVᵉ siècle.

Il ne suffit pas au scribe de savoir dessiner lettres et abréviations, compétence graphique de base, aisément accessible : plus d'un grand personnage, capable de signer son nom, n'aurait pu écrire le document ainsi cautionné. A quoi bon, du reste ? Le scribe possède, entretient — et protège comme un secret de fabrication — une compétence textuelle, plus précieuse, fondée sur la connaissance des formules efficaces, des règles discursives, du maniement des figures, de tout ce qui constitue, au sens premier, le *style.* Ce privilège s'est maintenu, depuis la fin de l'Antiquité, dans des milieux fermés, abritant les ressources nécessaires et garantissant la sécurité du travail : la chancellerie pontificale, branchée sur les dernières traditions romaines, et dont l'influence marqua plus ou moins toutes les pratiques locales ; les chancelleries des royaumes barbares, puis celles qui se reconstituèrent après 1050 autour de l'empereur germanique, des rois anglais et français, dans les principautés italiennes, provençales, bourguignonnes, héritières des pratiques carolingiennes ; en Espagne ; chancelleries d'évêchés, de municipalités à partir des XIᵉ, XIIᵉ, XIIIᵉ siècles ; *scriptoria* des grands monastères puis, après 1100, des écoles urbaines, avant les ateliers de copistes du XIIIᵉ siècle, les éditeurs des XIVᵉ, XVᵉ siècles...

C'est pourquoi, en dépit du mépris dont témoignent bien des nobles pour les gens d'écriture, scribes et copistes exaltent leur œuvre, auguste et méritoire. Ils en fournissent une interprétation symbolique : la plume fendue figure les deux Testaments, les trois doigts qui la tiennent, la Trinité... ou bien le parchemin est un champ qu'on ensemence : le plus ancien texte italien connu, l' «Énigme de Vérone», vers l'an 800, est une *probatio pennae* développant ce thème. Le sentiment de leur dignité sans doute pousse ainsi des copistes à signer les manuscrits qu'ils achèvent : tels Willermus Pescator, du *scriptorium* de Fécamp, au XIIe siècle, ou le Guiot qui tint boutique à Provins au début du XIIIe siècle et copia les romans de Chrétien de Troyes. D'autres s'acquirent une célébrité, tel, deux siècles plus tôt, Adhémar de Chabannes, par ailleurs prédicateur et historiographe. Pourtant, l'activité de ces hommes de plume, fiers de l'être, laisse à l'ouïe et à la voix, dans la constitution de l'écrit, un rôle qui peut être déterminant. Les représentations de copistes sur les miniatures mettent presque toujours l'oreille en valeur. Écrire relève encore, pour une part, de l'ordre de l'oralité, et cette dépendance, loin de s'atténuer, s'accuse après 1200 : la copie directe, sans l'intermédiaire d'un lecteur, parfois pratiquée à une époque plus ancienne, convient mal à une production dès lors relativement accélérée. Le scripteur reçoit, en général, auditivement le texte à reproduire. Les graphies même et leurs altérations semblent bien impliquer qu'il intériorisait une image sonore plutôt que visuelle des mots qu'il traçait. Dans les *scriptoria* où se maintenait le système antique de la *pronunciatio,* une équipe écrivait sous la dictée : elle fonctionnait donc, en un premier temps, comme réceptrice en situation orale-auditive. La durée, parfois considérable, de la dictée de textes longs ne pouvait manquer d'accuser fortement cet effet. On admet que la *pronunciatio* de la *Summa theologica* de Thomas d'Aquin dura trois ans. Qu'en fut-il du *Roman de la Rose* ? Par là, le copiste «domine» sa matière : il en est, en fait, le maître : et peut-être, selon l'opinion la plus commune, l'est-il en droit, si l'on en juge à la fluidité de la plupart de nos traditions manuscrites. La reproduction des textes auctoriaux latins témoigne certes, çà et là, d'un souci d'authenticité ; la notation des textes de poésie en langue vulgaire, quasi jamais. Le copiste s'accorde — et l'usage lui concède — une liberté parfois extrême : la tradition manuscrite de l'*Alexis* français, celle encore d'un poème aussi considérable que le *Libro de buen amor,* en fait éclater les formes et peut-être le sens. Le copiste le plus discret demeure «interprète», dans tous les sens de ce mot, voire glossateur. L'idée même de copie paraît trop moderne : foncièrement le manuscrit est re-création, et l'étude philologique que nous en faisons nous amène plus d'une fois à conclure (pour nous seuls paradoxalement) que telle « copie » est de qualité supérieure à l'archétype. L'examen, dans cette perspective, du genre français des fabliaux a manifesté les analogies, nombreuses et non fortuites, que présente son histoire avec une tradition orale. Certes, tous les copistes ne firent pas également preuve de ce qui, à nos yeux, est désinvolture. Bernart Amoros, clerc de Saint-Flour, compilant, vers 1300, une anthologie de chansons de troubadours, s'explique longuement dans son prologue sur les principes qui l'amenèrent à émender certains textes pour les conformer au « bon usage » [10]. Il s'agit moins de respect d'un original que de normalisation... sinon de modernisation !

Le langage que fixe le manuscrit reste ainsi, potentiellement, celui de la communication directe. L'écrit, sauf exceptions, se constitue par contagion corporelle à partir de la voix : l'action du copiste est « tactile », selon la terminologie mcluhanienne ; et la nébuleuse idéologique qui gravite alentour, plus proche du type « tribal » que du nôtre. D'où le peu de pertinence que présente, pour la majorité des hommes de ce temps, les distinctions, pour nous majeures, entre auteur, écrivant et interprète. Il serait tentant d'interpréter, sur ce point, comme un aveu tardif la confusion constante, à la fin du moyen âge, des termes d'*auteur* et d'*acteur*. L'« auteur », c'est l'avatar laïcisé du locuteur divin, *Dictator* de l'Écriture : avatar dont les premières manifestations, encore sporadiques, apparaissent durant la seconde moitié du XIIe siècle, alors que longtemps encore l'« acteur » restera l'interprète en performance d'une poésie qui, présence totale, n'a que faire de déclarer son origine. D'où une sorte d'atemporalité du texte ; une suspension des effets (eux aussi, évidents à nos yeux) de distance historique entre la genèse de l'œuvre poétique et chacune de ses réalisations.

*

Les modalités de l'écriture conditionnent la lecture. Cette dernière, jusque bien au-delà de l'invention de l'imprimerie, demeure difficile et sans doute, même de la part des lettrés, peu fréquente. Elle doit triompher d'obstacles matériels considérables : externes, comme la faible maniabi-

10. Gruber, p. 28-29.

lité de beaucoup de volumes (souvent, un pupitre dut être indispensable) ou la défectuosité des éclairages; internes, comme la diversité des styles d'écriture et des systèmes abréviatifs, la qualité du support, l'illisibilité de certaines mains, l'emploi d'une langue assez différente de la parlure quotidienne — tous facteurs, du reste, très diversifiés : un texte narratif et un document juridique n'ont, visuellement et linguistiquement, pas grand-chose en commun! La lecture exige initiative, action physique en même temps que hardiesse intellectuelle [11]. Il fut parfois, avant le XIIIe siècle, nécessaire de réunir de véritables comités de lecteurs pour assurer le déchiffrement correct d'un document difficile. Bien des gens savent écrire — tout au moins, signer leur nom —, mais non pas lire. Lecture et écriture constituent deux activités différentes, exigeant des apprentissages distincts et que l'on ne ressent pas comme nécessairement liées [12]. Dans le nombre, très minoritaire, des hommes capables de déchiffrer leurs lettres, seule une poignée appartenait au groupe clos des professionnels de l'écriture. Celle-ci, jusqu'au XIIIe siècle, fait ainsi presque figure de privilège de classe et ne peut entrer dans le réseau général des communications sociales qu'en maintenant des liens avec la voix. Aussi bien, le même mot de *lire* désigne, pour l'homme médiéval et pour nous, des opérations à peine comparables. Plus encore : les travaux de F. Richaudeau et de son équipe ont établi deux faits d'une grande portée. D'une part, il faut distinguer plusieurs espèces de lecture, que différencient à la fois la nature du texte-cible, la fonction que lui attribue le lecteur, et l'«empan» mémoriel de celui-ci. D'autre part, et dans tous les cas, la vitesse de lecture en deçà de laquelle le texte ne procure aucun plaisir, et pas même de l'intérêt, se situe, selon les individus, entre quatre et huit mots à la seconde, 14 500 et 29 000 à l'heure [13]. Il paraît impossible qu'un lecteur médiéval non professionnel ait jamais atteint ce seuil. Nous voici loin de Roland Barthes! Parmi les professionnels eux-mêmes, rares sans doute furent ceux dont le rythme pouvait maintenir assez longuement l'attention d'un auditoire : les comparaisons que l'on ferait avec diverses performances modernes suggèrent que le lecteur public travaillait de mémoire autant que des yeux. Chaytor déjà le soulignait, le contexte socio-mental où s'insérait l'acte de lecture le marginalisait plus

11. Stiennon, p. 19-25; Scholz 1980, p. 35, 47, 187-188, 200-201; Stock 1983, p. 13-17.
12. Riché 1979, p. 298.
13. Richaudeau, p. 242-256; Richaudeau-Gauquelin, p. 39-41; Cranney, p. 528.

ou moins. En dépit de la multiplication relative des écrits à partir de 1150-1200, le regard n'était pas accoutumé, comme est le nôtre, à leur omniprésence dans l'existence et parmi les choses. La mémoire des rares lecteurs emmagasinait lentement ce que l'œil avait progressivement déchiffré, mais qu'il ne survolait pas.

La lecture était rumination d'une sagesse. Les conditions matérielles de la graphie posaient presque, au déchiffrage, un problème distinct pour chaque mot, perçu, ou du moins identifié (peut-être non sans mal) comme une entité séparée. Seule l'articulation buccale permettait de le résoudre en pratique. La lecture engageait ainsi un mouvement de l'appareil phonatoire, au minimum des battements de la glotte, un chuchotement, plus ordinairement la vocalisation, en général à voix haute. Les témoignages de cette pratique sont ininterrompus, du Ve jusqu'au XVIe siècle. Les travaux de chercheurs comme J. L. Hendrikson, Chaytor, I. Hajnal, Dom Leclercq l'ont établi dès les années 30 à 50, et cette opinion est aujourd'hui généralement admise, quoique l'on répugne à en tirer toutes les conclusions qui, me semble-t-il, s'imposent.

Cette manière de lire s'intégrait si bien à une manière d'être que, vers 1570 encore, elle apparaît, aux indigènes du Nouveau Monde, comme l'un des traits curieux des conquérants. L'avant-dernier empereur inca à résister aux Espagnols, Titu Cusi Yupanqui, dans la relation qu'à la fin de sa vie il dicta pour le gouverneur Garcia de Castro, décrit ses vainqueurs comme « des hommes barbus qui parlaient tout seuls en tenant dans les mains des feuillets de tissu blanc [14]... ». La tradition monastique avait depuis longtemps valorisé cette pratique, la considérant comme une aide à la méditation : le mouvement des muscles faciaux assimilait celle-ci à l'acte de nutrition, l'élévation de l'esprit procédait de ce que M. Jousse a nommé la « manducation de la parole ».

Les exceptions frappaient l'imagination des témoins, au point que ceux-ci leur attribuaient une signification profonde. On cite l'étonnement du jeune Augustin quand il vit à Milan saint Ambroise lire des yeux seuls : il en fait le récit et le commente dans les *Confessions,* VI, 3. De telles scènes durent se reproduire çà et là, en milieu savant, au cours des siècles. Mais ce qui, dans le long terme, imposa peu à peu la lecture silencieuse et purement oculaire fut la multiplication du nombre des écrits en circulation. Seuls certains milieux furent d'abord touchés. L'accrois-

14. Porras Barrenechea, p. 439.

sement considérable du nombre des sources disponibles avait dès le XIIIᵉ siècle modifié de la sorte l'usage privé des savants ; les universités, au XIVᵉ, ayant institué des bibliothèques ouvertes aux étudiants, sont conduites à émettre des règlements qui exigent la lecture silencieuse ; au XVᵉ, c'est devenu une contrainte absolue. Les cours royales sont touchées vers 1350, l'ensemble de la noblesse laïque, à partir du XVᵉ [15]. Les résultats d'un tel changement de mœurs sont à terme plus déterminants, dans la formation de l'esprit « moderne », que l'invention de l'imprimerie — laquelle ne fait que les sanctionner et les rendre irréversibles. Une sphère d'intimité se crée entre le lecteur et le texte, où l'échange s'intensifie tandis que s'éloigne et s'efface le contexte extérieur. Ce n'est point un hasard si le mot *écrire* commence alors, en milieu lettré, à prendre le sens de «*composer* (une œuvre, un texte)». P. Saenger observe que la lecture nouvelle, comme privatisée par le silence, devait favoriser, à une époque où s'aggravaient les censures, la diffusion d'écrits non conformistes, érotiques ou hétérodoxes. Thomas a Kempis conseillait la lecture silencieuse en même temps et au même titre que la méditation ; et ce trait caractérisa bientôt la *devotio moderna*. Reste que, jusqu'à cette date avancée, et pour la grande majorité des consommateurs d'écriture, la lecture articulée demeura la règle. Globalement, elle conditionna le mode — physique et psychique — de transmission et de réception des textes.

La faiblesse, ou l'apparente irrégularité du découpage du texte manifestent d'une autre façon cette oralité foncière de l'usage de l'écrit. La page se présente de façon massive, parfois sans même isoler systématiquement les mots... un peu à la manière de nombreux ouvrages littéraires d'aujourd'hui qui, justement, tentent de retrouver par là une nécessité vocale ! L'écriture médiévale dissimule à l'œil les articulations du discours [16]. Jusque vers la fin du XIVᵉ siècle, il est courant de copier les vers, sans les isoler, comme de la prose. Les titres qui, dans de rares manuscrits, découpent chapitres ou parties ont pu être interprétés comme des indications destinées à un déclamateur professionnel : ainsi, selon Linke, des manuscrits F et P de l'*Iwein* d'Hartmann von Aue. La ponctuation n'est jamais systématique. Les manuscrits les plus attentifs à cet égard, comme la copie Guiot des romans de Chrétien de Troyes, marquent le texte d'un point aux lieux où apparemment est souhaitée une suspension

---

15. Saenger.
16. Ong 1982, p. 119-122 ; Marchello-Nizia 1978, p. 32-34 et 43-44.

du débit; d'une virgule après une exclamation, donc une montée de la voix. Le manuscrit autographe de l'*Historia ecclesiastica* d'Orderic Vital, écrite en prose rythmée et rimée, marque d'une ponctuation faible les pauses rythmiques, d'une ponctuation forte les rimes[17]. De tels marquages font du texte une sorte de partition musicale plus qu'ils ne le rapprochent de nos pages imprimées! Ni guillemets ni autre indicateur n'annoncent les citations : seul, s'il y avait lieu, le ton du lecteur pouvait les détacher.

Au moment où j'achève ce livre, S. Lusignan me communique un intéressant dossier qu'il a constitué à partir d'un manuscrit copié au XIVe siècle et originaire de l'abbaye de Clairvaux *(Troyes 1154)*. Il s'agit d'un *Ordo* liturgique cistercien qui, donnant les normes générales qui président à la récitation des offices, spécialement à l'accentuation des mots latins, consacre un chapitre à la ponctuation du texte (folios 122-123). Or, l'interprétation porte moins sur les rares signes mêmes qui jalonnent celui-ci que sur la nature du rythme syntaxique dans la pratique monastique. L'auteur, pour éclairer son propos, fournit en conclusion une règle récapitulative suivie d'un exemple pris dans le Livre d'Isaïe : règle et exemple sont pourvus d'une mélodie, en superbe notation musicale carrée!

Autre aspect de la question : le nombre des individus capables de lire. Des ouvrages comme celui, déjà vieux, de J. W. Thompson, portant sur l'ensemble de l'Occident, ceux, récents, de Clanchy et de Coleman sur l'Angleterre des XIIe et XIIIe siècles constatent la relative rareté des lecteurs. L'évaluation de C. Cipolla me paraît optimiste : 1 à 2 % de la population vers l'an mil! Selon P. Chaunu, la population de l'Occident comptait en 1500 cinq fois plus d'individus capables de lire qu'en 1400, dix fois plus qu'au XIIIe siècle. De tels chiffres sont de toute manière relatifs[18]. L'appartenance à l'Église n'entraîne point nécessairement la connaissance de l'*ars legendi :* l'analphabétisme du bas clergé est l'objet de plaintes périodiques et, à haute époque, plus d'un prélat n'eut cure d'apprendre à lire ou de s'entretenir à cet exercice. Quant à la classe chevaleresque, une thèse maximaliste affronte la thèse opposée : mais il ne s'agit guère en cela que d'apprécier l'importance relative d'une minorité! La plupart des nobles, jusque dans le cours du XIIIe siècle, demeu-

---

17. Garand, p. 103; cf. Nigris.
18. Chaunu, p. 11.

raient illettrés : les formes d'intelligence et le type de savoir qu'exigeait leur fonction ou qu'imposait leur situation sociale n'avaient rien à voir avec la pratique de la lecture. Baudouin II de Guines, l'un des grands seigneurs les plus instruits et curieux de la fin du XIIe siècle, ne savait pas lire et entretenait à sa cour des clercs commis à cet office. Ce cas n'est pas isolé. De grands poètes allemands, liés à ce milieu, se disent ou se prétendent illettrés : Wolfram von Eschenbach, Ulrich von Lichtenstein — tandis que Hartmann von Aue se vante (comme d'une capacité extraordinaire ?) de savoir déchiffrer ses lettres : il était (dit-il de lui-même à la troisième personne) « instruit au point de pouvoir lire ce qu'il y a dans les livres » *(sô gelêret daz er an den buochen las)* [19]. Les femmes, il est vrai, de la classe seigneuriale, semblent avoir été plus nombreuses à savoir lire que les mâles : ceux-ci, dans la France encore de 1600, ne tenaient pas pour anormal de l'ignorer.

Les tentatives ne firent pas défaut pour amener les membres de cette classe dirigeante à la pratique personnelle de l'écrit. Les écoles monastiques puis urbaines acceptèrent des enfants non destinés à la cléricature ; une certaine pression s'exerça, de la part des éléments « éclairés » de la noblesse ou des clercs liés à elle : l'auteur de *Flamenca,* ayant signalé (v. 4806) la *lettrure* du héros Guillem, fait un éloge de cette science, recommandée aux chevaliers non moins qu'aux dames. Thème littéraire, sans valeur représentative ? Plutôt la projection idéalisante d'un besoin qui se manifeste, en quelques lieux de la société chevaleresque, à partir du XIIe siècle. Au même besoin sans doute répond la création du genre romanesque. Je reviendrai sur ce point. Le *Speculum regale,* écrit en Allemagne vers 1200, va plus loin encore : le savoir nécessaire à un noble, déclare-t-il, ne sera point parfait s'il ne comporte la capacité de lire « toutes les langues », à commencer par le latin et le français... les « autres » renvoyant sans doute aux dialectes allemands [20] ! Un tel souhait témoigne d'une prise de conscience, parmi les princes, des puissances de l'écriture. Mais il restera longtemps encore, en dehors de ce cercle très étroit, à peu près *lettre morte.* Les écoles laïques, dont on a dit, non sans exagération, qu'elles « pullulèrent » au XIIIe siècle, constituent plutôt l'un des aspects d'un tout autre phénomène : la montée de la bourgeoisie commerçante, qui dès lors en France (plus tôt, en Italie) tendait à s'em-

19. Scholz 1980, p. 211-220.
20. Thompson, p. 196.

parer du pouvoir réel au sein d'un État encore féodal. Il est indéniable que le nombre brut des lecteurs s'accrut régulièrement ainsi, du XIIᵉ au XIVᵉ siècle, de façon pragmatique, dans le cadre rigide de l'écriture administrative et comptable, hors de toute perspective ouverte sur la poésie et le caractère propre de la mise par écrit. Encore ne faut-il pas se leurrer : alors que l'immense majorité de la population paysanne et ouvrière demeurera analphabète jusqu'au XIXᵉ, sinon XXᵉ siècle, au XVᵉ encore les bourgeois gouvernant la ville de Hereford sont illettrés ; en 1433, Nicolas de Cusa, ayant proposé d'introduire le vote secret dans l'élection impériale, doit recruter des secrétaires à cette fin, plusieurs des Grands Électeurs ignorant leurs lettres. Lorsque commença pour Charles le Téméraire la série de ses revers, les chroniqueurs n'en attribuèrent-ils pas la cause au fait qu'il avait trop lu dans sa jeunesse ? Au cours des siècles, la disproportion (quoique peu à peu décroissante) demeure énorme entre le nombre limité d'êtres humains aptes à la lecture courante et l'immensité du public potentiellement visé par la poésie. D'où pour celle-ci l'impossibilité de se concevoir elle-même (dût-elle passer par l'écrit) autrement que par rapport à sa *fin* naturelle : une communication vocale.

*

L'écriture, dans cet univers, remplit deux fonctions. Elle assure — conjointement ou non avec la tradition orale — la transmission d'un texte. Elle en assure, de plus, pour un avenir indéterminé, la conservation — la mise en archives et, par là, en quelque manière l'ennoblissement. Ces fonctions ne sont pas toujours cumulées, et la première peut s'exercer à l'exclusion de la seconde : ainsi, au moyen de ce que Léon Gautier jadis nomma les « manuscrits de jongleur », *codices* de petit format (seize centimètres sur dix ou douze), livres de poche destinés au bagage d'un interprète errant, ou — on l'a supposé — à l'instruction d'un apprenti « jongleur ». C'est ainsi que nous sont parvenus plusieurs textes importants, tels la version la plus ancienne de la *Chanson de Roland,* le *Cantar de mio Cid,* le manuscrit Z des *Nibelungen,* d'autres encore, témoins parfois de l'art le plus raffiné, comme le *Chansonnier de Saint-Germain* — supposé que Brakelmann jadis ait eu raison de le classer dans cette catégorie ! Par un heureux hasard, ces pauvres copies, sans doute hâtivement établies, ont rempli pour nous une inestimable fonction de conservation. Mais le dessein de leurs fabricants fut de fournir à l'exécutant un simple aide-mémoire. Seules des circonstances imprévisibles les sauvèrent de la destruction. On a supposé que la disparition, presque complète à nos yeux, de l'épopée espagnole archaïque est due à la fragilité des manuscrits de jongleur auxquels elle fut, peut-être, confiée ; la plupart des chansons de geste françaises, en revanche, furent écrites sur manuscrits de bibliothèque, exécutés à une époque où cette poésie avait cessé d'être vivante.

Une forme quelconque d'oralité précède l'écriture ou bien est, par elle, intentionnellement préparée, dans la visée performancielle. Ces deux cas de figure peuvent se combiner. Du moins, toujours, l'écriture interpose ses filtres. Foncièrement, elle constitue un procès de *formularisation*. La mise par écrit des sermons en offre un exemple extrême. Mais, plus ou moins, tous les textes que nous ont transmis les siècles antérieurs au XIIIe, sinon au XIVe, certains plus tardivement encore, sont ainsi affectés. D'où la quasi-impossibilité où nous sommes de percevoir le vrai visage et de cerner l'originalité de l'épopée médiévale, des chansons de geste françaises en particulier. Autre filtre : l'absence, avant le XIVe siècle, de toute idée de cohérence textuelle dans la composition des manuscrits. Le même *codex* aligne à la queue leu leu le texte d'ouvrages d'ordre, d'espèce, de date, parfois de langue, différents ; au mieux un vague principe les joint : textes liturgiques ou, plus généralement, d'intérêt ecclésial ; ou historiques ; ou présentant n'importe quelle ressemblance formelle ou thématique, parfois mal discernable pour nous. C'est là sans doute l'effet d'une recherche d'utilité immédiate (satisfaire aux besoins particuliers du client) en même temps que d'économie. L'idée que nous nous faisons de l' «œuvre» ne coïncide pas avec sa réalité dans le manuscrit. Le manuscrit BN fr. 1450, du XIIIe siècle, intercale quatre romans de Chrétien de Troyes au milieu du *Brut* de Wace : pour le copiste ils constituèrent évidemment la glose de ce que cet auteur dit du roi Arthur[21] ! Les titres mêmes sont fluides, beaucoup varient d'une version à l'autre. Ce n'est guère qu'au XIVe siècle qu'apparaissent des recueils homogènes. L'un des plus anciens serait le manuscrit Auchinleck, copié vers 1330 à Londres. L'écriture dès lors commence à s'organiser en *livre :* innovation qui, bien avant l'imprimerie, amorce le grand tournant de cette histoire. On se met à rassembler, autour du nom d'un auteur, les textes qu'on lui

---

21. Baumgartner 1985, p. 96-97.

attribue. Guillaume de Machaut, avant 1400, aura le premier cet honneur. La *Divine Comédie* aura constitué, avant cette date, l'exemple exceptionnel d'une œuvre ayant fait l'objet de copies où elle ne voisinait avec rien d'autre.

Le sens paraît faire défaut, de ce que nous ressentons comme la clôture du texte. Il est rare qu'un titre précède celui-ci, à plus forte raison la mention d'un auteur. Si le manuscrit fournit de telles indications, il le fait dans l'*explicit*. Beaucoup de livres imprimés, jusque vers 1500, conserveront cette coutume, et utiliseront ainsi le colophon terminal. C'est là un trait d'autant plus révélateur qu'il se maintint plus longtemps, car (je crois l'avoir montré ailleurs [22]) l'absence de clôture textuelle est un caractère spécifique de la poésie orale.

Globalement, l'écriture apparaît ainsi, dans la civilisation médiévale, comme l'une de ces institutions où une communauté peut, certes, se reconnaître, mais où elle ne peut pas, au sens plein du terme, communiquer. Elle ne se réduit pas plus à sa valeur d'usage que le manuscrit ne peut être un moyen de diffusion massif. Preuve en soit — compte tenu des probables pertes accidentelles — le faible nombre de copies subsistant de textes parfois les plus illustres de leur temps. L'écriture constitue un ordre particulier de réalité ; elle exige l'intervention d'*interprètes* (au double sens du mot) autorisés. Avant leur médiation, elle n'est que virtualité, appel à l'investissement d'autres valeurs. Sans cette médiation, elle résiste, opacifie, encombre, comme une chose. En tant que technique, elle ne relève pas de l'ordre de la poésie ; la poésie n'a que faire d'elle, sinon lui laisser jouer les utilités. Pourtant, son opacité même, l'autonomie de son mode d'existence, créatrice d'*objets d'art,* font d'elle un homologue de la poésie. A la longue, la distance entre elles deux s'atténuera, l'homologie tendra à l'identité. Théoriquement, l'écriture se concevait, selon la tradition grammaticale d'origine antique, comme système second de signes reflétant celui, primaire, que manipule la voix ; mais, en fait, par usage, répétition et réflexion sur soi, s'était élaboré un code scripturaire, tendant à son tour à prendre le statut d'un système primaire. Entre le XIIIe siècle et le XVe, l'écriture commence à revendiquer ouvertement ce statut ; dès 1480-1500, la revendication aboutit : les «rhétoriqueurs» bourguignons (je l'ai suggéré dans *le Masque et la Lumière*) furent les premiers à la formuler en termes clairs et, dans leurs

22. Zumthor 1984 *b*.

meilleurs textes, à la faire triompher. La progression de cette histoire se mesure à la faveur dont jouissent, en latin et dans les langues vulgaires, depuis le XIIIe siècle, les *figures de lettres,* manipulations graphiques, utilisation picturale des tracés, signatures en acrostiches, voire plaisanteries orthographiques comme dans le *Tristan* de Gottfried (v. 10109-10121), de plus en plus nombreuses à mesure que l'on descend le cours du temps. Une joie textuelle suscite ces jeux, un désir les traverse, de possession totale de la langue : éclats peu antérieurs à l'avènement de la lourde hégémonie scripturale, qu'ils appellent mais n'assurent pas encore.

Des rhétoriqueurs de la seconde génération, Jean Lemaire de Belges ou André de La Vigne, furent en France les premiers poètes à être imprimés de leur vivant. L'introduction de la technologie nouvelle ne bouleversait rien encore, contrairement à une opinion trop répandue [23] : elle consacrait plutôt, et affermissait de façon définitive, les résultats d'une évolution, clarifiait le sens qu'avait pris peu à peu l'écriture, dégageait d'antiques contraintes l'exercice des fonctions qu'elle aspirait à revêtir dans la Cité. Mais un bon siècle s'écoulera encore avant que les presses n'éliminent la manuscriture ; et le mouvement démarre, dans l'Europe orientale, cent ans plus tard qu'en Occident. Jusque vers 1550, les deux techniques collaborent plus qu'elles ne s'opposent. Au début du XVIe siècle, ni le support imprimé du livre ne s'était encore vraiment imposé dans l'usage, ni le contenu des messages ne s'était entièrement affranchi d'un héritage culturel depuis des siècles voué aux transmissions vocales, ni enfin l'autorité ne s'était définitivement déplacée de la parole à l'écrit. Vue du XXe siècle, la mutation culturelle qui se produisait alors semble comparable à celle qu'a déclenchée parmi nous l'invention de l'ordinateur ; elle l'était, certes, mais à très long terme : ses effets ne deviendraient tout à fait perceptibles qu'au XIXe siècle, grâce à l'enseignement obligatoire qui fera de l'imprimé une écriture de masse et accentuera le dépérissement des dernières traditions orales.

Jusqu'au XVe siècle — et bien plus longtemps dans la « culture populaire » qui alors commence à se distinguer de l'autre —, le prestige dont s'entoure l'écrit contribue à l'éloigner de ceux qui le contemplent et peut-être y redoutent, en l'invoquant, quelque puissance cachée. L'investissement considérable, en temps, en argent, en compétence, qu'exi-

---

23. Eisenstein.

gea, des siècles durant, la rédaction d'un document écrit — à plus forte raison d'un codex de quelque importance — trahit l'intensité du désir que l'individu, sinon la société entière, ressentait de le posséder. La lente évolution des techniques, à partir du début du XIᵉ siècle, un peu plus rapide au XIIᵉ, modifie en cela peu de chose. Dès environ 1200, en milieu urbain — scolaire et bourgeois —, l'écrit se sécularise dans ses emplois notarial, commercial, juridique. Mais simultanément il se dédouble : désormais s'opposent deux modèles graphiques, la cursive, usuelle, pratique, adaptée à la circulation intensifiée des messages utilitaires, et l'écriture des livres. Même laïcisé, le livre par ce biais conserva longtemps sa valeur symbolique éminente. Il est peu probable que les princes du XVᵉ siècle aient considéré comme des simples objets d'usage les magnifiques Livres d'heures qu'ils firent copier : n'était-ce pas aussi, et d'abord, des signes de leur puissance ? De luxueux manuscrits musicaux, déposés comme des joyaux dans le trésor des ducs de Bourgogne, n'en sortirent plus jusqu'au jour où les y redécouvrirent de modernes archivistes.

Par-delà toutes les atténuations qui peu à peu affaiblirent un primitif sentiment sacral de l'écriture, subsista jusqu'à l'invention de l'imprimerie une confuse idée de la cosmicité du texte écrit. Pour les moines, plus que moyen d'action, l'écriture est d'abord don de Dieu. Une influence judaïque se fait peut-être sentir. Le texte sacré est graphie, comme le monde ; l'un et l'autre sont la Dictée divine, dont les paroles de la loi forment le « style », le *stylet*. D'où l'infini respect : le lettré ne touche à l'écrit que par le truchement de la paraphrase ; une analyse déconstructive paraîtrait profanatrice. (Il subsistait quelque chose d'une telle attitude, il y a peu d'années, dans les habitudes de notre enseignement !) Le respect s'étend au lieu même où s'accomplit l'écriture, où s'en conservent les produits : du IXᵉ au XVᵉ siècle les témoignages se succèdent ; le soin que l'on met à la conservation des livres va jusqu'à en gêner la consultation[24] ! Sur ce point non plus, la laïcisation ne changea rien d'essentiel.

Les auteurs mêmes de textes évidemment destinés, comme le fabliau, la chanson de geste ou telle branche du *Renart,* à la diffusion vocale en lieux publics invoquent « une écriture », l'« Écriture », comme autorité épaulant leur discours : la plupart du temps, cette référence est fictive, mais d'autant mieux révélatrice de la mentalité générale. D'autres auteurs

---

24. Stiennon, p. 137-146 et 169 ; Clanchy, p. 126-130.

font un pas de plus : leur texte — roman, bestiaire, chronique rimée —
s'autodésigne comme *livre,* confortant, par cet artifice, en performance,
la crédibilité de la parole. Pour la plupart des gens, l'écriture atteste une
vérité : opinion où l'on perçoit l'écho d'une puissante idée récurrente chez
les doctes et suscitatrice parfois, dans leur langage, de vastes métaphores.
La Vérité même n'est autre qu'une Écriture naturelle, universelle, éter-
nelle, dont elle constitue l'ultime signifié. Dante achève la *Comédie* par
l'évocation de ce Volume « lié en un avec l'Amour », totalité du Sens, à la
fois infinie et close. Apparent défi à la Voix non écrite qui pourtant
domine le monde... Mais l'apparence est trompeuse, et l'une est présente
dans l'autre, à la manière du Verbe incarné dans l'Écriture. De telles
images constituèrent l'extension poétique d'une théologie de la Parole de
Dieu ; et la revendication d'autorité livresque, dans sa forme clichée, n'en
est qu'une version laïcisée et affaiblie : ce serait en détourner la signification
que d'y supposer quelque idéologie fondée sur la pratique habituelle
de l'instrument scriptorial. Pour la masse des illettrés, la lettre tracée est
une chose — signifiante au même titre que toute chose créée —, irréfuta-
ble mais inaccessible, presque immatérielle, porteuse d'espérances ou
d'effrois magiques. Un instinct archaïque se faisait jour à travers ces
croyances : dans la France mérovingienne, surtout dans le Midi où les
monuments antiques subsistaient en plus grand nombre, les inscriptions
qu'ils portaient, les épitaphes, se prêtaient aux interprétations populaires
merveilleuses. La période du Ve au XIe siècle a été assez bien étudiée de
ce point de vue. On grave des inscriptions, des noms, des lettres, en guise
de talismans sur les armures, les épées [25]. Ces coutumes eurent la vie très
longue. On rencontre, jusqu'au XIIIe siècle au moins, en latin ou en
langue vulgaire, des formules de jugement et de divination par le livre, ou
des allusions à leur pratique : le livre est alors fonctionnalisé comme objet
rituel plutôt que comme contenant d'écritures. Une procédure normande
du début du XIIe siècle s'en sert, suspendu à une corde, comme d'un
pendule de sourcier [26] ; au milieu du XIIIe siècle encore, le roman anglo-
normand de *Wistasse le Moine* en signale l'usage. Nos langues ont
conservé jusqu'aujourd'hui de tels souvenirs : le mot *grimoire,* désignant
quelque recette de sorcellerie, vient du latin *grammatica ;* et l'anglais,
d'origine dialectale écossaise, *glamour* (« charme », primitivement au

25. Clanchy, p. 264 ; Poulin.
26. Foerster-Koschwitz, p. 172-174.

sens le plus fort) a la même étymologie. L'emploi juridique même de l'écriture fut contaminé par ce folklore. Les rois barbares du haut moyen âge, en faisant rédiger les coutumes de leurs peuples, les Carolingiens en émettant leurs capitulaires relevaient certes la tradition des empereurs antiques; mais ne peut-on présumer que l'autorité supranaturelle dont était revêtue dès lors l'écriture en accroissait à leurs yeux l'efficacité dans le gouvernement des hommes? Quand, en 1268, Alphonse de Poitiers fait saisir les livres des juiveries du Poitou, il ne prend pas seulement en gage un bien mobilier: il séquestre une vertu perverse. En 1240, à Paris, le Talmud, condamné, avait été publiquement brûlé... comme un hérétique de chair et de sang [27]! Des attitudes et pratiques aussi diverses, suscitées, chez les illettrés non moins que chez les savants, par la présence de l'écriture dans la société médiévale n'ont-elles pas un substrat mental commun, quelque chose comme la perception d'une sorte de surhumanité — ou d'inhumanité — de l'écriture? L'envers d'une conviction radicale : c'est par la parole et elle seule que se manifeste pleinement l'humain.

*

Plutôt qu'une rupture, le passage du vocal à l'écrit manifeste une convergence entre les modes de communication ainsi confrontés. Le couple voix-écriture est traversé de tensions, d'oppositions conflictuelles et, avec le recul du temps, il apparaît trop souvent aux médiévistes comme contradictoire. Il n'en va pas différemment d'autres configurations culturelles, tout aussi surprenantes, et parmi lesquelles il convient de le situer: ainsi, le couple concret-abstrait, dont la longue querelle des universaux, non moins que les pratiques populaires de sorcellerie, attestent le caractère mouvant et flou; ainsi, dans les procédures judiciaires, la preuve et l'épreuve; et tant d'associations paradoxales de notions apparemment incompatibles. La question pour l'historien est moins de réduire le paradoxe que de le déjouer en décelant dans le couple l'élément de base, sur lequel se bâtit ou dont se nourrit l'autre, qui lui demeure en cela subordonné. Les recherches opérées depuis trente ans ne laissent subsister aucun doute: la pratique médiévale de l'écriture ne s'émancipa que très lentement des servitudes vocales. Jusqu'au XIIIe siècle, partout en Occident, l'écriture n'avait régné que sur des îlots (géographiques et culturels)

27. Le Goff 1980, p. 355.

isolés dans un océan d'oralité ambiante. Dès le XIᵉ, des relations, des correspondances s'établirent entre quelques-uns de ces îlots ; un réseau commençait à se constituer, mais trois siècles plus tard sa densité demeurait faible : vers 1400, il constituait comme un filet où l'Europe entière se trouvait prise, mais non encore le voile épais qu'il serait devenu en 1700.

Mieux qu'une comparaison avec le fait littéraire moderne, un rapprochement avec le mode de transmission des mélodies musicales éclaire, sous un certain angle, cette situation. Comme la poésie, et plus évidemment qu'elle, la poésie vocale ne se constitue qu'en vue d'une performance. Quelle qu'ait pu être la notation antique, alors totalement oubliée, Isidore de Séville, au livre III, 15, des *Étymologies,* déclarait que seule la mémoire humaine assure la tradition des sons puisqu'« ils ne peuvent être écrits ». Le moyen âge partait ainsi de zéro. L'apprentissage musical comporte, à haute époque, un effort considérable de mémorisation : les connaissances d'un chantre de chœur doivent embrasser, a-t-on évalué, plus de trois mille pièces. Gerbert, au Xᵉ siècle, inventera divers procédés mnémotechniques tandis que l'instrument dit *monocorde* aide à l'étude de mélodies nouvelles. Jusqu'au XIIIᵉ siècle, se succèdent les trouvailles destinées à simplifier la tâche des chanteurs tout en permettant l'exécution de mélodies de plus en plus complexes. Dès le IXᵉ, les moines de France et d'Alémanie ont imaginé de pourvoir d'un texte, à raison d'une syllabe par note, les longs mélismes dont est ornée la syllabe finale d'*alleluia :* telle est l'origine du genre poétique de la « séquence », dont le moyen âge nous a légué des milliers d'exemples. Au tournant des XIIᵉ et XIIIᵉ siècles, on joignit entre elles par la rime les diverses pièces chantées constituant l'office : Julien de Spire donna au genre nouveau de l'« office rimé » sa forme canonique, diffusée surtout par les franciscains, en Angleterre et en France [28].

La création des neumes se situe dans cette série d'innovations. Les plus anciens se réduisent à une ponctuation surmontant les mots à chanter : ils indiquent le mouvement général de la voix, mais ni la hauteur des sons ni le rythme. Ils avaient moins pour but de permettre la lecture d'une mélodie inconnue que d'aider le chanteur à s'en remémorer une antérieurement apprise. L'évolution de l'art musical au XIIᵉ siècle, la multiplication des registres vocaux, le passage d'une musique *non precise mensu-*

---

28. Riché 1979, p. 239-240 ; Gérold, p. 352-367.

rata à une musique mesurée, la polyphonie enfin vers 1200: ces nouveautés entraînèrent le perfectionnement d'un système graphique qui, en retour, en favorisa la généralisation. La tradition manuscrite de la musique n'en restait pas moins (par comparaison avec celle des textes) approximative; elle pose aux déchiffreurs modernes des problèmes paléographiques bien plus complexes: elle témoigne d'une *mouvance* mélodique d'une telle ampleur que l'invention de l'imprimerie eut sans doute sur la musique européenne des effets beaucoup plus puissants qu'elle n'en eut sur la poésie. Ce n'étaient pas des *signes* acoustiques (comme le sont les mots) que le copiste musicien se donnait pour tâche de transposer visuellement, mais bien des *faits* (les sons) et surtout des *opérations,* vocales ou instrumentales. Un alphabet ne pouvait suffire: il fallait, au même niveau perceptuel et avec des moyens comparables, constituer un système permettant de noter une syntaxe comme telle, voire une rhétorique. C'est à cette tâche que s'attelèrent le XIIIe et le XIVe siècle. On sait quelle fut la réussite, qui, dans une grande mesure, détermina le développement de l'art musical jusqu'à la fin du XIXe. En une évolution contraire, l'écriture du langage, paralysée par l'inertie de la tradition alphabétique, ne put finalement s'imposer aux langues modernes qu'en étouffant en elles les échos de la voix vive. Cela prit beaucoup de temps, et l'étouffement ne fut jamais complet durant les siècles médiévaux. Lors même, en revanche, que se fut largement répandu l'usage du système graphique mis au point au cours des siècles, la musique demeura — simultanément — de tradition orale. Les variantes des chansonniers compilés après 1250-1300 s'expliquent par ses divagations et la perpétuelle re-création qu'elles impliquent [29]. Mais, par-delà le «grand chant courtois», ce régime fut sans aucun doute celui de toute la poésie musicale de cinq ou six siècles d'histoire européenne: H. R. Lug en a relevé les effets dans plusieurs secteurs de la musique populaire, des deux côtés de l'Atlantique, jusqu'au XIXe, sinon XXe siècle [30].

29. Werf, p. 29-30; Räckel, p. 19-25.
30. Lug, p. 257-258.

6. Unité et diversité

« Savant » et « populaire ». - L'inscription du vulgaire. - L'écriture et l'image. - Le souci de la voix.

La nature de l'écriture médiévale, les modalités de son emploi ne lui permettent pas de se substituer, dans sa fonction médiatrice, à la voix. Elle y tend; rien de plus. D'où la fluidité et le caractère provisoire, sinon ponctuel, des distinctions que l'on est parfois conduit à opérer pour rendre compte de certaines apparences. Aucune culture ne fait bloc. Toute culture comporte une hétérogénéité foncière. Ce caractère n'empêche pas, quoiqu'il la freine, sa tendance à la fermeture, au repli sur soi, à la redondance : du moins, jamais cette culture ne sera vraiment close. On a parlé de l'hybridisme culturel du moyen âge. Le mot est faible, suggérant deux facteurs. C'est entre quatre, cinq ou six termes qu'il nous faut distinguer, de l'un à l'autre desquels les qualités des catégories extrêmes initialement supposées se dégradent, se chevauchent partiellement, ou se combinent de manière imprévisible. Un mouvement complexe se dessine, à partir de 1100, 1150, 1200 selon les régions, résultante de forces antagonistes mais inégales, et dont l'aboutissement lointain, mais en fait irréalisable, serait une mutation totalisante : des solitudes campagnardes à la promiscuité urbaine; du cultivateur au commerçant; d'une richesse fondée sur la terre à la mobilité de la monnaie; de la diversité des voix à l'unicité de l'écriture... Les transformations formelles et fonctionnelles des moyens de communication apparaissent, dans cette évolution, autant comme l'un de ses moteurs que comme l'un de ses indices. Mais elle restera assez lente tant que les éléments qu'elle met en jeu n'auront pas été fondus au creuset que sera, beaucoup plus tard, l'idée de nation.

D'où les affrontements : la méfiance d'un Guibert de Nogent, dans son enquête sur la prétendue dent du Christ, envers les témoignages oraux, auxquels il dénie l'autorité [1]; le rejet de formes d'art jugées trop rusti-

---

1. Stock 1983, p. 245-251.

ques : cliché fréquent en milieu courtois, du XIIᵉ au XVᵉ siècle, sous la plume d'auteurs liés à l'aristocratie politique, comme un Chrétien de Troyes ou un marquis de Santillana. La force de ces tensions varia au cours du temps. Les XIIᵉ et XIIIᵉ siècles constituent, de ce point de vue, une époque chaude. Or, c'est celle même où commencent à s'écrire les poésies de langue vulgaire, et l'influence des modèles latins à en influencer les formes. Convergence après la divergence ? dépassement d'un antagonisme ? émergence d'une synthèse au-delà des contradictions ? Les recherches récentes sur l'hagiographie, l'épopée et le « roman » ont montré l'importance et la richesse du double courant d'échanges entre ce qui nous apparaît comme un folklore et la culture des clercs de ce temps : le résultat de ces interférences est presque toujours une mutation qualitative ; et l'on pourrait voir dans la multiplication de tels faits l'un des éléments d'un certain style d'époque, caractérisant les années 1050 à 1300. C'est de ce « style » que relève le maintien de formes d'art vocal, parfois très élaborées, sous le régime même de l'écriture. Si, en schématisant beaucoup, on envisageait les dix siècles de 500 à 1500 comme un champ de forces en mouvement, on y distinguerait deux grandes poussées : païenne — « populaire » — orale, d'une part ; chrétienne — savante — écrite, de l'autre. Mais, aussitôt, le schéma se brouille : chacun des termes de chaque série interfère dans l'autre, l'ordre hiérarchique des éléments se bouleverse ; s'instaurent des oppositions incongrues. Restent deux dynamismes conflictuels, de puissance presque égale jusqu'à la fin.

*

Depuis quelques années, en particulier dans le sillage d'auteurs soviétiques comme Bakhtine et Gourevitch, bien des médiévistes mettent l'accent sur l'originalité, sinon tout à fait l'autonomie, d'une « culture populaire », et les tensions ainsi engendrées. J'ai signalé, dans un chapitre précédent, l'inutilité, sinon la nocivité, d'une telle notion lorsqu'on l'applique à une époque antérieure au XVᵉ siècle. Peut-être devrait-on généraliser cette réserve ; l'idée de « culture populaire » n'est qu'une commodité permettant le cadrage des faits ; elle réfère à des usages, non à une essence ; la « popularité » d'un trait de mœurs ou d'un discours n'est que sa relation historique *hic et nunc* avec tel autre trait, tel autre discours [2]. S'agissant de la voix et des arts de la voix, l'opposition de « populaire » à « savant », au mieux, renvoie aux habitudes prédominantes à tel moment, dans tel milieu. Elle traverse les classes sociales et, dans le contexte humain des XIe, XIIe, XIIIe siècles, la sensibilité et la pensée des individus. *Oral* ne signifie pas plus *populaire* qu'*écrit* ne signifie *savant*. Ce que désigne, en fait, le mot de *savant*, c'est une tendance, au sein de la culture commune, à la satisfaction de besoins isolés de la globalité vécue ; à l'instauration de conduites autonomes, exprimables dans un langage conscient de ces fins et mobile à leur égard ; *populaire,* la tendance à un haut degré de fonctionnalité des formes, au sein de coutumes entées sur l'expérience quotidienne, à visées collectives et dans un langage relativement figé. On sait les impasses où conduisit jadis l'imprudente adoption de ces termes dans les études sur diverses formes de poésie médiévale [3]. Les historiens en furent, jusqu'il y a peu, victimes de préjugés issus de l'époque où, vers le milieu du XIXe siècle, l'Europe découvrait (faut-il écrire : inventait ?) son folklore et, dans ses illusions scientistes, s'imaginait double. L'enseignement obligatoire allait en éliminer la moitié honteuse. Le « moyen âge », hélas ! avait manqué d'instituteurs...

Cette opinion semblait confirmée par la permanence, chez les écrivains ecclésiastiques ou scolaires, du XIe au XIVe siècle, d'un cliché opposant à des *litterati* des *illitterati* dont apparemment tout les sépare. Plusieurs études, consacrées de nos jours à ce vocabulaire, ont montré quelles nuances exige son interprétation [4]. L'opposition ne recouvre pas tout à fait celle que l'on tracerait entre l'individu qui sait lire et celui qui l'ignore : Gautier Map distingue *litteratus* de *scriba ;* un bon scribe peut être *illitteratus ;* un *litteratus* ne recourt pas nécessairement à l'écriture dans l'accomplissement de ses tâches quotidiennes : la propriété qui le qualifie, *litteratura,* en ancien français *lettrure* (en anglais *literacy*), est moins un attribut personnel qu'un type de relation existant entre lui et une certaine pratique signifiante. L'opposition se trouve neutralisée dans le train ordinaire de la vie : on a parlé de la « symbiose » du lettré et de l'illettré. Seule les distingue l'un de l'autre, en certains cas, la nature du savoir auquel leur discours fait référence. D'où le vague, sinon l'ambiguïté, de la notion : *(il)litteratus* véhicule un ensemble d'idées toutes

2. Cirese, p. 15-16 ; Chartier 1985 *a*, p. 376-388.
3. Molho ; Alvar 1974, p. 576-579 ; Lewicka ; Bec, p. 30-33 et 59-60.
4. Grundmann ; Bäuml 1980 ; Clanchy, p. 214-220 ; Franklin, p. 8-10.

faites relatives à la connaissance pratique d'un langage défini par des règles. Dans les applications que l'on en fait, les termes renvoient à l'usage soit du latin, soit de l'écriture, soit à l'un et l'autre ou, plus spécifiquement, à un corps d'interprètes, herméneutes, philologues, glossateurs en charge de la transmission des savoirs théoriques. Du *litteratus* à l'*illitteratus* s'étend une longue échelle de nuances sur laquelle chaque locuteur se déplace à son gré. Autre facteur d'équivocité : jusqu'au XIIIᵉ siècle, l'opposition *litteratus-illitteratus* coïncide avec celle que maintient l'usage entre « clerc » et « laïc » ; héritage verbal d'une situation ancienne, dépassée dès le XIᵉ siècle. Çà et là, nous est signalé un *laïcus litteratus :* qu'est-ce donc ? Simple louange hyperbolique, par figure d'oxymore ? Inversement, Jean de Salisbury parle d'un *rex illitteratus,* par quoi il convient d'entendre que ce roi (quel que soit par ailleurs son savoir) néglige de consulter les intellectuels de son entourage [5]. Sous le couvert d'un vocabulaire inchangé, un glissement idéologique — une « laïcisation » — s'amorce dès ces années 1140-1150, qui s'accélérera après 1200, pour n'aboutir qu'au XIVᵉ siècle.

Le *lettré* sait le latin et possède, avec la culture que transmet cette langue, une relation privilégiée. Or, durant un demi-millénaire, l'existence même de cette culture — dominant, de ses forteresses ecclésiale et universitaire, le plat pays des nations européennes en formation — constitua un obstacle de fait à l'émergence des langues vulgaires hors du statut de pure oralité. Elles en émergèrent, certes, mais assez lentement et au prix de compromissions dont nous, Modernes, sommes les victimes, car elles ont provoqué la perte irrémédiable de formes de vocalité peut-être de très haute valeur poétique et dont la préservation aurait en quelque manière modifié notre histoire. Globalement, toute poésie de langue vulgaire n'en demeura pas moins, au cours de ces siècles, virtuellement « de l'autre côté » de l'écriture : sentie d'abord comme un art de la voix. D'où une tension dans le face-à-face de moins en moins innocent du latin et des langues vulgaires. Les chances, au premier jour de cette histoire, avaient été grandes que se produisît une spécialisation fonctionnelle : au latin, l'écriture ; aux langues vulgaires, l'oralité. Tel fut le cas, à haute époque, pour des raisons historiques tenant à ce qui subsista, dans les royaumes barbares, de la tradition scribale antique. Mais la culture lettrée de l'Antiquité, relativement homogène et close, avait dû céder, depuis les

5. Clanchy, p. 177-185 et 219.

IVe-Ve siècles, à une multiplicité de sub-cultures provinciales, en quête confuse de leur originalité. La langue savante, artificiellement maintenue, donnait l'illusion de ralentir, peut-être de stopper cet éparpillement. Et, plus ce dernier s'accentuait néanmoins, plus le besoin s'intensifiait d'exalter la pureté et la pérennité de l'écriture latine : d'où les « Renaissances » périodiques distinguées par les historiens, au IXe, au XIIe, au XVe siècle. Les langues vulgaires, fruit de la confusion de Babel, selon Dante au *De vulgari eloquentia,* I, VII, à leur tour origine et symbole de la dispersion des discours et de la perte de l'unique sagesse, à chacune de ces crises progressaient davantage, d'un grand bond, dans leur propre voie. Aussi la tentation croissait-elle, pour les clercs, de les capter, ces langues, d'en récupérer l'énergie et la véridicité propre ; tentation de faire entrer, sélectivement, dans leur ordre les voix qui en émanent. D'où la longue série, à travers tout l'Occident, des essais de mise par écrit des idiomes germaniques, romans, slaves. A partir du XIIIe siècle, l'œuvre de récupération se fait systématique et permet l'exercice triomphant des censures : à peu de chose près, tout ce que nous savons de la poésie médiévale à travers ses textes, c'est ce que les gens d'écriture ont jugé bon de nous en laisser savoir. Écrire, qui dans l'Antiquité avait été œuvre servile, puis, dans le haut moyen âge, apostolat, consiste maintenant à décanter la parole collective.

Le mouvement démarra en douceur, presque clandestinement, pour répondre à des besoins spécialisés, dont le plus constant tenait aux nécessités de la pastoration. Dès le IVe siècle, l'évêque Wulfila, lointain précurseur, avait traduit la Bible en gothique pour (selon F. Cardini) la faire lire en public à ses ouailles [6] ; il inaugurait ainsi l'une des traditions les mieux nourries, chez les orthodoxes autant que dans les cercles hétérodoxes, et qui aboutirait un jour à Luther. Dans son sillage s'épanouit très tôt une poésie, le *Heliand* saxon, vers 830, l'*Eulalie* picarde, un demi-siècle plus tard... Les exigences de la politique carolingienne amènent les princes à faire rédiger en langue vulgaire certains engagements collectifs : formule de Soissons, vers 785, versions romane et francique des Serments de Strasbourg, en 842. Le roi du Wessex Alfred, à partir de 870, ayant ordonné de traduire Orose et Grégoire le Grand, fait rédiger par écrit ses *Lois,* dans le souci que lui donne la désagrégation de la culture latine sous les coups des Vikings. La langue vulgaire profite de

6. Flori, p. 360.

ces expériences au point que l'anglo-saxon sera deux siècles plus tard la première langue européenne à posséder (sous les plumes d'Aelfric, de Wulfstan) une prose d'art. Reste que toujours le facteur décisif immédiat de la mise par écrit fut l'intention soit d'enregistrer un discours préalablement prononcé, soit de préparer un texte destiné à la lecture publique ou au chant dans telle ou telle circonstance. L'écriture n'était qu'un relais provisoire de la voix.

Dans ces limites mêmes, les mises par écrit constituent un fait historique de grande importance, auquel remonte sans doute tout ce qui, hier encore, faisait notre modernité. La voix est l'*Autre* de l'écriture : pour fonder sa légitimité, assurer à long terme son hégémonie, l'écriture doit non d'emblée refouler cet autre, mais témoigner d'abord envers lui de curiosité, requérir son désir tout en manifestant une incertitude à cet égard : en savoir plus de lui, s'en approcher jusqu'aux limites marquées par un censeur invisible. Mais l'Autre va s'installer dans le rôle qu'on lui dessine ainsi, va revendiquer sa propre vérité, inversée. Réaction de défense de la voix poétique : soumission aux valeurs qui semblent propres à l'écriture latine ; absorption d'éléments de savoir et de traits mentaux que celle-ci véhicule. Cette autocolonisation fonctionnelle s'esquisse dès les premiers textes ; elle s'accusera au cours des XIIᵉ et XIIIᵉ siècles.

Toujours, jusqu'au XIᵉ, l'initiative scripturaire vient d'en haut, et l'intention ne se dissimule pas. Tous les textes constituant, dans nos archives, la première vague des poésies européennes proviennent de quelques grands monastères ou de l'entourage royal. Ou bien ils s'inscrivent dans le mouvement de rénovation liturgique et musicale qui traverse les siècles, de la fin du VIIIᵉ jusqu'au XIIᵉ : ainsi, le *Georgslied* de Reichenau (linguistiquement, un comble d'artifice), le *Saint Léger* franco-occitan, l'*Alexis* normand ou encore, plus tard, le *Ritmo* italien sur le même saint. Une floraison semblable se produira en Scandinavie, en Islande même, à partir du XIIᵉ, sinon déjà du XIᵉ siècle, sur les pas des premiers missionnaires chrétiens. Ou bien les poèmes mis par écrit contribuent à resserrer autour du roi la communauté de ses fidèles en exaltant un passé héroïque, comme le *Hildebrandslied,* le *Beowulf,* peut-être les plus anciennes chansons de geste françaises (encore qu'aucun manuscrit n'en soit antérieur au XIIᵉ siècle), et, d'une autre manière, la *Chronique anglo-saxonne,* commencée vers 890 sous le roi Alfred (et qui se prolongera jusqu'en 1154), ou la traduction, à la même époque, de l'*Historia ecclesiastica* de Bède, sinon le *Ludwigslied* célébrant la victoire de Louis III sur les Vikings à Saucourt en 881 ou, à l'autre extrémité de l'Europe, les *Annales* rédigées à Kiev au Xe siècle et reprises dans les *Chroniques russes* du XIIIe...

Première émergence à notre horizon d'une poésie et de récits commémoratifs approximativement formulés dans la langue vivante commune : témoins imparfaits et indirects de la présence d'une voix. Suit, chronologiquement, dans les terroirs gallo-romans et germaniques (les plus loin engagés d'abord dans cette entreprise d'acculturation), une éclipse, apparent silence de deux ou trois siècles. Déferle alors la seconde vague d'écriture poétique en langue vulgaire — sans rupture jusqu'à nos jours. Cette seconde vague porte sens autrement que la première. Plus que rapprochement et domestication, elle est affrontement et conquête. Le *sermo vulgaris,* les clercs le savent et le répètent depuis des siècles, est racine et fruit à la fois d'une culture sauvage, inofficielle, quoique omniprésente, faite de sédimentations obscures accumulées depuis le néolithique, puissante mixture « paysanne » (c'est-à-dire « païenne ») de souvenirs ibères, celtes, germains, de croyances, de pratiques, un art avec lequel la tradition latine, ecclésiastique et scolaire est bien obligée de composer, faute d'avoir pu l'extirper sous l'accusation de paganisme ou d'hérésie. Or, à partir du XIe, du XIIe, du XIIIe siècle selon les lieux, cette culture populaire, jusqu'alors refoulée dans les coulisses du théâtre de l'Ordre (politique, social, moral), entre bruyamment en scène et contraint les lettrés à un prodigieux effort d'invention pour tenter de la rationaliser tant soit peu et de se donner ainsi quelque prise sur elle. Leur plus puissant outil, dans cette entreprise, c'est l'écriture ; et celle-ci tôt ou tard se libère de la plus lourde contrainte vocale à peser encore sur elle : le vers. D'où la diffusion, aux XIIIe et XIVe siècles, d'une prose narrative puis, au XVe, la réécriture prosaïque des anciens récits en vers, l'*Érec* de 1454, le *Tristan* allemand de 1484, le *Perceval* de 1530 et les nombreux « romans » faits de compilation de chansons de geste...

Désormais s'affaiblit la fonction exclusive dévolue aux traditions orales de transmission des connaissances au sein du groupe social ; s'affaiblit plus encore, et rapidement se dissipe, l'illusion encyclopédique qui soutenait cette fonction (car, pour limitées qu'elles fussent, les connaissances ainsi préservées couvraient le champ entier de l'expérience) : le domaine des traditions orales rapetisse, se fragmentarise, à la longue se marginalisera, mais non pas au profit d'un autre encyclopédisme. En dépit de quelques apparences et d'un globalisme triomphant chez les scolastiques vers 1250-1280, l'espace ainsi libéré est progressivement occupé par des « sciences » discontinues, en nombre croissant, par ou pour lesquelles l'homme crée un langage, abstrait, engageant de moins en moins la réalité du corps.

Qu'est-ce, parmi ces mutations, qu'un « lettré » ? Pour Huguccio da Pisa, dans ses *Magnae derivationes*, à la fin du XIIe siècle, reprises cent ans plus tard dans le *Catholicon* de Giovanni Balbi, *dicitur litteratus qui ex arte de rude voce scit formare litteras... et orationes scit congrue proferre et accentuare* (« est dit lettré celui qui par art sait, de la grossièreté de la voix, tirer une expression réglée... et prononcer ses discours avec pertinence et juste modulation »)[7] : point de vue rhétorique, posant la définition dans la seule perspective de la *pronunciatio!* Quant aux *illitterati*, nul ne leur dénie une autorité particulière : c'est dans cette perspective qu'il convient de prendre les fréquentes références faites par nos textes poétiques à quelque source orale. Peu importe qu'elle soit peut-être fictive. Un lettré comme Wace dans le *Brut*, le *Rou*, son *Saint Nicolas*, Marie de France dans ses *Lais*, mais aussi des dizaines d'hagiographes et de conteurs renvoient ainsi à ce qui fonde à leurs yeux et à l'oreille du public l'autorité de leur discours, une tradition, un récit rapporté, un ouï-dire. Selon la thèse, vigoureusement soutenue, de B. Stock, l'« illettré » souvent appartient à quelque « communauté textuelle », en vertu des références que l'existence le contraint à faire à tel ou tel écrit (même s'il n'y a pas directement accès) et de l'autorité qu'il lui reconnaît.

Litteratus et *illitteratus* réfèrent ainsi moins à des individus pris dans leur totalité qu'à des niveaux de culture qui peuvent coexister (coexistent souvent) au sein d'un même groupe, voire dans le comportement et la mentalité du même individu. L'illettré — la part « illettrée » de moi, de toi, de cette société entière — maîtrise moins les mots et moins de mots, mais est plus proche d'eux, et ressent davantage leur pouvoir ; c'est pourquoi sans doute, comme la « lettre » même de l'Évangile y incline, il convient de faire triompher en soi l'*illettrure* pour assurer son salut : François d'Assise entendit « littéralement » cette métaphore et rejeta la *curiositas* des livres[8].

*

7. Stock 1983, p. 27.
8. Bologna 1982, p. 732.

137

Sous la plume ou dans l'enseignement des doctes, une théorie s'est esquissée dès le IVᵉ siècle, et a pris forme chez Isidore et Grégoire le Grand pour traverser l'époque médiévale jusqu'aux vers bien connus de Villon : aux lettrés l'écriture, aux illettrés les images, en même véridicité [9] ; *intueri* («déchiffrer des yeux et pénétrer» le texte) contre *contemplari*, selon les termes d'une résolution du synode d'Arras, en 1025, qui semble exclure toute situation médiane [10]. Le christianisme occidental ne partage ni les tendances iconoclastiques de certains orientaux ni la prudence de l'islam qui, par horreur de l'idolâtrie, fait de l'écriture même, dans ses graphies, le fondement de tout art visuel et plastique. Grégoire le Grand déjà avait pris position : s'instruire par le moyen d'une représentation figurée ne signifie pas adorer cette peinture [11]. Inversement,

> *Omnis mundi creatura*
> *quasi liber et pictura...*

(«la création entière nous est comme livre et peinture...»): ces vers célèbres d'Alain de Lille nous interdisent de dissocier *liber* de *pictura*, repris ensemble, à la ligne suivante, par le mot *speculum* («miroir»). De ce point de vue, l'écriture tend moins, en sa fonction primaire, à noter les paroles prononcées qu'à fonder une visualité emblématique ; elle *lit*, sur la page, l'univers. Celui-ci se souvient — même si la chute d'Adam lui a ravi cette vertu — d'avoir été l'idéogramme tracé par Dieu pour l'homme. La fresque, le chapiteau historié, le vitrail, la façade de l'église sont par là même, eux aussi, des idéogrammes potentiels, qu'actualise une volonté de lecture. Structurée, mais non linéaire, projetée en secteurs qu'harmonisent les proportions de leurs masses, du centre aux extrémités, de haut en bas, de bas en haut, dans les deux directions de l'horizontale, marquée de figures sculptées fonctionnant à la manière des «clés» de certaines écritures complexes : la façade, qui est Page, comme la Parole de Dieu, *Pagina sacra*, dessine une Idée, une procession d'idées hiérarchiquement articulées, dont l'interprétation ne laisse pas de place à l'équivoque en dépit de la diversité des discours qui la glosent.

L'ancien français *escrire* signifie aussi bien «dessiner» ou «peindre» que tracer des lettres : l'*écriture* est une figuration. Et ce qui nous apparaît

9. Riché 1979, p. 542-543 ; Goldin 1978, p. 14-16.
10. Davy, p. 55.
11. Bäuml 1980, p. 259.

comme un flottement sémantique est profondément motivé dans les mentalités de ce temps: le grec byzantin *graphein* réfère, lui aussi, à l'inscription et à l'image, au récit et à la fresque. A la limite de son propre élan, la pratique scripturaire confine au rébus. J'en ai cité naguère quelques exemples du XVᵉ ou du début du XVIᵉ siècle [12]. Mais, plus qu'une tentation occasionnelle, le rébus semble constituer alors, comme au terme des traditions médiévales, le modèle idéal et paradoxal de l'accomplissement poétique. Plus communément, l'enluminure associe, sur la page, écriture et peinture en une même géométrie dont les composantes tendent à échanger leurs fonctions ou à les dépasser ensemble, en vue à la fois de rythmer la parole et de produire une signification plus riche et mieux assurée. Ailleurs, le texte s'insinue dans le tableau, en légende, en devise, peint en banderole ou brodé sur la robe, affiché parmi les décors du théâtre ou de la fête princière. Le texte porte les signes linguistiques du message, évoquant des faits et l'interprétation étymologique de leurs désignations; l'illustration picturale modifie cette donnée, en établit les corrélations spirituelles, et assure l'intégration de tous ces éléments, unis en relations allégoriques. De nombreux manuscrits insèrent, dans les illustrations, des *tituli* qui en indiquent, avec plus ou moins de subtilité, le rapport au texte. Souvent, le *titulus* se déroule à proximité de la bouche d'un personnage, dont il note les paroles; il arrive ainsi qu'entre deux personnages s'échange un bref dialogue, non extrait du texte conjoint. La différence entre ce procédé et notre bande dessinée tient à l'absence de narrativité explicite. Le dialogue visualisé, par opposition au texte qui constitue matériellement son lieu, fait retour à l'ordre sensoriel. Il restitue à l'œil les conditions empiriques, concrètes, des perceptions «naturelles». L'artiste ne dispose pas de moyens de faire entendre la voix: du moins la cite-t-il intentionnellement dans ce contexte-là, confiant à l'œil le soin d'en suggérer à l'oreille la réalité sonore. Ce transfert d'un sens à l'autre perd ici la pure abstraction qu'il aurait dans la lecture muette et solitaire.

L'art plastique conserve néanmoins son autonomie au sein d'un tel système d'échanges. S'il allégorise parfois, de façon manifeste, le texte qu'il illustre, il lui arrive de procéder par les voies plus détournées d'une «dialectalisation» narrative (selon le mot de V. Branca). Ainsi, des dessins marginaux du célèbre «Psautier d'Utrecht»; ainsi, de miniatures

12. Zumthor 1978, p. 254-255.

littéralisant les métaphores du langage. De l'image à l'écrit et inversement, la référence n'est pas univoque. L'un n'est que par exception le doublet de l'autre. C'est moins en vertu de leur signifiance respective qu'ils s'opposent, que du type de corrélation unissant leurs éléments : association par contiguïté de perceptions sensorielles, d'un côté ; et, de l'autre, codage impliquant une hiérarchisation de caractère, au moins tendanciellement, abstrait. L'écrit symbolise ; l'image emblématise : l'une confirme l'autre, par là même qu'elle reste sur le plan qui lui est propre. Au cours du XIIIe siècle anglais, on voit ainsi se généraliser l'usage des sceaux (au Xe, le roi seul en avait un) : appendu à une charte, le sceau la valorise en la personnalisant... comme l'a fait, un instant plus tôt, la déclaration de bouche, articulée devant témoins [13]. L'emblème souvent se ramène au tracé d'une lettre : le T et le I inscrits par Tristan sur les copeaux qu'il abandonne à la rivière, aux v. 14425-14428 de Gottfried ; ou la lettre s'épand jusqu'à former le nom entier : ainsi, selon l'opinion la plus probable, sur la baguette de coudrier du même Tristan, chez Marie de France [14]. Une relation analogue, quoique inversée, attache dans l'usage du XVe siècle, au vitrail, à la tapisserie, sinon aux armoiries, voire au vêtement princier, la devise qui souvent s'y intègre : parfois une strophe entière d'un poème continué, de figure en figure, jusqu'à former l'ensemble d'une Vie de saint ou d'une Danse macabre. Les Allemands nomment *Bildgedichte* (« poème-image ») des livres où le texte accompagne une suite organisée de dessins. Il s'agit en général d'ouvrages à caractère symbolique, exigeant une double lecture : celle des mots tracés et, sur un plan autre mais indissociable du premier, celle des images. Cependant, pour leur part, la peinture, la sculpture se cherchent une identité qui les apparente aux œuvres de l'écrit. Le sculpteur et plus encore le peintre (travaillant sur le même support matériel que le scribe) cheminent à tâtons, parmi les techniques de leur art, vers ce qui, en les codifiant de façon assez rigoureuse, en ferait des écritures pleinement déployées dans l'espace : d'où les motifs, couleurs, formes conventionnels, cet au-delà de la représentation. L'héraldique se constitue, peu à peu, comme langage social. Bien des faits relevés entre le XVIe et le XIXe siècle prouvent la puissance qu'eut alors l'image dans la diffusion, voire la transformation, des légendes [15] : dans une mesure peut-être moin-

13. Clanchy, p. 245-248.
14. Rychner 1983, p. 276-279.
15. Joutard, p. 223.

dre (avant l'invention de la gravure sur bois), l'époque antérieure ne peut pas ne point avoir connu ce phénomène.

Le « moyen âge », comme d'autres cultures (comme la nôtre depuis trente ou cinquante ans), connut une sorte de triangle de l'expression : la voix ne s'y distinguait pas de la seule écriture, mais l'une et l'autre, et réciproquement, de l'image. Les dessins dont Boccace parsème le manuscrit autographe du *Décaméron* en fournissent un commentaire autonome, en partie caricatural, qui force l'entrée du texte et l'ouvre à un puissant courant carnavalesque, où le grotesque parfois voile mal l'agression personnelle [16]. Dans la — forte — mesure où l'écriture médiévale est encore mal dissociée du dessin, et demeure paradoxalement, de façon latente, dans une partie d'elle-même, idéogrammatique, elle reste tributaire de la parole qui la déclare, et qu'elle glose et illustre plus qu'elle ne la transcrit. Mais l'image elle-même requiert à tout instant explication, explicitation — glose *in praesentia* qui, dans le contexte général de ces siècles, sera plutôt orale que médiatisée par la seule écriture. Non seulement l'image ainsi remplace la lecture pour des gens peu ou pas compétents à cet exercice ; mais elle peut fournir au lecteur public matière à exhibition ou à commentaire. La pratique « théâtrale » de basse époque (ainsi, le rituel des entrées royales) suggère la popularité de ce dernier usage. La peinture — explique au XIIIᵉ siècle Richart de Fournival pour justifier l'illustration de son *Bestiaire d'amour* — a pour vertu de rendre présentes les choses commémorées... comme le fait la parole prononcée, au moment qu'on l'entend [17] : le texte de Richart est clair et ne fait pas référence à l'écriture, mais bien à la seule perception auditive. Dans le triangle de l'expression, l'image a partie liée avec la voix. L'image ne se communique, elle aussi, qu'en performance.

D'où la fragilité de l'équilibre entre les valeurs que porte la voix et celles que tend à imposer l'écriture : situation qui relève des « longues durées » historiques, et dont les dernières séquelles ne seront liquidées qu'avec la révolution industrielle. La quasi-totalité de ce qui nous a été conservé de la poésie médiévale témoigne à la fois de cet équilibre et de sa fragilité. D'où l'âpreté même des polémiques modernes entre médiévistes tenants ou adversaires de l' « oralité » ! Mais il s'agit moins ici de « poésie orale » que de la poésie d'un univers de la voix. Au mieux,

16. Singleton ; cf. Branca 1964, p. 219-223.
17. Segre 1957, p. 4-6.

distinguons la *situation* de communication (impliquant en particulier l'usage de tel ou *medium*) et le *milieu* de communication (déterminé par un faisceau de coutumes d'inégale puissance). Nous percevons, dans l'ombre de l'Histoire, le murmure de masses humaines, dont la présence pour nous ne peut être que pressentie — comme celle d'une bête nocturne cachée dont on perçoit le souffle et la tiédeur —, grâce à une « culture » écrite, plantée comme une bougie dans ces ténèbres. De temps à autre, le cercle de lueur révèle un visage, une bouche, un geste esquissé vers nous... De là s'élevèrent des voix aujourd'hui exténuées, dont certaines furent saisies par l'écriture. Peu importe les motifs proches et les procédures de cette inscription, et moins encore l'idéologie dont, parfois, un lettré fit son pré-texte.

O. Capitani décelait dans les institutions politiques du moyen âge une « mentalité du multiple », mal perçue par un médiévisme trop porté soit à la *reductio ad unum,* soit à un pluralisme inorganique. Le multiple résulte ici de la diversité des cohérences simultanément revendicables par les actes, les jugements et les discours humains. D'où une apparence d'hétérogénéité et, de la part du lecteur de textes, la constante nécessité de faire sa place à l'équivoque, sinon aux contradictions, jour après jour levées (dans le domaine qui m'importe ici) grâce à l'omniprésence de la voix.

*

A ces réseaux de relations, tissées dans leur pratique orale, les hommes du moyen âge ne furent pas inattentifs. L'empirisme de leur démarche intellectuelle égare parfois l'historien des idées, accoutumé à requérir des rationalités plus rigoureuses. Les témoignages se livrent au coup par coup, souvent camouflés par un langage d'emprunt, formé dans un lointain passé pour désigner des réalités différentes. On chercherait en vain à découvrir ou à reconstituer une théorie médiévale de la voix humaine et de sa fonction dans le groupe social. Restent des remarques dispersées, mais assez nombreuses et convergentes pour en tenir, de façon latente, partiellement lieu. La diversité des registres dans lesquels, selon les discours et les circonstances, est alors thématisé l'objet *voix* en rend malaisée la synthèse. Demeure pourtant une convergence, sous la variété de surface. Il serait précieux de disposer sur ce point de données iconographiques : les stéréotypes même, en effet, qui président aux « représentations» figurées d'orateurs, poètes, pontifes, chanteurs, voire de personnages ordinaires, pourraient, de façon cumulative, fournir bien des informations. Par malheur, l' «archéo-iconographie» n'en est encore qu'à ses débuts.

Quant aux textes, le vocabulaire qu'ils empruntent n'en facilite pas l'interprétation. Les langues médiévales en effet distinguent mal entre *voix* et *parole,* et ces termes ou leurs synonymes ne s'éclairent — parfois — que grâce au contexte. J'ai opéré divers sondages, en sources françaises et latines. Ainsi, des 177 occurrences de *parole* que relève le concordancier analytique des romans de Chrétien de Troyes (manuscrit Guiot) établi par M.-L. Ollier, 42 (soit près de 24 %) présentent le mot comme complément d'un verbe dénotant une manipulation ou un déplacement spatial, *tenir, prendre, perdre, rendre, faire, mettre, traire* («tirer»), *agencer, esmouvoir* («remuer»), *tolre* («ôter»), *rompre* et quelques autres semblables; des 19 occurrences de *voiz* («voix») attestées en dehors de locutions figées *(à haute voix),* 7 (soit près de 37 %) figurent dans le même contexte verbal. Les vers 3716-3723 d'*Érec et Énide* décrivent l'émotion de la jeune héroïne, incapable de parler:

> Sovant del dire s'aparoille
> si que la langue se remuet.
> Mes la voiz pas issir n'an puet
> car de peor estraint les danz,
> s'anclost la parole dedans...
> la boche clot, les danz estraint
> si que la parole hors n'an aille

(«souvent elle s'apprête à parler, et déjà sa langue remue mais la voix ne peut sortir d'elle à cause de la peur qui lui serre les dents, de sorte que la parole reste emprisonnée à l'intérieur... Elle ferme la bouche et serre les dents pour empêcher la parole de s'en aller»). Au début d'*Yvain,* Calogrenant invite ses auditeurs à prêter attention au récit qu'il va faire:

> As oroilles vient la parole
> ausi come li vans qui vole, leur dit-il (v. 157-158)

(«la parole vient aux oreilles à la manière du vent qui souffle»),

> les oroilles sont voie et doiz
> par ou s'an vient au cuer la voiz (v. 165-166)

(« les oreilles sont le chemin et le canal par où la voix s'en vient au cœur ») [18]. Dans *la Mort Arthur*, il est vrai, selon Kunstmann et Dubé, cette connotation ne se rencontre que dans 10 % environ des occurrences des mêmes mots : sans doute le fait que ce roman soit en prose les détourne-t-il vers un sens plus rigoureusement scripturaire. Reste que *voix* et *parole*, ainsi concrétisés, réfèrent assez souvent à une *chose*, perçue et localisée, que l'on détient ou qui vous échappe : la matérialité d'un son. En latin, une circulation sémantique semblable s'établit couramment entre *vox, verbum, sermo,* et même *locutio.*

Ces interférences manifestent ce que j'appellerais le caractère artisanal de l'action verbale. De même que l'arme, le vase, le vêtement résultent d'un travail de la main, sans médiation machiniste, de même le discours est produit par le travail physiologique de la voix. Rien ainsi ne s'immisce entre l'objet et son producteur, ni entre l'objet et son consommateur, ni entre l'un et l'autre des individus concernés ; mais au contraire s'établit entre ces trois termes un rapport direct, étroit, et presque nécessairement passionné. D'où l'impossibilité de dissocier en pensée le contenu (le message) de l'objet qui le contient (le son d'une voix) : poétisation foncière de la parole, posée sur les lèvres de qui la profère et dans l'oreille de qui la reçoit, aussi *présente* pour l'un que pour l'autre, avec son amplitude, sa hauteur et son poids. Tel me paraît être le sens des déclarations que l'on relève çà et là, spécialement dans l'hagiographie, sur l'importance sociale de la parole en milieu dirigeant [19] : l'*eloquentia* que l'on attend de l'évêque est l'objet de qualifications dont certaines, comme *mansuetudo, mansueta elocutio,* ne peuvent guère désigner qu'un ton de voix ; de même dans les traités d'art prédicatoire, comme celui d'Humbert de Romans, vers 1270, lorsqu'y est recommandée l'*abundantia* ou la *copia verborum*...

C'est pourquoi s'impose, dès le haut moyen âge, en milieu monastique, une morale de l'usage vocal, lequel peut être condamnable : ainsi du bavardage, du bruit mondain, du jeu d'histrion, selon Jean de Salisbury, vers 1150, au premier livre du *Policraticus ;* et Jean précise, incrimine *lascivientem vocem* (« un ton de voix invitant au plaisir »), *muliebres modos notularum* (« une articulation efféminée »), *praemolles modulationes* (« des modulations amollies ») aussi dangereux pour l'âme que la voix

---

18. Cf. Ollier 1974 *a*, p. 359-363, et 1974 *b*, p. 33-36.
19. Jaeger.

des sirènes; dans une diatribe vigoureuse, Pierre de Blois invective les professeurs incapables, dont la voix tonitruante, les clameurs dignes de matelots en mer font sans profit résonner l'air autour d'eux [20]. Le terme de *scurrilitas,* au sens propre «bouffonnerie», en vient, chez des auteurs ecclésiastiques comme Alain de Lille, à désigner le vice de qui parle à la manière des jongleurs, avec abondance excessive et effets de voix. La *scurrilitas,* glosée par Raoul Ardent *sermo risorius* («dérision linguistique»), *naturae deponit dignitatem* («enlève à la nature sa dignité») et se confond parmi les diverses formes du mensonge [21]. Aucune condamnation de la parole — de l'œuvre vocale — comme telle. Jean de Salisbury encore, dans l'*Entheticus* (v. 1547 *sq.*), donne les préceptes de son bon usage: *sit lingua modesta, compositus gestus* («que ta voix soit retenue, ton geste maîtrisé») [22]. La légende de François d'Assise, au temps des premières générations de fransciscains, met l'accent sur la sagesse propre au *rudis, idiota, elinguis,* tous termes signifiant à peu près «celui qui ne dispose que de sa voix» [23]. Ni la mentalité ni les mœurs, en tout ce qui concerne la fonction, la dignité et les valeurs de la voix, ne semblent distinguer l'Occident européen du reste de l'Eurasie: les chapitres consacrés à la parole dans le *Livre des conseils (Qâbûs Nâma)* du prince iranien Kay Kâ'ûs, au XIe siècle, illustreraient adéquatement bien des traits du milieu courtois; la parole y est toujours perçue dans le volume de la voix [24].

A l'arrière-plan veille, il est vrai, en pays chrétien, l'idée — sinon le souvenir fabuleux — du Verbe divin. C'est par le Verbe que Dieu fit le monde. Le Verbe crée ce qu'il nomme. L'effort entier de la théologie trinitaire sera, des siècles durant, de penser «le paradoxe de cette station de la parole divine dans le Commencement [25]». Les doctrines par lesquelles certains tentèrent la solution de ce problème ne rayonnèrent certes jamais hors d'un milieu très étroit, et elles n'éclairent directement à nos yeux ni le sentiment ni la pensée de la majorité des gens ordinaires. Elles ouvrent néanmoins une perspective dans laquelle on est en droit de supposer que se mouvaient — fût-ce à l'aveuglette — leurs discours.

---

20. Bezzola, p. 28; Bruyne, p. 165.
21. Casagrande-Vecchio, p. 917.
22. Bezzola, p. 23-27.
23. Bologna 1982, p. 731.
24. Zipoli: chap. 23, 36, etc.
25. Agamben, p. 66.

Pour Thierry de Chartres, commentant Boèce, la Trinité correspond à trois causes divines et à trois aspects de l'univers : en tant qu'il est Ressemblance, le Verbe confère, aux choses créées par le Père en tant qu'Unité, les formes qu'animera, en tant qu'Amour, l'Esprit[26]. La création est ainsi l'autorévélation, en une théophanie originelle, d'une Parole dont au XIVe siècle Maître Eckhart distinguera trois modalités, selon qu'elle est proférée, pensée mais non proférée, ou impensée et sans expression, demeurant éternellement en celui qui la « dit ». C'est pourquoi, dans le train du monde, c'est la parole qui est féconde, non la chair : ainsi se justifie, selon J.-L. Flandrin, l'exigence de chasteté que l'Église tente d'imposer à ses clercs à partir du XIe siècle[27]. La tradition chrétienne rencontrait, dans ces spéculations, celle des Cabalistes. Au verbe manifeste répond le verbe caché ou, selon Nicolas de Cusa, le verbe vocal à celui de l'esprit : mystère inscrit dans les structures de la langue hébraïque, dont l'on écrit les seules consonnes mais qui n'existe que par vocalisation, source inépuisable d'interprétations rendues possibles par ces coagulations de signes[28]. Un mouvement de philosophie mystique traverse ainsi les siècles, de Scot Érigène à Pic de La Mirandole. La pure intériorité et la pure oralité du Verbe figurent ensemble l'état édénique, tandis que la médiateté de l'écriture et son extériorité mesurent l'exil de la Parole parmi la multiplicité des choses. Du moins nos paroles dispersées renvoient-elles le reflet brisé de Celle-ci. Remonter le cours de cette *translatio nominum* permettrait au discours symbolique de se poser en parfait équivalent linguistique de l'univers.

Le sentiment général, en accord avec la pensée philosophique qu'il sous-tend, penche à une sacralisation de la parole, plus ou moins confusément perçue comme énergie créatrice. Rien d'étonnant à ce que survivent (ou resurgissent ?) dans l'imaginaire « gothique » des formes mythiques liées à la représentation de la bouche, qui *signifie* la voix ; organe ambigu, bouche vouée, lorsqu'elle se tait, au baiser aussi bien qu'à la dévoration ; maléfique ou bénéfique, jamais neutre lorsqu'elle parle ; origine à la fois du langage et des cris. D'où la nostalgie d'une voix pure, dégagée de ces lourdes conditions d'être : voix perçues dans les songes visionnaires d'un Guibert de Nogent, voix des anges[29], récurrence du

26. Bruyne, p. 272-277.
27. Flandrin, p. 103.
28. Rigoni, p. 76-85.
29. Schmitt 1985, p. 98-99 ; Certeau, p. 123-125.

thème d'Écho dans la poésie lettrée; transfert métaphorique sur les oiseaux, modèle et source typique du grand chant courtois; aventure finale de l'enchanteur Merlin, dont la parole prophétique fonda puis maintint l'empire d'Arthur: maintenant «entombé», invisible par magie, réduit à sa voix seule, parmi les fourrés de Brocéliande, dans l'admirable *Lancelot-Graal* — devenu, par ses adaptations en plusieurs langues, romanes et germaniques, le grand classique européen des XIIIe et XIVe siècles. Le langage juridique — si proche, par ses racines, du poétique — emploie le terme *vox,* en contextes divers, pour désigner la plainte en justice, le témoignage, la prétention à un titre, le fondement légal explicite d'un droit. *Vocem habere, vocem suscitare, in voce alicujus,* expressions bien fixées dans cet usage, et dont le noyau sémantique réfère à la puissance de la parole, à la vérité propre que la voix pro-clame... comme dans la «clameur de haro» du vieux droit normand.

*

Peut-être conviendrait-il de ré-interpréter ainsi la tradition philosophique, presque ininterrompue d'Augustin à Abélard, de réflexion sur le langage: lieu des relations de l'homme avec lui-même, avec les autres, avec le monde matériel, avec Dieu. Il est vrai que les doctes d'alors eurent du mal à délimiter la portée rationnelle du mot *vox.* Peut-être, comme le suggère Clanchy [30], la querelle des universaux, interminablement recommencée, entraîna-t-elle à long terme une impossibilité de distinguer le signe oral de l'écrit: d'où l'incapacité d'isoler le support de ce signe. Les ordres de perception s'embrouillent: la voix, la parole, le discours organisé sont rarement considérés en leur propriété, distincte des deux autres. Déjà Augustin, entendant par *voces* les mots de la langue, les prenait comme choses corporelles quoique ce qu'ils signifient ne le soit pas; les mots par là étaient signes, mais les choses aussi, selon une autre modalité, le sont. D'où un allégorisme, qui resta jusqu'au XVIe siècle l'une des tendances les plus stables de l'intelligence occidentale. Les mots représentent-ils la réalité, ou ne sont-ils que *flatus vocis?* Encore cette expression désigne-t-elle, plutôt que le son dans son existence physique seule, la voix en tant qu'intention de signifier, antérieure encore à toute signification. Roscelin, vers 1100, à qui ses contemporains attri-

---

30. Clanchy, p. 202.

buèrent le mérite d'avoir inauguré le nominalisme, semble avoir perçu la voix comme une autorévélation du langage, constituant le sens le plus universel, lieu des sens particuliers et manifestes : l'expérience vocale, vouloir-dire et non-dit, aurait ainsi coïncidé pour lui (dont l'œuvre ne nous est pas connue directement) avec une ouverture de l'être[31]. Les interprètes d'Aristote, *Peri hermeneias,* de Boèce à Abélard, d'emblée confrontés, dans l'adaptation latine qu'ils utilisaient, aux termes de *voces* (mots prononcés) et *notae* (signes, ou références), ne dépassaient point le plan d'une logique de la signification. Abélard, comme Jean de Salisbury, peut-être pressentit l'opposition, pour nous saussurienne, de *langue* et *parole*[32]. Des vues intuitives, parfois profondes, s'ouvrent ainsi périodiquement (dans les textes savants dont nous disposons) sur l'être concret et le dynamisme propre de la voix. Mais rien ne les rassemble en doctrine.

Chez les grammairiens, même dispersion. Pour Quintilien, *vox* n'était que l'un des aspects de *verbum :* le mot isolé, par opposition au travail de textualisation *(locutio)* et au discours constitué *(dictio).* Au cours des siècles, l'usage de ces termes vacille. Des glossateurs de Priscien, comme l'Espagnol Dominique Gundissalvi et le Français Pierre Hélie, au XIIe siècle, ne s'entendent qu'à demi sur l'opposition qu'établit leur auteur entre *vox* et *littera :* le second en vient à écarter la considération même du son, et définit par *vox* la *prolatio animalis,* l'« articulation » ou « énonciation » vitale, laquelle constitue la *materia* de la technique grammaticale[33]. Les rhétoriciens, en revanche, n'ont pas tout à fait oublié les parties antiques de leur art relatives à sa pratique vocale, *pronunciatio* et *actio.* Le *Manuel* de Lausberg fournit de nombreuses références. La *Poetria nova* de Geoffroi de Vinsauf reprend en termes particulièrement clairs le lieu commun courant à ce propos :

> *In recitante sonent tres linguae : prima sit oris,*
> *Altera rhetorici vultus, et tertia gestus.*
> *Sunt in voce suae leges...*

(« Que trois langues se fassent entendre chez le récitant : que la première soit celle de la bouche ; la deuxième, celle du visage de celui qui parle ; et

31. Agamben, p. 64-65.
32. Stock 1983, p. 363-403.
33. Hunt, p. 120-121.

la troisième, son geste. La voix comporte ses propres lois...») [34]. Dans l'Italie des premières républiques marchandes, Boncompagno da Signa consacre un chapitre de sa *Rhetorica novella,* livre IV, aux «Coutumes des orateurs», spécialement au ton, à la portée acoustique et aux effets de la voix; l'ouvrage du même auteur intitulé *Palma* insiste sur ce qu'il nomme la *distinctio,* coupe rythmique, exigée par la nécessité de reposer la voix [35]. Dans le *Convivio,* II, 13, Dante, comparant la Rhétorique à la planète Vénus, distingue son apparition matutinale et celle que l'on observe le soir: la première est celle que porte la voix vive *dinanzi al viso de l'uditore* («à la face de l'auditeur»); la seconde s'exprime dans le reflet de l'écriture.

C'est peu de chose. Mais ne se pourrait-il pas que la relative rareté des témoignages signifiât simplement que cela «allait de soi», et que les implications ontologiques de la voix relevaient, pour la sensibilité des XIᵉ, XIIᵉ, XIIIᵉ siècles, de l'évidence? La voix tient, pour les poètes comme pour leurs auditeurs, à l'essence de la poésie: et les aveux sur ce point deviennent plus nombreux à mesure que s'étend par ailleurs, dans la société monarchique et bourgeoise, le domaine de l'écriture. Konrad von Würzburg, poète attitré du patriciat bâlois, dans la seconde moitié du XIIIᵉ siècle, compare son art au chant «sans but» *(zwecklos)* du rossignol; Jean de Condé, ménestrel du comte de Hainaut au début du XIVᵉ, pour vanter son œuvre, dans le *Dit des Jacobins,* rappelle que tous les grands seigneurs de la contrée entendent sa voix sur tous les tons [36]. Déjà Alain de Lille, vers 1200, l'un des auteurs favoris du milieu latinisant, l'avait dit en termes abstraits: «La poésie dépeint à mon intellect l'image du son vocal, faisant, grâce à la voix, passer à l'acte ce qui était pour ainsi dire paroles archétypiques préconçues dans l'esprit» *(Poesis mentali intellectui materialis vocis mihi depinxit imaginem et quasi archetypa verba idealiter praeconcepta vocaliter produxit in actum)* [37]. Tout se passe comme si le discours poétique médiéval, en deçà de ses formes linguistiques, ou par-delà, en deçà de l'idéologie plus ou moins diffuse qu'il sert, comportait un élément quasi métaphysique, pénétrant toute parole mais inexprimé autrement que dans le ton, le timbre, l'ampleur, le jeu du son vocal. D'où l'importance du chant comme facteur poétique. A. Ronca-

---

34. Faral 1924, p. 259-260.
35. Goldin 1983, p. 26-28 et 95-97.
36. Wapnewski, p. 100; Ribard 1970, p. 9.
37. Bruyne, p. 311.

glia, il y a une dizaine d'années, le rappelait à bon droit dans une étude qui situait, par rapport à l'ethnomusicologie, la philologie romane.

Un goût très vif semble alors généralement répandu, qui rend le grand public autant que les doctes sensibles à la richesse expressive de la voix et aux valeurs que son volume, ses inflexions, ses parcours attachent au langage qu'elle formalise. Durant tout le haut moyen âge, on veille à la qualité et à l'agrément de la voix des jeunes clercs ordonnés *lecteurs* [38]. Hugues de Saint-Victor, au livre VII du *Didascalicon*, parlant des «chants mimés», écrit qu'ils «repaissent l'ouïe, non l'esprit» : la force de l'image signifie par elle-même [39]. De toutes parts s'affirme un sens aigu des «convenances» vocales : bien des témoignages écrits qui nous en restent proviennent d'hommes d'Église soucieux des qualités auditives du chant sacré ; le vocabulaire qu'ils emploient se prête néanmoins à une interprétation plus générale. Qu'il s'agisse de conseils sur la psalmodie, de chant polyphonique, ou de discipline chorale, les qualifications réfèrent à la matérialité du son vocal, *vox rotunda, virilis, viva et succincta* («une voix ronde, virile, vive et ferme») chez Gerbert, vers l'an mil; *decora vocis sive soni... vibratio* («les ornements de la voix, c'est-à-dire... la vibration sonore») chez Jérôme de Moravie, au XIII⁰ siècle; ou, avec humour, chez Gerbert encore, l'évocation des voix sifflantes ou tonitruantes d'histrions, voix «alpestres», comparables au bruit d'un âne ou au mugissement du bétail, cause de toute «fausseté vocale» *(omnemque vocum falsitatem);* chez Élias Salomon, après 1250, le portrait d'un chœur de chanoines lyonnais où chacun s'efforce de crier plus haut que les autres, sans doute pour mieux toucher le ciel [40]! C'est, à la même époque, l'un des motifs typiques de la poésie narrative en langue vulgaire, que le jugement porté sur la qualité vocale d'un personnage chanteur — parfois, de l'auteur même. Le langage des poètes dispose, à cette fin, de deux clichés, inlassablement modulés en toutes langues. L'un, relatif à la hauteur et à la clarté du ton, comporte en français trois éléments, en général cumulés deux à deux : «à voix haute, claire, *serie*» (ce dernier mot, comme notre *serein,* suggère calme et harmonie): ainsi aux vers 531, 1158, 1202 du *Guillaume de Dole* de Jean Renart; en plusieurs lieux du *Roman de la Violette* de Gerbert de Montreuil; en

---

38. Riché 1979, p. 237-238.
39. Bruyne, p. 217.
40. Gérold, p. 358-360.

allemand, chez Gottfried von Strassburg, *Tristan,* v. 4803... Les exemples sont innombrables. L'autre formule évoque plus généralement la douceur du son, en latin *suavis, dulcis,* en français *suave, doux* et l'équivalent en d'autres langues, ainsi *dulce cantar* spécialement fréquent en espagnol. Dès le XIᵉ siècle, le manuscrit BN lat. 13763, donnant de la vieille *Chanson de Clothaire* la « version brève », présente cette *cantilena* comme *suavis* sur les lèvres des chanteurs. Dans la première des épîtres attribuées à Héloïse, celle-ci loue les chansons d'amour jadis composées et chantées pour elle par Abélard « pour l'extrême douceur des paroles et du chant » *(prae nimia suavitate tam dictaminis quam cantus).* A plusieurs reprises, Gottfried von Strassburg évoque dans les mêmes termes la voix de Tristan (v. 7519, 7608, 17207, et ailleurs) ; aux vers 3624-3625, il précise : c'est de sa bouche que le jeune homme forme cette douceur *(sanc sô suoze mit dem munde)...* Aux XIVᵉ et XVᵉ siècles, dans tout l'Occident ce vocabulaire sert à manifester l'admiration provoquée par une voix agréable. Le latin utilise en cette fonction *dulcisonus,* référant aussi bien au son des instruments qu'à celui que produit la gorge humaine. L'usage ainsi typé de *dulcis, suavis* et leurs synonymes ne peut être un effet du hasard. Ces adjectifs renvoient, directement ou non, à la notion rhétorique de *suavitas,* origine de la *delectatio* procurée par le discours dans le *genus medium* ou *humile* — termes embrassant, aux yeux des doctes, l'ensemble des poésies de langue vulgaire. Tel est le *stil soave* évoqué par Dante dans la chanson qu'il commente au *Convivio,* IV, 1 ; tel, le *dolce stil novo* alors en vogue à Florence : harmonieux sur les lèvres de qui le prononce, en vue de transmettre adéquatement le message d'amour. Le chant « suave » évoquant la joie du Paradis est exaltation vocale, chœurs, psaumes, cantiques des élus et des anges, *voce jocunda* (« d'une voix qui répand la joie »), pour Jean des Murs, vers 1300, à l'explicit de sa *Summa musicae ; voix delie, seinne et clere* (« un ton élevé, une voix pure et claire »), pour Guillaume de Machaut encore, au Prologue de ses poésies, v. 226-229[41]. Le frère mineur Giacomino da Verona, vers 1265, développe longuement ce thème, en dialecte vénitien, dans son poème *De Jerusalem celesti,* en renforçant l'effet par la description antithétique des aboiements des damnés[42].

Le thème littéraire, valorisé par la doctrine savante, reflétait la sensibi-

41. Smoje, p. 267 ; Gérold, p. 361.
42. Lomazzi-Renzi, p. 618-619.

lité commune. Un certain nombre de documents, au cours des siècles, nous permettent de saisir un écho de jugements portés, par divers publics, sur les interprètes de poésie. Plus de quarante des quelque trois cents textes rassemblés jadis par Faral en appendice de ses *Jongleurs* signalent, pour en faire l'éloge ou le blâme, la qualité physique de la voix. De même, dix-neuf des cent une *Vidas* de troubadours distinguent expressément entre l'art poétique producteur du texte (le *trobar*) et l'opération vocale qui le manifeste (le *cantar*) : ainsi, les Vies de Peire Vidal, d'Arnaut de Maroill, de Guillem Figueira, à la fois bons poètes, bons musiciens et bons chanteurs. De Peire d'Alvernhe, le « biographe » rapporte les termes mêmes dont le poète louait sa propre voix : *tal votz / que chanta desobre et desotz / e siei son son douz' e plazen* (« une voix capable de chanter aussi bien les sons hauts que les sons bas, en mélodies douces et plaisantes »). La *Vida*, en revanche, d'Aimeric de Peguilhan exprime un regret : il eut beau apprendre chansons et *sirventès*, il chantait mal ! Quant au pauvre Élias Cairel, il se montrait médiocre à la vielle, chantait mal et parlait pis encore ! Sa seule qualité était de savoir écrire... La voix comme telle, dans son existence physiologique, est située au cœur d'une poétique.

II. L'œuvre

7. Mémoire et communauté

Mémoire et lien social. - Intervocalité et mouvance. - Les relais coutumiers. - Le pouvoir vocal.

La voix poétique assume la fonction cohésive et stabilisante sans laquelle le groupe social ne pourrait survivre. Paradoxe : grâce à l'errance de ses interprètes — dans l'espace, dans le temps, dans la conscience de soi —, elle est présente en tout lieu, connue de chacun, intégrée aux discours communs, pour eux référence permanente et sûre. Elle leur confère figurément quelque extra-temporalité : à travers elle, ils demeurent, et sont justifiés. Elle leur offre le miroir magique d'où l'image ne s'efface pas, lors même qu'ils ont passé. Les voix quotidiennes dispersent les paroles dans le lit du temps, y émiettent le réel ; la voix poétique les rassemble en un instant unique — celui de la performance —, aussitôt évanoui qu'elle se tait : du moins se produisit-il cette merveille d'une fugitive mais totale présence. Telle est la fonction primaire de la poésie, et que l'écriture, par son excès de fixité, remplirait mal. C'est pourquoi les modes de diffusion orale conserveront un statut privilégié jusqu'au-delà des grandes ruptures du XVIe ou XVIIe siècle. La voix poétique est à la fois prophétie et mémoire — à la manière du double livre que dicte Merlin dans le cycle du *Lancelot-Graal :* l'un, à la Cour, en projette l'aventure ; l'autre, chez Blaise, éternise l'événement. La mémoire, à son tour, est double : collectivement, source de savoir ; pour l'individu, aptitude à y puiser et à l'enrichir. La voix poétique est *mémoire* de ces deux manières.

Des générations de penseurs, d'Augustin à Thomas d'Aquin, s'interrogèrent à propos de cette faculté ambiguë, selon qu'elle concerne la topique ou se soutient d'une visée eschatologique ou morale : toujours tendant, par la répétition des discours, à leur insertion dans une vérité tenue pour immuable ou, au contraire, à générer leurs infinies variations. Pour la tradition augustinienne, la mémoire rend l'âme présente à elle-même et en fait ainsi le réceptacle du vrai. Partie de la *prudentia,* la mémoire se distingue dans l'homme, pour les traducteurs latins d'Aristote, en *memoria* et *reminiscentia,* qui respectivement relèvent de l'âme sensible et de l'âme intellective [1]. En fait, elle cerne toute existence, pénètre le vécu et le maintient présent dans la continuité des discours humains. Le Nouveau Testament est la *memoria* de l'Ancien, dans la mesure même où celui-ci en constitue la figure. D'où la métaphore poétique du « livre de Mémoire » : ainsi au frontispice de la *Vita nova* de Dante. C'est dans le livre de ma mémoire, dit le poète, que j'ai trouvé écrites les paroles dont je vais composer cet ouvrage. La mémoire n'est donc livre qu'en figure : la voici désignée comme parole vivante, d'où émane la cohérence d'une écriture ; la cohérence d'une inscription de l'homme et de son histoire, personnelle et collective, dans la réalité du destin. Cet intérêt pour la *memoria,* continûment manifesté par les doctes, tient au rôle immense joué dans cette culture par les transmissions orales — portées par la voix, dont la poésie constitue le siège éminent. Un message écrit, offert à la vue, triomphe de la dispersion spatio-temporelle par extension, par prolongement, de telle façon qu'il recouvre cette double étendue et se dilate, le cas échéant, avec elle. Une œuvre vocale tend au même but par des moyens contraires : elle réduit la durée à l'itération indéfinie d'un moment unique ; l'espace, à l'unicité figurée d'un seul lieu affectif.

Un cliché, abondamment attesté à travers toute l'Europe, du XIIe au XVe siècle (aujourd'hui encore dans le discours du gros bon sens!), justifie l'usage de l'écriture par la fragilité de la mémoire humaine. Ce faux adage témoigne de la pression exercée sur le milieu par les mentalités scripturaires en voie de diffusion. Mais la poésie comme telle porte un savoir. Elle le reconnaît et ne cesse de le reconstruire en le donnant à connaître. Elle relève d'un ordre totalement autre que les mémentos écrits. L'ethnologie contemporaine a pu estimer à deux ou trois générations la durée de validité des souvenirs personnels au sein de la communauté familiale : mesure naturelle, sans doute irréductible. Mais, au-delà de ce groupe social étroit, des mémoires longues se constituent par tuilage de souvenirs individuels ; la continuité est assurée au prix d'une multiplicité de décalages partiels. Là encore, on touche une limite, que B. Guénée, se fondant sur les témoignages médiévaux, fixe à un siècle au plus [2].

1. Yates 1969, p. 81-84.
2. Guénée, p. 78-85.

Certaines sociétés ont tenté de pallier ces insuffisances en instituant des professionnels héréditaires de la mémoire, tenus à la littéralité d'un discours, et capables de remonter parfois très loin dans le passé. Il ne semble pas que l'Occident médiéval en ait jamais formé hors les *skops,* scaldes et bardes des terroirs non romanisés, à l'époque la plus ancienne. En revanche, il prodigua, en milieu scolaire, par le biais de l'enseignement rhétorique, divers préceptes à corriger la faiblesse des facultés mémorielles. La tradition antique des *artes memoriae,* transmise à l'Occident par la *Rhetorica ad Herennium,* est réactivée au XIIIᵉ siècle, en partie sous l'influence des frères prêcheurs. Elle envahira au XIVᵉ-XVᵉ le champ de la scolastique. Théorisé, destiné à embrasser l'universalité du savoir, l'«art de mémoire» est orienté vers l'utilité de la parole : sa fin est un discours vertueux. Il se manifeste en un acte d'énonciation. Boncompagno, dans sa *Rhetorica novella,* consacre à la *memoria* un long chapitre, qui en touche jusqu'à la physiologie, recommandant, pour en améliorer le rendement, la mesure dans les libations et dans le commerce des femmes[3] ! Quoique les auteurs de ces traités et le public auquel ils s'adressent appartiennent au milieu restreint des initiés de l'écriture, la conception de la mémoire qu'ils transmettent implique l'idée d'une présence réelle des corps : un lien, en particulier, entre la mémoire et la vue, fondé sur la fonction de l'image et ses relations avec la parole.

Ce qui entre en jeu, chez l'interprète de poésie au moment qu'est requise sa mémoire, c'est tout autre chose qu'une mémorisation. A. B. Lord, à propos de ses chanteurs yougoslaves, parlait de *remembering,* «remembrance». Selon que l'interprète, en performance, chante, récite ou lit à voix haute, des contraintes plus ou moins fortes gèrent son action ; mais de toute manière celle-ci engage une totalité personnelle : à la fois une connaissance, l'intelligence où elle s'investit, la sensibilité, les nerfs, les muscles, le respir, un talent de réélaboration en temps très bref. Le sens provient de cette unanimité. D'où la nécessité d'une habitude orientant cette dernière, la possession d'une technique locutoire particulière, qui est art de la voix. Bien des interprètes de quelque renommée, au cours des siècles, furent loués pour leur habileté de diseurs, de chanteurs, pour la richesse de leur répertoire. Jamais, avant le XVᵉ siècle, il ne semble qu'on ait vanté spécialement leur mémoire : elle allait de soi. Vers l'époque où s'invente l'imprimerie, tout change. Une lettre de 1446,

---

3. Goldin 1983, p. 104-118.

publiée par J. Werner, raconte la stupéfaction, voire l'incrédulité, des savants allemands à la visite d'un jeune Espagnol de vingt et un ans, parlant cinq langues (autres que les vulgaires) et capable de réciter par cœur la Bible entière, Nicolas de Lyre, les écrits de saint Thomas, Alexandre de Halès, Bonaventure, Duns Scot, «et beaucoup d'autres», sans compter les décrétales et leurs gloses, tout Avicenne, Hippocrate, Galien... mais, il est vrai, une partie seulement d'Aristote! Les doctes s'interrogent: ce jongleur de toute science est-il inspiré de Dieu ou du diable; voire, n'annoncerait-il pas l'Antéchrist[4]? Cent ans plus tard, le diseur Román Ramirez, nous l'avons vu, paya de sa vie ce qui, pour les Inquisiteurs, n'allait plus sans diablerie.

Dans la mesure même où l'interprète engage ainsi, avec le message poétique, la totalité de sa présence, sa voix porte, de l'unité commune, témoignage indubitable. Sa mémoire est entée sur une «mémoire populaire» qui n'a rien alors d'une collection de souvenirs folkloriques, mais qui sans cesse ajuste, transforme, recrée. Le discours poétique s'intègre par là au discours collectif, qu'il éclaire et magnifie: coulant dans la fluidité des phrases poétiques prononcées *hic et nunc,* il ne laisse pas s'instaurer la distance qui permettrait au regard critique de se poser sur lui. Cette conjoncture, il est vrai, se modifie localement, peu à peu depuis le XIIe siècle, au fur et à mesure de la constitution de groupes sociaux citadins. Mais rien, avant longtemps, n'atténuera l'efficacité globale de la mémoire vocalisée: n'est-ce pas elle encore que revendiquent les poètes du XVe, du XVIe siècle même, lorsqu'ils célèbrent leurs princes? L'indiscutable (mais très relative) accélération des rythmes historiques à partir de la seconde moitié du XIIe siècle n'empêche en effet que l'on puisse rattacher les structures mentales et les formes culturelles de l'Occident, jusqu'aux alentours de 1500, au modèle de ce que Grauss, naguère, désignait comme culture du «passé vivant». Mais peut-être, parce qu'elle est poésie, ce que dit cette voix, ce qu'elle suggère — par son intemporalité, par la *perfection* même qui, dans son ordre propre, la signale entre tous autres discours —, c'est moins ce que nous avons en commun, nous ses auditeurs, que ce qui nous est à tous ensemble et, de la même manière, impossible: l'au-delà de nos frontières, le visage de ce qui pour nous, individus, serait notre mort. La *parfaite* voix de mémoire — qu'elle se forme dans le gosier, la bouche, le souffle d'un poète ou d'un prêtre —

4. Werner, p. 169-170.

a sans doute pour fin ultime d'éviter les ruptures irrémissibles, l'écartè-
lement d'une aussi fragile unité. A sa disposition dans cette tâche, elle n'a
que deux stratégies : intégrative, assumant, jusqu'aux limites du possible,
l'essentiel des paroles jamais prononcées parmi nous ; ou bien évasive,
refoulant, censurant ces paroles (ou certaines d'entre elles) avec une
simplesse feinte, l'infantilisme de qui recommence à zéro. Au temps du
repliement féodal sur les petites communautés de base où l'Occident allait
refaire ses énergies, ces fonctions de la voix poétique eurent sans doute un
aspect vital : elles contribuaient à la protection de groupes isolés, fragiles,
qu'elles resserraient autour de leurs rites et du souvenir des ancêtres. Plus
on descend le cours du temps et plus l'on voit ces fonctions, très progressivement, se diluer et décroître : le passage du chant à la lecture publique
mesure, dans les mœurs, cette évolution. Reste, quel que soit ou devienne
son mode de transmission, que cette poésie, jusqu'au XVe siècle et dans
toutes ses formes, valide une vérité reconnue, illustre paradigmatique-
ment la norme sociale. Ce n'est que peu à peu, et de façon limitée d'abord
à certaines classes de textes, qu'elle en vint à dissocier en cela le privé du
public, plus tard encore le moi du nous. La voix, en effet, unit ; seule
l'écriture distingue efficacement entre les termes de ce dont elle permet
l'analyse. Dans la chaleur des présences simultanées en performance, la
voix poétique n'a d'autre fonction ni d'autre pouvoir que d'exalter cette
communauté, dans le consentement ou dans la résistance. Or, le triomphe
de l'écriture fut contrarié, tardif, et les mentalités scripturales demeurèrent, jusqu'au XVIe ou XVIIe siècle, très minoritaires. C'est pourquoi la
différence (intuitive du reste, plutôt que matière à preuve) que nous
faisons entre « fiction » et « réalité historique » est mal applicable à ces
textes. Ceux-ci procèdent, tous ensemble, d'une même instance : la tradition mémorielle transmise, enrichie et incarnée par la voix. D'où le
prestige du déjà-dit, de l'ancien. Tout temps est temps épique : mesuré
aux seuls mouvements collectifs des sensibilités et des corps, dans l'harmonie de la performance. Tel fut, des siècles durant, le trait fondamental
commun d'une culture, et que ne firent que moduler en surface, parfois
même momentanément obscurcir, les manifestations incessantes et très
diverses de sa créativité.

*

Dans les longues durées, l'œuvre de mémoire constitue la tradition. Aucune phrase n'y est la première. Toute phrase, tout mot peut-être, y est virtuellement, parfois effectivement, citation : d'une manière à peine différente dont elle l'était, par rapport aux classiques et aux Pères de l'Église, du IXᵉ au XIIᵉ siècle, dans l'écriture des lettrés. G. Schweikle a pu emplir un livre du recueil des citations faites, les uns des autres, par une quarantaine de poètes allemands du XIIIᵉ. Je ne reviens pas ici sur ce que j'écrivais de la tradition dans un livre déjà ancien [5] : les termes en paraissent encore valables, confirmés par les recherches plus récentes. La tradition, c'est la série ouverte, indéfiniment étendue dans le temps et l'espace, des manifestations variables d'un archétype. La création, dans un art traditionnel, a lieu en performance : fruit de l'énonciation — et de la réception qu'elle s'assure. Véhiculées oralement, les traditions possèdent, par là même, une énergie particulière — origine de leurs variations. Deux lectures publiques ne peuvent être vocalement identiques, donc porter tout à fait le même sens, quoiqu'elles relèvent de la même tradition. Leurs variantes sont parfois peu sensibles, et leurs effets sur la stabilité de l'archétype, mal observables sur de courtes durées : ils n'ont, littéralement, pas de témoins. D'où la théorie des « états latents » formulée voilà un demi-siècle par Menendez Pidal à propos de l'épopée espagnole ancienne : le « texte » existe de façon latente, la voix du récitant l'actualise pour un instant, puis il retombe à son état, jusqu'à ce qu'un autre récitant s'en empare. Menendez Pidal envisageait ainsi une tradition purement orale. Mais sa conception s'applique aussi bien aux traditions complexes, où des textes écrits sont transmis par la voix.

La tradition, quand la voix en est l'instrument, est ainsi, par nature, le domaine de la variante : de ce que, dans plusieurs ouvrages, j'ai nommé la *mouvance* des textes. Je l'allègue ici encore, en l'« entendant » comme un réseau vocal immensément étendu et serré ; comme — à distance — littéralement le murmure de ces siècles — sinon, parfois, isolément, la voix même d'un interprète. Bien des variantes, en effet (abusivement réduites par une philologie de l'écrit), nous permettent de saisir (d'*ouïr*) une intervention circonstancielle : ainsi, dans la pièce 145*a* des *Carmina burana* [6], les hésitations de la tradition manuscrite entre *chunich* et *chûnegin* (« roi » et « reine ») au vers souhaitant qu'il ou elle *lege an minem*

---

5. Zumthor 1972, p. 75-82.
6. Hilka-Schumann, I, p. 247.

armen («repose entre mes bras») reflètent, selon moi, une différence dans les situations de performance. Les écrits subsistants sont, il est vrai, trop peu nombreux ou trop ambigus pour nous donner une image globale de la souplesse et de la liberté des transmissions vocales; du moins, comme en ce cas, les suggèrent-ils aux lecteurs attentifs. L'*œuvre* actualise le donné traditionnel en même temps qu'un texte, perçu comme irréalisé encore. Le donné traditionnel existe, virtualité à la fois poétique et discursive, dans la mémoire de l'interprète et, généralement, du groupe auquel il appartient. Dans la mesure où ce donné concerne la composition et les structures, le texte le reproduit plus ou moins fidèlement; dans la mesure où il est discours, il se trouve intégré à une parole personnalisée, dans le fil d'une intention originale, non réitérable.

On ne peut, certes, juger de ces faits que de façon indirecte, et seulement lorsqu'un même texte nous a été transmis par plusieurs manuscrits, ou (plus indirectement encore) quand nous en possédons une version en langue étrangère. L'amplitude de la mouvance nous apparaît alors très différente, de genre poétique à genre poétique, voire de texte à texte, et aussi de siècle à siècle. Chaque texte enregistré par l'écriture, tel que nous le lisons, occupa néanmoins un lieu précis dans un ensemble de relations mobiles et dans une série de productions multiples, au sein d'un concert d'échos réciproques: d'une *intervocalité,* comme l'«intertextualité» dont on parle tant depuis quelques années, et que je considère ici sous son aspect d'échange de paroles et de connivence sonore; polyphonie perçue par les destinataires d'une poésie qui leur est communiquée — quelles qu'en soient les modalités et le style performanciel — exclusivement par la voix. Ces relations intervocales, dans l'univers des contacts personnels et des sensations, tiennent de celles qui s'instaurent (avec moins de chaleur!) dans notre pratique moderne entre le texte original et son commentaire ou sa traduction.

L'intervocalité se déploie simultanément ainsi dans trois espaces: celui où chaque discours se définit comme le lieu de transformation (par et dans une parole concrète) d'énoncés venus d'ailleurs; celui d'une audition, *hic et nunc,* régie par un code plus ou moins rigoureusement formalisé, mais toujours en quelque manière incomplet, entrouvert sur l'imprévisible; l'espace, enfin, interne au texte, engendré par les relations qui s'y nouent. Bien des chansons de trouvères français du XIIIe siècle, étroitement tributaires de la tradition registrale du «grand chant courtois» (premier espace), se donnent pour *chanson nouvelle* (second espace) mais sont farcies de refrains empruntés ou de proverbes (espace trois).

J'emploie, faute de mieux, les termes d'*archétype* et de *variations* pour subsumer tous ces faits, et retiens la variation pour indice de l'individualité irréductible de la voix. *Archétype* réfère à l'axe vertical, la hiérarchie des textes : il désigne l'ensemble des virtualités pré-existant à toute production textuelle. Lors même qu'une séquence linguistique (texte) fut écrite, voire mémorisée, préalablement à la performance, elle relève encore de l'archétype, demeure virtuelle, par rapport à ce qui sera performé. Telle est la conclusion implicite des travaux d'un J. Rychner, récemment de Ch. Lee, sur les variantes des fabliaux. Du point de vue de l'historien, l'*archétype* apparaît comme le relais des lignes de ressemblances rattachant tel texte à tel autre et entre elles les diverses performances d'un texte présumé (par hypothèse peut-être anachronique) unique. L'existence de ce relais interdit de penser comme directe la relation de texte à texte, et même de performance à performance. Elle pose la réalité de la tradition et manifeste le fonctionnement créateur de la mémoire.

La « traditionnalité », écrivait Menendez Pidal, « assimilation du même », procède de l'« action continue et ininterrompue des variantes » [7]. Elle combine (contrairement à la transmission purement écrite) reproduction et changement : la mouvance est création continue. Menendez Pidal la montrait à l'œuvre dans la tradition du *Romancero,* exemple d'une exceptionnelle richesse, par suite de la surabondance des documents qui le concernent. On citerait aussi bien celui des *cantari* italiens, dont les travaux de Barini, Balduino, Varanini et d'autres ont, ces dernières années, renouvelé notre connaissance. Mais c'est dans l'ensemble du champ médiéviste que se pose aux historiens un problème des variantes qui dépasse les perspectives de la philologie traditionnelle. Si même il n'est pas toujours abordé ni même énoncé en termes référant à la vocalité des textes, celle-ci demeure, fût-ce tacitement, voire involontairement, dans la visée. Encore faut-il considérer les faits en synchronie plutôt que dans leur succession temporelle [8]. A l'oreille des hommes des XIIe, XIIIe, XIVe siècles qui furent l'origine, le moyen et le but de nos textes — auteurs, interprètes, consommateurs —, cette poésie dut apparaître comme un vaste concert de sonorités plaisantes, harmonieuses ou entre elles

7. Menendez Pidal 1968, I, p. 45.
8. Maddox-Sturm-Maddox.

discordantes, un jeu de voix recouvrant le bruit ordinaire de la vie, et qui s'élève, reflue, reprend, s'amplifie ou s'effrite en appels ou en cris dont aucun n'est tout à fait identifiable. Ainsi comprise, la mouvance instaure un double dialogisme : intérieur à chaque texte, et extérieur à lui, engendré par ses relations avec les autres. Elle réfère à deux ordres de réalité, inégalement sans doute distingués par les auditeurs de poésie (sinon par les interprètes et les auteurs mêmes), selon la richesse et la subtilité de la mémoire de chacun. L'ensemble des textes français et allemands racontant, en tout ou en partie, l'histoire de Tristan et Iseut illustre l'universalité de cette mouvance : de fragment à texte complet et à d'autres fragments, de roman à conte, à « lai » ou l'inverse, dans ce vide entre Thomas d'Angleterre, le jongleur Béroul et Marie de France, entre Gottfried et Eilhart, puis Ulrich von Türnheim, de ceux-ci aux anonymes de toute origine, comme la ballade *Tistrams tattur* encore chantée de nos jours aux îles Faeroe[9], dans un chaos d'apparentes incohérences dont aucune tradition écrite ne rend compte, des voix parlent, chantent, les textes en saisissent des échos parcellarisés sans les fixer jamais, poussés comme au hasard par les tourbillons de l'intervocalité.

Ce régime, certes, n'est pas partout identique : les variations textuelles de la chanson de geste sont plus considérables que celles du roman ; celles des épopées tardives, moins que des plus anciennes. Différence de degré plutôt que de nature. Il arrive que deux versions d'une chanson de geste diffèrent, en volume, du simple au double ; rares sont les chansons de troubadours dont tous les manuscrits présentent les strophes dans le même ordre. Il faut distinguer plusieurs espèces de variantes, selon qu'elles manifestent le « nomadisme » de la tradition orale ou les ratés de la manuscriture, voire une réécriture proprement dite. W. Holland, il y a quelques années, à propos de l'*Arthour and Merlin* moyen anglais, montra combien ces diverses espèces interfèrent et sont mal dissociables. Plutôt que de les opposer, on peut les mettre en perspective. Il s'agit là en effet de comportements textuels, certes dissemblables, mais déterminés en commun par le poids plus ou moins lourd dont l'écriture et ses exigences techniques pèsent sur la composition, le mode de transmission, la conservation des ouvrages poétiques. Peut-être ces différences mesurent-elles l'espace de liberté laissé par chaque texte à la voix de chacun de ses interprètes. Reste qu'à distance l'ensemble de notre vieille poésie

9. Müller 1986.

163

apparaît, dans cette perspective, comme un enchevêtrement de textes dont chacun revendique à peine son autonomie. Des contours flous le cernent imparfaitement; des frontières mal pointillées, souvent incomplètes, l'unissent à d'autres textes, plutôt qu'elles ne l'en séparent. Et, d'un secteur à l'autre de ce réseau, les communications ne sont jamais coupées; le courant intervocal passe partout. Dans chaque texte se répercute (littéralement, sensoriellement) l'écho de tous les autres textes du même genre... sinon, par figure contrastive ou parodique (et parfois sans dessein déterminable), l'écho de tous les textes possibles. Discours social diversifié, homogène et cohérent dans ses profondeurs, la poésie englobe et figure toutes les pratiques symboliques du groupe humain: dans cette mesure même, elle ne peut, sinon fictivement, être rapportée à aucun sujet.

Le long des réseaux mémoriels ainsi tressés, une circulation intense diffuse tout ce que porte la voix. Une critique positiviste, jadis, parlait d'imitation ou d'influences. Mais cette intervocalité est plus proche des mimétismes du dialogue parlé que des transferts d'écriture. Le fait apparaît en pleine lumière lorsque l'échange se produit entre des textes destinés au chant et dont rien ne nous permet de supposer sans abus que leurs auteurs furent hommes d'écriture. Ainsi des rapports textuels, souvent discutés et contestés, entre troubadours, trouvères et *Minnesänger,* tous praticiens d'un même art, fréquentant le même milieu chevaleresque, et également voyageurs: Folquet de Marseille, Gace Brulé, Conon de Béthune «influencèrent»-ils Friedrich von Hausen ou Rudolf von Fenis; Marcabru, Heinrich von Veldeke; Bernart de Ventadorn, Heinrich von Morungen? Les troubadours qui à chaque saison passaient les Pyrénées «influencèrent»-ils les poètes catalans, castillans, galiciens? La question fait à peine sens. En ce qui concerne l'Italie, l'écrit fut médiateur: A. Roncaglia l'a démontré, identifiant le manuscrit provençal que, vers 1230, le premier poète «sicilien» reçut de son maître, Frédéric II [10]. Il est vrai que, des terroirs européens, l'Italie était dès lors la plus loin engagée sur les chemins de l'écriture... et la poésie des «Siciliens», celle ensuite, et plus encore, du *Dolce stil novo,* se constitua comme une glose du *trobar* occitan.

L'intervocalité joue avec plus d'évidence encore lorsque les poètes en cause vécurent dans le même terroir. En diachronie, il en va sans doute de

10. Roncaglia 1984.

même, car le point où se noue la relation ainsi constatée, c'est la performance, et l'on peut admettre que le répertoire des interprètes se renouvelait lentement. Le poème se déploie ainsi, existe de façon dynamique, se transforme, s'allie, engendre, au sein d'un espace-temps dont les dimensions, pour n'être pas toujours mesurables aujourd'hui, furent parfois considérables. Au sein de cet espace-temps joue la parodie, qui fut l'une des principales énergies de la tradition poétique ; jouent les allusions, les pointes évoquant dans un texte tel autre texte, incessant chassé-croisé de références, sérieuses ou humoristiques, l'un des caractères universels de cette poésie : ainsi, entre troubadours encore ou *Minnesänger*, mais aussi bien entre un Chrétien de Troyes et un Gautier d'Arras, entre bien des auteurs de fabliaux ou des conteurs de *Renart*... Le poète joue, comme des registres d'un instrument, du matériel traditionnel, bien distinct — lieux communs rhétoriques, motifs imaginaires, tendances lexicales — selon les niveaux de style, les genres ou la fin proposée au discours. Ainsi, les mêmes poètes portugais du XIIIe, du XIVe siècle puisent tour à tour avec art et cohérence dans le répertoire de l'une ou l'autre des trois traditions alors fermement établies dans leur terroir : les *cantigas* d'*escarnho*, d'*amigo* et d'*amor*.

Nous ne possédons aucun manuscrit poétique autographe avant la fin du XIVe siècle : cela signifie que, de tous nos textes, sans exception, jusqu'à cette date-là, ce que nous percevons par la lecture est la reproduction, non la production. Les auditeurs du XIIe, du XIIIe* siècle n'étaient pas dans une situation différente. En fait, dès qu'un texte a été recueilli deux ou plusieurs fois par écrit, ses variations témoignent de l'existence de traditions plus ou moins distinctes (parfois orales et écrites, parallèlement, comme on l'a montré de plusieurs Vies de saints) et qui, par accumulation de différences, bifurquent à un certain moment. Les *stemmas* de la tradition philologique ne font que prendre en compte ce phénomène. Les critiques les plus prudents sont ainsi d'accord pour distinguer deux traditions de la *Chanson de Roland*, cinq du cycle de *Guillaume* ; et le roman même, le moins étranger à nos habitudes « littéraires », n'échappe pas à cette loi : de considérables divergences existent entre les manuscrits du *Roman de Thèbes*, entre ceux du *Roman de Troie* ; un chapitre préliminaire de 800 vers, le « Bliocadran », est inséré au début du *Conte du Graal* par deux manuscrits du XIIIe siècle, et repris par l'auteur de la mise en prose de 1530. A la limite, l'identité du texte s'estompe : ainsi, selon D. McMillan, de la *Chevalerie Vivien*. Inversement, il arrive que dans le texte subsistant, unique, l'érudition puisse repérer la convergence de plusieurs traditions, assumées ensemble par le poète : tel est le cas du *Fernán González* espagnol, ou des *Nibelungen*.

C'est ainsi que perd toute substance le mythe positiviste des « sources », autant qu'une série de notions issues de notre pratique classique de l'écriture : stabilité du texte, authenticité, identité — et toutes les métaphores stériles de nos « histoires littéraires » : origine, création, destin d'une œuvre ; évolution, apogée, décadence d'un genre... et sans doute l'image paternelle d'auteur. Imprimer (comme nous sommes bien contraints — heureusement — de le faire) un texte médiéval comporte un contresens historique que ne peuvent corriger tout à fait les prudences éditrices. Dans la notion de « texte authentique », la plus perverse mais encore vigoureuse en dépit de remises en question périodiques, perdure une pensée théologique, relative (paradoxalement) à la tradition de la *Parole* de Dieu. Toutes les fois qu'une pluralité de manuscrits nous permet d'en contrôler la nature, la reproduction du texte nous apparaît, fondamentalement, comme ré-écriture, ré-organisation, compilation. Durant les mêmes siècles, les théoriciens arabes firent expressément de ces caractères l'être même de la poésie, qu'ils désignèrent du nom de *saripât* (littéralement, « plagiat »)[11]. L'ère ontologique du poème est la tradition qui le supporte. Une voix l'actualise, mais n'a ni origine ni destin, elle n'évolue ni ne décline, elle ne revendique aucune filiation : elle est formalisée par les mouvements physiques d'un corps autant et plus que par les paroles prononcées. Tout ce qui tend à cet acte de performance en est comme préalablement marqué, s'oriente en toutes ses parties et de toute manière vers ce but, fait pour l'auditeur référence à un champ poétique concret, extrinsèque, identifié à ce qu'il perçoit ici et maintenant. On peut comprendre l'effroi qu'éprouvèrent, à partir de la fin du XIIe siècle, quelques auteurs d'esprit « moderne », tel Chrétien de Troyes, à la pensée que leur texte inévitablement leur échappait, qu'ils en perdaient la maîtrise, quoi qu'ils fissent ; d'où les précautions dérisoires, les mises en garde, les condamnations indignées des conteurs qui « dépècent » et « corrompent » ce qu'ils débitent. Mais un véritable souci d'authenticité auctoriale n'apparaîtra guère que chez Boccace, à travers les corrections qu'il apporte au *Décaméron,* et, peu après, chez Guillaume de Machaut.

11. Kilito, p. 24-29.

M. Jousse parlait de la tradition comme d' «une chose vivante». Historiens, nous projetons rétrospectivement sur le «moyen âge» l'idée de tradition qui relève, dans notre usage, d'une terminologie critique : elle nous permet de saisir et d'extérioriser un fait global, résultant d'un mode d'être, totalement intériorisé dans la conscience de ceux qui le vécurent. S'il importe à la poésie de cette époque-là, c'est en vertu de cette intimité profonde, indiscutée, que l'ancien français nomma *coustume*. La «coutume» est le milieu et la mesure de l'homme, mais aussi le milieu et la mesure de la poésie. La voix des porteurs de poésie ne cesse (comme voix même, et quoi qu'elle dise) de proclamer cette identité. L'existence de la classe des «jongleurs» en témoigne universellement. A. B. Lord, nommant la «tradition orale», suggérait que le premier terme de cette expression pose la question de la nature et du contenu (le *quoi?*), le second terme, celle du moyen *(comment?)* ; M. Zwettler notait que ce *comment?* pouvait être échangé contre un *pourquoi?* [12] : le *pourquoi* de l'œuvre, c'est ici, pour moi, sa vocalité.

D'où l'autorité particulière dont, au sein de la tradition, est dotée la voix, inspirée par la mémoire, et qui seule lui confère sa perceptibilité. Le discours qu'elle prononce — plus que d'autres lié, par son attache, aux formes éprouvées, plus contraint dans les traces d'un incontrôlable passé, est aussi plus que tout autre efficace : ce que dit cette bouche-là paraît plus opaque, requiert l'attention de manière plus insistante, pénètre plus profond dans le souvenir et y fermente, confirme ou bouleverse les sentiments ressentis, élargit mystérieusement l'expérience que moi, auditeur, crois avoir de moi-même, de toi, de cette vie. Du fait seul que cet homme-là est en train de nous dire, en ce jour, à cette heure, en ce lieu, parmi ces lumières ou ces ombres, un texte que peut-être je connais déjà par cœur (peu importe) ; du fait qu'il s'adresse, parmi ceux qui m'entourent, à moi comme à chacun d'entre eux, et qu'il comble (plus ou moins, peu importe) nos attentes : ce qu'il énonce est doué d'une pertinence incomparable ; est immédiatement mobilisable en discours nouveaux ; s'intègre savoureusement au savoir commun dont, sans en troubler l'assurance, il suscite un imprévisible accroissement. Les traditions écrites, d'origine ancienne ou qui peu à peu se constituent à partir du XIe siècle, ne s'étendent pas nécessairement sur de moins longues durées que les traditions orales. Mais celles-ci, plus libres envers les techniques scriba-

12. Lord 1971, p. 220; Zwettler, p. 23.

les, collent d'autant plus près à l'existence collective qu'elles ne cessent de gloser en la révélant à elle-même.

*

Par-delà l'espace-temps de chaque texte, s'en déploie un autre, qui l'englobe et au sein duquel il gravite avec d'autres textes, d'autres espaces-temps ; mouvement perpétuel fait de collisions, d'interférences, d'échanges, de ruptures. Rien toutefois de cette mouvante existence n'est alors perçu comme histoire — ne le sera avant le XVIIᵉ siècle ; rien n'isole encore, dans la parole entendue, ce que conditionne le temps et ce qui tient au lieu. Le dire poétique se déroule et fait retour sur lui-même, comme en apesanteur. Combien de fois sans doute l'intensité, inimaginable pour nous, d'une présence, la plénitude d'un timbre sonore pour nous inaudible furent-ils à l'origine de la diffusion d'un texte, engagèrent-ils un échange culturel dont nous ne percevons que les effets à long terme ? dans le temps, comme la transformation des vieilles traditions épiques aux XIVᵉ, XVᵉ siècles ; dans l'espace, comme l'imprégnation de certaines chansons de geste françaises par des motifs venus de l'islam [13] ?

Plusieurs paramètres nous permettent aujourd'hui d'apprécier les dimensions des réseaux de parole constituant, pour nos archives, la géographie et l'histoire de ces voix poétiques. Encore faut-il distinguer entre les objets de tradition. La mouvance de certaines formes d'art figuratif, de quelques traits de mœurs, embrasse l'Eurasie entière, à travers l'univers de steppes, ou l'Iran jusqu'à la Chine et à l'Inde ; pour le moins, les États chrétiens avec l'Islam. Dès que le langage en tant que tel est partie prenante à cette errance, la différence des langues naturelles y met un frein, assez mou dans tel secteur, mais qui se bloque dans tel autre. Le chant, cependant, plus que la diction parlée, élargit la zone de réception des phrases qu'il porte — jusqu'au-delà des frontières de l'intercompréhension. Les modèles musicaux sont en effet plus largement mobiles : portés, certes, par la voix (et donc impliquant les mots d'une langue), mais confirmés par les instruments. Hors même de tout contexte proprement musical, les rythmes poétiques, purs effets vocaux, se transmettent et voyagent sans qu'intervienne nécessairement la nature du langage mis en forme : c'est ainsi que se répandit en chrétienté le *zéjel* arabe, forme

---

13. Suard ; Galmés de Fuentes 1979.

strophique d'origine persane, qui (peut-être par l'intermédiaire du *pizmon* juif) passa dans la poésie liturgique de l'Église latine. Le plus ancien exemple, au nord des Pyrénées, n'est autre que la belle *aube* bilingue dite de Fleury, du Xe siècle. Les premiers troubadours adopteront cette forme, ainsi que les auteurs italiens de *laudi* [14], et les traces qui en subsistent dans les folklores européens témoignent de l'amplitude de cette diffusion. Apparemment la différence des langues n'y fait pas obstacle : c'est de bouche à oreille, dans l'émission et la perception des rythmes et (puisque le *zéjel* comporte obligatoirement rime) des homophonies, que s'est opéré le transfert ou l'emprunt. Quelque bilinguisme, même approximatif, a dû intervenir, en revanche, dans les migrations et la perpétuation, sur de longues durées, de « thèmes » ou motifs narratifs, concrétions d'éléments imaginaires à la fois assez stables, et mal définissables en termes formels. La question à leur propos est celle de leur mode d'intégration au discours commun : à partir de quel degré, et par quel genre de formalisation, linguistique, vocale, gestuelle, le « thème » entre-t-il en poésie, c'est-à-dire devient-il apte à s'identifier — dans la réception — au vécu de l'auditeur ? Les exemples sont innombrables de fragments discursifs voyageant dans l'espace et le temps, et s'immisçant dans les configurations apparemment les plus dissemblables : de l'un à l'autre, se dessine en pointillé non pas une généalogie linéaire, mais un ensemble de relations complexes, concernant de vastes zones de culture traditionnelle, véhiculée par des générations de diseurs. C'est ainsi que dut fonctionner tout ce que le langage courant désigne du nom de « légende » : celle, par exemple, qui dut cheminer dans toute l'Europe du Nord et constitue le noyau aussi bien du *Beowulf* anglo-saxon que de la saga norvégienne de Gretti ; celle, irlandaise, de saint Brandan, le navigateur de l'Autre Monde, dont les versions coururent l'Occident, en plusieurs langues ; celle de Tristan peut-être ; celle du forgeron magicien Wieland, issue de la haute Allemagne, et que l'on retrouve en Scandinavie puis en Grande-Bretagne où s'en empara la dynastie angevine, prétendant, vers 1140, posséder une épée merveilleuse fabriquée par lui : l'auteur du *Roman de Thèbes,* sans doute au courant de cette prétention, attribue à son héros Tydée une arme de même origine...

S'agit-il de poésie linguistiquement réalisée, le nomadisme des textes — au-delà des terroirs où demeure possible quelque intercompréhen-

14. Roncaglia 1977.

sion — exige soit le recours à la traduction, soit l'usage d'une *lingua franca* analogue à celle qu'utilise le commerce international... et dont les premières chansons épiques « franco-vénitiennes » donnent sans doute un exemple. Dans de telles conditions, certains textes « passent », d'autres, non. Les plus mobiles sont les moins formalisés, presque nécessairement narratifs. C'est pourquoi un folklorisme triomphant portait, vers 1900, à voir en tout ensemble narratif supposé « populaire », comme les fabliaux, une masse presque indifférenciée et continue, d'un bout à l'autre de l'Eurasie. On en est, si je puis dire, revenu. Restent certains cas probables, tels le *Lai de l'unicorne* ou celui de *L'oiselet,* dont existent des équivalents japonais [15] : par combien de bouches ont-ils transité ? Parfois, l'on a pu repérer la série des intermédiaires, comme ceux qui, d'une Vie de Bouddha, finirent par tirer en français une histoire de saint Josaphat, très en faveur aux XIIe et XIIIe siècles ! Ce sont là, malgré qu'on en ait, des exceptions. L'extension spatiale des réseaux de parole narrative autour des anciens terroirs carolingiens, romans et germaniques semble avoir rarement dépassé les limites que formaient le monde slave à l'est, et l'*Andalous* arabisé sur leur flanc sud. Les communications ne s'établirent guère avec les pays celtiques qu'au moment où ceux-ci, culturellement et politiquement, s'effondraient, et grâce au truchement du latin ou de l'anglo-normand. En revanche, à l'intérieur des aires romanes ou germaniques, de la Castille aux pays normands ou de la Saxe à l'Islande, se dessinent des mouvements intenses et incessants : Menendez Pidal retraça naguère plusieurs de ceux dont le *Romancero* fut le point de départ ou d'aboutissement [16]; la diffusion des chansons de geste françaises dans l'Italie septentrionale, dès peut-être le XIIe siècle, engendra au XIIIe, dans la région de Venise, le dernier grand essor épique qu'ait connu l'Occident. Les mêmes chansons de geste pénétrèrent dans les royaumes espagnols, et leur trace est sensible dans les poèmes subsistants, non moins que dans la culture locale des terroirs pyrénéens [17]. Divers facteurs purent favoriser ces échanges : l'implantation massive de monastères clunisiens en Castille et en Aragon; le développement du pèlerinage de Compostelle, celui de Rome, le rôle joué par Venise durant les Croisades.

La poésie la plus rigoureusement formalisée répugne davantage au

15. Lecoy; Matsubara.
16. Menendez Pidal 1968, I, p. 301-334.
17. Krauss 1980, p. 5-24; Duhoureau.

franchissement des frontières linguistiques : sans doute ne pourrait-elle migrer hors de son étroit terroir originel si (dans la mesure même de cette formalisation) sa réception ne pouvait s'opérer et engendrer du plaisir en l'absence d'une parfaite compréhension linguistique. La glose l'élimine comme poésie ; la traduction la tue, si elle ne la recrée sur de tout autres bases ; une saisie incomplète des phrases dites peut au contraire n'en altérer qu'à peine les effets. La poésie romane du « grand chant courtois » pénétra en zone germanique par le Limbourg, la Rhénanie, la Suisse, régions linguistiquement frontalières où les individus bilingues devaient ne pas manquer. A la même époque, en Bavière et en Autriche, les premiers *Minnesänger* ne sont encore qu'indirectement touchés par ce modèle [18].

L'espace et le temps comportent parfois des zones étendues de silence où le chercheur, alerté, entend résonner comme l'écho de voix ailleurs entendues : ainsi, le théâtre de marionnettes napolitain et sicilien, attesté depuis le XVIIIe siècle, ou, en partie, le répertoire des poètes populaires du Nord-Est brésilien feraient preuve de la continuité orale de l'épopée carolingienne en aval, sinon en amont, de sa période écrite, et peut-être parallèlement à elle [19]. Les derniers éléments vivants du *Romancero* espagnol, enregistrés jusque vers 1960, éclairent assez le mode d'existence de cette riche poésie pour autoriser diverses extrapolations relatives à la période antérieure (et, dans une certaine mesure, postérieure) aux premières mises par écrit des XVe et XVIe siècles. Cela est particulièrement vrai du vaste ensemble judéo-espagnol, dont Menendez Pidal constitua, entre 1896 et 1957, une collection dont Armistead, Margaretten et Montero ont publié un catalogue-index de plus de mille pages. En Russie, la tradition des ballades paysannes dites *bylines,* dont on a commencé dès le XVIIIe siècle à observer les manifestations et à recueillir des textes, subsistait encore il y a peu dans quelques régions septentrionales écartées. L'ancienneté et l'oralité de la tradition ne fait aucun doute. En 1963 encore, B. A. Rybakov mettait en lumière l'étroitesse du lien historique attachant plusieurs *bylines* héroïques à la personne du prince Vladimir de Kiev, au XIIe siècle. Peu importe l'archéologie du genre : comment se constitua-t-il, où, quand [20] ? Cela seul compte, qu'une langue

18. Sayce, p. 4-5 et 102-103.
19. Pasqualino 1969 ; Pires Ferreira ; Peloso.
20. Picchio ; Bowra (index s.v. *byliny*).

poétique organisée véhicula, sans médiation autre que la voix, sans autre public qu'en performance, sans autre existence que présente, pendant sept ou huit cents ans, les figures stylisées d'Ilia de Murom, d'Alecha Popovitch et de bien d'autres, s'enrichissant peu à peu au cours du temps, sans changer de nature, de nouveaux souvenirs collectifs : d'un Ivan le Terrible à Pierre le Grand, et à Lénine que chantait vers 1930 Marfa Kryukova !

La fixation, par et dans l'écriture, d'une tradition qui fut orale ne met pas nécessairement fin à celle-ci, ni ne la marginalise à coup sûr. Une symbiose peut s'instaurer, au moins une certaine harmonie : l'oral s'écrit, l'écrit se veut une image de l'oral, de toute manière référence est faite à l'autorité d'une voix. C'est d'une coexistence active de cette espèce que témoigne, aux marges de la poésie, la tradition pan-européenne de textes tels que les Dialogues de Salomon et Marculfe. Inversement, le fait qu'une tradition écrite passe au registre oral n'entraîne pas davantage son abaissement ni sa stérilisation. Certes, elle vise dès lors, en règle générale, un public plus large, ce qui peut entraîner sa dépréciation dans l'opinion de quelques-uns. Pourtant, renouvelée, cette tradition reste souvent productive : ainsi, dans tout l'Occident jusqu'au XVIIIe siècle, la poésie des Noëls, dont beaucoup reproduisaient des formes poétiques lettrées, religieuses ou profanes, du XIIIe, XIVe, XVe.

*

Au sein de la tradition jouant ainsi le jeu de mémoire, la voix poétique s'élève — beaucoup plus manifestement, et de manière plus contraignante que ne s'y dessine l'écriture — au lieu même où se recoupent la plupart des codes culturels en vigueur dans le même temps : linguistiques, rituels, moraux, politiques. C'est pourquoi — beaucoup plus fortement que ne le ferait une poésie de lecture — les textes de la poésie d'audition se regroupent dans la conscience de la communauté, dans son imaginaire, dans sa parole, en ensembles discursifs parfois très étendus et dont chaque élément sémantise (selon la chronologie des performances) tous les autres. Alfred Adler l'a montré avec pertinence pour les chansons de geste : ensemble, celles-ci font entendre un discours vaste et divers que se tient sur elle-même la société féodale, posant des questions, suggérant des réponses, offert à tous comme une parole commune, discontinue, en contrepoint des bruits de la rue, des bruits de la vie. Certes. Mais ce n'est pas autrement que fonctionnent toutes les classes de textes qui nous ont été conservées, jusqu'au début du XVIᵉ siècle, sinon du XVIIᵉ : la masse d'une poésie encore intouchée par les tentations intimistes des «littératures» ultérieures... même si, en quelques-unes de ses réalisations, elle semble, innocemment, jouer avec elles. La situation évolua, et rien ici plus qu'ailleurs n'est monolithique : histoire étroitement liée au devenir de l'écriture dans un monde que celle-ci conquiert comme à contrecœur. Jusque vers le XIIᵉ siècle, l'écriture est l'unique véhicule du plus haut savoir ; le pouvoir passe par la voix. A partir des XIIᵉ-XIIIᵉ, le rapport s'inverse : à l'écrit, le pouvoir ; à la voix, la transmission vive du savoir. Mais, au tournant des XVᵉ-XVIᵉ, sinon des XVIᵉ-XVIIᵉ, aucun de ces deux faisceaux de forces et de valeurs n'a encore réussi à éliminer entièrement l'autre. Il ne peut pas ne pas en aller, en cela, de la poésie comme de tous les réseaux de communication constitutifs d'un état de culture.

Pourtant, à l'abri de l'institution scripturaire en formation, subsiste profondément chez l'*écrivain* quelque chose du délire de la voix, désormais en train de s'intérioriser en fantasmes qu'engendre la fascination du mot prononcé et ouï. A propos des chansons de geste (genre exemplaire), S. Nichols montra naguère comment, dans l'énoncé poétique, se crée une tension entre son «moment lyrique» et son «moment narratif» : entre ce qui est rapporté et ce qui formellement le dynamise. Les récurrences de ce discours, la stabilité de ses noyaux formels, aisément reconnaissables par la mémoire collective, comportent des effets de pouvoir spécifiques. Il en résulte une efficacité particulière, dans l'ordre de la persuasion et de l'éveil du désir. On ne saurait mieux dire — à une précision près : le «moment lyrique», que Nichols désigne (métaphoriquement ?) par le mot *chant,* n'a pas toujours d'existence textuelle ; en revanche, toujours il put résulter, dans l'*œuvre* réalisée, du style de la performance, donc, en dernière analyse, des jeux vocaux. Ainsi corrigée, la thèse s'universalise. Le texte auditivement reçu engendre la conscience commune, à la manière dont le langage engendre la société qui le parle : effet d'autant plus fort que ce texte est moins appropriable, moins marqué par un individu concret qui en revendiquerait, comme nous disons, les «droits». Parfois, il est vrai, quelqu'un à quelque méandre de ce discours décline son nom : ce n'est là pas plus qu'un nom, insuffisant à suspendre la règle de l'anonymat. Cet état de choses n'est pas vraiment mis en question avant le XIIIᵉ siècle en Italie, le milieu du XIVᵉ siècle ailleurs ; globalement, il subsistera jusque dans le cours du XVIᵉ.

Par là s'exerce la fonction sociale de l'*œuvre* poétique : liée à l'action

173

de la voix, qui constitue sa raison et son lieu — en pure invention
créatrice. Une partie du recueil d'essais publié en 1977 par H. Scholler
touche à ces questions, relativement à une vingtaine de textes allemands
de tout genre. On constituerait assez aisément une bibliographie à ce
sujet, encore que les auteurs parfois discernent mal l'enjeu de leur
discours. Cet enjeu, c'est l'efficacité sociale du dire poétique, en tant que
présent au sein de la collectivité rassemblée. Les témoignages médiévaux
ne manquent pas totalement. Thomas de Cabham, au passage de son
Penitenciel où il disserte des mérites et démérites des «jongleurs»,
incrimine le pouvoir dont ils disposent du fait de leur art: leur voix, leur
geste, leurs oripeaux interviennent ici autant que le contenu de leurs
discours. La plupart d'entre eux sont condamnables, pour l'excès même de
plaisir qu'ils provoquent ainsi et des actions peccamineuses auxquelles, par
là, ils induisent. A la même époque, le maître français Jean de Grouchy,
dans son *De musica,* décrit les effets produits sur la foule par l'audition des
chansons de geste. Le public de ces chansons, déclare-t-il, n'est qu'un
ramassis de miséreux et de vieillards: trait d'humour? ou, vers 1290,
peut-être l'épopée orale ne s'adressait-elle plus qu'aux gens du commun et
avait-elle perdu sa clientèle première? Certes... encore que les œuvres
d'Adenet le Roi, dans les mêmes années, s'inscrivent en faux contre cette
hypothèse. Peu importe. *Cantus autem iste,* écrit Jean de Grouchy, *debet*
antiquis et civibus laborantibus et mediocribus ministrari, donec requies-
cunt ab opere consueto, ut auditis miseriis et calamitatibus aliorum suas
facilius sustineant et quilibet opus suum alacrius aggrediatur. Et ideo iste
cantus valet ad conservationem totius civitatis («Ce chant est destiné à être
exécuté en présence de vieillards, d'ouvriers et de petites gens au moment
où ils se reposent de leur labeur quotidien, afin que l'audition des malheurs
affrontés par d'autres les aide à supporter les leurs et que chacun d'eux
reprenne ensuite plus alertement sa tâche professionnelle. C'est pourquoi
ce genre de chant est utile au salut de l'État») [21].

Texte, par certains aspects, d'une étonnante modernité! Jean nous dit
- que la matière narrative de ce chant, édifiante, à fortes connotations
religieuses, propose à l'auditeur les modèles de tout héroïsme dans
l'adversité;
- que ces modèles sont ceux mêmes d'une fidélité, jusqu'au dévoue-
ment total, à un ordre que l'on identifie avec la vérité;

21. Faral 1910, p. 67.

- que les destinataires d'élection de ce chant, dans le corps social, sont les travailleurs et les pauvres;
- que l'effet premier produit sur eux par l'audition les incite à supporter patiemment leur sort misérable;
- que l'effet second est de les rendre par là plus productifs dans leur travail;
- qu'en conséquence, le chant de geste est un facteur de stabilité dans l'État.

On repère aisément deux couches de discours. L'une réfère aux valeurs universelles de l'épopée, telles qu'aujourd'hui on peut les tenir pour assurées: la parole épique fonde ou cimente la communauté, dans le temps même qu'elle se prononce et s'entend, engageant la totalité des corps en présence dans cette performance, et résultant, au moins virtuellement, en action collective. Mais une autre couche discursive, dans le texte, manifeste une opinion historiquement conditionnée, et qui pourrait être celle, personnelle, de l'intellectuel citadin qu'était Jean de Grouchy: opinion, nous dirions réactionnaire, fondée sur le rejet de toute contestation. Or, cette duplicité trahit une conviction empirique, que rien ici ne met en question: celle de la puissance, comme telle, du chant public — c'est-à-dire, en deçà même de considérations sur son contenu, l'irrésistible puissance de sa vocalité.

D'où une autre série d'affirmations, à demi sous-entendues.

- Le *cantus gestualis* a sa place marquée dans le temps social: il s'élève durant les heures de vacance et de repos qui interrompent le travail, c'est-à-dire dans les conditions les plus propres à une audition claire et à une écoute attentive; il remplit alors le champ de l'imaginaire et y polarise les impressions, les sentiments, les pensées;
- le volume et la durée du chant dépendent, à chaque audition, de circonstances auxquelles le chanteur adapte son discours: celui-ci, dans certaines limites, implique donc le même type de comportement que toute communication interpersonnelle;
- le lieu et le moyen de cette action complexe, c'est la voix du chanteur, dans la matérialité de son ampleur et de son registre. Il ne me semble pas abusif d'interpréter globalement ainsi la juxtaposition — en soi, étrange —, dans le *De musica,* de ces réflexions sociologiques sur l'épopée et de la description des mélodies.

D'autres formes poétiques que la chanson de geste, un témoin du XIIIe siècle eût-il parlé en d'autres termes? Sans doute pas. Ou les différences en cela auraient simplement reflété la diversité superficielle d'une manière d'être, fondamentalement identique, de la parole poétique. Je prendrai l'exemple le plus éloigné de l'épopée : la *canso* de *fine amour*, telle que la créèrent les troubadours occitans et qu'elle essaima, après 1150, dans les pays français et allemands. Que la *canso* ait été destinée à la performance orale est une simple évidence : son nom même, dont les poètes la désignent depuis le milieu du XIIe siècle, ainsi que la conservation de beaucoup de mélodies mettent ce point hors de contestation. Il est en revanche incertain que la transmission des textes, avant la constitution des « chansonniers » du XIIIe siècle, se soit faite uniquement de bouche à oreille, et que leur conservation ait été confiée à la seule mémoire. Des musicologues comme Van der Werf et Räkel ont soutenu récemment, en se fondant sur l'étude des variantes, que la tradition des mélodies resta sans doute durant plusieurs générations orale, même si, comme il semble, les textes ont été, dès l'origine, souvent mis par écrit, peut-être sous formes de feuilles volantes. Pourtant, le mouvement de la *canso* procède d'une perception à la fois aiguë et obscure d'une sorte d'inconnue, promesse sinon menace cachée, inscrite dans le destin commun du poète et de ses auditeurs : un « quelque chose » intervient entre la voix et le langage, un obstacle interdit leur identification et fait que leur association même ne va pas de soi. Cette perception, le discours de la chanson la narrativise, au moins virtuellement et de façon latente : de là, ce motif de l' « obstacle » érotique, cent fois et sous des appellations diverses désigné par les spécialistes comme la clé thématique de cette poésie. Mais la cause motrice véritable de la *canso,* dès sa genèse, c'est à la fois l'attrait et l'effroi de cette déhiscence, de cette hétérogénéité en nous que manifeste le son de la voix. D'où la quête — inscrite à l'origine du langage même et du chant qui l'épanouit — de ce qu'à propos de Wolfram von Eschenbach on a désigné comme la *recta ratio :* j'entends celle-ci en termes de réconciliation, par-delà toute négativité, de la parole avec l'objet du désir : cette bonne nouvelle qu'à l'écoute déchiffre l'intellect initié.

La *canso* est voix pure, geste sonore émanant des pulsions primordiales ; elle prolonge, en le sémantisant de jour en jour, un cri natal. Le langage, lui, engendre le récit : et sa narrativité exige la constitution d'actants, *je,* l'objet, l'Autre qui parle de nous. Sous les variations de ce schème nucléaire, la tradition de la *canso,* durant près de deux siècles, ne cesse de faire entendre une voix qui tantôt s'émerveille d'elle-même et tantôt s'en effraie : au « lieu géométrique, comme l'écrit Gérard Le Vot, de la musique, de la langue et du récit, unis dans et par l'action physiologique d'un homme qui chante [22] ». Le « grand chant courtois » occupe ainsi, parmi les traditions poétiques de cette époque, une situation non pas exceptionnelle, mais centrale, en ce qu'il est possible de définir par rapport à lui à peu près tous les autres genres attestés : la voix ne cesse en effet de couvrir et de découvrir un sens qu'elle dépasse, submerge, noie, projette et qui parasite sa plus grande puissance.

22. Le Vot 1983 *b*, p. 264-268; Gonfroy, p. 188-190.

8. Diction et harmonies

Formes et niveaux de formalisation. - Les rythmes. - Prose ou vers?

Je recours ici à une distinction que je proposais ailleurs récemment [1], entre les formes *textuelles* d'une œuvre et ses formes *socio-corporelles* : celles, d'une part, que manifestent les séquences linguistiques constituant le texte, et celles, d'autre part, qui apparaissent en performance.

Est « poésie », en effet, ce que le public, lecteurs ou auditeurs, reçoit pour tel, y percevant ou y attribuant une intention non exclusivement référentielle : le *poème* est senti comme la manifestation particulière, en un temps et un lieu donnés, d'un vaste discours qui, globalement, est une métaphore des discours ordinaires tenus au sein du groupe social. Des signaux plus ou moins codifiés le jalonnent ou l'accompagnent, révélant sa nature figurale : ainsi, le chant par rapport au texte de la chanson, ou les circonstances de sa production par rapport au cri de guerre. Ces signaux, généralement cumulés et de diverses espèces, déclarent ensemble que l'énoncé appartient à un ordre autre de parole : parole intense, qui aspire à *représenter* la totalité du réel ; les signaux renvoient, de manière plus ou moins clairement indicative, à quelque antériorité du langage, à un texte dont les mots quotidiens demeurent séparés : la distance, au cours du temps et selon les coutumes ou les lieux, varie ; mais elle est irréductible ; la présence d'une frontière, quoique incessamment remise en cause, est sentie spontanément, en vertu d'un accord social implicite, aux termes, du reste, mobiles et révisables. Le « message poétique » est ainsi toujours langage *en abyme ;* le signal marque un décalage, attire le regard sur un glissement qui se dessine entre des miroirs le prolongeant à l'infini, sous la pénombre. Ce glissement, c'est la *fiction ;* ou plutôt, la fiction, c'est cet état du langage, ce mode fluant d'existence. Elle figure la parole d'Adam nommant les créatures ; mais elle n'en a jamais fini et, aux noms

---

1. Zumthor 1983, p. 79-83.

qu'elle impose, toujours manque une lettre, un son, une preuve d'identité assurée. Aussi n'épuise-t-elle aucun sens, opposée qu'elle est au « réel », comme le désir l'est à la loi. Cette mutation s'opère à un double niveau, selon des modalités variables, propres à chaque société et à chaque moment de l'histoire : au niveau du discours et à celui de l'énonciation. D'où la nécessité de distinguer deux types de signaux : à une signalisation que l'on dira, de façon restrictive, *textuelle,* portant sur la langue, se combine une signalisation *modale,* opérant sur les moyens corporels et physiques de la communication : tout ce qui tient aux graphies, s'il s'agit d'écriture ; à la voix, il s'agit d'oralité.

La conjonction des deux séries engendre l'*œuvre.* Néanmoins, la part respective des signaux textuels et modaux dans sa constitution diffère beaucoup selon que domine en poésie le registre écrit ou le registre vocal. Le *textuel* domine l'écrit ; le *modal,* les arts de la voix. A la limite, l'œuvre orale serait concevable, entièrement *modalisée* mais pas du tout *textualisée.* L'action vocale entraîne un desserrement des contraintes linguistiques ; elle laisse émerger les traces d'un savoir sauvage, émanant de la faculté langagière même, dans la complexité concrète et la chaleur d'une relation interpersonnelle. Le texte oralisé, dans la mesure où, par la voix qui le porte, il engage un corps, répugne plus que le texte écrit à toute perception qui le dissocierait de sa fonction sociale et de la place qu'elle lui confère dans la communauté réelle ; de la tradition dont peut-être il se réclame, explicitement ou de manière implicite ; des circonstances enfin où il se fait entendre. Le texte écrit comporte un double effet de communication différée ; l'un, intrinsèque, dû aux polyvalences engendrées par la formalisation poétique ; l'autre, extrinsèque, provoqué par l'éloignement des temps et des contextes entre le moment où est produit le message et celui où il est reçu. Le poème performé oralement comporte le premier effet, mais, en principe, non le second : en tant qu'oral, il repose sur une fiction au moins d'immédiateté ; en fait, même si l'audition a lieu longtemps après la composition, en tant qu'audition elle ne peut être qu'immédiate. D'où l'autorité spécifique dont est revêtu le texte *performé :* l'écrit nomme ; le dit montre et, par là, prouve.

Les oppositions ainsi dessinées n'ont pas de pertinence absolue. Elles prennent leur force la plus grande si l'on compare une œuvre écrite, destinée à la lecture oculaire, avec la performance d'une œuvre de tradition purement orale. S'agissant d'œuvres à destination vocale, mais qui nous sont parvenues sous forme écrite, force nous est de supposer que les deux ordres de valeurs y sont ensemble investis. En fait, selon que l'inscription fut originaire et la performance, seconde, ou l'inverse, l'imprégnation de l'œuvre par l'un et par l'autre dut fortement différer. Il nous est le plus souvent impossible d'en juger de façon sûre. Il est probable que, dans un genre comme le « roman », la signalisation socio-corporelle était atténuée ; la signalisation textuelle, en revanche, dans beaucoup de contes, probable, sans plus. De toute manière, toutes deux importent, en toute œuvre. D'où, pour le médiéviste, lecteur de ces textes, une impression fréquente d'impersonnalité, sinon d'abstraction, le contraire même, on peut le croire, de l'impression ressentie par les auditeurs du XIIᵉ ou XIIIᵉ siècle. Ainsi de la plupart des chansons de trouvères...

*

Le *texte* poétique médiéval, quel que soit son mode de production et sa destination ultime, use d'une langue identique : mêmes structures gramm-aticales, mêmes règles syntaxiques, même vocabulaire de base. Les tendances particulières qui, à toute époque, se dessinent dans le discours poétique n'entraînent que de faibles variations : l'une, engendrant des œuvres qui font plus fortement référence à l'objet d'une représentation ; l'autre, au système esthétique auquel le texte se range. La question qui se pose au médiéviste est donc plutôt celle d'un *style :* j'entends par ce terme, très précisément, l'ensemble des signaux poétiques, au sens défini ci-dessus. Lorsque la vocalité d'un texte s'inscrit dans son dessein initial, un trait général caractérise son style. En fait, ce trait demeure commun à la quasi-totalité des textes antérieurs au XVᵉ siècle, à beaucoup d'autres encore au-delà de 1400. Il se manifeste, de manière diverse et plus ou moins dense, à travers l'arrangement (consécution et combinaison) des structures d'énoncé : on le définirait à l'aide de termes tels que disconti-nuité et fragmentarité.

Transmis vocalement, le texte (lors même qu'il posséderait, comme tel, une compacité extrême) se fragmentarise. Certes, il y a peu d'années, l'opinion courait que tout texte, en lui-même, est fragmentaire, en vertu de l'inachèvement d'une Écriture qui le traverse sans s'y arrêter ; en vertu de la tension instaurée entre cette motion infinie et les limites du dis-cours... Ces caractères se retrouvent dans le texte oralisé, qui ne peut, séquence linguistique organisée, foncièrement différer de l'écrit. Mais le linguistique n'est que l'un de ses plans de réalisation, et c'est de la combinaison de plusieurs plans que provient une fragmentarité spécifique. La tension, en effet, à partir de laquelle le poème oral est constitué se dessine entre la parole et la voix, et procède d'une quasi-contradiction entre leurs finalités respectives ; entre la finitude des formes de discours et l'infinité de la mémoire ; entre l'abstraction du langage et la spatialité du corps. C'est pourquoi le texte oral n'est jamais saturé : ne remplit jamais tout à fait son espace sémantique. C'est pourquoi aussi le discours s'y constitue traditionnellement, jusqu'au XVe siècle, selon des rythmes où résonnent les entrechocs d'un pluriloge vocal : ruptures de style et de ton, hétérogénéités syntaxiques, incessante expérimentation verbale ; en même temps, s'affirme la volonté d'enseigner et de convaincre, de traverser le vécu puis d'y faire retour, circulairement, enrichi des significations glanées par-delà : poésie foncièrement oratoire, déployée sur la place publique comme un théâtre.

La fragmentarité réduit idéalement le discours à une succession d'aphorismes (comme, bien souvent, dans le « grand chant courtois ») ou à une rhapsodie, parfois déclarée (comme dans le *Tristan* de Béroul), parfois rhétoriquement camouflée. Par-delà ces ruptures, ces disjonctions apparentes ou réelles, le texte s'apprête à entrer en performance, à s'intégrer au mouvement d'un corps en sa vérité vécue, à l'abri de toute séquestration rationnelle. Cette fragmentarité essentielle du texte médiéval implique moins le morcellement iconoclaste d'une image et le refus programmatique d'une totalité (comme on en a connu à une époque proche de nous) qu'une multiplicité dynamique, la simultanéité de mouvements divers, et non nécessairement convergents. De plus, au sein de la tradition à laquelle elle ne peut pas ne point être référée, la performance se découpe comme une discontinuité dans le continu : fragmentation « historique », dont l'effet apparaît avec d'autant plus d'évidence que la tradition est plus longue, plus explicite et embrasse des éléments mieux diversifiés : ainsi, dans l'économie des *cycles* de légendes, d'épopées, de contes, de chansons, super-unités virtuelles dont le propre est de ne jamais s'actualiser dans leur ensemble. Un cycle à son tour, totalité elle aussi virtuelle et provisoire, n'est que fragment d'une totalité autre, à constituer où, quand, comment ? S'agit-il de romans, tels *Éracle*, *Énéas* ou ceux du roi Arthur, fruits d'une vaste opération collective de redécouverte et de récupération de l'histoire, le rapport entre l'œuvre et son pré-texte est le même. On étudierait avec fruit, je le pense, dans cette perspective, la formation, la diffusion aux XIIIe, XIVe, XVe siècles à travers l'Occident, puis le déclin des grands cycles romanesques centrés sur le Graal et la Table Ronde, Tristan, ou Dietrich von Bern, jusqu'aux synthèses universalisantes d'un David Aubert en Bourgogne, d'un Kaspar von der Rhön en Allemagne, aux versions ibériques des *Grandes Conquêtes de Charlemagne,* bientôt promues référence ultime et justificatrice de dizaines de «livres populaires» des deux côtés de l'Atlantique. Menendez Pidal déjà définissait ainsi ce qu'il nommait le *fragmentarismo* du *Romancero,* entendant l'apparent inachèvement de chaque texte considéré en soi ; C. Bowra, de son côté, voyait là un caractère universel de l'«épopée» [2]. Mais ce dont il s'agit, c'est — plus radicalement — d'une «indétermination textuelle», comme s'exprime B. Tritsmans, conférant un statut au discontinu, organisant l'inintégrable.

Cette ingérence du corporel dans le grammatical rend compte d'un autre caractère remarquable, commun à un grand nombre d'œuvres médiévales : leur absence d'*unité,* dans le sens qu'une tradition classique nous ferait donner à ce mot. Combien d'hypothèses relatives à des pertes, interpolations, remaniements supposés provinrent simplement de la répugnance éprouvée par des philologues lettrés envers ce que nos textes ont de multiple, bariolé, parfois divers jusqu'au contradictoire ? Tout cela sourd de l'intérieur, de l'appel initial d'une voix, au détriment d'une cohérence externe, définissable en proportion de parties — et interne... dans la mesure où nous ressentons celle-ci comme une irrésistible convergence fonctionnelle. Rares sont les textes un peu longs, avant le XVIe siècle, qui ne manquent de l'une ou de l'autre, souvent des deux. Un certain flou estompe les frontières textuelles ; l'examen des traditions manuscrites permettrait de ranger les textes en deux classes, selon que du moins un certain ordre des parties, senti comme utile sinon nécessaire, demeure relativement stable ou que, au contraire, l'autonomie des parties permet d'en proposer sans dommage un ordre nouveau, de les additionner, les transférer, les supprimer sans nuire à la force d'impact du texte. Ces deux classes, souvent, interfèrent. Ce qui importe ici, c'est que les traits ainsi relevés proviennent d'une exigence étrangère à ce que, Modernes, nous avons coutume de percevoir ou de requérir. C'est en performance en effet que se fixe, pour le temps d'une audition, le point d'intégration de tous les éléments qui constituent l'«œuvre» ; que se crée et se recrée sa seule

2. Menendez Pidal 1968, I, p. 70-75 ; Bowra, p. 302-303 et 326-329.

unité vécue : l'unité de *cette* présence, manifestée par le son de *cette* voix. D'où ce qui, à la lecture des textes, nous apparaît bévue, retour inutile, annonce sans objet. «Où ai-je donc la tête?» se demande Gottfried von Strassburg aux vers 5227-5232 de son *Tristan :* il avait oublié de présenter un personnage! Et tant d'auteurs : «Pourquoi tarder davantage?», «A quoi bon m'étendre?» et autres clichés entrés, certes, dans la rhétorique narrative dès le XIIᵉ siècle, mais qui ne peuvent avoir d'efficacité — et remplir leur fonction dans l'ordre de la composition — que portés par la voix et soulignés ou commentés par le geste. C'est ainsi que, dans *Éracle,* Gautier d'Arras parsème son texte d'annonces, à la manière d'un conteur soucieux de maintenir l'attention tout en faisant valoir la continuité de sa matière. Trois interventions de ce genre, de longueur régulièrement décroissante (27, 15 puis 9 vers) piquettent le récit à intervalles de dimensions comparables (entre 2 800 et 2 200 vers) :

- v. 87-113, aussitôt après la dédicace, Gautier fournit un résumé des parties du roman concernant Éracle, mais ne dit pas un mot du personnage d'Atanaïs, pourtant important ; il entend donc préciser — et fixer dans l'esprit des auditeurs — la nature de son thème général, par rapport auquel tout ce qui surviendra d'autre sera amplification, ornement, détour ;

- v. 2856-2914, après le mariage impérial, Gautier résume les épisodes précédents depuis le début du roman. Suit l'annonce de ce qui va venir : l'adultère et la séparation, puis l'ascension sociale d'Éracle et la conquête de la Croix. Tout le passage constitue une stase dans la narration, à peu de distance (environ 300 vers, soit douze à treize minutes de parole) de son milieu ;

- enfin, v. 5110-5118, est annoncée pour la troisième fois, immédiatement avant que n'en commence le récit, la conquête de la Croix.

La plupart des récits, en toute langue, comportent des traits de cette nature. La *Chanson de Roland,* dans les textes d'Oxford et de Châteauroux, est découpée en trois tronçons par la répétition, à deux reprises, d'un vers initial à valeur de refrain : les dimensions de ces tronçons, assez différentes du reste dans les deux manuscrits, pourraient correspondre, a-t-on supposé, aux durées des trois séances nécessaires à la performance du poème[3]. Dans *Éracle,* encore, où la narration sans cesse se fuit elle-même, s'éparpille en détails, en jeux puis soudain en envolées

---

3. Buschinger 1983, p. 97-98.

savamment soutenues, Gautier ne manque pas de mettre en valeur cette
fragmentation du récit, au moyen d'une formule quatre fois répétée :

- v. 114 :   *Hui mais voel m'oevre commenchier ;*
- v. 2746 :   *Huimais commencera li contes ;*
- v. 5092 :   *Si vos dirons d'Eracle huimais ;*
- v. 5110-5111 : *Bon me serait huimais a dire*
            coment fu puis et rois et sire

(« Désormais je vais commencer mon œuvre ; / Désormais commencera le
conte ; / Nous parlerons d'Éracle désormais ; / Il serait bon désormais que
je dise / comment il devint roi et maître. ») La dernière est une simple
réitération de la troisième, ou celle-ci une annonce de celle-là. L'interprétation n'en fait pas moins, apparemment, difficulté. Le vers 2746
impliquerait que ce qui le précède constitue une introduction, une vaste
digressio préliminaire occupant 42 % de la durée totale du récit ; à partir
de là, restent 3 842 vers pour aller à la fin du roman ; encore les vers 5092
puis 5110 les coupent-ils en deux. Mais de telles approximations, gênan-
tes pour un lecteur solitaire et exigeant, passent inaperçues en performance ou même, soulignées par le jeu de l'interprète, y procurent quelque
surplus de sens.

Un autre facteur joue en faveur de cette fragmentarisation : la force
même des traditions thématiques et formelles, au niveau desquelles (plus
qu'à celui de l'œuvre particulière) se constitue la seule véritable unité
supra-segmentale, perçue comme telle et à quoi toute parole fait retour.
C'est pourquoi la forme oralement réalisable demeure d'ordre désidéral :
ce que Max Lüthi, à propos des contes, nomme *Zielform*, forme finali-
sante et idéale, çà et là réalisée, mais non dans l'œuvre entière — laquelle, comme telle, ne peut constituer une totalité. Cette notion s'applique de manière évidente à la poésie chantée des XIᵉ, XIIᵉ, XIIIᵉ siècles ;
mais, de façon plus complexe, aussi bien à l'ouvrage composé par écrit,
comme un roman, au moment qu'une récitation à voix haute, devant un
auditoire, lui confère sinon sa seule, du moins une autre existence,
définitive en cela que socialisée, conformément à une intention originelle.
Seuls le son et la présence, le jeu vocal et la mimique réalisent ce qui fut
écrit. Quelle qu'elle soit, la performance ainsi propose à l'auditeur un
texte qui, pendant qu'elle le fait exister, ne peut comporter ni grattages ni
repentirs : un long travail écrit l'aurait-il préparé qu'il n'aurait, en tant
qu'oral, pas de brouillon. L'art poétique consiste pour l'interprète à
assumer cette instantanéité, à l'intégrer dans la forme de son discours.

D'où la nécessité d'une éloquence particulière, d'une aisance de diction et de phrase, d'une puissance de suggestion, d'une prédominance générale des rythmes. L'auditeur suit le fil; aucun retour n'est possible : le message doit porter (quel que soit l'effet recherché) au premier coup. Dans le cadre tracé par de telles contraintes, la langue tend à une transparence moins du sens que de son être propre de langage, hors de toute ordonnance scriptible. C'est la voix et le geste qui procurent une vérité; ce sont eux qui persuadent. Les phrases successives débitées par la voix, et que semble unir leur seule connexité, entrent progressivement, au fil de l'audition, en rapports mutuels de cohésion. La cohérence ultime, qui *fait* l'œuvre, est un don du corps. A l'heure où, en performance, le texte composé par écrit devient voix, une mutation globale l'affecte et, aussi longtemps que se poursuit l'audition et que dure cette présence, en modifie la nature. Au-delà des objets et des sens auxquels il réfère, le discours vocal renvoie à de l'innommable : cette parole n'est pas la simple exécutrice de la langue, qu'elle n'entérine jamais pleinement, qu'elle enfreint, de toute sa corporéité, pour notre imprévisible plaisir.

C'est ainsi qu'intervient la voix dans et sur le texte, comme dans et sur une matière semi-formalisée, dont façonner un objet mouvant, mais fini. La parole poétique ainsi *formée* ne peut être saisie — et, s'il y a lieu, analysée — qu'en discours. Au milieu du XVe siècle encore, les vers de Villon exalteront ce modèle, peu avant que l'étouffent sinon Gutenberg, du moins les épigones de Pétrarque : vertigineuse litanie de huitains d'octosyllabes au rythme rapide mais soutenu en amples inspirations successives, au mépris des traditions rhétoriques non autrement décomposables par le critique qu'en unités de souffle, et où un petit nombre de thèmes récurrents s'enchevêtrent avec leurs motifs amplificatoires, liés les uns aux autres par association d'idée ou de mot, de son, de rime, exploitant, jusqu'à l'extrême usure et au retournement grotesque, des thèmes depuis des siècles clichés. Monologue aux limites de la démence, dont il importe peu de connaître l'improbable auteur, tant le timbre et la sensualité de cette voix sont présentes. Peu importe en cela que le mode de l'énonciation, les règles performancielles soient probablement codifiées, en certains secteurs (on peut le supposer), avec quelque rigueur. Certes, ces codifications, non moins que celles du langage, s'interposent comme un écran entre ce que me dit l'interprète et le fond affectif et imaginaire le plus irrationnel de son *ego*. Mais cet écran, en dépit de toutes les idéologies, reste d'une extrême fragilité, un rien le perce : le ton d'une voix suffit, émanation de ce fond-là. La voix porte à ma connaissance, en le «représentant» (au sens scénique du mot), le discours que tient cette poésie. D'où un dédoublement : ce discours à la fois se fait récit et, par le son même de la voix qui l'énonce, commentaire de ce récit ; narration et glose, ensemble intérieures à l'œuvre, pourtant autonomes et chacune menant son jeu. Du rapport que l'auditeur perçoit entre elles provient une véridicité particulière, requête de confiance et de participation. Sur les lèvres de l'interprète, ce que le langage courant nomme la *diction* constitue une rhétorique de la voix, manière pour le diseur de «placer» la poésie autant que de *se* placer, au cœur de la communauté de ceux qui l'écoutent.

*

En tant que vocale, la performance met en valeur tout ce qui, du langage, ne sert pas directement à l'information : ces 80 %, selon certains, des éléments du message, destinés à définir et redéfinir la situation de communication. D'où une tendance de la voix à franchir les limites du langage, à s'épanouir dans l'inarticulé : généralement réprimée par la coutume, cette tendance triomphe dans les formes les plus libres du chant. La technique consistant à intégrer au texte poétique de pures vocalises se maintint durant des siècles, jusqu'au début du XVIe, et se prolongea dans la chanson dite populaire. Les manuscrits anthologiques qui nous ont conservé la poésie chantée des XIIe, XIIIe et XIVe siècles foisonnent d'exemples : la phrase, les mots s'estompent en suggestions sonores, se défont en pures figures de son cumulatives. Mais la tendance est beaucoup plus générale, et il est peu de genres poétiques où l'on ne relève les traces d'une plaisante désarticulation de la langue : au cours du déroulement textuel surgit une suite absurde de syntagmes juxtaposés sans relation grammaticale ni sémantique ; ou bien, une accumulation litanique de mots isolés, sans contexte, une quantité de noms propres apostrophés hors phrase ou empilés en concaténations vertigineuses de phonèmes ; des mots grecs ou hébraïques, comme tels incompréhensibles et réduits à leur seule sonorité (ainsi, le *kyrie eleison* récurrent de tel chanson satirique allemande) [4], des monosyllabes ambigus, interprétables à la fois comme mots signifiants ou comme interjections, onomatopées, cris. A la limite,

---

4. Salmen, p. 63.

une série sonore sans aucun rapport avec le code linguistique vient expressivement parasiter l'énoncé. Ce dernier procédé fut mis en valeur par les nombreux poètes qui, au XIIIe siècle, spécialement en France et en Allemagne, l'utilisèrent en refrains de leurs chansons, latines (comme les Goliards) ou de langue vulgaire :

> *Mandaliet, Mandaliet*
> *Min geselle chomet niet*

(«*Mandaliet, Mandaliet,* mon ami ne vient pas») ;

> *Ne me mori facias*
> *hyria hyrie*
> *nazaza trillirivos*

(« Ne me fais pas mourir, *hyria hyrie, nazaza trillirivos* » [5]).

Chansons et rondeaux de ce type se comptent par dizaines, sinon par centaines ; et je penche à interpréter en ce sens les effets de «bilinguisme», jeux de décrochage, sinon de dérapage, de l'un à l'autre de deux registres linguistiques, si fréquents, dès l'époque carolingienne et jusque chez les grands rhétoriqueurs. L'effet ainsi produit était d'autant plus fort que sonnait mieux la voix : dans l'entre-deux des langues, non sans figure d'*ironie* confrontées, s'immisce le désir de se dégager des liens de la langue naturelle, s'évader au-devant d'une plénitude qui ne serait plus que pure présence. Peut-être les élans de ce désir, propre au texte à vocation orale, sont-ils amplifiés par la situation qu'il occupe jusqu'au XIVe siècle dans la mémoire collective : non isolé, non séparé de l'action, mais fonctionnalisé comme jeu, au même titre que les jeux du corps dont il participe réellement. N'est-ce pas à ce titre que, comme tout jeu, il procure un plaisir provenant de la répétition et des ressemblances ? Comme tout jeu, ce texte vocalisé devient art au sein d'un lieu émotionnel manifesté en performance, et d'où procède et où tend la totalité des énergies constituant l'œuvre vive. C'est là, en partie, un lieu qualitatif, zone opératoire de la «fonction fantasmatique», selon l'expression de Gilbert Durand. Mais c'est aussi un lieu concret, topographiquement définissable, où la parole en se déployant capte un temps si fugace qu'elle confie à cet espace même le soin d'ordonner le discours. Nul doute à mes

5. Sayce, p. 241-243.

yeux que telle ne soit la cause principale d'un caractère frappant, et souvent relevé, de nos textes : leur commune inaptitude à verbaliser les descriptions d'êtres ou d'objets autrement que par cumul qualificatif sans perspective.

Il n'est pas question de représentation ou de refus de la représentation, mais de présence. Et toute présence provoque, avec l'absence qui la précéda, une rupture engendrant un rythme. Ce n'est pas fortuitement que tant d'interventions d'auteur, de boniments introductifs, de dédicaces, louant en quelque manière le texte offert à l'audition, emploient des termes renvoyant (non sans ambiguïté parfois) à un mode de diction, à la mesure qui soutient et contient la voix : *compassé, aüné, drescié* et autres termes qualifiant ce qui est proposé à l'oreille. Par ses modulations autant que par sa récurrence, la voix poétique engendre un rythme particulier dans la durée collective et dans l'histoire des individus. Elle fournit au temps, par les effets de retour et de suspension qu'elle y produit, une mesure comparable au « temps de l'Église » (selon la formule de J. Le Goff), d'où ses connotations sacrales ; directement articulée, dans une perspective universelle, sur la *musica* des cycles cosmiques. La tradition boécienne, revigorée au début du XIIe siècle, conçoit la « musique » comme une catégorie transcendante, que manifeste l'harmonie des rythmes créés et les proportions, ainsi devenues sensibles, des nombres. Or, l'« harmonie » est concrète : elle provient du mouvement des choses visibles, du corps même de l'homme (dont les pulsations battent la mesure fondamentale de tout) [6], et de la « consonance » des sons, *motus* et *modulationes*. C'est là que réside la beauté du monde, dont le propre est d'émouvoir au moyen de perceptions sensorielles, enseigne Hugues de Saint-Victor, évoquant avec le plaisir de l'œil ceux de l'oreille, de l'odorat, des saveurs, de la tendresse du toucher, mais d'abord la *jocunditas,* l'« allégresse » des sonorités mélodieuses. L'ouïe semble privilégiée dans la pensée de ces doctes. Rodolphe de Saint-Trond, vers 1100, définit globalement *harmonia* comme l'accord des voix ; pour Guido d'Arezzo, un chanteur « dit » ce que la *musica* « compose », c'est-à-dire qu'il manifeste le rythme de l'univers [7].

Toute voix ainsi « modulée » entre dans l'ordre non (pour reprendre une distinction remontant à Boèce) du *cantus* proprement dit, mais dans celui

6. Siraisi.
7. Bruyne, p. 116-127.

de la *musica*. Ce qui, en sa fonction poétique, lui importe, c'est l'harmonie d'un accord entre l'intention formalisante qu'elle manifeste et une autre intention, moins nette, diffuse dans l'existence sociale du groupe auditeur : cette harmonie se révèle dans le mouvement mesuré imprimé à la matière sonore et, par là, aux émotions suscitées en ceux qui la perçoivent. La tradition issue de Boèce détermina toute réflexion sur la poésie. E. de Bruyne a pu parler, en ce sens, d'une « esthétique musicale ». Principe métaphysique en action, rassemblant et structurant les éléments du réel et du langage, la *musica* s'inscrit dans le rapport mutuel des sphères célestes, des cohortes angéliques et des créatures sublunaires. A la voix poétique d'expliciter, par sa pratique, cette relation profonde. On pourrait emblématiquement référer à ce propos à la version latine de la *Séquence d'Eulalie*, vénérable ancêtre, dont les premières clausules constituent un éloge des cadences bien maîtrisées du chant, et une exhortation à les reproduire : un vocabulaire, dont les allitérations soulignent la volontaire redondance, occupe densément ces huit lignes, évoquant l'objet sonore du chant — *canticum, carmen, melodiam, melos* —, l'action du chanteur — *concinere, clangere, canere* —, sa voix — *vox, voces* —, l'instrument qui l'accompagne — *cithara, fides* —, l'impression produite sur l'oreille — *suavissona*... Le moine du IXᵉ siècle s'exprime ici, dans un registre allusif, en termes proches de ceux, plus descriptifs, qu'emploiera au XIᵉ l'auteur occitan de la *Chanson de sainte Foy*. La voix, en effet, avant toute éducation et tout artifice, seule est *mesurée* parmi les sons de la nature : par le corps dont elle émane, par le langage qu'elle prononce, par le chant où elle s'épanouit. Elle constitue ainsi le lieu central des relations harmoniques, harmonieuses. A la fin du XIVᵉ siècle, Eustache Deschamps, dans son *Art de dictier,* distinguera encore, de la « musique artificielle » des instruments, la « musique naturelle » du parlé poétique.

Dans l'usage courant des poètes et de leurs interprètes, c'est à cet ensemble complexe de sentiments et d'idées que renvoie le mot *rime,* fréquent sur leurs lèvres ou sous le calame, dès qu'il s'agit de louer leur ouvrage : la « vraie rime » s'y trouve (r)établie, il est « rimé par grande maîtrise » et autres expressions clichées. Or, *rime* conservait, de son origine (le grec latinisé *rhythmus*), l'idée dominante de cadence [8]. Les sources latines, entre le Xᵉ et le XVᵉ siècle, témoignent du même intérêt

---

8. Zumthor 1975, p. 125-143.

continu pour les questions de cet ordre : théoriciens de la musique, mais aussi rhétoriciens s'interrogeant sur la *pronunciatio,* grammairiens pour qui le passage de la métrique antique à un système accentuel faisait problème. Une tradition remontant au Ve siècle définissait *rhythmus* comme *numerosa scansio ad judicium aurium examinata* («scansion nombrée selon le jugement de l'oreille»)[9], et *numerus* en devint l'équivalent latin le plus général, *rhythmus* tendant à désigner plus spécialement ce que nous appelons un *vers,* harmonie sensible résultant d'un certain arrangement du langage. *Numerus,* pour sa part, signifie moins «nombre» qu'«ordre, suite ordonnée». Le *Trésor* de Brunet Latin, au XIIIe siècle, livre III, chapitre X, l'explique clairement en français. Certains lettrés semblent avoir été conscients de toucher là l'essence de la poésie ; et les aveux que (parfois par prétérition) ils nous livrent à ce propos reflètent sans doute l'intuition des praticiens. Evrard l'Allemand, au XIIIe siècle, énumère aux vers 687-734 de son *Laborintus* les divers arrangements de rimes (bissyllabiques : il ne semble pas en souhaiter d'autres) qu'il recommande en latin. Il range ses exemples en cinq séries de dimensions égales, qu'introduit cinq fois un vers-refrain référant à l'art musical : *Carmina quae tali sunt modulanda modo* («des poèmes qu'il convient de moduler ainsi»). Même insistance aux vers 735-744, proposant des combinaisons lexicales (dénommées *mariages*) dont la plupart comportent des figures de répétition : *sic modulare,* «module ainsi...» ; et de nouveau, v. 775-816, en tête d'une autre suite d'exemples réunissant rimes bissyllabiques, allitérations, parallélismes grammaticaux, réduplications lexicales : *carmina sunt variis sic modulanda modis* («les poèmes doivent être modulés de ces diverses manières»). Concluant, v. 991-1005, Evrard disserte de la nature du Nombre, dont la présence en poésie se manifeste d'une triple manière : par le découpage des unités sémantiques *(membrum),* par la nature de la syllabe, et par la «ressemblance finale», l'*homoioteleuton* des Grecs, notre *rime,* impliquant ainsi au terme de cette gradation quelque idée d'accomplissement. La rime, ajoute en effet ici le texte, est *melica vox, cujus mel pluit auri* («voix mélodieuse, dont la douceur comble l'oreille»)[10]. Dante, au livre II, IX du *De vulgari eloquentia,* tout en louant l'effet de la rime, l'écarte sèchement de sa réflexion : il concentre celle-ci sur l'art de la *cantio,* œuvre commune de

9. Lote, p. 30.
10. Faral 1924, p. 361-370.

l'intellect et du désir, alors que la rime constitue l'art, différent, des sons. Un traité du Xe siècle parlait de *canendi aequitas* («l'équilibre du chant») [11] : connotation permanente de ce vocabulaire, référant en dernière analyse à l'action vocale. Certes, l'imprécision des documents, mal dégagés d'une terminologie anachronique, le flottement des propositions qu'ils nous transmettent laissent place à bien des doutes. Mais ces caractères sont liés à la notion qualitative du temps qui prévaut jusqu'au XIIIe siècle : temps multiple, vécu, intériorisé, auquel ne se substituera qu'aux alentours de 1300 un temps quantitatif, réglé par les horloges, le «temps des marchands» de J. Le Goff. Or, vers 1300, se dessine déjà clairement, à l'horizon des sociétés occidentales, le déclin de la puissance vocale et la montée d'une écriture hégémonique. Cependant, en poésie, se multiplient les formes fortement cadencées, les genres à refrains... tandis que s'accentue et se perfectionne l'aspect oratoire de la prose d'art, ainsi proposée au jeu de la voix.

*

Les effets rythmiques embrassent toutes les structures de discours : aussi bien la versification que la distribution des unités narratives, la déclamation musicale que son accompagnement gestuel. Reprenant très librement la terminologie de M. Jousse, je distingue trois plans de réalisation : celui de la constitution d'ensembles *(globalisation),* celui de la figuration *(intensité)* et celui où se définissent la hauteur et le timbre *(vocalité).* Chacun de ces plans concerne, d'une manière générale, le corps : la *globalisation,* dans la mesure, inégale, où elle intègre figuration et vocalité ; l'intensité nécessairement, par le jeu des accents, verbal et gestuel ; quant à la vocalité, elle résulte des seules sonorités que produit la gorge.

La *globalisation* rend compte d'une curieuse distribution des durées formelles dans l'ensemble de la poésie médiévale. Je l'observais dès 1972 à propos des genres narratifs [12], mais la remarque est plus généralement valable et de façon de plus en plus nette à mesure que l'on approche de 1500. J'attire ainsi l'attention sur le contraste existant entre formes brèves (parfois très brèves) et formes longues (parfois très longues), contraste

11. Lote, p. 63.
12. Zumthor 1972, p. 399.

que rien n'atténue, les grandeurs médianes ne se rencontrant presque jamais. Il en résulte un curieux effet global de rythme, sans doute ressenti par les contemporains, de performance en performance, comme propre à la parole poétique en tant que telle. On peut supposer que les formes brèves dessinaient collectivement le contrepoint des formes longues. Peut-être engageaient-elles en performance des effets corporels plus voyants? Il me paraît peu contestable que les plus resserrées de ces formes relèvent en quelque mesure du «formulisme» de cet art. Je reviendrai sur ce trait. Mais c'est sur les plans de l'*intensité* et de la *vocalité* que les rythmes apparaissent avec le plus d'évidence sensorielle.

Le terme d'*intensité* réfère ici à la mise en forme — la mise en «figure» — textuelle. Il englobe nos idées banales de *prose* et de *vers*, mais le concept qu'il implique en neutralise l'apparente opposition. Notre *vers* et notre *prose* ne sont plus, au mieux, que les termes extrêmes d'une échelle idéale, alors que tout discours poétique se situe dans l'espace médian, à un degré quelconque selon sa conformité à quelque modèle rythmique explicite préexistant. Deux techniques d'expression, usitées dans tout l'Occident pendant plusieurs siècles, manifestent historiquement cette équivocité: le *cursus* et la «séquence».

Le *cursus* n'est autre qu'un usage quasi musical du langage non métrifié — ce que nous nommons la *prose*. L'idée y préside — selon Albéric du Mont-Cassin au XIe siècle, Hugues de Bologne au XIIe, Ludolf de Hildesheim au XIIIe, d'autres encore — que le mouvement de la voix, dans l'expression juste et belle, se modèle sur celui de la pensée et le modèle à son tour: *dictator corde et ore dicenda volvit et revolvit* («le producteur du texte tourne et retourne de cœur et de bouche son message»), selon la formule aphoristique de Conrad de Mure vers 1275 [13]. Une doctrine s'élabora sur cette base; des règles se constituèrent, relatives à l'harmonie de la période et, surtout, aux clausules assurant à celle-ci une chute plaisante: elles portent à la fois sur l'arrangement des membres de phrase, le nombre des syllabes et la distribution des accents — c'est-à-dire, pour l'essentiel, sur les mêmes éléments linguistiques que mettait, beaucoup plus rigidement, en forme la versification romane, puis germanique.

Les origines du *cursus* remontaient au Ier siècle de notre ère; sa vogue avait été grande, chez les écrivains païens et chrétiens, entre le IIIe et le

13. Bruyne, p. 18-20; Haskins, p. 141-145.

VIe. Initialement fondé sur les oppositions de syllabes longues et brèves, il se transforma peu à peu, en même temps que triomphait dans la prononciation latine l'accent d'intensité, en un art des cadences. La secrétairerie pontificale en retrouva au XIe siècle le secret, et dès lors (sans doute favorisé par l'extension de la puissance papale) le *cursus* demeura pour trois cents ans la loi de la «prose» d'art, spécialement épistolaire. La plupart des auteurs d'*Artes dictaminis* ou de traités de rhétorique en dissertent depuis qu'au début du XIIe siècle il a reçu sa définition canonique et s'est standardisé selon les trois schèmes rythmiques dits *planus* («ordinaire»), *tardus* («lent») et *velox* («rapide»). Au XIIIe, la Cour impériale rivalise avec celle de Rome : c'est sous l'ornement de toutes les subtilités du *cursus* que s'échangent les insultes entre Frédéric II et son pontifical adversaire, spécialement au temps du secrétariat de Pier della Vigna. Les chancelleries urbaines adoptent ce style, qui se répand dans les compositions liturgiques, homilétiques — voire sporadiquement chez Thomas d'Aquin et saint Bonaventure... Environ 1300, l'élan retombe. On a relevé des traces de *cursus* dans la prose latine de Dante, de Boccace encore. Dans l'usage de la curie même, le *cursus* disparaît progressivement au XIVe siècle, chassé de la pratique des premiers humanistes par l'éloquence cicéronienne renaissante.

Parmi les langues vulgaires, la seule dont on se soit demandé si elle avait adopté les règles du *cursus* est la plus anciennement écrite de toutes celles de l'Occident : l'anglo-saxon. Il semble, en dépit des mises au point de S. Kuhn, que le traducteur de l'*Historia* de Bède (le roi Alfred peut-être), vers 900, se soit appliqué à en suivre la norme, ainsi qu'Aelfric, un siècle plus tard, dans ses Vies de saints. Des auteurs de langue romane n'en firent que tardivement et isolément l'essai : ainsi, Boccace, çà et là dans le *Décaméron*. En français, il faut attendre le milieu du XVe siècle pour rencontrer une technique rythmique hautement élaborée de la prose. Le rhétoriqueur bourguignon Jean Molinet la porta sans doute à son point extrême : réinventant, avec une parfaite maîtrise, les procédés cadenciels du *cursus,* alors tombé en désuétude, il impose à la langue une double mesure vocale, fondée sur le nombre des syllabes et le jeu des accents. Il combine cette technique avec l'usage de la figure d'*homoioteleuton,* identité phonique des fins de groupes syntaxiques.

L'ensemble de cette évolution infirme l'idée répandue chez les médiévistes, spécialement germanistes, il y a trente ou quarante ans : l'avènement d'une prose «littéraire» de langue vulgaire, au début du XIIIe siècle, marquerait le passage de l'audition à la lecture — cette dernière entendue au sens que définit notre pratique moderne [14]. Thèse difficilement soutenable : la prose ne se substitue pas, vers 1200, au vers dans l'usage ; elle le double — et sans doute le concurrence — pendant plusieurs siècles encore. Lorsqu'un grammairien latinisant comme Alexandre de Villedieu, en 1199, écrit en vers classiques son *Doctrinale,* ou Jean-Josse de Marville, en 1322, son *De modis significandi,* cet exercice ne prend sens que dans la glose orale que sa fonction est de provoquer. Une opinion simpliste, encore courante il y a peu, prétendait que le «vers», favorisant la mémorisation, était indispensable à des genres poétiques antérieurs à la vulgarisation des techniques d'écriture. C'était là réduire de façon dérisoire l'envergure du problème. La proposition n'est pourtant pas radicalement fausse, mais il faut en modifier la visée : un lien vivant existe, dans les profondeurs anthropologiques, entre formes rythmiques et formes mémorielles. Le caractère fondamental du «vers» et la valorisation qu'il implique de certaines mesures du langage au détriment de toutes les autres ne sont pas — dans leur ordre propre, celui du dire — sans analogie avec les «arts de mémoire». Il n'empêche que l'affinement progressif du style «prosaïque» — qu'il serve à l'histoire ou à la fiction — semble déterminé par la recherche d'une ampleur et d'une sonorité permettant le plus grand déploiement des effets de voix.

De ce point de vue, rien de fondamental ne distingue, dans la longue durée, «prose» et «vers». Les mots latins *versus* et *prosa,* dont furent aux XIIe-XIIIe siècles empruntés les termes français correspondants, appartenaient au vocabulaire musical et désignaient, sans grande précision du reste, divers faits de rythme. Il fallut longtemps au français pour stabiliser *vers* dans le sens que nous lui connaissons : jusqu'au XVe siècle, il alterne avec *rime.* A l'époque même où (selon toute probabilité) se constituait, dans les coutumes d'obscurs chanteurs anonymes, aux IXe-Xe siècles, un système roman de versification, les exigences du chant liturgique amenaient la création, en milieu monastique, du genre dit *prosa ad sequentias,* notre «séquence». Ce genre poétique, l'un des plus féconds entre le IXe et le XIVe siècle, fut mis en forme, dans son état initial, par le poète musicien de Saint-Gall, Notker le Bègue, mais pourrait avoir été inventé vers 850 par les moines de Jumièges, voire tenir indirectement de pratiques irlandaises ou mozarabes. Techniquement, la

14. Scholz 1980, p. 184-186.

séquence constitue un *trope* de l'*alleluia* de la messe : son texte sert à porter les notes des longs mélismes (le *jubilus*, « cri de joie ») prolongeant le -*a* final de cette exclamation. La forme primitive en était ainsi uniquement déterminée par la musique : suite de huit, dix, jusqu'à vingt phrases mélodiques, les *clausules*, identiques deux à deux (peut-être en vue d'un chant antiphonal) et généralement encadrées par une introduction et une conclusion. Le texte, qui suivait la mélodie à raison d'une syllabe par note, n'était soumis à aucune autre contrainte, sinon que les fins de clausules rimaient souvent en -*a*. A peine créé, le genre proliféra de toute manière, soutenu et dynamisé par les recherches musicales de la basse époque carolingienne, puis du début du XIIe siècle : il s'épanouit alors à l'abbaye parisienne de Saint-Victor. Très tôt s'y était introduit l'usage du *cursus*, plus tard de vers réguliers, et même de groupements strophiques. Dès la fin du IXe siècle étaient apparues deux variétés nouvelles, témoignant de cette extraordinaire vitalité : l'une, dont les clausules ne se répondent plus par paires ; l'autre, dite *da capo*, comportant une réduplication de l'ensemble. Ces deux variétés présentent un intérêt particulier, du fait de leur ressemblance avec des formes poétiques de langue vulgaire. C'est une séquence *da capo* que le plus ancien poème français conservé, la *Séquence d'Eulalie*, copiée vers 882 sur une page blanche d'un manuscrit des œuvres de Grégoire de Nazianze, à l'abbaye de Saint-Amand-les-Eaux. Doublée d'une séquence latine du même type, sur la même sainte, elle fut composée sans doute dans l'entourage du Maître Hucbald, l'un des principaux musiciens d'alors, parfois considéré comme l'initiateur du chant polyphonique. Les deux textes, respectivement copiés au recto et au verso du même feuillet, ont un caractère assez différent : au lyrisme abscons du latin s'oppose le ton narratif et pathétique du français. Celui-ci, de toute évidence, est destiné à remplir une autre fonction, sur les lèvres d'autres chanteurs ou à l'intention d'un autre public. Sous la structure séquentiaire semble audible l'écho — ou les prodromes — d'un autre modèle rythmique, tel que celui qui apparaîtra, un siècle et demi plus tard, dans les premiers décasyllabes de la langue romane.

Cependant, la séquence — comme si elle répondait à une attente générale et comblait un besoin formel largement répandu — s'était diffusée dans l'Occident entier. Assez tôt, elle s'évada de la sphère liturgique, s'affranchit même de toute thématique religieuse. Le recueil des poèmes latins dits *Carmina cantabrigiensia*, dont le contenu doit remonter aux alentours de l'an mil, sinon au Xe siècle, contient treize séquences, dont cinq seulement à sujets religieux ; les *Carmina burana* en contiennent une vingtaine, la plupart érotiques, deux seulement touchant à des motifs moralisants. Un sous-genre apparaît en formation dans ces recueils : à deux reprises le premier, une fois le second enregistrent, en forme séquentiaire, un *planctus,* lamentation sur la mort d'un personnage réel ou fictif. Nous en possédons plusieurs autres exemples, dont une série de dix dus à Pierre Abélard : inspirés par des scènes bibliques, ces admirables poèmes, l'un des sommets de la poésie latine du XIIe siècle, dissimulent peut-être diverses allusions autobiographiques. On a lieu de penser que ces textes (dont le manuscrit a conservé les mélodies) étaient destinés à fournir aux moniales du Paraclet des chansons à la fois édifiantes et récréatives [15].

On possède très peu de séquences en langue vulgaire : quelques-unes, au XIIe siècle, en France et en Allemagne, constituent des *contrafactures* de modèles latins ; au XIVe, un moine de Salzbourg en adapta un certain nombre : initiative sans doute isolée. En revanche, plusieurs genres bien représentés en langue vulgaire ont été rapprochés de la séquence, avec laquelle ils présentent — sur le plan rythmique — une analogie, sans qu'il soit possible de prouver qu'ils proviennent d'elle : le *lai* français, qui pourrait devoir quelque chose à une tradition celtique ; le *leich* allemand, dont on ne sait dans quelle mesure il tient peut-être, en partie, d'anciennes formes germaniques ; le *descort* français et occitan, en rapport avec la *canso* troubadouresque ; l'*estampie,* chant de danse, lui aussi français et occitan [16]. Toutes ces formes ont en commun plusieurs traits : une série, souvent longue, de strophes inégales est constituée généralement d'unités rythmiques brèves ou très brèves dont les rimes se redoublent en échos précipités, cependant qu'alternent, dans la combinaison de ces éléments, le symétrique et l'asymétrique, la répétition et l'unicité, l'hétérométrie et l'isométrie : art d'une extrême subtilité et qui passa, non sans raison, pour difficile. Ses réalisations comportent, de ce fait même, une très grande diversité. Chronologiquement, en revanche, l'époque triomphale de tous ces genres fut la même : le XIIIe siècle et le début du XIVe.

*

15. Zumthor 1987, introduction ; Vecchi 1951.
16. Maillart 1961 ; Sayce, p. 368-407 ; Cummins.

Le schème rythmique séquentiaire tient ainsi — historiquement et, pour une part, structurellement — à la fois de notre *prose* et de notre *vers*. A plusieurs générations de poètes et d'interprètes il offrit l'un des modèles les plus recherchés d'action vocale. D'autres modèles, venus d'ailleurs, le concurrencent ou interfèrent avec lui dans l'usage : ainsi, celui qu'engendra l'hymnologie ambrosienne, et qu'adoptèrent les auteurs des chants franco-occitans du Xe siècle, la *Passion* dite de Clermont et le *Saint Léger*. Par-delà ces expériences archaïques, provient peut-être de la même source tout ce dont l'Occident disposa, aux XIIe, XIIIe, XIVe siècles, comme formules rythmiques, soit octosyllabiques, soit (selon les langues en cause) définies par un quadruple *ictus*. Un trésor de formes, constamment enrichi par dérivation, combinaison, initiatives individuelles ou collectives de toute nature, se proposait à un choix que déterminaient les exigences de l'oreille et les habitudes articulatoires, plutôt que des considérations rhétoriques. Les premiers traités qui, au cours du XVe siècle, touchent à cette matière, les « Arts de seconde rhétorique » français, bourguignons et flamands, le font encore uniquement en termes de phonie, non d'écriture. Moins que des règles, ce qui guide le poète et organise son discours, c'est un réseau à la fois souple et complexe de combinaisons rythmiques éprouvées, librement utilisables à plusieurs niveaux de l'expression : le mot, le groupe et la phrase, l'ensemble (couplet, strophe, tirade) et, plus rarement, l'unité supérieure, dans les genres dits fixes, tels le sonnet, invention du XIIIe siècle, sans doute italienne, la ballade ou le rondeau français du XIVe. Chacun de ces éléments se réalise avec les autres en une harmonie globale non perceptible autrement qu'à l'ouïe, en performance. C'est en ces termes qu'est encore conçu vers 1500 ce que les Modernes désignent du mot abstrait de *versification*.

Seul le système latin antique, fondé sur des oppositions de durée, et que maintiennent en usage quelques lettrés conservateurs, a l'aspect arbitraire d'une technique imposée. En fait, un autre système, fondé sur l'accent, s'y était superposé dès la fin de l'Antiquité et, à la longue, s'y substitua par suite des nécessités du chant. Au XIIe siècle, alors que la poésie latine connaît une magnifique renaissance, les deux systèmes coexistent (un Alain de Lille, par exemple, se distinguant ainsi des auteurs des *Carmina burana*), parfois se chevauchent, mais le rythme conserve la prédominance [17].

17. Klopsch ; Norberg ; Avalle 1984, p. 46-51.

A l'origine, un système d'équivalences avait permis de maintenir un semblant d'accord entre les deux systèmes : une syllabe accentuée prenait la place d'une longue ; l'atone, d'une brève. Ce déplacement s'opéra peu à peu, dans le désordre, plus ou moins lentement selon les régions. Du moins a-t-on pu faire remonter à des types accentuels latins la plupart des vers français, italiens, espagnols et portugais attestés jusqu'à l'époque moderne [18] : même si la démonstration est un peu forcée, reste le fait de la remarquable permanence des traditions rythmiques. L'évolution de la langue vulgaire altérait néanmoins progressivement les modèles initiaux : l'accent de phrase effaçant en français, dans une grande mesure, celui de mot, le nombre des syllabes tendit à devenir le principal critère rythmique, auquel se subordonnaient les modulations. Dans les textes anglo-normands, en revanche, les très nombreux « vers faux » qui longtemps désespérèrent les médiévistes ne font sans doute que manifester les particularités du français d'Angleterre, plus fortement tonique que les dialectes continentaux. L'anglo-saxon jouait ici un rôle probablement déterminant, imposant à la langue importée quelques aspects de son propre système traditionnel.

La manipulation de ces données comportait, dans leur mise en œuvre (aussi bien en allemand qu'en français, en gallois qu'en occitan), la production d'effets purement phoniques, échos sonores divers accusant la scansion — et spécialement la rime. Cette dernière, léguée, elle aussi, à l'Occident médiéval par la basse Antiquité, tint sans doute originellement à l'élargissement du rôle de la voix (en un temps de recul scripturaire) dans la communication poétique. Avant 1200, elle avait, des pays romans, passé en terroirs germanique et anglo-saxon, où elle relayait la figure systématisée d'allitération propre à la pratique autochtone ; dès les Xe-XIe siècles, les poètes juifs d'Espagne et de Provence l'avaient (sur le modèle arabe ou roman) de leur côté adoptée en hébreu ainsi que, çà et là, le principe de l'isosyllabisme [19]. Elle évolua — jusqu'au XVe siècle en France, plus tard encore ailleurs — vers une formalisation toujours plus rigoureuse, une codification plus exigeante : son histoire dément les signes qui, durant les mêmes siècles, semblent annoncer pour bientôt une résorption de la poésie dans l'exercice de l'écriture. C'est ainsi qu'à l'époque ancienne, dans les textes dont la transmission ne passa point

18. Burger.
19. Bahat, p. 299-300.

d'abord par la lecture, l'assonance prédomina sur la rime proprement dite : écho sonore suffisant, dans le bruit d'une déclamation publique, à enchaîner les éléments du discours et à en rythmer la progression. Le système se survécut longtemps, l'assonance se mêlant parfois à la rime (d'une manière déconcertante pour les éditeurs modernes), surtout dans les genres les plus probablement destinés à la lecture en plein air. L'auteur de la première branche de *Renart* conjoint ainsi *empire* et *discipline* (v. 447-448), *Renart* et *barat* (v. 1385-1386). Ch. Lee, dans son édition d'*Auberée*, relève à travers sept manuscrits de ce fabliau entre 1 et 5 % de « rimes incorrectes ». Tel « sermon joyeux » publié par Koopmans fait rimer *femme* et *ancienne, propos* et *corps, genre* et *ensemble* et ainsi de suite. Peu de genres jusqu'au XIVe siècle échappent à cette tendance, dont il serait abusif de rendre responsables les seuls copistes. Ces approximations s'associent parfois avec des recherches phoniques raffinées. *Éracle* contient plusieurs vers hypo- ou hypermètres ; en revanche, il comporte 27 % de rimes bi- ou trisyllabiques, voire exceptionnellement quadrisyllabiques, à quoi s'ajoutent, comme un effet minimal de l'art, 21 % de rimes unisyllabiques riches.

Beaucoup de subtilité préside apparemment, dans certains textes, au choix des timbres, objets de ces jeux et, comme tels, contribuant en quelque manière à la formation de l'œuvre. C'est ainsi que la distribution des timbres vocaliques dans les rimes de la *chanson* de troubadours et de trouvères ne semble pas aléatoire ; des oppositions telles que grave/aigu, fermé/ouvert s'accordent avec une intention connotative générale, et constituent un véritable « niveau de sens », intégré au message [20]. Quelques tentatives ont été faites pour examiner de ce point de vue d'autres secteurs de la poésie : dès les années 50, Menendez Pidal relevait, dans les trois « genres » distingués par lui dans le *Romancero*, une répartition significative des assonances aiguës et graves, la proportion de ces dernières croissant avec l'importance et l'actualité du thème guerrier ; plus récemment, R. H. Webber découvrait dans le *Cid* plusieurs règles d'équivalence entre trois timbres d'assonance (*a, o,* le reste) et, d'une part le thème du passage, d'autre part la longueur de la *laisse* [21]. Certains couples rimiques (occitan *amor/flor,* français *courage/dommage,* allemand *not/tot,* et tant d'autres) par leur fréquence constituent de véritables

---

20. Zumthor 1975, p. 55-67.
21. Menendez Pidal 1968, I, p. 137-140 ; Webber 1975.

formules, sémantiques autant que phoniques. Des genres comme le *descort* occitan, le *lai* lyrique français, le *Leich* allemand comportent parfois des strophes formées d'une longue série de vers de deux ou trois syllabes : la rime tend alors à envahir le vers dont nécessairement elle forme la moitié ou le tiers ; d'où une dilution du sens discursif au profit de la suggestion sonore. Mais ce sont toutes les parties de la langue que la rime (par le truchement de la voix qui la prononce) peut ainsi mettre en cause. Elle devient le lieu langagier par excellence, le plan où, virtuellement, l'expression prend forme. Ainsi, c'est autre chose qu'une simple commodité qui çà et là amène en fin de vers, par contraste avec le reste du texte, un mot dialectal, une terminaison anormale. Camproux le montra naguère chez Guillaume IX, dont la « langue d'auteur » joue habilement de telles nuances. Localisée à la rime, la figure d'*interpretatio*, systématisée par beaucoup de poètes, permet d'introduire entre les unités du discours un lien de quasi-identité, exaltant la ressemblance phonique en marque de commune origine : *faire* rime avec *parfaire* et s'il introduit *plaire* dans la série, le poète établit entre les trois une circulation de sens ; *pardonner*, c'est *donner*... Ainsi se constitue une unité spécifique, sans autre fondement qu'une perception de la suprême liberté du son. La *canso* troubadouresque et les diverses formes qu'elle engendra à travers l'Occident n'établissent, sauf exception, qu'un seul lien explicite entre les (cinq à huit) strophes qui les composent : la disposition des rimes — qui est la même de bout en bout — et, le plus souvent, leur timbre, maintenu identique de strophe en strophe (« unissonance »), ou pour le moins de deux en deux, voire de trois en trois *(coblas doblas, ternas)*. L'unité procède ici du son pur. De manière plus complexe, car elle concentre — en tant à la fois que phonie et que récurrence — l'effet prédominant de sens, la rime *constitue* la plupart des poèmes chez les rhétoriqueurs du XVᵉ, du XVIᵉ siècle encore.

Dans les langues germaniques, l'histoire des rythmes poétiques suit un cheminement semblable, et passe par des étapes comparables. L'influence des usages et des modèles latins et romans l'infléchit à plusieurs reprises. Dès le milieu du IXᵉ siècle, le moine poète allemand Otfrid von Weissenburg, dans son grand récit évangélique, adapte à sa langue le schème ambrosien, qu'il redouble et orne de rimes : initiative à laquelle est dû sans doute ce qui sera plus tard le « vers narratif long » à sept ou huit accents de la poésie de cour. Otfrid abandonnait, ce faisant, l'ancien vers germanique, phoniquement défini par sa structure allitérative, et qu'employait encore, trente ans plus tôt, l'auteur du *Heliand*. Chez les premiers lyriques austro-bavarois, aux alentours de 1200, ne subsistent que des traces de traditions rythmiques anciennes. Celles-ci ont reculé devant l'invasion des modèles troubadouresques, en faveur desquels sans doute jouent les habitudes musicales engendrées par la liturgie. Le vers, unité rythmique minimale, n'est pas seul touché ; mais aussi les modalités de regroupement des vers, et la distribution respective des divers facteurs constitutifs des uns et des autres. Encore s'agit-il moins en cela d'emprunt pur et simple que d'une confluence de traditions, celle qui dérive du latin recevant l'apport — d'abord affaibli, puis mieux marqué et plus efficace à partir du milieu du XIIIe siècle — des coutumes autochtones provisoirement refoulées, mais qui sans doute survécurent dans l'usage oral. C'est ainsi que le vers court à quatre accents, équivalent de l'octosyllabe français, est traité avec une apparente désinvolture, par où se manifestent d'autres tendances irrépressibles [22].

En Angleterre, les textes poétiques les plus anciens, du *Beowulf* à la *Bataille de Maldon* et à la *Judith* — quelque 30 000 vers conservés dans des manuscrits d'environ l'an mil —, se constituent ligne par ligne de deux parties que lie l'allitération, et que définissent à la fois l'exigence d'une longueur minimale et une certaine courbe accentuelle, compte tenu des durées syllabiques [23]. Rien de commun avec le système qui, en France, était sans doute, à la fin du XIe siècle, déjà fortement constitué. D'où, à la fois, le triomphe de celui-ci, dans les milieux dominés par les conquérants normands, et les altérations qu'il y subit. Le vers anglais fut, de son côté, refait à l'image du français, avec rime et syllabisme en principe régulier. Gower, Chaucer, Lydgate encore emploieront un octosyllabe parent de celui de Chrétien de Troyes ; Chaucer rythme en décasyllabes les *Canterbury Tales*. Mais les XIVe et XVe siècles verront, dans les provinces de l'Ouest et du Nord-Ouest, une soudaine renaissance de la tradition anglo-saxonne (oralement maintenue pendant deux cents ans) : mouvement connu sous le nom d'*alliterative revival* [24], auquel nous devons plusieurs des meilleurs poèmes de cette époque, le *Piers Plowman* de Langland ou *Sir Gawain*. De la poussée globalement unitive qui avait ainsi généralisé en Occident une certaine perception des rythmes, seule resta séparée la lointaine Islande. Les *Eddas* et la poésie scaldique y

22. Sayce, p. 45-46 et 156-157.
23. Renoir-Hernandez.
24. Turville-Petre ; Lawton.

conservèrent, en les compliquant à l'extrême, les structures rythmiques communes aux peuples germaniques anciens : fondées sur l'allitération, distribuée de manière à constituer une trame phonétique sur laquelle la voix du récitant ou du chanteur tisse des variations accentuelles et brode d'autres figures sonores, d'une virtuosité souvent vertigineuse...

Cette histoire, avec tant de déplacements et de retours, manifeste l'omniprésence d'une voix vive, aspirant à s'épanouir en formes universelles, par-delà les frontières linguistiques, à imposer des gestes vocaux partout reconnaissables, comme un langage international des corps et des sons. Le *vers* (désignons ainsi, de façon neutre, un rythme fonctionnalisé), plus encore qu'organisateur de la phrase, l'est de *ce* langage, dans toute sa richesse et sa complexité. D'où quelques ratés, et des résistances. C'est ainsi que la poésie épique ne comporte pas de modèle rythmique commun à tous les terroirs d'Occident : à la tirade monorime, générale en pays roman, s'opposent en pays germanique le quatrain ou le distique. Mais de telles différences ne touchent pas à l'unité profonde.

9. Le texte vocalisé

Un jeu vocal. - La parole et le chant. - Composition numérique. - Effets textuels. - Le « formulisme ».

Vers 1200 — alors que la multiplication des écrits fait peut-être éprouver plus intensément la spécificité du discours poétique, rythmiquement marqué — se répandent simultanément, dans certains milieux lettrés de France et d'Allemagne, à propos de ce dernier deux convictions, dont l'une constitue comme l'envers éthique de l'autre : le discours formellement le plus lié (le « vers ») est perçu dans sa différence envers tous les autres, bientôt confondus sous le terme banalisé de *prose ;* et dès lors des textes font place, dans les déclarations d'auteur, prologues ou digressions, à des déclarations du genre : « le vers ment, seule la prose est véridique ». Entendons : le « vers » masque et détourne, il engendre sa propre apparence, par l'ampleur même (quel que soit le message transmis) du jeu vocal et gestuel par lequel il transite jusqu'à nous. C'était là, pour une part, un cliché antique ; mais qu'il reprenne vie au moment où va se constituer en langue vulgaire une prose d'art ne peut être un fruit du hasard. L'empereur Henri le Lion en argue pour interdire qu'on lui fasse en vers la traduction demandée du *Lucidarius ;* quant à Nicolas de Senlis, en 1202, chargé par la comtesse de Saint-Pol de lui traduire le pseudo-Turpin, il ne mâche pas ses mots : *Nus conte rimés n'est verais* (« Aucun récit en vers n'est vrai ») [1]. Les partisans du vers répliqueront, dans la droite ligne rhétorique d'un Jean de Garlande, par l'éloge de la mesure, et de l'harmonie qu'elle rend possible : argument dont on perçoit les échos jusqu'au-delà du XVIe siècle. Le marquis de Santillane, dans son *Proemio,* pose comme « manifeste » la précellence du vers sur la prose, précellence d'où découle une autorité particulière et plus haute.

Désormais, la versification européenne entre dans son âge de rigueur. Mais, jusqu'au XIIIe siècle, la souplesse et l'agilité avec lesquelles poètes

---

1. Wapnewski, p. 103 ; Woledge-Clive, p. 27.

et interprètes surent exploiter le matériau rythmique fourni par la tradition prennent souvent, à l'œil du philologue formé dans cette rigueur, aspect
de négligence. N'est-ce pas là, plutôt, l'indice d'une liberté vocale
n'hésitant pas à altérer, en performance, le modèle ? Le domaine espagnol
a été, sur ce point, le mieux étudié. Les « irrégularités » du *Cid,* en
particulier, ont suscité de nombreuses recherches, qui semblent avoir
prouvé la nature flottante du vers castillan, oscillant entre des limites de
plus en plus restreintes, du reste, à mesure qu'on s'approche de l'époque
moderne : ses facteurs constituants, syllabisme et figures de rime, se
combinent de manière à tout instant révisable. Le poète du *Cid* compte les
syllabes non de manière arithmétique, mais rythmique, comme des blocs
de matière phonique de durée approximative mais découpés par des
pauses accentuelles récurrentes. Bien des textes français, tenus pour
corrompus, ne font peut-être qu'illustrer la même créativité de l'usage : le
Roland du manuscrit d'Oxford compte 420 vers « faux » sur 4 000 ; le
Guillaume du manuscrit de Londres 1 500 sur 3 500, soit 43 % ! alors que
le même copiste transcrit sans altérations prosodiques le roman de *Gui de
Warwick.* On pourrait étendre cette observation à un grand nombre de nos
anciens textes : du *Tristan* de Béroul à plusieurs fabliaux, et à des genres
entiers comme le « sermon joyeux », d'autres encore. L'évolution de la
langue et des techniques de diction put jouer ici un rôle. Le distique de
seize syllabes, unité de base du *Romancero,* est traité (pour des raisons
musicales) au XVe siècle comme un vers unique, de sorte que le distique
nouvelle manière est en fait un quatrain : la *quadra* ou *verso* des *cantado-
res* du *sertão* brésilien de nos jours encore ! La seule règle universelle,
c'est la prédominance de l'interprétation vocale sur le maintien strict du
modèle, et cela à tous les niveaux de formalisation : anisosyllabisme du
vers, mais aussi bien irrégularité des strophes dans tel texte où on les
attendrait égales : W. Bulst jadis dressa, pour le latin, l'allemand, l'anglais et le français, un catalogue de poèmes comportant cette « anomalie » [2]. En Espagne, l'un des schèmes rythmiques les plus vivants, la
cuaderna via, repose sur la combinaison de plusieurs principes, aboutis-
sant à varier, avec une grande finesse, entre des limites fixées, le nombre
des syllabes selon l'emplacement des accents. L'octosyllabe des *laudi*
ombriennes et de celles de Iacopone comporte les mêmes balancements
— la même ouverture.

2. Bulst, p. 170-174.

Or n'y a mes garçon, chante le poète (ou l'interprète) de *Doon de Nanteuil,* au début du XIIIe siècle, *s'il set ung vers rimé / quant a clerete voix... / «Ha Diex!» ce dit chascuns, «com cist est escolé!»* («il n'y a plus aujourd'hui un jeune homme dont — s'il connaît un poème bien mesuré et possède une voix bien timbrée — chacun ne dise : Qu'il a donc été à bonne école!»). Le texte insiste, car il déplore cette situation, nuisible au prestige des contenus [3]! La qualité de la voix constitue pour le public l'un des critères, sinon le principal, de la «poésie». D'autres auteurs portent en d'autres termes le même témoignage lorsque, présentant ou louant leur œuvre, ils y distinguent *vers* et *chant, vers* et *chanson : vers* réfère au texte; *chant* et *chanson* au poème en tant que concrétisé et perçu [4]. Telle est la force de ce que j'ai nommé la *vocalité,* l'un des plans de réalisation du rythme. Modulé de manière à tenir compte des plus lourdes contraintes syntaxiques provenant du texte, tout en les pliant à son ordre propre, le rythme vocal comporte une courbe mélodique qui le valorise et lui communique, selon les circonstances, une qualité particulière — unique. En ce sens, le texte n'existe qu'en vertu des harmonies de la voix. C'est là sans doute ce que veut dire Brunet Latin, au livre III, chapitre X du *Trésor,* lorsqu'il invoque la nécessité de *contrepeser l'accent et la voix* (le manuscrit T corrige ou précise : *les sons et la voix*). Le texte, en tant que parole mesurée, *signifie* la voix vive. Le fait que, jusqu'au début du XIIIe siècle, dans l'Occident entier, tout discours poétique ait revêtu la forme du «vers» (plus évidemment et rigoureusement mesuré que la «prose») ne peut avoir d'autre origine. Dès l'entre-deux-guerres, un Georges Lote, pourtant d'une génération d'universitaires ligotée de présupposés scripturaux, référait, en plusieurs chapitres de sa vaste *Histoire du vers français,* expressément aux pratiques de cantillation liturgiques ou laïques comme à la source de plusieurs traits apparemment aberrants du système versificatoire roman [5]. Beaucoup de manuscrits, nous l'avons vu, notent les vers à la suite les uns des autres, comme de la prose. Parmi les causes diverses de cette coutume, ne faut-il pas compter l'idée que l'identification du vers est affaire de voix et de diction?

Où passe, dans cette pratique, la frontière entre chant et non-chant? Frontière mouvante, qu'il importe peu de délimiter. Ce qui distingue les

---

3. Mölk 1969, n° 14.
4. *Ibid.,* n°s 6, 8, 9, 22.
5. Lote, p. 53-56 et 69-78.

genres et coutumes poétiques, jusqu'au XVe siècle, c'est le degré de tension qu'introduit dans l'action vocale l'*artifice* régissant le rythme, la hauteur, l'intensité du son. La poésie des troubadours, trouvères et *Minnesänger* atteint le point extrême de cette tension. Le chant s'identifie pour ces poètes et leur public à un « geste formel », comme l'écrit G. Le Vot. En deçà et au-delà des éléments qu'y distingue l'analyse, la *canso* est acte physiologique, moment concret où la voix « éveille la forme [6] ». Généralement transmise (l'état des transcriptions le donne à penser) par voie orale, ainsi liée à la coutume de l'improvisation, la mélodie fait de la *canso,* de la *chanson,* du *liet,* une *Gestalt,* attendue comme telle, reçue pour telle, par un public doué d'une extrême sensibilité d'ouïe et d'une capacité, pour nous à peine imaginable, d'éprouver les formes sonores. D'où à la fois l'étonnante variété des combinaisons formelles dans cette poésie et la liberté qui préside à leur assemblage : I. Frank releva jadis 885 formules métriques différentes chez les troubadours ; U. Mölk, plus récemment, 1 561 chez les trouvères ! Mais, dans la tradition d'une même chanson, le nombre et l'ordre de succession des strophes demeurent souvent flottants, trait particulièrement accusé chez les *Minnesänger* mais qui ne leur est pas, de loin, propre ! Seule l'atténuera l'évolution des techniques musicales qui, à partir du milieu du XIIIe siècle, allongeront beaucoup les unités rythmiques du chant.

Le « grand chant courtois » avait ainsi été l'aboutissement non seulement d'un art, mais d'une tendance profondément inviscérée dans cette culture ; il donnait figure à l'objet de l'un de ses désirs les plus constants et sans doute les plus archaïques : déjà, la rhétorique antique, par l'usage qu'il lui arriva de faire de *cantus,* suggérait qu'il désigne l'accomplissement du langage. Chez Cicéron *(De oratore),* chez Quintilien, il alterne avec *vocis flexio, modulatio, variatio, mutatio,* tous termes référant au jeu de la voix ; *cantare,* c'est *omnes sonorum gradus persequi* (« parcourir tous les degrés des sons ») : action propre — à la limite — aux *histriones* et acteurs de théâtre, mais — contrôlée et modérée — à tous les bons orateurs [7]. L'un des clichés servant à renvoyer, dans la poésie médiévale, à une source orale, réelle ou fictive, repose peut-être sur le lointain souvenir d'une telle conception : « j'ai ouï lire et chanter » (dès le prologue de l'*Alexis*), « ils content et chantent » (encore au XIIIe siècle, dans *Dur-*

6. Le Vot 1982, p. 70.
7. Ernst, p. 47-48.

mart le Galois, v. 15946), et autres variantes ; figures cumulatives qui évoquent, en conjoignant les deux registres de la parole, une totalité vocale : le maximum d'information et le maximum de plaisir. Il importe peu que la limite oscille, au cours du temps, entre ce que l'oreille perçoit comme parole dite et ce qu'elle perçoit comme chant. C'est dans cette perspective qu'il faut interpréter le fait qu'au XIVe siècle à Florence on chantait des *terzine* de la *Divine Comédie* [8]. Évrart de Conti, en 1382, attestant qu'alors la lecture publique des romans se faisait en cantillation, compare celle-ci au chant, dont elle est pourtant distincte [9]. Cela seul compte, que l'opposition fonctionne et, pour l'auditeur, fasse sens.

Le chant est signe : il dit la vraie nature de la voix, présente dans tous ses effets ; il signifie son accord avec l'harmonie des sphères célestes. Alain de Lille, dans l'*Anticlaudianus,* vers 1180, confie allégoriquement le sort de la poésie à *Concordia* et à ses deux suivantes, dont l'une garantit *numeri doctrinam* (« la théorie du rythme ») et l'autre enseigne *vocum nexus et vincla sonorum* (« les combinaisons de la voix et les rapports des sons ») [10]. Le vieux harpeur qui apparaît à Bohort, à la fin du *Lancelot* en prose, s'assied sur un trône d'or pour exécuter le *Lai des pleurs :* indice, glose A. Leupin, de la souveraineté du chant [11]. Des indices de ce genre abondent dans la tradition des XIIe et XIIIe siècles. Ainsi, Geoffroy de Monmouth, recréant une légendaire histoire ancienne des Bretons, donne, au chapitre 52 de l'*Historia regum Brittanniae,* pour ancêtre d'Arthur un roi Bledgabred, d'une telle excellence dans l'art du chant qu'il passa pour le dieu des chanteurs ; Wace, adaptant ce passage dans le *Brut,* l'amplifie en vers hyperboliques. Gottfried von Strassburg, aux v. 4723-4791 de son *Tristan,* dédie aux *Minnesänger* un long éloge métaphorique où leur poésie est figurée par des chants d'oiseaux nobles dans le ciel et la lumière.

L'enseignement pratique du chant reflète la même conception de l'opération vocale [12]. Au XIIIe siècle, l'ordre franciscain, voué à la prédication populaire, ouvrit plusieurs écoles de chant liturgique (dont l'influence du reste contribua à la diffusion de la polyphonie) : les finalités

---

8. Ahern.
9. Communication de B. Roy, 1986 (à paraître *in* Stefano (G. Di) et Stewart (P.) eds., *Actes* du colloque sur le théâtre médiéval, Montréal).
10. Bruyne, p. 305-306.
11. Leupin, p. 211-212.
12. Gérold, p. 353-367 ; Riché 1979, p. 225, 274-276 et 370-371.

sont ici liées. Dans ses *Admonitiones* aux étudiants débutants, chapitre
« *De cantoribus* », Boncompagno insiste sur les qualités vocales permettant de *artificiose ac dulciter modulari* («moduler avec art et douceur»).
Plaisamment il illustre son propos en comparant les diverses manières
dont les peuples d'Europe et d'Asie ont l'habitude de conduire leur voix :
« ... les Chrétiens en revanche disent que les Sarrasins avalent les mots et
en chantant se gargarisent avec la voix...»; tout le monde y passe,
précisément croqué, Latins et Grecs, Français, Italiens, Allemands [13].
Dès le XIIe siècle, le chant et le jeu de quelque instrument firent partie de
l'éducation des jeunes nobles, ou du moins de l'idéal que l'on s'en
formait : Albéric de Pisançon, énumérant, vers 1100, les étonnants succès
d'Alexandre adolescent auprès de ses maîtres, mentionne l'ampleur de
son jeu de lyre et son habileté au chant; l'Allemand Lamprecht, l'imitant
trente ans plus tard, ne manque pas de reprendre ce trait. Les traités de
courtoisie du XIIIe siècle, comme le *Chastoiement des dames* ou la *Clé
d'amors*, recommandent spécialement pour les filles l'apprentissage du
chant et prodiguent des conseils sur la manière de poser la voix. Les
auteurs de romans ne manquent pas d'exploiter ce trait de mœurs, probablement senti comme évocateur d'une certaine perfection physique et
morale : ainsi Fresne, dans le *Galeran* attribué à Jean Renart, v. 1166-
1173; ainsi, Tristan, et Iseut même, chez Gottfried. Dans l'ensemble des
textes tristaniques, le jeu de la voix, le chant (et la harpe qui l'accompagne) sont plus que des motifs illustratifs; ils tiennent en quelque manière
au fonds même de la «légende».

*

Parce qu'il accroît la part du corps dans l'expression, le rythme poétique nécessairement contraint le langage. L'effet de cette contrainte se
manifeste au point même où l'artifice s'articule sur les structures de la
langue naturelle : dans le rapport du «vers» à la syntaxe. A l'époque la
plus ancienne, où les langues romanes se constituaient progressivement
un système poétique propre, le vers se calqua sur les formes syntaxiques,
en les assumant dans sa propre unité, supérieure. Il en résultait un effet
second de diction, du fait même que les rythmes de l'idiome quotidien se
trouvaient coïncider avec ceux qui provenaient d'autres sources d'harmo-

13. Goldin 1983, p. 76-78.

nie. Héritant de ses devanciers le couplet de vers unis par la rime (en série *aabbcc...*), Gautier d'Arras s'impose à lui-même une double règle : une proposition s'étend sur un vers, ou sur deux vers entiers ; la phrase, quelle qu'en soit la longueur, sur un nombre entier de couplets. Les écarts restent nombreux ; mais la variété rythmique provient plutôt des différences de longueur entre phrases, souvent fortement contrastives et constituant l'équivalent (ou le fondement) textuel d'un jeu d'acteur très animé. De même reste rare l'enjambement proprement dit, répartissant sur deux vers successifs les éléments d'un même syntagme : on en compte au plus une quarantaine, sans grande netteté, dans les six mille cinq cents vers d'*Éracle,* une dizaine seulement procédant, à l'évidence, de quelque intention dramatisante. De telles ruptures rythmiques ne se produisent, dans la chaîne narrative, qu'aux moments les plus intenses, comme un geste amplificateur. Dans ce système, dont la rigueur relative renforce l'efficacité des effets de déviance, les limites du vers sont bien marquées, lexicalement à l'initiale, phoniquement à la fin. De façon très largement prédominante, c'est un mot-outil accentué qui commence le vers : déterminatif quelconque, préposition, conjonction ou adverbe de phrase. A eux seuls, conjonctions diverses et adverbes *ne, or, si* figurent en tête de 3 007 vers, soit près de 46 % du total. Ces adverbes, surtout *or,* méritent une attention particulière par suite de leur fonction dans l'énoncé et de leur rapport à la discursivité orale. *Or,* spécialement, au-delà de sa valeur temporelle, a pour fonction de dénoter la présence du locuteur dans ce qu'il dit : il provoque une brève stase, suspendant la temporalité du récit. On a de même entendu comme une ponctuation lexicale les innombrables mots quasi vides *si, que, car* qui scandent inlassablement les propositions, les phrases, les groupes de mots dans les romans en vers.

Cependant, vers la fin du XIIᵉ siècle, se produit une cassure volontaire, dont le clairvoyant responsable fut sans doute Chrétien de Troyes, et dans laquelle J. Frappier voyait à juste titre un nouvel effet vocal : la dissolution du « couplet » qui jusqu'ici avait assuré la coïncidence de la phrase et du vers. Chaque langue travaillait ainsi sa propre matière. Le vers anglo-saxon décale, grâce à un subtil jeu d'accents, les temps forts du son et ceux du sens, de sorte qu'un enjambement de la pensée enchaîne les vers successifs. Le style des troubadours, trouvères, *Minnesänger* consiste pour une part en une perpétuelle manipulation syntaxique, en général abréviative, voire élusive, sinon à dessein ambiguë. Toute syntaxe est ainsi, dans tous les genres de cette poésie, plus ou moins mise en scène, est plus ou moins *une* mise en scène; et la « scène » ici n'est autre que celle où se joue la performance. Au moyen de la syntaxe, et parfois au-delà ou en deçà d'elle, le rythme suscite dans la langue des relations imprévues, provoque des rapprochements insolites, œuvre en pleine « métaphore vive ». Les rimes, dès qu'en surgit la série, plient la totalité du discours à une figure d'*interpretatio* récurrente jusqu'à, parfois, l'obsession : accouplement d'homonymes dont le heurt ne cesse de faire jaillir des connotations inouïes, sur-déterminant le sens de ce qui est dit. Plus on descend le cours du temps, aux XIIIe, XIVe, XVe siècles, plus se raffinent, à cette intention, les techniques acrobatiques de la syntaxe et du son, jusqu'au point de perfection qu'elles atteindront chez quelques-uns des grands rhétoriqueurs.

Cependant, une coutume d'origine antique (et que confortait certaine pratique de la *lectio divina,* sinon l'exégèse rabbinique) poussait plus d'un poète à surimposer, à la syntaxe proprement dite, un autre plan d'organisation, fondé sur les nombres, leurs rapports et les rythmes qu'ils engendrent. Division en 3, 4 ou 5 parties de 5, 7 ou 10 membres, combinaisons parfois très complexes régissant la distribution et la récurrence de mots, de formules, de séquences narratives, de blocs thématiques, ou la quantité de chacun des éléments en jeu. Du *Heliand* saxon à l'*Alexis* normand, de l'hymne *Quand le soleil* à la *Chanson de Roland* et au *Tristan* d'Eilhart [14], peu de nos anciens textes n'ont pas été l'objet d'investigations sur ce point, le plus souvent dans l'arrière-pensée d'en démontrer le caractère savant... Il s'agit là plutôt d'un trait général de la poétique médiévale, observable dans la grande majorité des textes durant des siècles et en toutes langues, de la haute époque carolingienne jusqu'au XVIe siècle, de Raban Maur aux rhétoriqueurs en passant par Dante mais, aussi bien, par telle chanson de troubadour ou tel *Schwank* allemand [15]. On ne saurait l'attribuer au « génie » de telle époque, telle région ou tel homme, non plus qu'à la projection de quelque système rigoureux de symbolisation. Plutôt même que comme une rhétorique, je supposerais que les proportions numérales fonctionnèrent en performance comme des figures d'*ars memoriae,* articulant à ce titre les parties de la narration, permettant par là divers effets de dramatisation rythmique, sinon — le cas échéant — de correspondance entre deux séances successives de récita-

14. Ainsi, Taeger, Bulatkin, Hardt, Buschinger 1973.
15. Rieger 1975; Kully.

tion. L'*ars* crée un espace orienté où placer les jalons d'un discours : en chacun des lieux qu'on y détermine, se loge un élément auquel la parole, à tour de rôle, référera. Le poète transpose le système en durée : des moments remplacent les lieux, et des proportions simples suffisent à les définir. C'est ainsi que, dans *Éracle* — que j'ai examiné attentivement de ce point de vue —, l'exact milieu du roman, les vers 3283-3285, coïncide avec le centre de la plainte d'Atanaïs emprisonnée où, en vertu d'une dramatique gradation, la malheureuse en vient à accuser les félons courtisans, les menteurs, bien plus, le Démon lui-même. Or, cet instant marque, en durée, la fin du premier tiers de l'épisode des amours d'Atanaïs ; aussitôt après, surgit le doute et commence le dérapage vers l'inévitable adultère : effet soutenu de *climax*. Plus encore : l'ensemble de l'épisode compte 2 170 vers. Les *enfances* d'Éracle l'ont précédé, coupées de manière à former deux sections nettement distinctes : les premières années, cachées, puis la vie publique, comme il en va de Jésus dans les Évangiles de Matthieu et de Luc.

Ainsi déchiffré, *Éracle* apparaît construit en masses assez simplement proportionnées :

hors narration		114 vers
a.	enfance cachée	258 vers
b.	vie publique	2 553 vers
	(manifestation)	
c.	amours d'Atanaïs	2 170 vers
d.	conquête de la	
	Croix	1 351 vers
e.	fin d'Éracle	71 vers
hors narration		53 vers

La relation narrative entre *b* et *a* est symétrique de celle qui unit *d* à *e*. Si l'on joint ces couples d'éléments, on constate que le récit se décompose en trois unités de respectivement 2 811, 2 170 et 1 422 vers, soit 43 %, 33 % et 22 % de la durée totale du texte : nombres rapportés approximativement entre eux comme 4 à 3 et à 2.

Le facteur déterminant est la durée du récit : durée de parole et durée d'audition, l'une et l'autre aux limites plus ou moins nettement fixées par les conditions physiques, l'énergie des corps et les habitudes collectives. J'ai fait, par sondage sur deux fragments de cinq cents vers, un essai de lecture à haute voix d'*Éracle,* en y mettant un minimum d'expressivité, avec les pauses indispensables et en l'accompagnant de quelques gestes : par extrapolation j'en conclus qu'une lecture publique du roman entier exigerait un peu plus de quatre heures — beaucoup plus si le lecteur mimait certains passages comme, çà et là (en particulier dans les dialogues), le texte y invite instamment. Il ne paraît donc pas impossible que la composition du texte tienne en quelque façon compte de ce fait : une performance de quatre ou cinq heures est en effet mal concevable sans entractes. Ainsi, je constate que les trois « parties » du roman séparées par les *huimais* des vers 2746 et 5092 durent respectivement, selon mon débit, une heure trois quarts, une heure et demie, et une heure.

Les mêmes rapports simples se retrouvent dans la distribution des sous-éléments. Ainsi, les durées des épreuves relatives aux dons d'Éracle sont approximativement dans la relation de 4 à 5 et à 7, gradation qui met en relief la découverte finale d'Atanaïs ; et chacune des épreuves présente la même structure : exposition, triple événement, conclusion, les proportions de ces cinq sous-unités demeurant identiques malgré l'allongement des durées. L'histoire des amours d'Atanaïs se décompose en deux séquences, chacune divisée en quatre scènes de longueur sensiblement égale, deux cents à trois cents vers — soit, selon mon compte, dix à douze minutes par scène, une heure et demie pour l'épisode entier. La partie centrale de la conquête de la Croix est précédée d'un prologue de durée égale, contant l'accession d'Éracle à l'empire ; suivent l'entrée à Jérusalem et l'Exaltation. La longueur de ces trois sections est, en gros, proportionnelle à 4, 4 et 3. Ces divisions numériques ne correspondent pas exactement à celles qu'engendrent les *huimais* de l'auteur : elles ne sont pourtant pas incompatibles, mais s'appliquent l'une à l'autre comme, à un dessin, une copie légèrement décalée. Cela même me paraît significatif, comme le serait une mise en scène jouant l'improvisation. Ce qu'ont d'arithmétiquement approximatif ces découpages et ces proportions prouve, me semble-t-il, que leur fonction est pratique plutôt que symbolique. Peu importe en effet à l'oreille l'exactitude des correspondances numérales, qu'elle ne peut enregistrer qu'assez grossièrement. Dans un monde où le temps se concevait, d'abord et spontanément, de manière spatiale, les moments successifs du récit s'y déployaient comme sur les lieux mêmes de la performance ; et le comput des durées, au sein du discours poétique, ne faisait que dessiner les dimensions de cet espace vocal.

*

C'est pourquoi la question me paraît fausse qui, dans la perspective d'une stylistique conventionnelle, agita bien des médiévistes depuis qu'en 1936 J. Meier, à propos du *Kudrun,* y eut répondu affirmativement : la vocation orale d'un texte détermine-t-elle son mode de formalisation ? Je doute que l'on puisse, à une telle interrogation, donner une réponse globale. Le texte, en effet, à destin vocal est, par nature, moins appropriable que ne l'est le texte proposé à la lecture. Plus que lui, il répugne à s'identifier avec la parole de son auteur ; plus que lui, il tend à s'instituer comme un bien commun du groupe au sein duquel il fonctionne. De là découlent deux caractères étroitement corrélés. D'une part, le « modèle » des textes oraux est plus fortement concret que celui des textes écrits : les fragments discursifs préfabriqués qu'il véhicule sont plus nombreux, mieux organisés et sémantiquement plus stables. D'autre part, à l'intérieur d'un même texte au cours de sa transmission, et de texte à texte (en synchronie et en diachronie), on observe des interférences, des reprises, des répétitions probablement allusives : échanges discursifs qui donnent l'impression d'une circulation d'éléments textuels voyageurs, à tout instant se combinant avec d'autres en compositions provisoires. Ainsi dans le corpus entier des textes jadis publiés par Karl Bartsch sous le titre *Romanzen und Pastourellen.*

Je choisis à dessein cet exemple extrême : il illustre un mode de fonctionnement qui est, plus ou moins, celui de *tout* texte poétique jusqu'au XVᵉ ou XVIᵉ siècle. Or, de tels traits se rapportent moins à la surface rhétorique du texte qu'à son dynamisme originel : à sa préhistoire, à sa proto-histoire encore, au niveau des énergies investies dans sa mise en forme. La visée performancielle selon laquelle se constitue le texte impose nécessairement (fût-ce de façon partielle et au prix d'un conflit avec les exigences de l'écriture) des stratégies expressives généralement tenues pour propres aux cultures d'oralité primaire : additives plutôt que subordonnantes ; agrégatives plutôt que logiques ; conservatrices ; agonistiques ; totalisantes plutôt qu'analytiques ; participatoires plutôt qu'opérant par distanciation ; situationnelles plutôt qu'abstraites. De là proviennent la plupart des caractères qui, sur tous les plans d'analyse, opposent le texte « médiéval » au texte « classique », la poésie du XIIᵉ siècle à la littérature du XIXᵉ : caractères pour cette raison même déplorés, incompris ou occultés par un trop grand nombre de médiévistes. La conséquence d'une telle erreur d'appréciation fut l'établissement d'un canon de « chefs-d'œuvre » médiévaux — ceux mêmes où ces caractères sont le plus atténués —, étranger (je le présume) à la perception qu'eurent de cette poésie ses destinataires et, sans doute, à la fonction qu'elle remplissait dans leur société ! D'où encore, d'une autre manière, le malentendu, et la vanité des recherches fondées sur le dépistage d'indices lexicaux ou grammaticaux de vocalité. Ce fut là pourtant, entre 1950 et 1975, le genre de « faits » qu'invoquèrent avec le plus de confiance les médiévistes soucieux d'attirer l'attention sur les effets de la tradition orale. Dès 1967, Michael Curschmann signalait ce que peuvent avoir de trompeur de telles méthodes de détection. La vocalité doit être saisie globalement, et tout raisonnement fondé sur un seul genre d'observations ou cantonné à un niveau unique d'analyse fait long feu. Un concept comme celui de style « oralisant » est circulaire : l'argumentation risque de revenir, en conclusion, à son présupposé. Tout texte médiéval est « oralisant ». Au plus, l'intention expresse d'un auteur, motivée par les nécessités d'une diffusion en milieu d'oralité dominante, a pu, à tout moment, dans certains ouvrages composés par écrit, accuser fortement des tendances ailleurs plus diffuses. C'est là, par exemple, selon Albert Baugh, ce dont témoigne le texte de romans moyen-anglais, tels que *Guy of Warwick* ou *Beves of Hampton*. Certes, dépister, comme le fit Beer, dans la prose de Villehardouin les manifestations d'un « style oral » ne manque pas d'intérêt, mais exige une interprétation autre que simplement textuelle.

D'où l'insuffisance, pour excès d'étroitesse, de la « théorie orale », comme on la nomma, dans les années 70, en pays anglo-saxons et germaniques, et dont A. B. Lord fut le maître longtemps incontesté. Fondée sur les travaux de Tatlock (dès 1923) et de Parry (en 1928, puis 1930) consacrés à l'épopée antique, et sur ceux de Murko (en 1929) sur les *guslari* yougoslaves, la théorie définit un mode d'expression dénommé « style formulaire » et que, dans son état premier, elle considérait comme le propre de l'épopée lorsque celle-ci fait l'objet de transmission orale. Dès les années 50, divers médiévistes, presque simultanément, eurent l'idée d'appliquer à des poèmes narratifs du haut moyen âge la notion de style formulaire oral, qui semblait dès lors assurée dans la pratique de certains hellénistes et de slavisants. En 1951, avait paru l'étude de R. H. Webber sur le *Romancero;* deux ans plus tard, F. Magoun s'attaquait au *Beowulf* et à la tradition anglo-saxonne. Son étude se fondait sur une conception rigoureuse : la formule est une preuve nécessaire et absolue d'oralité; sa présence exclut l'intervention de l'écrit, sinon à titre de simple compte rendu de performance. Le *Beowulf* contenant 74 % de vers formulaires, on n'avait qu'à tirer les conséquences de ce fait. Lorsqu'il fut réédité en 1963, l'article de Magoun avait déjà engendré toute une postérité : études de R. Waldon, R. D. Stevick et d'autres, sur la poésie de vieil anglais ou sur le vers allitératif moyen anglais. En 1955, le livre de Jean Rychner sur les chansons de geste entendait prouver la destination vocale de ces œuvres : l'impact en fut tel qu'il justifia, deux ans plus tard, la réunion d'un congrès destiné peut-être, dans l'intention de certains des organisateurs, à enrayer à temps une dangereuse hérésie! Le résultat fut manqué : jusqu'au milieu des années 70 on a vu se constituer une bibliographie considérable de travaux de ce genre, portant sur la plupart des zones culturelles de l'Europe pré-moderne, France, pays germaniques et scandinaves, Espagne...

L'étude du style formulaire avait fini, durant ces années de vogue, par se développer en discipline quasi autonome, au détriment des autres éléments poétiques des textes considérés. Souvent elle se réduisit, pour de jeunes chercheurs dépourvus d'expérience, à une assez dérisoire chasse aux formules. Plusieurs de ces monographies, par la précision même de leur objet, n'en ont pas moins contribué à redéfinir le système formulaire en en donnant une image si complexe que toute application pure et simple du modèle devient impossible. Le genre épique était débordé de toutes parts : chansons de saints françaises, romans moyen-anglais, *Minnesang* allemand, *qasida* arabe, pas un genre poétique que l'on ne découvrît plus ou moins formulaire. Ce critère permettait de définir et de délimiter toute « littérature orale », par opposition à ce qui passe par l'écrit. Des synthèses s'esquissèrent sur cette base; mais, simultanément, des objections de plus en plus nombreuses s'élevèrent, et mirent en cause soit les présupposés de la doctrine, soit la nature de la documentation impliquée, soit la portée de leur interprétation. Dès 1966, Benson s'interrogeait ainsi à propos des textes anglo-saxons; en 1967, E. de Chasca à propos du *Cid;* depuis lors, les critiques ont envahi les revues spécialisées. L'opinion commune tend désormais à refuser de voir dans le style formulaire une marque sûre d'oralité. La « doctrine » Parry-Lord, après un quart de siècle d'usage, me semble plutôt faire figure, dans nos études, si on la réduit à son principe, d'hypothèse de départ, utile en fonction heuristique mais dénuée d'autorité universelle. Elle ne tient pas suffisamment compte de la nécessité interne du texte poétique. Du point de vue linguistique, oral ou écrit, un texte reste un texte, du ressort des méthodes critiques dont il est, comme texte, par définition l'objet. Il comporte nécessairement des marques de ce statut. Mais c'est moins sur ces marques elles-mêmes que devra, pour maintenir sa spécificité, s'attarder une poétique soucieuse de rendre justice à la vocalité, que sur les rapports instables d'où résulte, par concaténation d'éléments et de leurs effets de sens, l'économie particulière du texte dit ou chanté : ce que, dans un langage un peu désuet, décelait Menendez Pidal dans le « style traditionnel » espagnol [16] : son intensité, sa tendance à réduire l'expression à l'essentiel (ce qui ne veut dire ni au plus bref ni au plus simple); la prédominance de la parole en acte sur la description ; les jeux d'écho et de répétition ; l'immédiateté des narrations, dont les formes complexes se constituent par accumulation; l'impersonnalité, l'intemporalité... Ces traits, plus ou moins nets, manifestent au niveau poétique l'opposition fonctionnelle qui distingue la voix de l'écriture. Le texte écrit, puisqu'il subsiste, peut assumer pleinement sa capacité d'avenir. Le texte oral ne le peut pas, trop étroitement asservi à l'exigence présente de la performance ; en revanche, il jouit de la liberté de se mouvoir sans cesse, de sans cesse varier le nombre, la nature et l'intensité de ses effets. On pourrait, en ce sens, considérer, dans les textes du XIIe, du XIIIe siècle usant du style formulaire, celui-ci comme une marque d'archaïsme : mais un archaïsme maintenu, dans la pratique de nombreux poètes, par le sentiment qu'ils avaient des exigences propres de la voix performancielle.

*

C'est plutôt dans la perspective d'un art dominé par les rythmes et la recherche d'harmonies sonores qu'il faut considérer le « formulisme ». J'emprunte ce terme à M. Jousse, dans un souci de généralisation en même temps que par allusion à plusieurs des connotations désormais attachées à l'expression de « style formulaire ». *Formulisme* fait référence à tout ce qui, dans les discours et les modes d'énonciation propres à telle société, a tendance à se redire sans cesse en termes à peine diversifiés, à

16. Menendez Pidal 1968, I, p. 52-62.

se reproduire avec d'infimes et infinies variations : cette foisonnante réitération verbale et gestuelle, caractéristique de notre oralité quotidienne « sauvage », conversations, on-dit, échanges phatiques. Pris dans un sens plus strict, le « formulisme », c'est la fonctionnalisation de cette tendance, à des fins oratoires, juridiques, poétiques. Le formulisme triomphe en régime d'oralité dominante. Peut-être y constitue-t-il l'une des marques externes de cette archéo-écriture, antérieure à tout écrit réel, dont on a beaucoup parlé dans les années 70. L'apparition et la diffusion de l'écriture réelle s'accompagne en revanche d'un effet de *dé-formulisation*, le langage de la poésie prenant dès lors une orientation autoréflexive : on observe ce phénomène, dans les textes médiévaux, de façon d'abord sporadique, dès la fin du XIIe siècle. Alors que la tradition orale se nourrit de *types*, l'écriture tend à la « dialectalisation », au rapprochement de l'objet, à la saisie de l'incomparable : mais cette tendance ne triomphe tout à fait que chez quelques Italiens du XIVe siècle ; chez les Français, pas avant le XVe. Ce qu'a de redondant le formulisme compense, dans le message même, le *bruit* qu'occasionnent les circonstances interférant en performance avec le texte : en situation d'oralité primaire, c'est là une fonction poétiquement vitale ; quand l'hégémonie de la voix commence à céder sous l'assaut des coutumes scripturaires, cette fonction progressivement s'estompe, sans pourtant cesser avant longtemps son exercice. Du XIIe au XVe siècle, nous en sommes là. Dans les genres de tradition la plus ancienne, comme l'épopée ou, plus subtilement, le « grand chant courtois », se perpétue un type relativement archaïque de formulisme, définissable par la disproportion qu'il comporte, entre un nombre élevé de signifiants et un nombre restreint de signifiés ; ces derniers s'identifient plus ou moins à des catégories culturelles, fondatrices de sens. Il reste plus que des traces de cette situation dans les genres de création récente, comme le roman ou le *dit*.

Ainsi se constitue un *interdiscours* poétique — au sens où l'on parle d'*intertexte* : un réseau mémoriel et verbal, très inégalement serré mais qui vise à embrasser de ses fils la parole entière d'une communauté. Il détermine plus ou moins le message qu'énoncent les poètes, et tient dans son origine à quelque idéologie, parfois figée et devenue improductive. Le formulisme tend ainsi à se replier sur sa propre clôture. Une forte connotation autonymique affecte le langage qu'il produit. Ses parties même les plus rigides, les « formules » proprement dites, à tout instant se prêtent à re-sémantisation, selon le contexte, la circonstance, la nature du public. A la limite, la seule *réalité* à laquelle réfère ce langage, c'est l'événement même qui le *réalise,* la performance. Son sens global procède moins des éléments itératifs cumulés qu'il met en place que de leur itération même. Ce qui se manifeste alors — au son d'une voix, dans la présence commune de l'émetteur et des récepteurs du message —, c'est un jeu corporellement *autotélique,* un effacement fictif ou un dépassement de l'histoire, assumée, assimilée, gommée par le retour de sonorités, de gestes, de significations offertes.

Fondamentalement, le formulisme est ainsi de l'ordre de la voix. En fait, par suite de l'hétérogénéité des traditions occidentales dès le haut moyen âge, ses effets revêtent des aspects divers, sensibles à des niveaux différents de l'œuvre : ainsi, en même temps qu'ils fixent ce que j'appelai jadis les «registres d'expression [17]», ils modalisent, pour l'essentiel, l'usage de la rhétorique, en latin non moins qu'en langue vulgaire. La pratique des lettrés restera pour des siècles marquée par les méthodes formulaires de l'apprentissage du latin introduites à l'époque carolingienne : mémorisation et répétition à voix haute de menus textes sapientiaux, *Distiques de Caton,* fables ésopiques, versets de psaumes : la *Fecunda ratis,* d'Egbert, vers l'an mil, fournit à cette fin aux étudiants de Liège un recueil de dictons ; deux siècles plus tard, les *Parabolae* d'Alain de Lille rempliront une fonction semblable.

Le formulisme poétique fonctionne à l'aide de modèles d'ordre divers, syntaxiques, rythmiques, sémantiques, opérant, dans la constitution du texte, de manière générative, produisant en surface des séquences à la fois attendues et souvent imprévisibles. Le procédé parfois travaille subtilement à ras d'énoncé : ainsi, tel adverbe, comme *or,* introduit périodiquement dans le discours (je l'ai signalé) une référence à son oralité, réelle ou fictive ; un déictique comme *ci a* par sa seule présence indique qu'il s'agit de paroles rapportées [18]. Mais le formulisme embrasse le discours comme tel, plus encore que son organisation langagière, et, dans sa mise en pratique, concerne la performance plutôt que la composition : telle est la fonction des *lieux* ou *topi,* originellement partie de la *memoria* et de l'*actio* rhétoriques et liés à l'usage oratoire de la parole, puis, par un glissement qui se poursuivit jusqu'aux siècles classiques, tombés au niveau de l'art littéraire et — inversement — hissés à celui de la dialecti-

17. Zumthor 1963*a*, p. 142-161.
18. Ollier 1986*a* et (1987) ; Perret 1986.

que, de plus en plus abstraits à chaque étape. Le *lieu commun* a pour fonction de rapprocher de l'auditeur la *materia remota* du discours, de concrétiser un contenu, en évitant néanmoins toute particularisation : il fonde la technique des « arts de mémoire » et justifie pratiquement la plupart des stratégies poétiques adoptées au cours des siècles. Selon la perspective où l'on place l'usage, il guide le développement d'une ligne de pensée, en détermine les articulations, ou bien ouvre un répertoire d'arguments efficaces.

C'est néanmoins de préférence lorsqu'il implique le vocabulaire et influe directement sur la sélection des formes linguistiques que l'on a pris, à tort ou à raison, l'habitude de considérer le formulisme. De contours plus ou moins stables mais toujours (fût-ce contextuellement) identifiables, l'unité formulaire fonctionne comme une citation d'autorité. Elle renvoie à un texte social, virtuel mais incontestable, parole traditionnelle et publique, constituant un plan de référence substituable et, de fait, le plus souvent substitué à un « réel » mal perceptible dont en performance on se désintéresse, à moins que même on ne le refuse. Telle est, en son fondement, l'opération que désigne alors, en en dissimulant les effets, le terme savant de *repraesentatio*. D'où, par-delà son lien avec la topique, des techniques d'élocution comme celle que recommande, avant Jean de Garlande, Geoffroy de Vinsauf [19] : qu'une sentence ouvre l'exorde, puis ferme la conclusion du discours, double concentration de sens, prémonitoire puis rétrospective, condensant ce qu'a de plus vrai le message, *majus diffundens lumen* (« répandant une plus grande lumière ») selon les vers 126 de la *Poetria nova*. Mais qu'est-ce que la *sententia*, sinon ce que profère une voix externe, hors temps, sans espace, présence pure, on-dit ou phrase mémorable, sur quoi bâtir l'argumentation et fonder une véridicité [20] ? Presque toujours, l'usage de la sentence, au cours d'un texte, est répétitif ; ainsi se réitère pour notre enseignement et notre plaisir l'évocation d'une expérience transpersonnelle, l'audition de ce bruit de foule rassemblé, sur les lèvres des sages, en brèves séquences hautement signifiantes, noyau de toute pensée : riches de sens au point d'exiger un décodage à multiples dimensions, jamais achevé. Peu en importe les aspects occasionnels : citation littérale ou imitée, voire parodique, d'un auteur ; locution métaphorique figée ; expression toute faite

19. Faral 1924, p. 55 et 201.
20. Ollier 1976.

attachée à telle situation, tel type de discours; dicton; proverbe. Je les réunis sous l'appellation de *formules*, dans le sens où Zavarin et Coote, d'un point de vue ethnologique, embrassant des faits de phraséologie, de parémiologie et de folklore, parlaient de *formulaic text*. Aucun inventaire n'existe des « formules » qui furent en usage entre le IXᵉ-Xᵉ siècle et le XVᵉ. Il n'en est pas moins assuré qu'elles furent innombrables. Dans le français des seuls XIVᵉ et XVᵉ, le dictionnaire des locutions projeté par G. Di Stefano comptera plus de neuf mille entrées; l'œuvre de Jean Le Fèvre, vers 1370, recourt à plus de deux cents locutions métaphoriques figées, dont une trentaine ne possèdent aucun équivalent littéral [21].

Ce que nous nommons, dans une acception étroite, *proverbe,* quoique mal distinct des autres variétés de formules, se prête mieux qu'elles peut-être à l'examen de leurs traits communs et met davantage en lumière les racines que plonge toute diction formulaire dans les traditions d'un univers d'oralité. Un effet, il est vrai, d'accumulation et le caractère plus explicite de la documentation font qu'il nous est plus aisé d'identifier les proverbes dans les textes des XIVᵉ, XVᵉ, XVIᵉ siècles. Plus haut dans le temps, la tâche est difficile; mais rien ne prouve que le foisonnement proverbial ait été moindre; et l'usage d'une inépuisable matière parémio-logique, moins révélateur de la nature profonde d'une esthétique [22]. Tous les genres furent touchés, jusqu'au grand chant courtois; plus que les autres, ceux dont la fonction implique un engagement persuasif, une prise de position publique, que ce soit pour moraliser ou pour provoquer le rire : de l'*Ysemgrimus* latin au français *Chastiemusart* et à son homologue vénitien *Super natura feminarum,* au théâtre du bas moyen âge, farces et sotties, à la poésie même de cour dans le *Franklin's Tale,* chez les grands rhétoriqueurs, voire sous la plume du savant Philippe de Mézières, dissertant allégoriquement de grande politique dans le *Songe du vieil pèlerin,* destiné au roi Charles VI. Des techniques d'utilisation des pro-verbes se créent peu à peu, ainsi l'*épiphonème* (conclusion d'une unité de discours) qui survit de nos jours encore dans la *glosa* des poètes populai-res brésiliens [23]. Certains textes tardifs ne sont que tissu de proverbes, l'effet de sens y provient de ce cumul et de la rupture de tout lien contextuel, comme il se produirait dans l'enregistrement d'un murmure

---

21. Hasenohr.
22. Cerquiglini; Schulze-Busacker.
23. Peloso, p. 45.

de foule... comme il le fait aujourd'hui encore dans ces poèmes africains formés d'un enchaînement de dictons et devises. La ballade de Villon *Tant grate chièvre que mau gist* n'est en cela pas isolée.

Le proverbe à tout instant menace d'envahir le discours, comme le champ de la toile, parfois, chez Jérôme Bosch ou Bruegel. Au reste, tel proverbe appartenant en commun aux hommes du XIIIe, du XVe siècle fut à l'origine sentence patristique, aphorisme philosophique. *Les gros poissons mangent les petits,* bien attesté (en particulier chez les prédicateurs) jusque vers 1500, vient de la Bible *via* les saints Augustin et Jérôme. Un réseau serré embrasse le trésor indifférencié des paroles fondant le juste et le vrai. Les siècles à partir de 1200 sont jalonnés de recueils de proverbes, en toutes langues, constitués comme des sources de savoir et d'expression adéquate, aptes à opérer la cristallisation des discours. Nous en possédons plusieurs dizaines, provenant pour la plupart de milieux lettrés : deux d'entre eux, vers 1450, figuraient dans la bibliothèque des ducs de Bourgogne. Didactique sans être dogmatique, constatant plutôt qu'il n'ordonne ; métaphorique, mais bref et syntaxiquement réduit à l'essentiel ; visant l'universel à travers le concret : carrefour et lieu de convergence, le proverbe constitue la manifestation primaire, anthropologique autant que linguistique, du formulisme. Proche, dans la pratique médiévale, de l'apologue *(exemplum),* il s'en distingue par sa forme implicite : mais la terminologie ne cesse de les confondre. Peu importe : le propre du proverbe, comme de toute formule, c'est qu'à chaque occurrence on le *re-connaît,* forme et idée. Mais son sens, c'est en contexte qu'il le prend, en vertu même de cette réitérativité indéfinie, source de sa signifiance. Grâce à elle, le monde se remet en ordre quand une bouche le prononce ; le jugement analytique suspend ses effets et, pour un instant, se rétablit la dense continuité de la vie. En ce sens, l'effet de « communication différée » que de nos jours on a considéré comme définitoire de toute œuvre poétique se produit grâce au formulisme, comme recours à un rituel langagier. La voix qui le prononce en performance est ainsi fictivement abstraite des circonstances concrètes où on la perçoit, en quelque façon mythifiée.

*

Le formulisme en poésie est donc redondance fortement fonctionnalisée, et formellement stylisée. O. Sayce en dépiste les marques chez les

Minnesänger : dans les jeux d'assonance, de contraste lexical, de couplage, de dédoublement. A chacun des niveaux de langue ainsi concernés (phonique, lexical, syntagmatique, sémantique), le formulisme peut se moduler de diverses manières : parallélisme ou alternance, antithèse ou reprise à variante, échos périodiques ou dispersés, litanie, dérapage contrôlé. Rejeux, variations sur thème obligé, diversité au sein du même, fondement d'une technique partout semblable à elle-même et dont les moyens seuls diffèrent plus ou moins selon les circonstances. Toute récurrence fixe et maintient : tendant à l'hyperbole, elle témoigne de l'acceptation, par le poète, de la société pour laquelle il parle ou chante. Mais cette société, il l'accepte moins par choix qu'en vertu du rôle à lui confié par la collectivité, de conservateur et de héraut. Le système parfois se concrétise en figure de style, coïncide occasionnellement avec la pratique rhétoricienne : telle *repetitio* de Peire Vidal dans la chanson *Be m'agrada* où chaque strophe se construit et se condense sur un mot ou un syntagme repris à chaque vers ; l'insistance des trois syllabes initiales, incessamment répétées, du *Was hilfet âne sinne Kunst* de Reinmar von Zweter ou de l'éloge des dames de Konrad von Würzburg [24] ? Les exemples sont innombrables, à toute époque et en toute langue. Certains genres poétiques sont techniquement fondés sur de tels effets : la séquence archaïque ; le *Leich* allemand ; le virelai, la ballette, le rondeau français et occitans, dans leurs diverses variétés. De récurrence en récurrence, le texte s'anime, d'un mouvement interne, dessiné en espace plus encore qu'en durée ; s'affirmant comme rassemblement et ressemblance : rien n'y est absolument identique ni absolument autre ; le texte opère ainsi une médiation entre Créateur et créature — locuteur et auditeur —, référant non à la chaîne de l'histoire mais à celle des valeurs de l'être.

Je me suis attaché à relever ces marques dans *Éracle,* ici choisi en vertu même de son caractère lettré, clérical et de sa visée ultime : l'amusement et l'édification d'une cour comtale. L'auteur use d'un procédé formulaire remarquable en ce qu'il lui permet de constituer — simultanément aux niveaux rythmique, lexical et syntaxique — un système mouvant d'échos et de parallélismes : près de la moitié des vers du roman commencent par une conjonction ou un adverbe de phrase ; or, un nombre non négligeable de ces termes figure en tête de plusieurs vers successifs, constituant des séries itératives étirées et entrecroisées au long du texte ; ainsi :

---

24. Avalle 1960, I, p. 22-25 ; Sayce, p. 306 et 434.

- *et* figure 63 fois en tête de deux vers consécutifs ou plus ;
- *que, qui, ou, dont, ne* et les conjonctions simples *quant, se, ains, car, mais,* 99 fois ;
- *or,* 12 fois.

L'ensemble de ces récurrences, assez régulièrement distribuées, affecte 376 vers, soit près de 6 % du total. Autre procédé, de même ordre : 86 vers commencent par le nom *Éracle,* le plus souvent en fonction de sujet du verbe. Souvent, l'auteur ponctue l'unité narrative (scène, épisode, action) de vers ou expressions à valeur de refrain, introduisant dans l'exposé, grâce à de menues variations, un rythme interne qui le dramatise et y figure comme l'ébauche d'un geste. J'en ai relevé par sondage plus de cinquante exemples ; le nombre total doit être beaucoup plus grand. Généralement, la répétition porte sur deux ou même trois vers consécutifs, suspendant le récit d'une manière qui accentue la dramatisation et fortifie la suggestion gestuelle. Çà et là un vers réapparaît, identique, après un assez long intervalle, se transformant ainsi en refrain proprement dit, encadrant une scène que rendent virtuellement théâtrale le nombre des dialogues, leur rythme, la brièveté des répliques et la présence, dans celles-ci, de vocatifs récurrents formant gradation et personnalisant fortement les interlocuteurs. Ainsi aux passages les plus dramatiques ou les plus ironiques du texte : la vente d'Éracle au marché ; le concours de beauté ; les apparitions de l'ange. Même si, comme il est probable, ce sont là ornements rhétoriques, Gautier les manie à la façon dont les chanteurs épiques manipulaient leurs formules, et sans doute dans la même intention d'extériorisation du récit, tendant à manifester sensoriellement son artifice — c'est-à-dire sa poésie. Souvent, au cours des vers, il suffit d'un mot, réitéré à quelques lieux stratégiques, pour rapprocher ainsi de l'auditeur une partie de la narration, engager cet auditeur lui-même dans cette re-présentation, *mimesis* d'une présence : les *molt* accumulés des v. 1325-1329, les *brocher, poindre, férir* de la course de chevaux ; le *nièce* des vers 2755, 2760, 2765 ; le *grant duel* des v. 6479-6481, et bien d'autres.

A. Kilito cite un poéticien arabe du XIe siècle, Ibn Rachîq : « Si la parole ne se répétait pas, elle disparaîtrait [25]. » Ce mot nous situe au cœur d'un univers de voix vives. La parole n'existe que répétée, inlassablement dispersée et reprise, sans quoi elle s'épuise et meurt, stérile. De quelque

25. Kilito, p. 19.

façon qu'elle se réalise, la récurrence discursive constitue le moyen le plus efficace de verbaliser une expérience spatio-temporelle et d'y faire participer l'auditeur. Le temps se déroule dans une intemporalité fictive, à partir d'un moment inaugural. Puis, dans l'espace qu'engendre le son, l'image sensoriellement éprouvée s'objective; du rythme naît, et se légitime, un savoir. Des fils se tissent dans la trame du discours, qui, multipliés, entrecroisés, y engendrent un autre discours, travaillant avec les éléments du premier, l'interprétant au fur et à mesure; le glosant, au point que la parole instaure un dialogue avec son propre thème. Tandis que défilent les paroles, s'établissent équivalences et contrastes comportant (car le contexte se modifie, fût-ce imperceptiblement) de subtiles nuances : chacune d'entre elles, reçue comme une information nouvelle, accroît la connaissance à laquelle nous invite cette voix.

10. L'ambiguïté rhétorique

Rythme et convention. - La glose intégrée. - Une syntaxe orale? - Discours direct.

Créatrice de rythmes, la récurrence — maîtrisée en vue d'une fin expressive — fonde le discours poétique. Tous les éléments constitutifs de celui-ci, quelle que soit leur nature, doivent être considérés dans cette perspective. En elle-même, la récurrence est en effet moins procédure discursive que manière d'être du langage. Mais, au cours du temps, certaines de ses manifestations s'institutionnalisent, tendent à se reproduire par inertie coutumière, deviennent procédés et finissent par constituer ensemble une trame structurelle conventionnelle — certes, et heureusement! percée de trous — sur laquelle paraissent se broder les autres effets rythmiques. Plusieurs de ces procédés ont fait, de longue date, l'objet d'études, du point de vue restrictif et technique de la rhétorique ou de la versification : ainsi de pratiques d'organisation textuelle comme l'*interpretatio*, l'*expolitio*, la *frequentatio*, la plupart des figures de mots, de grammaire et de son; ainsi encore des combinaisons strophiques. L'inventaire que l'on peut en dresser suggère que l'institutionnalisation opère à deux niveaux et que les procédés en question fonctionnent de manière soit macro-, soit microtextuelle. Deux exemples, parmi les récurrences sonores, illustrent bien cette opposition, ainsi que les relations étroites liant leurs termes : sur le plan macrotextuel, le refrain; sur le plan microtextuel, la rime.

J'ai traité de la rime dans un précédent chapitre. Quant au refrain, on peut en distinguer trois espèces. La première comprend les refrains intervenant de façon récurrente, et en principe à intervalles égaux, dans un énoncé strophique — généralement en fin (ou en début) de strophe. Le refrain n'est pas toujours identiquement réitéré; le texte, la mélodie en peuvent varier; du moins est assurée la périodicité de la rupture ainsi provoquée. Cet usage est ancien dans les traditions des pays romans et germaniques. Les *planctus* carolingiens, stylisant, en milieu lettré, le *lamento* traditionnel, en tirent de puissants effets : le *heu mihi misero!* («malheur à moi!») ponctuant la belle *plainte* sur la mort de Charlemagne (814) hache le texte en vingt menus fragments, comme pourrait le faire le cri accompagnant un geste irrépressible de désespoir : le texte devient scénique, exige le jeu d'un corps, pathétiquement exhibé. Deux siècles plus tard, la *cantilena lamentationum* encore, composée par Wipo après la mort de l'empereur Conrad, est ainsi découpée de sanglots par son refrain *Rex deus, vivos tuere et defunctis miserere* («Dieu roi, protège les vivants, aie pitié des morts») [1]... Au XIIIᵉ siècle, ce type de refrain envahit les chansons des trouvères français et des *Minnesänger* : ces poètes, apparemment, en ont découvert la richesse fonctionnelle et jouent avec virtuosité de ces glissements contrôlés entre le monde verbal et mélodique de l'énoncé principal et celui que, réellement ou fictivement, y substitue à tout instant le refrain. Plusieurs savants, depuis Alfred Jeanroy, ont même supposé que nombre de ces refrains furent empruntés à une poésie plus largement répandue, de tradition presque exclusivement orale, et dont ne subsistent que peu d'autres traces écrites. Quoi qu'il faille penser de cette hypothèse (elle paraît fondée), le refrain comme tel, en se répandant de genre en genre au cours des siècles, souvent textuellement repris d'un texte à l'autre, acquiert une sorte d'autonomie : il constitue dès lors (et peut-être constituait-il depuis longtemps dans une tradition restée orale) l'une de ces «formes très brèves», soumises à des règles codifiées d'*abreviatio* et dont l'existence est attestée d'un bout à l'autre de l'Eurasie [2].

Autre espèce : ce que désigne le même terme de *refrain* dans certains genres «fixes», élément à la fois stable et récurrent d'un tissu textuel dont les autres éléments, changeants et non répétitifs, constituent l'amplification. Ainsi dans le rondeau et autres formes de structure ABabA abAB, aux variations innombrables — structure probablement liée, dans son origine, à un mouvement chorégraphique. C'est enfin — troisième espèce — dans un sens assez différent que l'on parle du *refrain* de certaines chansons de geste archaïques comme la *Chanson de Guillaume*, dont on a pu raisonnablement soutenir qu'il remplissait en performance une fonction de transition entre le récit parlé et le chant. La pratique des roman-

---

1. Vecchi 1952, p. 56-60 et 362 ; Strecker 1926, p. 84.
2. Zumthor 1983, p. 132-134 ; Wardropper, p. 177-180.

ciers conserva longtemps des traces altérées d'un tel usage : nombre de vers-refrains, ou répétitions diverses fonctionnant à ce titre, jalonnent les romans les plus anciens. Or, l'exemple de l'*Éracle* semble l'indiquer : les auteurs, ce faisant, aménagent leur texte en vue de la lecture publique. Gautier d'Arras montre constamment le souci, pour assurer la compréhension auditive, de distinguer, de la durée performancielle, le temps du récit. Il utilise dans ce but tour à tour plusieurs espèces de notations récurrentes, destinées à manifester, en performance, par une pause ou un mouvement vocal, les articulations narratives :

- notations de nature stylistique : du type *biaus est li tens* (« le temps est beau ») (v. 1639, 1973, 2065, 3799) ; phrase isolée en discours direct, fonctionnant à la manière de fins de laisses épiques, ou exclamation intervenant à la fin d'un discours (v. 2563, 2567) ; changement de temps verbal (v. 373, 652) ;

- notations relevant de la syntaxe narrative : changement de lieu (v. 2542, 2799, 2969, etc.), changement de personnage (v. 2815, 5211, 5320), nomination d'un personnage (v. 2787, 4961, etc.) ;

- notations temporelles, les plus nombreuses : ou bien elles mesurent expressément la durée événementielle, par des phrases comme *au cief de set ans* (« au terme de sept ans »), *au tierç jor* (« le troisième jour ») ou autres semblables (v. 141, 229, 252, 279, 345, 736, etc.) ; ou bien elles modalisent le temps narratif à l'aide de divers adverbes de discours (*lors, puis, ja,* etc.), surtout *or* dans la formule *or* + verbe + sujet (ainsi v. 1059, 1499, 1766, 1919, 4919), dont la réalisation la plus remarquable, *or est Eracles,* re-paraît neuf fois. Il arrive que deux ou trois de ces marques surgissent successivement à peu de vers de distance, se neutralisant en apparence : ainsi, aux vers 1245 et 1256, 1513 et 1517, 2065 et 2068, 3799 et 3805, 5192 et 5204, etc. On peut se demander si ce n'est pas là un moyen de laisser au récitant une marge de liberté dans l'interprétation « rythmique » du texte — analogue à ce que serait pour un chanteur une notation musicale incomplète (comme l'étaient les neumes), simple support d'exécution permettant des réalisations variées. Les grands romans en prose du XIIIe siècle ne sont pas dépourvus de marques de cette espèce, ne serait-ce que la formule itérative « le conte dit » : le texte se donne à lui-même la parole, et ce refrain ne cesse de revendiquer pour le récit la vérité de ce que fait entendre et prouve la sonorité d'une voix ; phrase inutile dans les romans en vers, car le vers à lui seul signifie cette voix.

Les faits de récurrence sont aisément repérables et leur interprétation ne pose pas de problèmes insolubles. Néanmoins, dans la mesure où la visée générale de l'œuvre reste une action vocale plus ou moins théâtralisée, s'en dégage un trait remarquable, général dans nos textes jusqu'au XIVe siècle et qui, plus tard, ne s'efface que lentement : l'existence d'un commentaire intégré au texte et dont on peut admettre qu'il y remplit (même si parfois on le suppose fictif) un rôle performanciel. J'en ai parlé, dans un chapitre précédent, sous l'appellation d'« interventions d'auteurs », à propos des chansons de geste. Mais l'usage, aux XIIe-XIIIe siècles, en est universel. Sur ce point encore, avec le grossissement que comportent les effets stylistiques de Gautier d'Arras, *Éracle* est représentatif. Gautier est partout présent dans son récit et, manifestement, tient à le faire sentir. On y relève, assez régulièrement réparties, 99 interventions : 1 en moyenne tous les 65 vers, toutes les deux ou trois minutes à l'audition ! Leur fonction les diversifie : remarque, en passant, à propos d'un personnage ou de l'épisode en cours ; affirmation de savoir ; citation ou référence ; annonce d'événements à venir. 5 seulement de ces interventions ont la forme d'une phrase à la troisième personne et constituent de brefs apartés, dont le plus frappant, v. 3259-3261, interrompt un monologue de l'héroïne. En revanche, 85 interventions se font à la première personne du singulier ; 9, à la première personne du pluriel, qui peut s'interpréter tantôt comme un substitut de *je,* tantôt comme englobant la communauté de l'auteur et des destinataires du roman. A deux reprises, l'intervention se réduit à un possessif : *notre empereur.* Par ailleurs, 49 interventions impliquent expressément le public, par recours au pronom *vous,* çà et là, selon l'usage des jongleurs, appuyé d'un *seigneurs,* ou parfois remplacé par lui. Plus d'une fois sur trois, l'auteur use d'une formule juxtaposant au *vous* un *je* explicite (dans l'usage du XIIe siècle, fortement insistant) : *je vos di.* Cet énoncé récurrent sert à introduire ou relancer un épisode ; et, sur le plan de la glose, il pose le motif de la véridicité. La vigueur de l'affirmation est d'autant plus significative que *je vos di* pourrait bien avoir appartenu au discours stéréotypé des charlatans et thériaqueurs de place publique (ou à sa parodie traditionnelle) : on ne le relève pas moins de 34 fois, en 165 lignes, dans le boniment publié en appendice des *Œuvres* de Rutebeuf [3] qui, lui-même, dans le *Dit de l'herberie,* pastichant ce texte ou un autre

---

3. Faral-Bastin, II, p. 268-271.

semblable, emploie (comme un trait typique?) quatre fois la formule. Celle-ci, dans *Éracle,* met contextuellement en relief le fait que plus du tiers de toutes les interventions d'auteur contiennent le verbe *dire,* un autre verbe de parole (tels *vanter* ou *faire devise*), ou inversement *oïr.*

C'est l'autorité du récit que Gautier entend fonder sur cette parole, dont la présence se réaffirme sans cesse. En témoigne une tournure çà et là substituée à celle-ci et renvoyant non directement au discours de l'auteur, mais à la connaissance qu'il détient : *je cuit, al mien cuidier, ce m'est vis* («je crois»; «à mon avis»; «il m'apparaît»), et autres semblables. Certes, Gautier a tiré d'un livre les éléments de son récit : il y renvoie explicitement, à sept reprises. Mais les références qu'il y fait ainsi suggèrent qu'il prend à son égard quelque distance : ce *livre,* écrit en latin (v. 5119), contient une *histoire* (v. 5126, 6089) qui *dit* quelque chose (v. 5126) à ceux qui la *lisent* (v. 5119, 6089), spécialistes formant un groupe social déterminé (v. 6089, 6177) dont le *témoignage* nous garantit la *vérité* (v. 6178, 6180). Mais Gautier ne semble pas se ranger d'emblée parmi ces privilégiés du savoir. Certes, il a accès à ce livre, il l'a *lu* (v. 6435); mais ce qu'il nous conte a séjourné dans sa mémoire : il nous en livre la *remembrance* (v. 6435). N'est-ce pas revendiquer, dans la véridicité même, une part à soi, une spécificité liée à ce dire? Telle est l'intention première du texte : son *origine.* C'est à travers ces affirmations ambiguës, ces dénégations à demi-mot, ces allusions latentes que le texte parle de lui-même, raconte sa propre poétique, en opération au sein de l'autre récit. En opération non sur des sources qu'il filtrerait de telle ou telle manière, mais parmi un fourmillement de discours, ses multiples archétypes. Hors de ceux-ci, *Éracle* est, comme œuvre, littéralement impensable : lieu de leur convergence et de leur transformation, à travers ces signes que trace la main, dans une *remembrance* obsédée du miracle de la voix vive.

Une équivocité subsiste. Elle tient à la rhétorique, imprégnant les formes de pensée et de sensibilité chez les lettrés, mais dont l'influence diffuse marque tous les artisans du langage. Celui-ci, la rhétorique le met en jeu, en fait un *enjeu* vital puisque, de façon médiate, le destin social en dépend. Or, même réduite, dans son emploi courant, au statut d'art de l'écriture, elle conservait plus d'un trait de sa vocation oratoire première. De Pierre Hélie à Pierre de Blois, Alexandre de Villedieu, Conrad de Mure et bien d'autres, les auteurs ne manquent pas, qui rappellent l'importance du découpage de la période en *distinctiones* et *suspensiones,* dont ils classifient les variétés [4]. La *Poetria nova* de Geoffroy de Vinsauf, vers 1210, se termine par trente-cinq vers sur l'*actio* (qu'en ont précédé soixante-deux sur la *memoria*) : c'est peu de chose, mais ce bref passage, pour remonter à un cliché antique, n'en est pas moins ici lourd de sens. Il assimile poète et *recitator,* met sur le même plan parole, expression du visage, geste et langage, prônant l'adéquation, à la chose désignée, des tonalités vocales et gestuelles :

> ... *sic ergo feratur ad aures,*
> *ut cibet auditum, vox castigata modeste,*
> *vultus et gestus gemino condita sapore*

(« qu'une voix parfaitement maîtrisée, nuancée par la mimique et le geste, porte aux oreilles le langage d'une manière à nourrir l'écoute ») [5]. Pour les praticiens de la poésie, cette *actio* concernait bien davantage que le comportement d'un interprète : elle définissait la visée ultime d'un art, par-delà la pragmatique de la composition. Intériorisée, elle animait le discours entier, dès sa première émergence, puis dans sa fixation sur le parchemin, et jusqu'à son épanouissement dans le geste et la voix. D'où la multiplication dans le texte de procédés de représentation spécialement accordés à de multiples effets de récitation publique plutôt que de lecture, modulant la voix et le geste, soulignant les contrastes et l'ironie, jouant des rythmes verbaux, variant significativement les débits. Ainsi, telles figures superlatives, dénuées de sens littéral mais efficaces, et que l'on ne comprend guère qu'accompagnées d'une mimique ou d'un geste.

La rhétorique est phénomène global. Elle commande, par le biais des discours, jusqu'aux arts plastiques : la démonstration en a été faite à propos de Byzance [6]. L'enseignement le plus réducteur ne peut la contraindre aux étroites limites de l'*elocutio* — seule des cinq parties qu'y distingue la théorie à concerner expressément ce que nous désignons du terme de *littérature*. Au XVIIᵉ siècle se répandra l'idée que la rhétorique a pour fonction de vêtir la langue, d'orner la nudité hideuse de ce corps. Mais avant cette époque tardive, la rhétorique s'intègre au fonctionnement de toute parole au point d'offrir aux doctes, jusque loin dans le XIIIᵉ siècle, l'unique voie d'une réflexion sur le langage. Peut-être se

4. Nigris, p. 424-428.
5. Faral 1924, p. 260.
6. Maguire.

montre-t-elle apte à assumer cette fonction par cela même qu'elle justifie les valeurs agonistiques et conservatrices du verbe humain, sa capacité de dialoguer, d'argumenter et de maintenir : valeurs les plus intimement attachées à son usage oral. La rhétorique vise à l'explicitation des données, à l'abondance du discours, dont elle entend assurer la gestion efficace : référant ainsi, de façon première, aux débats de la place publique. C'est par là qu'elle provoque cet effet de « communication différée » que nous attribuons aujourd'hui à l'écriture mais qui provient de toute formalisation — en fait, de toute théâtralisation — de la parole. D'où ce caractère souvent remarqué de nos textes poétiques anciens : la subtilité de construction ainsi que la recherche ornementaire y sont presque toujours plus grandes au début que dans la suite de l'ouvrage. Les *Artes dictandi* et autres traités de rhétorique en font une règle, dissertant de manière plus insistante et détaillée de l'*exordium* que du corps du texte et de sa conclusion. N'est-ce pas là entériner une situation de fait ? Dans la perspective d'une performance, ce qui importe en effet davantage, n'est-ce pas ce signal initial, isolant du flux des messages ordinaires celui qui, commençant ainsi, déclare se situer sur le plan de l'intemporel ? Tout se passe comme si le texte n'était que l'un des gages de l'action qui se noue et se dénoue en lui.

*

Des énergies débordent le texte, que rarement celui-ci désigne de façon explicite. Elles le travaillent ainsi, en vue de faire de lui, comme malgré lui et en apparente contradiction avec son être d'écriture, une épiphanie de la voix vive. Telle est assurément la cause principale du long maintien de la tradition des récits en vers : non seulement le vers instaure un rapport privilégié avec la voix [7], mais le couplet lié par la rime constituait une unité rythmique plus aisément perceptible à l'oreille qu'une phrase, même fortement scandée, de prose. La plupart des procédés stylistiques de la poésie de langue vulgaire pourraient être testés de ce point de vue. Les résultats partiels de telles analyses, il est vrai, emportent rarement la conviction. Reste une propension générale à exploiter telles ressources du langage plutôt que telles autres : B. Schlieben-Lange a souligné le rôle joué sur ce point par le caractère double, oral en même temps qu'écrit, du

---

7. Ollier 1978, p. 100-101.

texte médiéval, à la fois dans sa composition, généralement dictée, et sa transmission vocale. Il en résultait, inscrite dans le texte même, « une très haute conscience de ce qu'était la voix d'une langue », comme s'exprime R. Dragonetti [8].

Les énergies en question opèrent dans le texte — opèrent le texte — selon plusieurs axes. Le plus trivial (et le moins décisif) concerne les manipulations lexicales et syntaxiques. Au cours des siècles, en effet — et sans atténuation notable avant la fin du XVe —, se perpétue l'usage de techniques ou de procédés dont l'ethnologie nous enseigne l'universalité, par ailleurs, dans la poésie des peuples dépourvus d'écriture. Une allusion globale — sinon une preuve — se constitue ainsi. F. Bar, récemment, fournissait quelques exemples de ce qu'il nomme le « style parlé » dans le *Lancelot* en prose ; bien des études, depuis Auerbach, évoquent à ce propos la parataxe, associée à diverses brachylogies souvent interprétables comme des marques d'énonciation [9]. Le récit (que ce soit dans la chanson de geste, le fabliau, un certain nombre de lais, beaucoup de narrations historiographiques) tend ainsi à juxtaposer les éléments dans un espace à deux dimensions, sans les subordonner. L'exposé hache le discours en affirmations brèves, tend à les couper d'exclamations, d'expressions impératives, en série cumulatives discontinues ; à la limite, les verbes s'éclipsent, il n'y a plus de phrases mais un défilé d'éléments nominaux libérés. Le vocabulaire (parfois les mots grammaticaux eux-mêmes) semble traité, relativement à ce que put être l'usage courant (ou ce dont témoigne la prose documentaire du XIIIe siècle), d'une manière comparable : par restriction et condensation, au point de souvent obscurcir le sens [10]. Ainsi, encore — sauf chez quelques trouvères et *Minnesänger* —, une certaine *vulgarité* de ton : j'entends très précisément par là l'inexistence, en vernaculaire, d'un « style noble », tel que le latin classicisant de quelques poètes savants en connaissait alors... et que le français allait s'en fabriquer à partir du XVIe siècle ! D'où une sorte de familiarité savoureuse — choix des mots et train de phrase —, difficile, certes, à apprécier et que l'on ne saurait ériger en critère, néanmoins contribuant à l'impression générale de conversation ou de confidence. La nature profonde de cette langue se manifestera génialement, au terme d'une longue histoire, dans les premiers livres de Rabe-

8. Dragonetti 1982, p. 66.
9. Bar ; Batany 1982, p. 40-41.
10. Battaglia, p. 129-144.

lais. Cette souplesse, cette malléabilité (souvent touchant la maladresse) ne peuvent être dissociées de l'étonnante capacité d'absorption dont fait preuve chacun de nos textes à l'égard de tous les autres : intertextualité plongeant ses racines dans le comportement sémiotique d'une société encore presque entière vouée aux seuls échanges vocaux, nourrie aux réseaux enchevêtrés de ses propres discours. Ce que d'habitude l'on décrit abusivement comme influence, voire imitation ou copie, renvoie à l'usage vivant qui au roman chevaleresque emmêle des scènes de fabliaux, à l'exaltation lyrique la moralisation, dans un carrousel d'ironie, de parodie, de suggestions mystiques ou gaillardes, de réduplications à double sens, improvisées dans le fil de la voix. Ainsi de ces nombreux passages, parfois très brefs, en tous contextes, où l'on reconnaît tel segment structurellement ou linguistiquement typique, provenu moins d'un conte identifiable que du vaste discours narratif, réglé par une longue tradition d'oralité dont les contes constituent les manifestations concrètes, successives ou simultanées, mais toujours instables : duperies de conduite ou de langage, moqueries amusantes ou tendres, traits touchants, expressions édifiantes, comique trempé d'une sensiblerie qui en occulte la verdeur... Refus du tragique, lequel est le propre de l'écriture.

Le second axe concerne spécialement l'usage des temps verbaux et les jeux de masque ou de perspective qu'il permet. Grâce à ces déplacements, ces décalages, parfois ces contradictions apparentes, se tisse indissolublement au récit son commentaire temporel, tandis que la récurrence du présent inscrit dans le déroulement textuel la permanence d'une parole témoin. J. Rychner a démontré ce fonctionnement dans le *Renart*; M.-L. Ollier, dans les narrations de Chrétien de Troyes [11]. Par l'usage — en apparence peu cohérent — du présent dans le récit se trouvent maintenues l'instance d'énonciation, la présence charnelle et la continuité de la voix; et cet effet paraît d'autant plus puissant quand le récit est composé en vers car ceux-ci, par leur répétitivité, tendent à estomper la profondeur temporelle.

Autre indice, où concourent syntaxe et rhétorique : le nombre d'interrogations, exclamations, apostrophes, très élevé, en toute langue, dans les genres «lyriques», mais à peine moins important ailleurs. Or, ces tournures étaient en ancien français moins marquées par la forme de la phrase que par l'intonation... au point qu'elles sont parfois pour nous

11. Weinrich 1973, p. 25-64; Ricœur, p. 287-320; Rychner 1971; Ollier 1978.

malaisément repérables. Une lecture à haute voix, tant soit peu expressive, en ferait sans doute apparaître beaucoup plus que ne l'indique la ponctuation des éditeurs modernes. Les poètes d'alors exhibent un souci de la parole, élément allogène dans la narration, qu'il est possible d'incorporer à l'écrit par figure mimétique, en l'y représentant, mais que l'on ne peut y intégrer vraiment par suite d'une irréductibilité foncière : celle de la matérialité même de la voix. D'où un effet plurilogique, spécialement sensible dans la prose, où le système des ligatures entre récit et discours apparaît, dans l'ensemble, plus raffiné et complexe qu'en vers. Les formes poétiques traditionnellement dénommées «lyriques» fonctionnalisent de manière radicale le discours direct : la plupart des pièces que P. Bec regroupe sous l'appellation de «popularisantes» comportent, après une brève introduction narrative, monologue (ainsi, le plus souvent, la «chanson de toile») ou dialogue (la majorité des «pastourelles»); de même, en Allemagne, les *Frauenlieder*. Dans le «grand chant courtois», la *canso* entière, de signe *je*, est monologue et tire de cette fiction son sens. Les chansons de geste les plus anciennes, baignant encore, peut-être, dans un univers presque totalement livré aux puissances de la parole vive, font surgir de la narration le discours, brutal et presque nu; il éclate, heurte un autre discours, ces chocs résonnent vers contre vers : fruit d'une violence, la parole, comme l'Épée, tranche, jette sa clarté sur le monde, puis retombe. Le plus haut lieu du *Roland,* et le plus significatif, est sans doute le passage des laisses 170 à 172 du manuscrit d'Oxford (figurant aussi dans ceux de Venise 4, Paris, Cambridge et Lyon, ainsi que dans les adaptations allemande et norroise !) : le monologue que Roland mourant adresse à Durandal, épée et parole confondues dans cette ultime vérité du héros.

B. Stock souligne l'influence que put exercer cette économie textuelle sur la conscience que prenait l'homme occidental de l'accroissement des échanges sociaux et du mouvement, alors nouveau, des biens. Certes, mais idées et besoins nouveaux s'expriment par référence au vécu : ici, à l'expérience de la voix, cohésive et désaliénatrice. A l'époque où, vers la fin du XIIe siècle, se constitue le genre romanesque, la parole y occupe d'emblée une place centrale : on sait l'importance que, dès l'*Énéas,* prennent les monologues, «intérieurs» ou non, ainsi que, chez la majorité des auteurs, les dialogues. Or, la finalité essentielle est si profondément inviscérée au texte que de nombreux passages de ces discours ne sont facilement compréhensibles, à la lecture muette, que grâce aux artifices des éditeurs. Ainsi, de brefs monologues rapportés par un locuteur au cours de son propre monologue comme paroles d'un tiers : seul un jeu de guillemets permet au lecteur de s'y retrouver; dans les dialogues, le passage d'un interlocuteur à l'autre, marqué parfois par une apostrophe, ne l'est souvent que visuellement, par un tiret, dans l'édition : le *Tristrant* d'Eilhart en compte une dizaine, totalisant environ 300 vers. Les dialogues intérieurs d'*Éracle* seraient incohérents sans ces truquages typographiques. Qu'est-ce à dire, sinon que, dans l'intention même des auteurs, le texte exige une glose vocale-tonale, mimique ou gestuelle ? Lors même que le dialogue est jalonné d'apostrophes, celles-ci ne font que confirmer ce caractère en le théâtralisant de manière explicite.

Dans *Éracle,* le nombre, la répartition, la structure même des discours directs concourent à une valorisation non seulement de la voix, mais plus encore des procédés mêmes que peut exalter l'oralité du discours. Le récit contient 41 dialogues et 51 monologues, de toutes longueurs. Ils parsèment assez régulièrement le texte : le plus long passage qui n'en comporte aucun compte moins de 300 vers. Au total, les monologues emplissent 13 % du texte; les dialogues, 32 %, chiffres éloquents. Non seulement près de la moitié du texte (45 %) est «parlé», mais il est surtout dialogué, donc théâtralisé : 32 % de sa longueur textuelle, cela représente sensiblement plus en durée, ne serait-ce que par suite de la multiplication des pauses, même brèves, résultant du changement de locuteurs. Les dialogues comportent au total 240 répliques : les plus complexes en comptent respectivement 31, 18, 12, 11 et 10; les autres, de 2 à 9. D'où un mouvement constant, qui parfois se précipite, à mesure que les répliques se contractent en se répondant du tac au tac, à intervalles de un, deux, trois vers. L'ensemble dialogué se trouve ainsi raccordé au rythme rapide du récit. L'effet est accusé par le mode d'attache narrative : à quelques exceptions près, un *dit-il, fait-il,* introduit les paroles du premier interlocuteur; celles des autres suivent sans autre marque que les tirets apposés par l'éditeur. Gautier par ailleurs s'efforce d'atténuer l'opposition oratoire et dramatique existant entre discours dialogués et monologués. Il lui arrive de conjoindre, par le moyen d'une brève transition narrative, deux monologues en un dialogue de fait; ou un monologue avec le dialogue qui suit; voire, de donner à un long monologue une courte réplique terminale qui le transforme rétrospectivement en dialogue. Cumulant ces procédés, Gautier tempère ce que le pur monologue peut avoir de statique; il introduit dans le discours un élément quasi polyphonique et virtuellement gestuel; à la voix du monologueur répond une contre-voix, révélant la présence d'un autre corps. De même, à plusieurs reprises, ce n'est pas entre deux interlocuteurs que s'échangent les paroles, mais entre un individu et une foule, dont l'intervention nous est rapportée comme unanime et, pour ainsi dire, chorale !

O. Jodogne jadis suggérait, à propos de l'*Énéas,* que la technique du monologue, spécialement intérieur, consacre, au XIIe siècle, le passage d'une esthétique de conteur traditionnel à celle de romancier. A ce compte, l'usage — du reste raffiné — fait de ce procédé nouveau en langue vulgaire impliquerait chez plusieurs auteurs une volonté de l'intégrer au procédé plus ancien, de le subordonner à une conception de l'art qui fut celle des chanteurs de geste et restait celle des récitants de fabliaux. Des mêmes instruments linguistiques et rhétoriques, tel auteur plus que tel autre tire des effets fortement contrastants, en une plus urgente instance. Globalement, la situation est la même. J'ai opéré dans *Cligès* (choisi parmi les romans de Chrétien pour sa ressemblance approximative avec *Éracle*) un relevé des discours directs, selon les critères employés dans mon étude de Gautier. Le nombre total de ces discours est sensiblement le même : 98. Mais le nombre de vers qu'ils occupent diffère d'un tiers environ : pour 2 995 vers de discours (sur 6 570) dans *Éracle, Cligès* n'en présente que 2 028 (sur 6 664 vers), soit : en monologues, 16 % du roman ; en dialogues, 14 %. Par ailleurs, *Cligès* compte 72 monologues pour 26 dialogues, soit en moyenne 2,75 monologues pour un dialogue ; dans *Éracle,* cette proportion n'est que de 1,25. Encore les dialogues de *Cligès* comportent-ils moins de répliques, 85 au total, à peine plus du tiers de ce que l'on observe dans *Éracle.* Quant aux durées respectives des deux types de discours en question, elles témoignent dans *Éracle* d'une nette tendance — absente de *Cligès* — à l'expansion des dialogues et à la concentration des monologues. J'interprète comme une nuance semblable l'absence presque complète, en *Éracle,* de discours indirects, fréquents au contraire chez Chrétien. Gautier apparemment se refuse, en narration, à ce type de discours, comme s'il étouffait la voix.

*

Dernier axe où s'opère la poussée des énergies secrètes du texte : l'axe que je dirais « thématique », dans le sens où l'on parle du *thème* d'une proposition. Un motif référant à la parole, au son ou à l'effet de la voix, à la puissance du verbe prononcé, s'introduit et se maintient dans le tissu textuel. D'où, sur le plan lexical, la fréquence, dans beaucoup de textes, de mots référant (par eux-mêmes et quel que soit leur contexte) à la voix vive ; des verbes surtout, qui parfois parsèment le texte avec une telle densité qu'ils y tracent un réseau sémique nuançant tous les autres effets de signification. Le récit se constitue sur fond de paroles, au moyen de paroles, assumées dans le discours proclamé véridique du narrateur : *dire*, ou ses substituts, peut-être constitués en locutions factitives *(faire conte, faire devise)* ; tous les *dit-il* ou *il dit* attachant au récit quelque discours direct, parfois remplacés par *faire* ou *répondre*. Rien là de bien surprenant. Mais la narration proprement dite (dans *Éracle*, pour y revenir) ne présente pas moins de 145 occurrences de *verba dicendi*, dont 138 de *dire*. On atteint, dans les 6 570 vers du texte, le nombre total d'environ 300 verbes de cette classe sémantique, auxquels s'ajoutent quelques substantifs tels *chanson, cri*, ou *diction...* Y répondent des dizaines d'*ouïr* ou expressions équivalentes. Dans cet ouvrage, en dépit de sa première apparence superbement maîtrisé, et que je prends ici pour exemplaire, de tels dosages ne peuvent guère ne pas signifier ne serait-ce qu'une nostalgie peut-être, ou bien un appel, un élan de l'être vers toutes ces voix, émanation de vie, preuve de la vérité de nos corps, truchement du Miracle, gage de jouissance ; une volonté de les faire se dire dans cela même qu'on écrit ; une sommation. C'est pourquoi *Éracle* exige d'être perçu comme un discours plus que comme un texte : comme un message-en-situation. Si l'on veut avoir prise à la fin sur son existence textuelle, on ne le pourra qu'en s'attachant à percevoir et à analyser son existence discursive. De là, à notre première lecture, l'impression d'*entendre* un conteur. Puis l'impression se confirme ; elle requiert l'interprétation.

Ces tendances s'inscrivent profondément dans les arrière-pensées déterminant une esthétique et les goûts auxquels elle répond. Preuve en soient le nombre, l'ancienneté et la popularité des genres poétiques dialogués, qui contribuent à donner, à l'ensemble du dire médiéval, son caractère « théâtral ». A l'aube déjà de toutes nos traditions poétiques, la séquence latine de *Sainte Eulalie*, au IXe siècle, pourrait être interprétée comme un chant alterné : à l'impératif *concine* (« entonne ») de la première clausule répond à la troisième *tuam sequar melodiam* (« je suivrai ta mélodie ») ; à *cane* (« chante ! »), *ministrabo suffragium* (« j'assurerai l'accompagnement »). Si telle avait été l'intention de l'auteur, la séquence française jumelle, copiée au verso du texte latin, et de structure rythmique presque identique, serait elle aussi dialoguée. Pour S. D. Avalle, le poème, monologué par le même chantre, s'adresse dans ces passages à l'instrumentiste, muet [12]. Reste, dès le Xe siècle, l'introduction, en plusieurs régions de l'Empire carolingien, de tropes dialogués (chantés) dans la liturgie des plus grandes fêtes du calendrier ecclésiastique. A moyen terme en sortit un théâtre proprement dit. Il paraît assuré que la situation médiévale ne tient pas, ou pas directement, des traditions antiques : passé le Ve-VIe siècle, ne survivent plus du théâtre romain que des formes dégradées, stylisées en rites populaires, et la pratique des mimes, lointains précurseurs des jongleurs. C'est à des jeux de ce genre sans doute que furent destinés bien des textes mal interprétables autrement qu'en répliques alternées : le *Ritmo cassinese*, de l'Italie centrale, au XIIe (ou XIIIe ?) siècle, voire l'illustre *Rosa fresca aulentissima* attribué à Cielo d'Alcamo ; ou, en France, des poèmes violemment polémiques comme *le Privilège aux Bretons*, vers 1234, *la Paix aux Anglais*, de 1264, que rien dans leur technique ne distingue de textes dont, à la même époque, le manuscrit fait précéder chaque groupe de vers du nom du locuteur : ainsi, *le Garçon et l'Aveugle*, considéré comme l'ancêtre des « farces » du XVe siècle. Je n'hésite pas aujourd'hui à citer ici la majorité des textes que, dans un livre écrit en 1952, je définissais comme « monologues » [13].

Cette tradition, à partir du XIIe siècle, en rencontra une autre, d'origine différente mais dont la puissance et les effets s'accrurent continûment jusque vers 1500 : celle de la *disputatio* scolaire, joute oratoire improvisée sur un thème donné. C'est au modèle de la *disputatio* que renvoient non seulement tous les poèmes latins comme la courtoise *Altercatio Phyllidis et Florae*, le « Concile de Remiremont » ou la très morale « Dispute du Cœur et de l'Œil » du chancelier Philippe de Grève, mais le surabondant genre français du « débat », encore en pleine vigueur vers 1480, et ses équivalents ailleurs : genre dont l'Allemagne avait produit, dès 1400, le fruit le plus savoureux, *Der Ackermann und der Tod* (« Le laboureur et la mort ») de Johannes von Tepl. Peut-être ce même modèle, confirmant une pratique transmise par les traducteurs de recueils de contes orientaux (tel le *Roman des sept sages*), inspira-t-il à Chaucer et Boccace, avant Marguerite de Navarre, le cadre fictif de leurs nouvelles : débitées tour à tour et commentées par un groupe d'interlocuteurs. Cependant, vers la fin

---

12. Avalle 1966*b*, p. 155-169.
13. Zumthor 1973, index s.v. *mime* et *monologue*.

du XIIe siècle, la poésie chantée avait adapté à ses propres besoins la forme du débat : *tenso* et *partimen* apparaissent en occitan avec la troisième génération des troubadours, et passent bientôt en français *(tenson, jeu parti),* en allemand *(Wechsel)* et en italien *(contrasto).* Le poème fait alterner les strophes ou groupes de strophes identiques entre deux personnages plaidant chacun leur cause ou contestant quelque opinion. Apparemment, le genre exige (ou, pour le moins, suggère) l'intervention de deux chanteurs ou diseurs.

Aucune de ces techniques ne fait sens, en effet, parmi tant de vocalités ambiantes, que dans la visée performancielle ; que si elle intègre au texte certaines au moins des qualités spécifiques, qui seraient exigibles dans la réalité corporelle d'une performance. La structuration poétique résulte moins de procédés de grammaticalisation que d'une dramatisation du discours. La norme est définissable moins en termes de linguistique que de dramaturgie. Il serait souhaitable de ré-examiner sous cet éclairage la totalité de nos textes, surtout ceux que nous prenons, assez paresseusement, parce que non chantés, pour réductibles à leur écriture. Je me suis engagé dans ce réexamen avec *Éracle ;* je l'ai depuis lors amorcé avec le *Tristan* de Béroul et celui de Gottfried von Strassburg : partout, on recueille dans le discours les mêmes indices redondants de sa fonction « phatique » : digressions prospectives, rétrospectives, justificatives, stases ornementales, apostrophes, questions rhétoriques, passage du *il* au *je,* de *eux* à *vous,* usage de présentatifs tels que *voyez, écoutez,* schématisation descriptive, énumérations... De là, une tension artificielle générale, permettant au langage de biaiser avec les exigences de la linéarité événementielle. De tels croisements registraux trahissent, dans la perspective de la performance, un effort en vue de produire un surplus sémantique, d'instaurer dans le sens poétique une diversification étonnante. Ce jeu verbal incessant révèle au cœur du texte comme un lieu vide et neutre : celui que va, on le sent, animer et emplir l'acteur chargé de faire *exister* cette œuvre. Certes, tous les textes, après les années tournantes 1150-1200, ne se prêtent pas aussi volontiers à cette analyse. Plusieurs résistent. Cette diversité tient à la force d'impact plus ou moins grande, sur des poètes lettrés, des mentalités scripturaires alors en expansion. Elle ne fait toutefois ainsi que voiler l'identité profonde d'une poétique, définie par le double trait qu'elle possède (il lui faudra des siècles pour le perdre) en commun avec la poésie de transmission orale telle qu'on peut l'observer aujourd'hui encore, en quelques lieux de notre monde : à la fois une minutieuse complication du tissu textuel et une souveraine, presque licencieuse, liberté de combinaison des ensembles. Mais aussi, comme toutes les poésies de tradition orale qu'il nous est donné d'observer *in vivo,* la poésie des siècles médiévaux est fondamentalement, en toutes ses parties, narrative. Les deux faits m'apparaissent liés : la poésie de cette époque a pour fonction — en s'inscrivant, par son artifice même, contre la nature — d'unifier la multiplicité des apparences, qui manifeste l'infinité de Dieu. Seul le récit, par sa complexité, sa temporalité, les actants qu'il implique et la glose qu'il autorise, offre une chance au langage : Dante, ici encore, marque dans la *Commedia* un aboutissement, de même, à un moindre degré, que la somme romanesque du *Lancelot-Graal.* Les chansons mêmes de *fine amor,* au discours circulaire, atemporel, apparemment le plus étranger à toute narration, n'échappent pas à ce qui apparaît une contrainte permanente de cette culture : ce qui constitue l'énoncé, c'est l'exposition indéfiniment réitérée à la fois d'un désir en proie à ses fantasmes et d'un intellect niant leur réalité. La surface textuelle, parfois chaotique, est sommairement agencée en vertu d'un schème narratif latent : vision, rencontre, demande et attente, abandon ou rejet, chacun de ces termes servant de référence mémorielle hors texte à l'une des propositions avancées. Ce schème sous-tend encore explicitement la *Vita nova* de Dante. Le langage poétique engagé dans ces opérations tend (contrairement à ce que souvent on en pense) à complexifier à l'extrême, dans le menu, les structures de discours. Scholz, qui a bien saisi ce trait, l'attribue à l'influence d'une écriture lettrée : tout le mouvement qui se dessine dans la poésie européenne depuis le IXe siècle lui donne tort. Déjà chez les Anglo-Saxons des VIIIe, IXe, X[e], la poésie (destinée à la déclamation) se distingue de la « prose » par ses recherches formelles et sémantiques, syntaxe à tiroirs multiples ou constructions appositives, composés inattendus, jeux de synonymie. A la même époque, la poésie arabe use de formes aussi élaborées et conventionnelles [14]. En Occident, la poésie scaldique d'Islande, celle des bardes du pays de Galles, le *trobar clus* occitan représentent des cas particuliers éminents de cette tendance. L'espèce de technicité particulière du style épique des chansons de geste ou du *Romancero* en est un autre. Mais la tendance se manifeste aussi bien dans de prétendues « maladresses », dans les trous ou les sautes de l'énoncé : la complexité recherchée consiste alors sans doute

14. Hamori, p. 3-30.

à conjoindre avec emphase le linguistique, le vocal et le gestuel. D'où, sans doute, la «difficulté» des chansons d'Arnaut Daniel, selon sa *Vida*, qui par excès d'artifice *no son leus ad entendre ni ad aprendre* («ne sont aisées ni à comprendre ni à apprendre») [15] : pauvre jongleur, chargé de mener à bien ce jeu! Dans un autre registre, la parfaite maîtrise de l'art narratif dont témoignent la plupart des fabliaux implique une science égale et un investissement non moindre de toutes les ressources du dire [16]. Les divers modèles poétiques en usage présentent une telle technicité que peu d'auteurs (autant que nous pouvons en juger) étaient capables d'en maîtriser plus d'un : Chrétien de Troyes ou Wolfram von Eschenbach font figure d'exception. Toute poésie relève alors, et pour longtemps encore, de ce que K. Ehrlich nomme l' «action langagière» *(sprachliches Handeln)* ou l'«acte locutoire» *(Sprechhandlung)*, d'autant plus artificiellement formalisés, dans la pratique d'un groupe humain, qu'ils importent davantage à la survie de sa collectivité [17]. Et qu'est-ce que le commentaire, auquel je faisais allusion — la glose qui accompagne la voix poétique et engendre avec elle notre texte —, sinon la pure expérience — qui se raconte à soi-même — de l'acte en question?

*

Dans la civilisation que nous appelons médiévale, la poésie (quel que soit son statut textuel) assume les fonctions que remplit la voix dans les cultures d'oralité primaire. Identité remarquable, plutôt que coïncidence. Il serait à peine forcé de soutenir que, dans l'Occident des XIIe, XIIIe, XIVe siècles, la poésie constitue un archaïsme... en ce qu'elle émerge, dans le langage, dans le sentiment, dans la pratique sociale, d'un passé très ancien, avec lequel les liens ne sont plus concevables en termes d'usage. C'est pourquoi sans doute cette poésie, dans les formes qu'elle affichait ainsi, était destinée à disparaître un jour au profit d'une *littérature,* mieux accordée au présent du monde. Notre vieille poésie — plus ou moins selon ses parties, mais foncièrement — est rite; sa fonction primordiale est d'opérer un charme, apte à rendre présent ce qui ne l'est pas, à cerner cette absence dans un symbolisme non seulement évocateur,

---

15. Boutière-Schutz, p. 59.
16. Pearcy.
17. Ehrlich, p. 27-36.

mais créateur d'autre chose. De ce rituel, il lui faudra des siècles pour se dégager : aux alentours de 1400, elle en sera encore à demi captive.

La rigueur de cette concentration sur les formes ne cesse, dans la plupart des genres, de s'accroître, partout en Europe, au cours des XIIIᵉ et XIVᵉ siècles : le temps même où la progressive, mais irrésistible, diffusion de l'écrit annonce et prépare pour bientôt l'invention de l'imprimerie. Compensation offerte à tout ce que, du vieil Occident, menace de tuer la technologie nouvelle ? Cette technologie qui, à terme, finira par mettre en question, puis à priver de leur dignité éminente, les ornements dont se délectait la poétique traditionnelle, les fioritures, les *vocalises*... Jeux de voix, certes pliés à une stratégie textuelle d'ensemble (parfois retorse), mais aux proliférations si plaisantes que rarement cette stratégie est conduite jusqu'au bout. L'œuvre entière de Baltrusaitis nous montre à quel point l'ornemental constitua, dans les arts romans de la pierre, le fondement de toute « représentation ». De même dans les genres de la poésie. Mais l'ornement procède d'une construction réfléchie, maîtrisée, embrassant les rythmes et la syntaxe, les modes et les symboles, le maniement des signes iconiques. Telle est la source de cette complexité paisible, de cette technicité joyeuse, marques d'un art très corporel du langage. Peut-on parler à ce propos de *style ?* Sans doute ; mais à condition d'attacher à ce terme, par-delà l'idée d'une régulation quelconque des mots, celle de rapport avec le réel et, dans ce rapport, de plaisir : la rencontre attendue, mais imprévisible, d'une identité ! Encore l'identité n'est-elle jamais tout à fait assurée ; l'univers menace chaque instant de plaisir. Le formalisme médiéval tend spontanément à quelque obscurité. Du moins, telle en est, à nos yeux de lecteurs, l'apparence. J'ai signalé ailleurs la fréquence de cet épaississement du tissu linguistique, de cette opacification du message, dans les textes de tradition orale [18]. Toute poésie travaille dans l'hétérogène : tantôt, visant la clarté, elle produit l'obscur, et tantôt l'inverse. Or, il semble bien (en dépit des opinions courantes) que le premier de ces itinéraires soit plus spécial à la voix ; le second, davantage à l'écriture. Tel fut le cas à notre époque ancienne : impossible pour nous de savoir si ce fut là le fruit d'une intention ; du moins fut-ce en vertu d'un système expressif dont on peut admettre qu'il était une rhétorique de la voix, réalisée en performance par l'emploi d'un langage virtuellement initiatique, reconnaissable d'emblée comme rele-

18. Zumthor 1983, p. 137-138.

vant d'une tradition connue, et constamment glosée par le corps. La forme a pour fonction première de tendre à cet effet. Des fils se tissent dans la trame du discours qui, multipliés, entrecroisés, y dessinent un hiéroglyphe toujours incomplet... et dont seuls le ton de la voix, le geste, le décor achèvent le dessin dans la performance.

Tout au long de cette histoire ne cesse de s'exercer ainsi, sur les initiatives d'une classe scribale aspirant à l'hégémonie, une pression qui la contraint à composer avec la puissance de la voix. On en perçoit spécialement les effets sur les formes de la poésie de langue vulgaire, où l'écrit maintint pendant des siècles des structures ou procédés peut-être originellement propres à des traditions purement orales : cause d'erreurs d'interprétation (et de polémiques sans fin) entre érudits ! Il s'agit pourtant ici moins d'une pure inertie que d'un phénomène observé ailleurs par les ethnologues : en culture d'oralité mixte, les sujets lisent — et conçoivent — les textes à travers une grille fournie par la tradition orale, interprètent l'écriture en vertu de valeurs attachées à la voix. Un courant d'échanges réciproque circule du texte à sa glose mouvante, et inversement ; mais ni l'un ni l'autre de ces termes ne réfère toujours ni exclusivement soit à la voix, soit à l'écrit. C'est un fait, et d'où provient l'équivoque perturbant depuis un siècle la réflexion de trop de médiévistes. Les produits du verbe poétique se distinguent mal, en effet, si l'on juge étroitement de leur manifestation « orale » ou « écrite » ; ils constituent, en revanche, des configurations bien distinctes (parce que impliquant des univers de valeurs aux axes divergents) si l'on rapporte ces termes à une finalité, réalisable à terme, mais fondatrice de leur statut. Rien n'illustre mieux ce mode de fonctionnement que le double registre des sermons de Bernard de Clairvaux, prononcés, puis écrits, par un auteur très soucieux d'adapter ses moyens à des fins dissemblables [19]. Comme le déclare, au début du XIIIe siècle, Jacques de Vitry dans le prologue du recueil de ses sermons, la partie illustrative, comparaisons et *exempla,* de ces textes ne peut vraiment être exprimée que « par le geste, la parole, le ton : ils n'émeuvent ni même n'éveillent l'attention des auditeurs que dans la bouche de tel prédicateur plutôt que de tel autre, prononcés dans telle langue plutôt que dans telle autre [20] ». On ne saurait mieux référer à une performance.

19. Zink 1976, p. 293-301 ; Stock 1983, p. 409-410.
20. Bremond-Le Goff-Schmitt, p. 147.

L'écriture ne suffit pas à fixer le texte, et, à tout instant, la bouche du lecteur s'apprête à le remanier, sinon à le refaire. D'où ce que, depuis plusieurs années, prétendent avoir révélé diverses études : l'influence, sur l'écriture, de formes d'expression orale. Entendons plutôt qu'elles ont montré, ces études, en transparence, à travers la surface inscrite, la permanence d'un modèle textuel vocal : ce que démontra H. R. Jauss jadis à propos du *Roman de Renart* [21].

21. Jauss 1959, p. 142-152.

11. La performance

Le texte en situation : les « rôles ». - L'auditeur complice. - Indices circonstanciels. - Le « théâtre ».

Reste, pour entendre la voix qui prononça nos textes, à prendre place au lieu où son écho peut-être vibre encore : à saisir une performance à l'instant et dans la perspective où elle importe comme action plus que par ce dont elle rend possible la communication. Il s'agit pour nous de tenter de percevoir le texte concrètement réalisé par et dans une production sonore : expression et illocution ensemble, au sein d'une situation transitoire et unique. L'information se transmet ainsi dans un champ déictique particulier, jamais exactement reproductible, et selon des conditions variables dépendant du nombre et de la qualité des éléments non linguistiques en jeu. Les linguistes, depuis vingt ans, nous le répètent, l'énonciation tend naturellement à déborder l'énonciateur et l'énoncé, à se mettre elle-même en évidence. On rapprocherait sans calembour *performance* de *performatif,* dans le sens que l'on donne à ce terme depuis Austin. On poserait par là en principe que le langage poétique médiéval comporte toujours un aspect performatif.

Les modalités selon lesquelles se manifeste cet aspect n'en sont pas moins historiquement déterminées, donc mouvantes au cours du temps. M. Sbisà et P. Fabbri rappelaient récemment que deux séries de règles régissent tout acte de communication : les unes, présupposées (donc, en principe, universelles) ; les autres, négociées dans le cadre de cet acte. La même ligne de réflexion m'amène à en distinguer plutôt trois séries : des règles propres à toute émergence du langage en discours ; des règles typiques de telle procédure discursive ; des règles particulières enfin à chaque situation vécue. D'où l'opposition qu'à plusieurs reprises j'ai suggérée entre la surface du « texte » poétique médiéval et sa « forme » : cette dernière excède l'autre de tout ce qui relève du souffle, du son, du geste, de l'instrumentation, du décor. C'est ainsi qu'il convient d'enten-

245

dre, respectivement, les termes d'*œuvre* et de *texte* que jusqu'ici j'ai soigneusement distingués. J'en résume brièvement la définition, en style de dictionnaire :

- l'*œuvre :* ce qui est poétiquement communiqué, ici et maintenant : texte, sonorités, rythmes, éléments visuels ; le terme embrasse la totalité des facteurs de la performance ;

- le *texte :* séquence linguistique tendant à la clôture, et telle que le sens global n'est pas réductible à la somme des effets de sens particuliers produits par ses composants successifs ;

et j'ajoute, par surcroît de précision :

- le *poème :* le texte (et, le cas échéant, la mélodie) de l'*œuvre,* sans considération des autres facteurs de la performance.

Le *texte* est lisible (heureusement pour nous, médiévistes !) ; l'*œuvre* fut à la fois audible et visible. Or, ces diverses qualités ne sont ni symétriques ni même, somme toute, comparables. Du *texte,* la voix, en performance, tire l'*œuvre.* Elle s'asservit à cette fin, en les fonctionnalisant, tous les éléments aptes à la porter, l'amplifier, à accuser son autorité, son action, son intention persuasive. Elle use du silence même, qu'elle motive et rend signifiant.

Le médiéviste est ici captif d'un cercle vicieux. Il enregistre des yeux ce qui fut destiné à une perception conjointe de l'ouïe, de la vue, du toucher même — à une cénesthésie. La performance passée échappe, comme telle, irrémédiablement, à notre observation. Les renseignements que l'on pourrait extraire, par analogie, d'exemples actuels tendent à prouver que les modalités de la performance relèvent principalement du style personnel de l'interprète, ou de traditions d'école plus ou moins divergentes dans la pratique d'un même genre. Il est difficile d'affirmer davantage. On devra, dans l'interprétation d'un texte particulier, en tenir compte comme d'un élément de sa *mouvance,* quoiqu'il reste presque impossible de présumer l'ampleur des variations, à plus forte raison de les mesurer. De la parole à l'écrit, ou l'inverse, il y a discontinuité. De la voix qui s'éleva dans le passé, il en va comme de l'histoire même : on ne peut en nier l'existence, mais elle n'a pas de modèle. Elle fut à la fois événement et valeur. Comme événement, pas plus qu'aucun autre elle n'eut de cause unique ; pas plus qu'aucun autre elle n'est explicable en chronologie brève. Comme valeur, elle s'identifie à l'expérience que nous en faisons. Nous ne pouvons en parler qu'en renonçant aux symbolisations abstraites et aux taxinomies, car toute parole prononcée constitue, en tant que vocale, un signe global et unique, aussitôt aboli que perçu.

La lecture à laquelle, médiévistes, nous nous livrons de ces vieux textes met en jeu chez nous, à très peu de chose près, les mêmes facultés physique et intellectuelles que la lecture d'ouvrages contemporains : la vue, mais aussi tout ce qu'impliquent — en attitudes corporelles, de même qu'en procédures de réception et de combinaison mémorielle — *nos* habitudes propres de lecture... jusqu'à la forme et, peut-être, au moelleux de nos sièges ! Ce que j'ai sous les yeux, imprimé ou manuscrit, n'est qu'un morceau de temps, figé dans l'espace de la page ou du livre. J'affronte une double difficulté. D'une part, le décalage provenant de l'historicité de mes concepts critiques et de leurs présupposés, projetant sur un objet différent ma propre identité culturelle. D'autre part, mon ignorance (s'agissant d'un texte sur lequel pèse une présomption d'oralité) du mode d'articulation de l'auditif sur le visuel dans une civilisation à forte dominante orale. Seule la pratique permet sinon de résoudre, du moins d'éclairer empiriquement ces contradictions. Par croisement de faisceaux d'informations, par déplacement de perspective et de visée à partir d'un point de vue intuitivement choisi, on s'efforcera de suggérer un événement : l'événement-texte ; de *représenter* le texte-en-acte ; et d'intégrer cette représentation au plaisir que l'on ressent à la lecture. Nos textes ne nous livrent qu'une forme vide et sans doute profondément altérée de ce qui fut, dans un autre contexte sensori-moteur, parole vive. Des mécaniques mêmes qui aujourd'hui nous permettent d'entendre certains textes médiévaux (ainsi les disques de chansons de troubadours), on pourrait parler — quelle que soit par ailleurs leur qualité propre — à peu près dans les mêmes termes que de nos lectures. Le son transmis par le disque atténue beaucoup l'effet de distance temporelle et d'étouffement sensoriel. Pourtant, il n'est qu'illusion de présence ; et si l'on procède, comme il arrive, à une exécution en salle par chanteur et musiciens, c'est sur les éléments non textuels de la performance que se concentrent les équivocités : ce qu'assis sur nos chaises nous écoutons, fût-ce avec un vif plaisir, ne réfère que de manière factice au passé médiéval. Ce concert constitue une performance actuelle. Du point de vue de notre propre culture, c'est un avantage ; et peut-être est-ce le moyen le plus efficace d'insuffler un peu de vie dans ces vénérables monuments d'histoire. La connaissance que nous avons de ceux-ci s'en trouve approfondie... mais sans doute gauchie dans le même moment. Ce dont il s'agit vraiment, c'est de renverser (d'une manière pas trop discutable) la mutation qualitative jadis opérée par la mise en écrit; de jeter au moins une probable passerelle par-dessus des discontinuités dont nous présumons l'importance sans pouvoir la mesurer; de tenter de reconstruire la circonstance : non par simple accumulation érudite, mais en posant d'emblée que le texte verbalise une situation particulière, qui n'est pas seulement définissable en termes socio-historiques généraux mais qui l'individualise, aussi bien dans l'ordre des perceptions corporelles que dans celui de l'intellection.

Je renvoie globalement sur ces points aux chapitres 8, 12 et 13 de mon *Introduction à la poésie orale*. Techniquement, la performance apparaît comme une action orale-aurale complexe, par laquelle un message poétique est simultanément transmis et perçu, ici et maintenant. Locuteur, destinataire(s), circonstances se trouvent physiquement confrontés, indiscutables. Dans la performance se recoupent les deux axes de toute communication sociale : celui qui joint le locuteur à l'auteur; et celui sur quoi s'unissent situation et tradition. A ce niveau joue pleinement la fonction du langage que Malinowski nomma « phatique » : jeu d'approche et d'appel, de provocation de l'Autre, de demande, en soi indifférent à la production d'un sens. C'est pourquoi, de quelque procès qu'elle soit précédée, accompagnée ou suivie, c'est en sa qualité d'action vocale que la performance poétique requiert d'abord l'attention du critique. Ses autres composantes, pour indissociables qu'elles en soient, tirent leur valeur de celle-là. La transmission de bouche à oreille *opère* le texte. Mais c'est le tout de la performance qui constitue le lieu émotionnel au sein duquel le texte vocalisé devient art, et d'où procède et où tend la totalité des énergies constituant l'œuvre vive. C'est là, en partie, un lieu qualitatif, zone opératoire de la « fonction fantasmatique », selon l'expression de Gilbert Durand. Mais c'est aussi un lieu concret, topographiquement définissable, où la parole en se déployant capte son temps fugace, et en fait l'objet d'une connaissance.

Cet objet se confond avec ce qu'elle dit : à quoi fictivement s'identifie l'interprète. Une personne s'ex-pose dans les mots proférés, dans les vers qu'une voix chante. Je la reçois, j'adhère à ce discours, à la fois présence et savoir. L'œuvre performée est ainsi dialogue, même si, le plus souvent, un seul des participants *a* la parole : dialogue sans dominant ni dominé, échange libre. Chaytor jadis voyait dans la théorie médiévale des « styles » *(genera dicendi)* le souci d'établir et de maintenir (en régime d'oralité seconde) de justes relations entre poète, texte, et public [1]. Dès qu'elle excède quelques instants, la communication orale ne peut être pur monologue : elle requiert impérieusement un interlocuteur, même réduit à un rôle silencieux. C'est pourquoi le verbe poétique exige la chaleur du contact ; et les dons de sociabilité, l'affectivité rayonnante, le talent de dérider ou d'émouvoir, sinon un certain pittoresque personnel firent partie intégrante d'un art, et fondèrent plus d'une réputation : ne sont-ce pas là les vertus mêmes que tant d'hommes d'Église dénoncent comme vices d'histrions ? Mais c'est aussi pourquoi l'auditeur-spectateur est en quelque manière coauteur de l'*œuvre :* R. W. Hanning le soutenait, à bon droit, récemment, à propos de romans français du XIIe siècle ainsi que de poèmes de Chaucer.

*

Le texte souvent intègre les marques linguistiques de ce dialogue créateur et témoigne indirectement de l'intention qui y préside. J'ai allégué à deux reprises déjà les « interventions d'auteur » et signalé brièvement, à propos d'*Éracle,* l'intérêt de celles qui comportent soit un *vous* ou son équivalent (telle une apostrophe), soit une séquence *je vous...* Je parlerai alors d'*intervention dialogique.* La formule a plus d'énergie phatique lorsqu'elle présente une demande, un ordre ou un appel à l'action ; elle cristallise parfois sous une forme clichée : ainsi, *vous plaît-i!?, faites silence!* avec leurs variantes, voire une demande d'argent. Dès 1936, Ruth Crosby en soulignait l'intérêt documentaire et, en dépit de réserves récemment encore exprimées, on ne peut lui donner tort. Les exemples sont nombreux en toute langue et dans les genres poétiques les plus divers. P. Gallais jadis les releva de façon systématique dans plus de trois cents ouvrages narratifs et didactiques français des XIIe et XIIIe siècles : c'est ainsi que l'interpellation *Seigneurs!* suivie d'un verbe à la deuxième personne du pluriel figure, selon lui, dans 40 % des chansons de geste, 30 % des romans, 25 % des récits hagiographiques, 20 % des textes didactiques et 14 % des fabliaux, entre 1120 et 1250 ; l'appel *oiez!* et ses variantes, dans 83 % des textes examinés [2]. L'anthologie de Mölk signale 52 occurrences d'interventions dialogiques dans

1. Chaytor, p. 55.
2. Gallais 1964, p. 483.

249

L'ŒUVRE

24 prologues de chansons de geste ; une vingtaine, dans quelque 30 exordes romanesques. J'ai dépouillé le *Tristan* entier de Béroul, qui m'en a livré 63, soit en moyenne 1 tous les 70 vers ! La proportion est à peine moindre chez Eilhart ; un peu moins forte dans les *Lais* de Marie de France : une intervention par 80 vers. Contes d'origine orientale comme ceux des *Sept Sages,* déclamations édifiantes, tous les genres non chantés sont également concernés. J'ai pratiqué une série de sondages, dans des sections, choisies de façon aléatoire, d'une dizaine de textes français, occitans, espagnols et allemands : du *Saint Léger* du Xe siècle au *Fauvel* du XIVe, en passant par quelques fabliaux, les branches I, II et IV du *Renart,* la *Chanson de la Croisade des Albigeois,* le *Cid* et *Herzog Ernst* — ajoutant, à titre d'élément de comparaison, un pointage de toutes les interventions jalonnant le *Tristan* de Thomas et le *Poema de Fernán González.* J'ai recueilli ainsi 152 interventions dialogiques, également distribuées entre les textes témoins :

- 41 *nous, nos* (avec ou sans *je*) mettant en cause ensemble l'interprète et son auditoire ;
- 29 interpellations du type *Seigneurs !* ou *bonne gent ;*
- 28 adresses à *vous ;*
- 28 formules du type *silence !* ;
- 26 formules du type *oyez !*

Chez Thomas certaines de ces interventions constituent un commentaire par l'auteur de son propre texte : les plus longues atteignent 50 et 72 vers : on relève des passages semblables chez Wolfram von Eschenbach [3]. Une telle constance dans la pratique de ces interventions ne peut être dénuée de signification. M. Scholz a fait une place centrale au problème qu'elles posent pour lui. Soucieux en effet, par principe, d'en « prouver » le caractère fictif, il se laisse dériver dans les eaux d'une interprétation modernisante qui ne rend pas justice au contexte historique. Il est vrai, comme il le suggère, que *je* désigne un narrateur intratextuel et constitue l'un des « rôles » du récit ; il est vrai que la seule question pertinente, à ce niveau-là, c'est : « Qui raconte ? » Mais la question de la vocalité se pose à un autre niveau, exigeant que soit brisé le cercle de l'intratextualité [4]. La mise en relation syntaxique d'un *je* et d'un *vous* (même si celui-ci, parfois, n'est pas lexicalement manifesté) transfère l'ensemble du dis-

3. Kaiser, p. 386-387.
4. Scholz 1980, p. 57-64 et 84-88.

250

cours dans le registre des échanges interpersonnels. Ce que l'on sait par ailleurs des modes de communication prédominant dans la société médiévale interdit de tenir pour purement rhétorique cet effet. Certes, une phase comme celle qui surgit aux vers 14-15 de *Guigemar* («je crois bien qu'ils y sont restés un mois entier», note l'auteur comme on cligne de l'œil!), ou telle autre semblable — on en citerait des centaines —, est intégrée au système du texte, et peut être analysée comme telle; elle n'en réfère pas moins à une situation qui demeure, elle, irréductible au texte seul, qu'elle embrasse, supporte et déborde. Le référent propre de *je*, c'est ici, au-delà et en deçà d'un «rôle», une voix. Qu'en certains cas cette voix soit fictive, et la référence conventionnelle, peut-être; mais on ne saurait sans anachronisme retourner la proposition et admettre avec Scholz que, s'il y eut parfois coïncidence entre le texte et la situation, ce fut là un hasard qui ne nous concerne pas. Je ne puis que renvoyer à ce propos aux remarques que publia naguère J. Rychner à propos du *Renart*. Interpeller l'auditoire, c'est l'une des règles du jeu performanciel. N. Van den Boogaard s'interrogeait, en 1982, sur les motifs qui poussèrent des copistes à reproduire ces interventions dans les textes qu'ils enregistraient: il y flaire une intention pédagogique, lorsque le manuscrit était destiné à un apprenti récitant, auquel on enseignait ainsi le temps, le lieu et la manière de relancer en performance le public [5]. On a parfois tenté de ramener les diverses formules d'intervention dialogique à un topique traditionnel dans une certaine poésie latine depuis le Ve siècle: *Advertite, omnes populi...*, *Carmen audite...* («prêtez attention, peuples...», «écoutez mon chant...») et autres de même farine. Au mieux, cette similitude approximative témoignerait de conditions communes de performance.

Le plus souvent, l'intervention s'articule sur un verbe dénotant l'audition, *audire, ouïr, escouter, hören,* de préférence à l'impératif, parfois en tour conditionnel. On sait la fortune qu'eut en français la première de ces formules, le *Oyez!* des hérauts et des annonceurs, déjà bien entré dans les mœurs quand, au XIIe siècle, les romanciers s'en emparent, non sans quelque préférence, il est vrai, pour *escouter* ou *entendre* (en allemand *vernemen,* voire *merken*), moins univoquement corporels que *ouïr* ou *hören.* Parfois le futur se substitue à l'impératif: *Encore orrés canchon...* («Vous allez entendre une chanson...»), assure le chanteur de la *Chevalerie Ogier,* entonnant, au vers 11158 (!) du poème, son couplet contre

5. Boogaard 1985, p. 68.

les jongleurs incompétents. Moins fortement marqué, ce futur, à la seconde personne, sert — en alternance avec *je dirai* ou *conterai* référant au locuteur — à constituer des formules d'annonce surgissant au fil du récit : « Vous entendrez bientôt parler de… » Les exemples de ce procédé abondent, en toute langue et dans les genres narratifs les plus complexes jusqu'au XIVe siècle : chez Gower ou Boccace encore. Un « vous avez ouï » peut lui faire pendant, concluant l'épisode en cause. Un vocatif requérant nommément l'auditoire renforce en général l'interpellation : titre convenant à l'intention du texte et aux circonstances : *Herkneth to me, gode men, / wiues, maidnes and alle men* (« Écoutez-moi, gens de bien, / femmes, filles et vous tous »), s'écrie, en figure cumulative, le récitant de *Havelock* [6]. Scholz conclut son étude des interventions dialogiques en posant que l'« auditeur fictif » *(Hörerfiktion)* constitue un facteur essentiel du fonctionnement de l'art littéraire médiéval ! On ne saurait pousser plus loin l'argument : il l'est ici au point qu'une pichenette le fait basculer. N'est-ce pas là reconnaître, dans la négation même, la toute-présence de la voix ? L'intervention d'auteur non seulement suscite en effet dans le discours deux rôles distincts, mais elle apporte, comme telle, un supplément d'information extra-textuelle qui ne fait sens que par rapport à une pratique. Quelles que soient les modalités de celle-ci, quelle que soit la distance (dans l'espace, le temps, la mémoire) dont on la considère, on ne peut la récuser de façon pure et simple, la poncer comme une bavure d'encre. Au reste, l'aspect formulaire des interventions n'importe pas seul : leur distribution fournit des renseignements non négligeables car ils touchent à leur fonction dramatique. Crosby observait, dans une vingtaine d'ouvrages français et anglais des XIIe, XIIIe et XIVe siècles, que l'emplacement des « faites paix ! » ou formules semblables semble marquer des subdivisions correspondant aux performances successives nécessaires à la transmission de poèmes longs [7]. Nécessité stylistique résultant des conditions performancielles, comme semble l'attester le vers 11 de *Girart de Roussillon,* poème de 10 000 décasyllabes : *Si la vos enc a dire non faudrei hui* (« Si je commence à vous la dire [cette chanson], je ne l'achèverai pas aujourd'hui ») [8]. Dans le *Couronnement Louis,* en revanche, qui ne compte que 2 700 vers, le chanteur promet à ses auditeurs, au cours du premier épisode, v. 313, de ne pas les retenir

6. Crosby, p. 101.
7. *Ibid.,* p. 108-110.
8. Hackett, v. 11 ; je corrige *avaire,* incompréhensible, en *a dire.*

jusqu'à la nuit — assurance répétée à deux reprises, au milieu du récit (v. 1377, puis 1383), à la jointure des deux actions principales, la délivrance de Rome et la révolte d'Ascelin. *Huon de Bordeaux* illustre d'une autre manière encore la diversité de ses situations : à mi-chemin de ce récit, aux vers 4976-4991, le chanteur s'interrompt et s'adresse à son public : Seigneurs, dit-il en substance, vous voyez que le soir tombe et que je me fatigue. Revenez plutôt demain, et pour l'instant allons boire car j'ai soif et suis heureux de voir s'approcher la nuit. J'ai hâte de rentrer chez moi ; mais qu'aucun d'entre vous n'oublie de m'apporter demain une piécette nouée dans le pan de sa chemise... La laisse qui suit renoue le fil de l'histoire. Mais l'ultime injonction du soir a-t-elle porté ses fruits ? Aux vers 5512-5519, nouvelle interruption irritée, sommant les auditeurs de mettre la main au gousset « pour donner à ma femme » (laquelle, on l'imagine, fait la quête). J. J. Duggan a fait justice des interprétations « fictionnelles » de ce double passage [9].

Il arrive que, pris à partie à la troisième personne, l'auditoire soit cité comme un témoin de la situation de dialogue. Ainsi, aux vers 30-31 du *Tristrant* d'Eilhart : *Syd mir ze sagen geschicht / lütten die man hie sicht* (« puisque j'ai à dire une histoire aux gens que l'on voit ici »). Ainsi, plaisamment, dans tel « sermon joyeux » :

> *Un varlet avoit, fin gallant*
> *comme seroit ce bon prophete*
> *que je voy si bien escoutant...*

(« Il y avait un jeune homme, galant et courtois comme pourrait l'être ce bon prophète que je vois écouter si attentivement ») [10]. Si même le prophète en question est statufié à un chapiteau de l'église, il n'en fait pas moins partie du groupe à qui le texte s'adresse. Hors de ce groupe, le sens s'exténue : le texte est texte pour ceux qui l'attendent et, d'une certaine manière, en ont besoin. Pour désigner la différence qui sépare un fabliau d'un roman, force nous est de recourir à un vocabulaire descriptif, impersonnalisé. Pour les auditeurs du XIIe, du XIIIe siècle, cette différence relevait sans doute principalement des modalités de la performance, donc

9. Duggan 1981, p. 249-252.
10. Koopmans, p. 84.

de l'investissement affectif opéré dans la réception. Le compilateur de *l'Histoire ancienne,* vers 1230, s'irrite d'une scène, pour lui difficilement tolérable, du *Roman de Thèbes* où l'on voit un personnage, au mépris des convenances, se présenter à cheval à la table du roi : cette impression importe en quelque manière à notre lecture ; l'éditeur du *Roman* a raison de la mentionner en note [11]. Les indices de toute espèce se multiplient à mesure que l'on avance dans la lecture des textes.

Ce n'est pas d'hier que des médiévistes ont ressenti comme une nécessité l'étude, préalable ou simultanée, du public récepteur : chez les germanistes, E. Schröder et W. Fechter déjà dans les années 20-30, K. Hanck, vers 1950, et vers le même temps, côté romanistes, Auerbach. Ce dernier montre comment, jusque vers 1100, l'Occident ne connut ni couche sociale ni milieu correspondant à notre idée de « public cultivé » ; par malheur, passé cette date, il s'attache exclusivement à l'histoire de la formation de ce public. Dès 1961, R. Lejeune s'interrogeait sur les destinataires de la farce de *Pathelin*. En 1965, W. T. H. Jackson tentait une première synthèse [12]. Les problèmes relatifs à la réception des textes se situent, explicitement ou non, dans la visée d'études comme celles, en 1970, de A. Balduino sur les *Cantari* du XIVe siècle et de P. Gallais sur les romanciers français ; de D. Poirion en 1972 sur les chansons de geste. Depuis quelques années, sous l'influence sans doute de la *Rezeptionsästhetik* allemande, les monographies se sont multipliées : de A. Tessier en 1977 sur le public des farces françaises vers 1500 ; de N. Van den Boogaard en 1979, puis 1982, sur celui des fabliaux [13] ; de H. Krauss en 1980 sur celui de l'épopée franco-vénitienne ; de B. Schirock en 1982 sur la réception du *Parzival* de Wolfram von Eschenbach. Je ne donne là que quelques exemples. Le terrain n'est encore que très partiellement débroussaillé, et certains secteurs promettent de résister longtemps aux défricheurs. On peut regretter que, dans celui où la documentation fait le moins défaut, la poésie de cour, nous n'ayons pas encore pour la France ou l'Italie l'équivalent du livre de J. Bumke sur le « mécénat » dans l'Allemagne des XIIe et XIIIe siècles. Un immense mais informe ouvrage de R. Bezzola (paru, volume sur volume, entre 1944 et 1963) charrie les éléments disjoints d'une telle étude : à défaut de la constituer en un tout, il met implicitement en valeur le lien indissociable unissant, durant la

11. Raynaud de Lage, II, p. 148.
12. Jackson 1965, p. 58-75.
13. Boogaard 1985, p. 60-61 et 179-189.

période en cause (500-1200), la fonction sociale du poème à celle de ses destinataires.

*

La tâche néanmoins qui s'impose consisterait moins à décrire, de l'extérieur et de manière classificatoire, le public de telle œuvre ou de tel genre qu'à tenter de le saisir en action, au sein du phénomène global que constitue la réception. Un art prenant forme et vie sociale par le moyen de la voix humaine n'a d'efficacité que si une relation assez étroite s'établit entre interprète et auditoire : c'est là une donnée fondamentale, tenant aux structures du langage humain, telles que les décrit la *tagmémique* de M. Pike; G. Kaiser l'assurait en d'autres termes, liant l'idée de poésie à l'existence d'une «communauté de communication[14]». Auerbach jadis commentait un curieux texte de Pierre de Blois, au *Liber de confessione*, décrivant en termes de *compassio* («sympathie») l'effet émotif produit dans l'auditoire par le discours de l'interprète, et risquant une comparaison entre l'écoute de récits évangéliques et celle des aventures arthuriennes[15] : l'une et l'autre implique communion dans le sentiment et, d'une certaine manière, dans la foi. Trois quarts de siècle plus tard, à la fin de la vaste et sombre somme romanesque du *Jüngerer Titurel,* vers 1270, l'auteur, Albrecht von Scharfenberg, adresse au ciel une prière qui l'unit à son interprète et à son public dans la demande d'une bénédiction commune[16]. Vincent de Beauvais, austère dominicain conservateur, s'abandonne, dans le *Speculum historiale,* XXIX, 108, à une surprenante confidence, évoquant le plaisir qu'il ressentit un jour à la lecture publique des *Vers de la mort* d'Hélinant de Froimont. Le rapport qui lie tous les participants de l'œuvre n'est pas métaphorique ni virtuel. Il est, en toute occasion, réel et littéral; il peut conduire jusqu'à un transfert de rôles : Scholz rappelait l'existence en Allemagne, du XIIIe au XVe siècle, d'un lieu commun introductif engageant à «lire ou chanter» le texte proposé; un *Daniel* yiddish du XVe siècle contient, strophe 8, une allusion plus claire encore : Que celui qui sait chanter le chante. On entend bien : que les autres le lisent à voix parlée, ce que confirme un passage ultérieur[17].

---

14. Pike, p. 23-46; Kaiser, p. 401-413; cf. Marinis, p. 7-11.
15. Auerbach, p. 231-233; Bologna 1984, p. 315-316.
16. Scholz 1984, p. 138.
17. *Ibid.,* p. 145-147.

Ici, l'auditoire non seulement est promu interprète mais, par le choix qui lui est laissé, participe pleinement à la création de l'œuvre. L'interprète, en effet, en tant qu'il remplit son rôle et que sa présence est physiquement perçue, *signifie*.

Il signifie de la même manière et dans la même radicale mesure que le témoin oculaire, parce que oculaire, narrant une histoire : le Croisé de retour, parlant des Sarrasins et de leurs dieux ; mais aussi tant d'autorités, à nos yeux fictives, alléguées par les conteurs : le pseudo-Turpin qui fut présent à Roncevaux ou le pseudo-Darès qui vit la prise de Troie et sur la véracité de qui se fonde Benoît de Sainte-More ! L'apparition corporelle de l'interprète, du narrateur, constitue un geste inaugural fixant les coordonnées de son discours, selon lesquelles vont s'articuler participants, lieux et temps aussi bien de son récit, s'il en fait un, que de sa performance. Un espace autre s'ouvre ; s'éveille une sorte de conscience : nous voici entrés en poésie ou en vérité. C'est en ce sens que le « grand chant courtois » a pu être assimilé à un rituel de cour, comme le fit E. Kleinschmidt naguère. L'auditeur-spectateur attend, exige que ce qu'il voit lui enseigne autre chose que ce qu'il voit, lui révèle une part cachée de cet homme, des mots, du monde. Cette voix n'est plus la simple voix qui prononce ; elle figure l'inaccessible ; et chacune de ses inflexions, de ses variations de tonalité, de timbre, de hauteur — faudrait-il forger le mot pédant de *vocème* ? — se combine et s'enchaîne en prosopopée du vécu. A travers cette présence, l'auditeur se découvre : il agit et réagit au cœur d'un monde d'images soudain autonomes, et qui toutes s'adressent à lui. Boncompagno Da Signa, dans la *Rhetorica novella*, montre avec admiration comment pour le *joculator* tout est langage, de la mélodie de son chant à son mode de parole, à ses gestes et jusqu'à son vêtement et aux objets dont il s'entoure. Tout fait sens. D'où l'importance, pour les scribes, des notations contrastantes qu'ils préfixent parfois aux textes copiés, désignant celui-ci comme *chanson* et tel autre comme *dit*, en espagnol *canción* et *decir*. D'où, aussi bien, peut-être, plusieurs des sobriquets attachés à des « jongleurs » célèbres : le Français *Simple d'amour*, l'Autrichien *Vreudenrich* (« Riche de joie »), *Schandenvyende* (« Ennemi de honte ») à Hambourg en 1378, *Vogelsang* (« Chant d'oiseau ») à Nördlingen en 1472 [18]... Le surnom publie le rôle, et celui-ci déploie l'espace où va s'investir, chaque fois nouveau, un corps.

18. Salmen, p. 34.

Nous possédons, par malheur, peu de descriptions évoquant une performance particulière ; assez, en revanche, pour entrevoir, en perspective générale, ce que dut être l'existence concrète de cette poésie. Le matériel, très dispersé, exige rassemblement plutôt que synthèse ; moins théorisation que cumul d'observations précises, relatives à une infinité de situations particulières. C'est ainsi que, parmi les 289 documents (du IXe à la fin du XIIIe siècle) réunis par Faral dans l'appendice de ses *Jongleurs,* j'en relève :

- 44 fournissant quelque information sur le temps, le lieu, l'occasion d'une performance ;
- 43 (déjà allégués), sur la qualité de la voix de l'interprète ;
- 40, sur l'accompagnement instrumental ;
- 22, sur l'auditoire ;
- 22, sur la gestualité ou l'accompagnement chorégraphique ;
- et 17, sur le vêtement ou les accessoires de l'interprète.

Au total, 114 de ces textes, soit 40 %, jettent ainsi quelque lueur (le plus souvent furtive) sur l'un des aspects de l'action qui nous importe ici. Dans un secteur beaucoup plus limité, l'étude de P. Gallais révèle que 225 sur 370 des ouvrages examinés, soit 60 %, contiennent les preuves internes et explicites du fait qu'ils furent transmis par lecture à voix haute devant des auditoires de densité très diverse. Dans une perspective différente (et assez étroite car il se fonde sur l'examen de la versification en français et en occitan), W. Paden récemment proposait une typologie des « modes de performance »[19] : il en distinguait trois, qu'il considérait comme les formes manifestes prises par la langue vulgaire au moment où, dans la grande poussée culturelle d'après 1100, elle engendra un discours poétique. Conception générative assurément juste en elle-même, mais d'un niveau d'abstraction trop élevé car elle aboutit à identifier les « modes de performance » avec les « genres » traditionnellement reconnus : épopée, poésie lyrique et roman, ce qui ne nous avance guère.

C'est au milieu du IXe siècle que remontent plusieurs des rares descriptions, complètes ou virtuellement totalisantes, qui nous sont parvenues, de performances poétiques. Leur date ne nous permet pas sans *a priori* de les qualifier d'archaïsme : plus d'un trait, peut-on supposer, s'en maintint longtemps dans les mœurs. Il s'agit en général de condamnations cléricales, dont les auteurs, fulminant contre ces mondanités, en pourchassent

---

19. Paden 1983, p. 78-80.

les moindres signes extérieurs. Ces colères sacrées nous valent une série de tableautins évoquant des chansons d'amour, d'éloge ou de déploration, en langue vulgaire, accompagnées de danses ou de rondes exécutées par des chœurs de femmes, avec ou sans reprise par l'auditoire, le dimanche ou aux fêtes chômées, sur les places, aux carrefours des chemins, parfois dans les maisons [20]... Thégan, prêtre de Trèves, auteur vers 840 d'une Vie de Louis le Débonnaire, décrit l'indifférence dont faisait preuve ce pieux empereur (« il ne desserrait pas les dents ») lorsque, aux banquets des grandes solennités, une troupe de mimes, jongleurs, diseurs et musiciens s'approchait de sa table pour tenter de le dérider, au milieu des éclats de rire de la foule [21]... Pour embrouillée qu'elle soit, et plutôt catalogue que description, la scène des noces de Flamenca, dans le roman du même nom, au milieu du XIIIe siècle, évoque une ruée semblable et la même explosion de verbes et de gestes : l'un dit, l'autre chante, l'un raconte, l'autre module, l'un s'accompagne d'un instrument et l'autre non, tous pour le plaisir auditif de la noble assemblée, se bousculant à qui se fera mieux entendre. Un siècle et demi plus tard, Froissart, dans le *Dit dou florin,* évoquera l'atmosphère plaisante et chaude des soirées au château d'Ortez où, à raison de sept feuillets par séance, il lisait au comte de Foix son *Méliador,* s'interrompait pour boire dans une coupe d'or le reste du vin de son hôte au moment où celui-ci s'en allait coucher : agréable travail, finalement payé de quatre-vingts florins [22] !

Les trente premiers vers du *Tristrant* d'Eilhart évoquent avec vivacité l'auditoire devant qui se présente l'interprète et leurs réactions réciproques : chez l'un, mélange d'humilité et de sûreté de soi, conviction de la dignité de la fonction qu'il remplit et de la valeur de ce qu'il raconte ; parmi les auditeurs, assis ou debout, bavards, aisément impatientés, ceux qui à la première impression d'ennui sortent avec bruit de la salle ; même tableau, assorti de jugements vigoureux, au début de la *Manekine* de Philippe de Beaumanoir, vers 1280 [23]. A deux reprises, le long prologue de *Doon de Nanteuil,* vers 1-18, puis 83-117, évoque, par petites touches successives, de façon frappante sa propre exécution. Un chanteur de geste, plutôt loqueteux, portant sa vielle, fend une foule où l'on distingue bourgeois, clercs, chevaliers — en plein air apparemment, puisqu'il

20. Romeralo, p. 364-365.
21. Faral 1910, p. 273, n° 6 *a*.
22. Dembowski, p. 54-57.
23. Buschinger 1980, p. 3-5; Mölk 1969, p. 59-60.

garde son *mantel*. Le voici qui s'arrête et commence. On écoute sa
première laisse ; si l'impression est bonne, on demande la suite ; sinon, le
pauvre diable n'a qu'à reprendre la route. Son seul capital, c'est un
répertoire plaisant (dont peut-être il a dérobé une partie à un confrère
mieux pourvu) et une voix claire pour le répandre. Des amateurs, s'il leur
a plu, louent sa science et son talent, le comparent à d'autres chanteurs,
vivants ou disparus, et pour conclure font la quête à son intention [24]. Une
étude récente d'Anne Triaud esquissait, à propos de *Girart de Roussillon,*
une typologie du prologue de chansons de geste. Vocabulaire et thématique de ce morceau de bravoure ne prennent sens que dans la perspective
d'une performance, dans l'espace réel de jeu où se déploie le discours : un
appel au public introduit l'éloge de la chanson, celui de son interprète et
le dénigrement de ses concurrents, tandis qu'enfin sont proclamées l'autorité et la véridicité du récit. Les trois laisses consacrées dans *Girart* à
ces développements sont en cela représentatives : les éléments s'en retrouvent dans la plupart des chansons du XIIe et du début du XIIIe siècle.
Au-delà de 1250 encore, ces « boniments » n'ont pas entièrement disparu
des textes recueillis dans les manuscrits cycliques de la Geste de Guillaume : des raisons « stylistiques » ne suffiraient pas à justifier une telle
permanence.

C'est là, dira-t-on, une série de clichés : un thème littéraire, sans valeur
descriptive. Qui sait ? On peut admettre que, dans les civilisations à
traditions longues et fortes, l'écart entre thème littéraire et expérience
vécue est (à moins que le premier ne remonte à une haute antiquité) moins
considérable que dans nos cultures de la mode. Le texte du XIIe, du
XIIIe siècle propose (à défaut d'une vision photographique des faits) ce
que j'appellerais un *ordre d'image,* comme on dit un « ordre de gran-
deur ». Certes, le peu que nous apprenons ainsi nous renvoie à un genre,
alors que l'objet final de notre étude est un texte. Du moins l'interprétation de l'œuvre dont ce dernier fut partie se trouve-t-elle ainsi orientée
vers un certain secteur de l'imaginaire. L'anecdote rapportée (et peut-être
narrativement fantaisiste) ne peut pas ne point comporter des effets de réel
propres à lancer l'opération d'*imagination critique :* opération qui à son
tour conditionnera le travail philologique. Celui-ci en intégrera le résultat,
ne serait-ce qu'à titre de facteur d'indécision, c'est-à-dire, du point de vue
de l'œuvre engloutie dans ce profond passé, à titre de facteur de liberté.

24. Mölk 1969, p. 10-12.

C'est ainsi que peuvent se justifier (si on les entoure d'assez de prudence) des comparaisons comme celles qu'ont proposées plusieurs médiévistes japonais, comme H. Yamashita, entre le mode de déclamation du *Heiké*, de nos jours encore, et celui du *Roland,* ou Opland entre l'art des *skops* anglo-saxons et celui des chanteurs bantous ; celle que j'aimerais soutenir entre ce que dut être l'interprétation des fabliaux et ce qu'est le *rakugo* du Japon. Les mêmes considérations légitiment certaines conjectures reconstituant, à la lumière de diverses probabilités, les conditions vécues de la communication d'un texte : lorsqu'une information assez large et un jugement assez motivé les soutiennent, elles nous approchent davantage de la réalité de l'objet que ne pourra jamais le faire une analyse exclusivement « littéraire ». Je citerai en exemple l'évocation par A. Pulega de la performance de la chanson *El so que pus m'agensa* du troubadour Raimbaut de Vaqueyras [25] : le texte, accompagné au *rebec,* chanté par un ou plusieurs jongleurs, aurait été dansé par les seigneurs mêmes qui y sont successivement nommés et par des mimes les contrefaisant. Autre exemple : la description par N. Van den Boogaard des performances de *Renart le Nouvel* entre 1288 et 1292 : un déclamateur prononçait le texte, s'interrompant de temps à autre pour laisser la parole à des chanteurs des deux sexes, ou à des acteurs déguisés en animaux, de sorte que le roman de Jacquemart Gielée faisait office de livret, dans cette représentation étendue sur plusieurs séances [26].

Même si parfois elles semblent confirmer le témoignage des textes, les représentations figurées sont en revanche de peu d'utilité et la part des conventions stylistiques, difficile à délimiter. G. Le Vot signale l'ambiguïté d'une miniature interprétée par certains musicologues comme la figuration d'une performance d'*épître farcie* par suite d'un rapprochement téméraire avec deux textes du XIIe siècle, prescrivant, à Paris et à Soissons, le nombre de chanteurs de ces farcitures liturgiques et la nature de leur vêtement. Diverses xylogravures des XVe, XVIe, XVIIe siècles, plus rarement des œuvres picturales postérieures à 1450, ont été exploitées par des historiens du théâtre comme H. Rey-Flaud ou de la culture populaire comme P. Burke, et donnent quelque idée de performances tardives, fortement dramatisées. Mais, pour l'époque ancienne, les documents sont plus rares encore. O. Sayce s'est livrée à un examen de 137 magnifiques

25. Pulega, p. 119-121.
26. Boogaard 1985, p. 143-144.

peintures en pleine page illustrant le chansonnier de Heidelberg, ou *Codex Manasse,* l'une des principales anthologies de *Minnesänger ;* une comparaison avec les 25 portraits du chansonnier de Weingarten lui permet de cadrer son analyse [27]. Il en résulte la probabilité que plusieurs de ces images stylisent une scène de performance, mais en la réduisant à ses éléments essentiels : toujours, l'interprète ; généralement, le destinataire de la chanson, seigneur, dame, parfois un couple ; à plusieurs reprises, la proximité et la chaleur de la présence sont figurées par une scène de conversation entre ces personnages, assis côte à côte ou debout face à face ; l'aspect dramatique, par une allégorie : la petite déesse, flambeau et dard en main, sur le cimier d'Ulrich von Lichtenstein ; la couronne de fleurs dont va être orné Kraft von Toggenburg. Exceptionnellement — ainsi à propos de Frauenlob —, l'action est représentée dans son déroulement : le chanteur, sur une estrade, domine sept instrumentistes, qu'il semble diriger de sa baguette tandis que la main droite désigne un portrait de femme vers lequel se dirigent les regards de trois auditeurs en riche costume. Gottfried von Strassburg, lui, s'est assis au milieu de cinq auditeurs manifestant, par le geste du bras, leur intérêt (ou scandant la cadence ?), tandis que le poète tient de la main droite des tablettes (que du reste il ne regarde pas) et de la gauche marque la mesure. Reinmar l'Ancien lit un *volumen* déroulé pour une dame assise auprès de lui et qui, d'une main, semble elle aussi battre la mesure. Malgré leur peu de précision informative, ces peintures, par ailleurs admirables, témoignent de la diversité des situations possibles dans la performance d'un même art.

*

Les renseignements les plus précieux peut-être que nous puissions glaner à ce propos dans les textes sont ceux-là par où se révèle un détail parfois infime mais attestant l'engagement, dans l'œuvre, à la fois du corps des participants et de la convention sociale qui les unit à cette occasion : le sourire de la dame à qui plaît un tour de style dans telle chanson d'Ulrich von Lichtenstein. De même, dans plusieurs chansons de geste, Vies de saints, fabliaux, les appels au public, lui demandant d'avancer d'un pas, de s'arrêter un instant : rien ne désigne une foule,

27. Sayce, p. 63-73.

mais on la saisit présente, immobile, hésitante, ou bien cheminant par les rues[28]. Certaines techniques mineures et trucs de métier ne sont pas moins, on peut le penser, révélateurs. Ainsi, l'usage de formules destinées à rythmer la durée de récitations longues : en français, celles, constituées à l'aide du verbe *commencer* («je commencerai», «ici commence», et autres semblables), qui servent à clore le prologue ou à introduire un nouvel épisode, et semblent bien signifier «dire en performance». Fréquentes dans les chansons de geste, ces formules se rencontrent dans le tiers des romans dépouillés par P. Gallais. Le *Cid* utilise de la même manière *comezar* et *acabar*. Le prêtre Konrad découpe son *Rolantsliet* en plusieurs tranches par le vers-refrain *nu horen wir diu buoch sagen* («nous entendons maintenant le livre dire...») ou sa variante. Plusieurs savants ont interprété comme une marque performancielle le mystérieux *AOI* ponctuant certaines laisses du *Roland* dans le manuscrit d'Oxford : qu'ils y aient vu soit, comme G. Reese, J. Chailley et d'autres, une indication mélodique, soit curieusement, comme E. Place ou D. Brenes, un signe cochant les parties à supprimer lors d'une performance brève[29]. De même, les formules de prière, invocation de la clémence divine, à la fin de textes narratifs sans caractère dévot par ailleurs : ainsi dans le *Cid,* le *Moniage Guillaume* ou *Doon de Maïence ;* dans les ouvrages d'argument religieux, la formule invite à réciter un *Pater* ou un *Ave,* à dire tous ensemble *Amen,* voire à chanter le *Te Deum.* Parfois, il s'agit d'une bouffonnerie, appartenant à l'arsenal plaisant des jongleurs : le *allons boire !* par lequel se terminent plusieurs textes ou parties de texte. *Huon de Bordeaux* coupe le récit par son milieu :

> *Vous revenés demain après disner,*
> *et s'alons boire, car je l'ai désiré*

(«Revenez demain soir [pour entendre la suite] et allons boire, car j'en ai bien envie»)[30]. Bouffonne parfois aussi, dans la forme, mais parfois pitoyable, la demande d'argent : de l'auteur du *Chevalier au cygne,* de Rutebeuf implorant le «franc roi de France», et de tant d'autres, thème, ouvert ou dissimulé, qui subsistera dans la tradition poétique jusqu'au

---

28. Faral 1910, p. 48-49.
29. Mermier, p. 483-484.
30. Riquer, p. 75.

XVIIIe siècle... Façon de parler? Deux cents vers avant la fin de la chanson de *Gui de Bourgogne* le chanteur s'interrompt pour déclarer:

> *Qui or voldra chançon oïr et escouter*
> *si voist isnelement sa bourse deffermer,*
> *qu'il est huimés bien temps qu'il me doie doner.*

(«Que celui qui veut entendre bien ma chanson se dépêche d'ouvrir sa bourse car il est temps de me payer») — passage, en ce lieu du poème, absurde hors performance[31]!

Certains scribes, au moyen de rubriques, suggèrent de quelle façon le texte qu'ils copient doit ou peut être exécuté. Ainsi, le manuscrit unique (et médiocre) d'*Aucassin et Nicolette* divise régulièrement, par un *or dïent* («maintenant on dit») et un *or se cante* («maintenant on chante»), les parties de prose et de vers, ces dernières du reste surmontées d'une notation musicale. La situation performancielle est moins claire qu'il n'y paraît. Faut-il supposer deux interprètes, ou un seul, tour à tour diseur et chanteur? Parfois, quelque autre aveu échappé au texte éclaire tant soit peu les circonstances. Ainsi, les vers 31-32 de la vieille *Chanson de sainte Foy* invitaient Alfaric à supposer que cette œuvre exigeait la psalmodie de plusieurs chantres. La collaboration de deux ou plusieurs compères semble assurée dans certains cas, comme celui auquel fait peut-être allusion l'équivoque vers 606 de *Flamenca: l'uz diz los motz e l'autre els nota* («l'un dit les paroles et l'autre la musique», ou: «et l'autre les accompagne sur un instrument»). Parmi les germanistes qui s'interrogèrent à propos des récits romanesques en couplets de vers courts (l'équivalent de l'octosyllabe narratif français), S. Gutenbrunner, en 1956, découvrait dans le *Parzival* de Wolfram von Eschenbach et l'*Iwein* de Hartmann von Aue les indices d'une performance à rôles diversifiés, impliquant une pluralité de lecteurs-récitants: trois, dans *Iwein,* figurant un héraut, le poète et un maître de jeu. Faral, de son côté, dès 1922, à propos du *Courtois d'Arras,* admettait inversement qu'un jongleur, par ses jeux vocaux, pouvait incarner plusieurs personnages, et ainsi dialoguer avec lui-même; G. Cohen reprenait cette idée à propos des «Comédies latines» du XIIe siècle: seuls l'élitisme étroit et la suffisance des dramaturgies classiques ont avec mépris effacé de la mémoire lettrée et, jusqu'il y a peu, de notre conscience culturelle l'idée même d'un tel art.

---

31. *Ibid.*, p. 76.

Autre question : quel fut le mode de performance des très nombreux textes narratifs ou didactiques, en vers ou en prose, dans lesquels sont insérées des pièces lyriques, selon une mode qui dura deux siècles à partir de 1200 ? L'exemple d'*Aucassin* inclinerait à penser que la pièce intercalée, chanson, rondeau, lai, entière ou fragmentée, constituait un intermède chanté (peut-être accompagné sur un instrument) de la récitation ou de la lecture. Certains ouvrages français de l'époque 1250-1350, tels le *Tristan* en prose (fourré de 26 morceaux totalisant près de 1 200 vers) et surtout *Fauvel,* jouent systématiquement de ce double registre. *Fauvel,* roman allégorique et violemment satirique achevé en 1314 par Gervais de Bus, fut réédité deux ans plus tard par le musicien Chaillou de Pestaing qui l'interpola de près de 150 morceaux lyriques, en français ou en latin, certains comptant jusqu'à 20, 30, 50 vers et qui constituent une sorte d'anthologie poétique anticonformiste. L'un des douze manuscrits que nous en possédons fournit 130 notations musicales, dont la présence enlève toute espèce de doute sur le mode de performance [32]. Froissart encore, à la fin du XIVe siècle, farcit son *Méliador* de 79 rondeaux, virelais et ballades naguère composés par le duc Wenceslas de Luxembourg, son ami et protecteur : ce ne peut être que dans l'intention de les faire chanter, ou du moins détacher sur un ton spécial, par son interprète.

Des prédicateurs, en France, en Angleterre, insèrent de même — je l'ai signalé plus haut — dans leurs sermons des vers, couplets, strophes de chansons connues, dont l'interprétation allégorique illustre leur thème : ne les fredonnaient-ils pas au moins en chaire ? Paradoxalement, nous sommes presque mieux informés de la performance prédicatoire que de toute autre. Dans le haut moyen âge, l'homilétique fut, pour l'Église et les pouvoirs auxquels elle était associée, le principal moyen de manipulation idéologique : d'où l'insistance des conciles, du VIe au IXe siècle, sur l'obligation faite aux prêtres ou aux diacres non seulement de prêcher, mais de le faire d'une manière qui pût toucher l'ensemble du peuple chrétien. Peu à peu — et dès le IXe siècle justement — la poésie devint apte à fournir à la prédication, en sa haute fonction sociale, un appoint ; bientôt elle fut en état de la relayer. Les techniques propres à assurer cette maîtrise s'étaient entre-temps constituées pour l'essentiel. Dès leur apparition, en Espagne, en France, en Italie méridionale, entre le Xe et le XIIe siècle, les formes dramatisées de la liturgie (que l'on a supposées, à

32. Dahnke.

LA PERFORMANCE

tort, de première origine byzantine) se distinguèrent sans doute mal, dans l'esprit public, de sermons proprement dits [33]. L'histoire de la *Coena Cypriani*, rappelée par Bakhtine, illustre, dans un autre registre, ces interférences : ce texte, antérieur au VIIIe siècle, homélie parodique (elle énumère les beuveries citées dans la Bible !), fut inséré par un faussaire dans les œuvres de saint Cyprien : oubliée, puis redécouverte vers 850 par Raban Maur, elle fut par celui-ci adaptée en opuscule plaisant pour le divertissement du roi Lothaire à qui il le dédiait : récité lors d'un banquet à la cour de Charles le Chauve, il y remporta un succès de rire. Un diacre romain, vingt-cinq ans plus tard, en tira un dialogue comique destiné à être représenté à l'occasion de la fête scolaire du Temps de Pâques [34].

La prédication « sérieuse » elle-même recourt au comique, au grotesque, une certaine bouffonnerie s'y mêle à l'expression de la foi. Le sermon, c'est l'exhibition d'un acteur exécutant un drame populaire : P. Burke a montré la vitalité d'une telle conception jusqu'en plein XVIe siècle [35]. Des gens austères, au XIIe, s'en inquiètent : Aelred de Riévaulx, Hugues de Saint-Victor, Alain de Lille mettent en garde contre une prédication *theatralis et mimica,* qui vise à l'amusement plus qu'au salut [36]. Les moines mendiants, après 1200, la systématisèrent, et habituellement mimaient leurs sermons, recourant aux mêmes formules d'interpellation du public que les chanteurs de geste et les diseurs de fabliaux. La prédication connut alors un essor, pour l'époque, révolutionnaire dans tout l'Occident. Une doctrine franciscaine de cet art (qu'exposera Roger Bacon dans l'*Opus majus*) met l'accent sur l'usage des moyens irrationnels de conviction, tout ce qui inquiète, trouble, émeut, y compris l'accompagnement musical [37]. A partir de 1220-1250 foisonnent les *Artes praedicandi,* qui (sous le couvert de prétextes rhétoriques) visent à promouvoir une langue rythmiquement organisée en vue de produire un effet persuasif : c'est-à-dire, quant à l'essentiel et dans la perspective des XIIe et XIIIe siècles, une langue *poétique*... A la base de la *pronunciatio* prédicatoire, Robert de Basevorn dans sa *Forma praedicandi,* au XIVe siècle, n'hésite pas à mettre un *color rythmicus,* qui se joindra au *color rhetori-*

33. Donovan, p. 6-19 ; Pulega, p. 8-11 ; Avalle 1984, p. 84.
34. Bakhtine, p. 286-288.
35. Burke, p. 118.
36. Casagrande-Vecchio, p. 926, n. 25.
37. Zink 1976, p. 271 ; Casagrande-Vecchio, p. 919-924.

cus en une « splendeur » unique [38]. Humbert de Romans, dans son *Ars,* vers 1250, conscient de l'efficacité du geste, approuve et recommande cette dramatisation ; l'impression que doit faire le sermon passe par le corps du prêcheur, dont l'art est ainsi à base de musique et de jonglerie [39]. Jusqu'au XVIIe siècle, en Angleterre, en certaines régions du Herfordshire au XIXe encore, selon P. Burke, on chantonnait les sermons. Aux XIVe et XVe siècles, le sermon intègre parfois une action dramatique complexe : le prédicateur s'interrompt, des acteurs interviennent, une machine fait surgir un ange ou un démon. Lecoy de la Marche, jadis, collationna, pour le XIIIe siècle, des témoignages touchant au déroulement des sermons : il évoquait les réactions bruyantes du public, les interruptions, les applaudissements, les coquetteries de mondaines accompagnées de valets porteurs de coussins, non moins que les fluctuations de la faveur populaire : on va se distraire chez un tel, on fuit un raseur [40].

Si l'on persévère, en vertu d'une habitude critique contestable, à parler de « théâtre » médiéval, il faut inclure la prédication dans ce que l'on désigne ainsi. Mais la notion, dans notre usage, implique une délimitation que, jusqu'au milieu au moins du XVIe siècle, démentent tous les faits connus. Au plus, d'un point de vue pragmatique, pourrait-on faire une classe à part des textes pourvus, dans les manuscrits, de didascalies concernant soit un décor ou une modalité de jeu, soit les noms et l'alternance de personnages, soit l'un et les autres. Le plus ancien texte de cette espèce en notre possession, le trope de Pâques *Quem quaeritis,* de Fleury probablement, au milieu du Xe siècle, nous a été conservé sous la forme d'une série de phrases impératives, indiquant le temps et l'occasion de cette performance, le nombre et le costume des interprètes, le lieu où ils doivent se tenir et la direction de leurs mouvements : les paroles du dialogue sont insérées parmi ces prescriptions, comme si, du point de vue d'un maître de cérémonie, elles restaient subordonnées à l'action. Au siècle suivant, plusieurs des textes successifs établis (en Italie, en Allemagne, en France) de la *Visitatio sepulcri* sont pourvus d'indications du même genre, de plus en plus explicites [41]. Cette tradition cléricale se poursuit au XIIe siècle : ainsi les rubriques de la *Suscitatio Lazari* d'Hi-

---

38. Bruyne, p. 72.
39. Casagrande-Vecchio, p. 921 ; Schmitt 1981, p. 389.
40. Lecoy de la Marche, p. 209-216.
41. Avalle 1984, p. 73, 98-99, 107 ; Mazouer, p. 361-367.

laire et des dialogues latins conservés dans le manuscrit dit de Fleury (Orléans 201), celles de l'*Ordo pascalis* de Klosterneuburg ou de celui, bilingue, d'Origny-Sainte-Benoîte, comme du *Jeu d'Adam* français, fournissent des directives impliquant une « mise en scène » qui fait du texte le support de l'action productrice de sens. C'est loin d'être là toutefois la règle. Le manuscrit du *Garçon et l'Aveugle,* dialogue dont on a voulu faire l'ancêtre des farces du XVe siècle, à défaut d'autre rubrique, fait précéder chaque réplique du nom du locuteur ; de même, trois des manuscrits sur cinq du *Babio* latin. Le beau *Jeu de saint Nicolas* de Jean Bodel ne procure lui non plus pas d'autre indication ; mais il est précédé d'un prologue, mis sur les lèvres d'un « prêcheur » et qui commence et prend fin par deux formules de chanteur de geste : *Oyez, oyez, seigneurs et dames* et *faites paix!* Rien en revanche (que des vraisemblances textuelles livrées à notre appréciation) ne nous éclaire sur les modalités performancielles des dizaines de textes catégorisés comme « mimes », « monologues » ou « dialogues dramatiques ». Seule une vue anachroniquement moderniste justifie de telles distinctions, — du moins pour l'époque ancienne car, au XVe siècle, J.-Cl. Aubailly l'a montré[42], la situation change et une spécialisation déjà théâtrale, au sens que nous donnons à ce mot, affecte de vastes zones du discours poétique. Avant cette époque tardive, aucune frontière n'est sûre ni, sans doute, légitime : opposer, comme on le fait souvent encore à la suite de Faral, *fabliau* et *mime* ne porte sens que dans une optique « littéraire », où le fabliau apparaît œuvre simple d'écriture : réduction aujourd'hui insoutenable. Que certaines formes comiques de discours, fanfaronnades ou gaillardises, se prêtent mieux que d'autres aux effets mimiques, rien n'est moins sûr : pourquoi donc isoler comme un genre en soi les « monologues comiques », « sermons joyeux » et autres parodies ? L'histoire poétique de l'Occident est émaillée, depuis le IXe siècle, de textes latins ou vulgaires (de telle églogue de Walafrid Strabo aux *laudi* italiennes, voire au *Herbst und Mai* alémanique) à propos desquels l'un ou l'autre de nos médiévistes s'est posé la question : ne serait-ce pas là un mime ? C'est de *tout* texte poétique, entre le IXe et le XVe siècles, que je me le demanderais ; mais j'admets d'emblée que la réponse sera oui. Dans l'œuvre, si riche et diverse, d'un Rutebeuf, je me refuserais à imaginer que le mode de performance des poèmes sur l'université fût radicalement différent de

_____

42. Aubailly, p. 108-209.

celui du *Dit de l'herberie*... dont, voici un demi-siècle, mon camarade Moussah Abadie, élève de Copeau, faisait sur scène un pathétique spectacle solo.

A mesure que l'on avance dans le temps et pénètre, à partir du XIVᵉ siècle, dans la préhistoire diffuse du théâtre moderne, les textes qui nous paraissent les plus représentatifs de ce point de vue ne sont pas mieux pourvus par leurs auteurs ni leurs copistes d'indications performancielles : ainsi des farces, dont tout ce que nous savons, dans le meilleur des cas, c'est au répertoire de quelle confrérie elles appartenaient. Les techniques de performance allaient de soi, fondamentalement identiques dans la pratique de tous les genres de poésie. Reste une difficulté d'un autre ordre : beaucoup de textes principalement dialogués (et paresseusement catalogués « théâtre ») contiennent des passages narratifs. Ainsi de la plupart des « comédies latines » du XIIᵉ siècle, du *Courtois d'Arras* qui, transposant en dialogue la Parabole de l'Enfant Prodigue, introduit à trois reprises, v. 91-95, 102 et 147-149, des raccords narratifs formant transition d'une « scène » à l'autre. De même, dans le fragment de la *Résurrection* anglo-normande du XIIIᵉ siècle et dans certains *mistères* du XVᵉ. Chambers, Roy et d'autres, vers 1900, rapportaient ces passages à un meneur de jeu, intervenant entre les acteurs. Rien ne le prouve. Aussi bien, l'histoire des poèmes de la Passion, depuis la vieille « Passion des jongleurs », entièrement narrative, jusqu'aux livrets des grands spectacles du début du XVIᵉ siècle, ne cesse d'entrecroiser, sinon d'emmêler, les deux registres de discours. C'est là, me semble-t-il, la preuve que le langage narratif n'était alors pas moins « théâtral » qu'un autre ni ne requérait de techniques vocales et gestuelles différentes : la distinction sans doute était à peine sensible aux auteurs, aux acteurs et aux publics de ce temps. Ce n'est que pour les vastes représentations des XVᵉ et XVIᵉ siècles que nous disposons d'une documentation plus abondante touchant les performances ; par là même nous est attestée l'existence d'un art désormais particularisé : didascalies, procès-verbaux, souvent comptabilité. Dès lors, un *théâtre* enfin, dans tout l'Occident, prend naissance au sein de la *théâtralité* ambiante.

12. L'œuvre plénière

La voix et le corps. - Du geste poétique à la danse. - L'espace et le temps. - Une théâtralité généralisée.

La performance est *jeu,* dans le sens le plus grave, sinon le plus sacral, de ce terme : selon les définitions qu'en donnèrent anthropologues, psychiatres ou philosophes, de Buytendijk et Huizinga à Kujawa, Scheuerl, Schechner-Schuman et Fink. Miroir ; dédoublement de l'acte et des acteurs : au-delà d'une distance engendrée par leur intention même (souvent marquée de signaux codifiés), les participants se regardent agir et jouissent de ce spectacle dénué de sanctions naturelles. Pour le bref temps du jeu s'écarte ainsi la menace latente du réel ; le donné compact de l'expérience se stratifie, les éléments s'en plient à ma fantaisie, ce bluff.

Du jeu poétique, l'instrument (en l'absence d'écriture) est la voix. Mais celle-ci, d'une autre manière, en est aussi l'objet : d'où l'usage général, de la part des interprètes, jusqu'au XIVe siècle au moins, de formes diverses de chant, de cantillation, de déclamation scandée ; musique vocale indissociable, dans l'esprit du public, de l'idée même de poésie : J. Maillart, à propos d'Adam de la Halle, l'a fortement montré [1] ; les *Vidas* des troubadours en témoignent ; mais ces observations concernent nécessairement, avec des nuances, tous les types de performance. L'absence de signes rythmiques dans les systèmes de notation musicale de cette époque pourrait être intentionnelle et révéler la liberté laissée à l'interprète de varier les effets vocaux : chaque performance devient par là une œuvre d'art unique, dans l'opération de la voix. Nul doute que la déclamation parlée n'ait été, à peu de chose près, elle aussi conçue de cette manière. Musicale, la voix poétique émergeait du flot indifférencié des bruits et des paroles. Elle faisait *événement.* De cela, nous pouvons être sûrs, si même les contours de cet événement nous échappent...

---

1. Maillart 1982, p. 52-54.

comme nous échappe la nature exacte des instruments de musique (de quel bois les fabriquait-on et à quel traitement étaient-ils préalablement soumis ?)... de même que nous ignorons le véritable goût de la cuisine médiévale, faute de renseignements précis sur la manière dont les animaux étaient nourris et les plantes alimentaires cultivées !

Toute voix émane d'un corps, et celui-ci, dans une civilisation ignorant nos procédés d'enregistrement et de reproduction, demeure visible et palpable dans le temps où elle est audible. C'est pourquoi, peut-être, une valeur centrale lui reste attachée, durant ces siècles, dans l'imaginaire, la pratique et l'éthique communes. Les attitudes négatives, les condamnations proférées en milieu ecclésiastique en témoignent à leur manière. Jongleurs et prostituées sont englobés dans la même réprobation cléricale vouée à qui fait commerce de son corps. La tradition ascétique, prônant le jeûne, la chasteté et le silence, concernait les trois manifestations majeures de la corporéité : dans les mœurs, autant qu'on en peut juger, régnèrent continûment une grande liberté sexuelle, une passion de la parole et (en désir tout au moins !) la goinfrerie. Le spectacle et la crainte de la maladie sont inéluctablement tissus à la trame des jours ; la présence, amicale ou menaçante, de la mort affecte toute expérience vécue et les signes concrets en jalonnent le cheminement humain : cadavres exposés, tombeaux, et jusqu'aux bruits qui trahissent les revenants nocturnes. La théologie des fins dernières et les mythes sur lesquels elle s'est entée contribuent à l'exaltation de cette horreur ou de cette bénédiction. Dans l'image du saint martyr culmine une ligne de pensée : corps souffrant, dans les membres duquel se perpétue un mystère salvateur. La doctrine des sacrements implique la même valorisation symbolique de la « chair » ; autant que, sur le plan le plus réellement physiologique, le culte des reliques, dont on sait jusqu'à quel souci du détail concret il poussa : une goutte du lait de la Vierge, ou le prépuce de Jésus-Christ ! P. Boglioni souligne à juste titre l'omniprésence du corps dans les pratiques du pèlerinage, où il devient le lieu à la fois de la perception et de l'expression du sacré.

Au cours du XIIᵉ, puis du XIIIᵉ siècle, le corps comme tel devient objet de réflexion de la part des doctes. C'est l'époque même, à la fois d'une certaine laïcisation du savoir et de la constitution des formes les plus élaborées de la poésie en langue vulgaire : effet complexe de causalités réciproques, plutôt que coïncidence. L'art représentatif, spécialement la sculpture, commence à son tour à magnifier la figure humaine. Pour

Alain de Lille, *De planctu naturae*, l'harmonie de l'« édifice du corps » en fait la figure du « palais de l'univers » : traduction savante de ce que, depuis 1150, répètent inlassablement troubadours et trouvères louant la beauté de leur dame [2]. Beauté animée, dont le mouvement, selon Hugues de Saint-Victor, est l'une des composantes, « non seulement expression de vie, mais en quelque manière surgissement » *(non solum imago vitae exprimitur, sed ipsa quodammodo vita inchoatur)* [3]. Ce mouvement en effet se lie en séquences, s'enchaîne, dessine visuellement et tactilement, face à l'autre, une écriture du corps, langage analogique, en continuité avec son environnement circonstanciel et social. C'est pourquoi l'analyse philosophique et morale le perçoit dans sa plus consistante unité dynamique : le geste. Ainsi Hugues de Saint-Victor encore dans son traité sur la formation des novices : « un geste est à la fois mouvement et figuration de la totalité du corps » *(gestus est motus et figuratio membrorum corporis ad omnem agendi et habendi modum),* il implique mesure et modalité, et tend à une fin définissable en termes d'action ou d'attitude. J.-Cl. Schmitt a montré la richesse d'une telle notion, qui fait du geste humain une réalisation de la catégorie universelle du mouvement, centrale dans la pensée du XIIᵉ siècle [4] : celle-ci en effet conçoit le mouvement non plus comme un attribut des corps, mais comme le résultat de l'interaction des éléments naturels, au niveau cosmique comme à celui des sociétés et des individus vivants. Ainsi se justifie la métaphore par laquelle le corps est dit *respublica,* état, cité. Par ailleurs, *figuratio* ne fait sens que relativement à une double face du réel : caché/visible, intérieur/extérieur, de toute façon référant à une évidence représentative.

Les études de Schmitt depuis une dizaine d'années ont permis de situer dans son contexte intellectuel et mental ce *De institutione novitiorum* qui fut en Occident le premier traité de morale à faire une large place à la gestualité. L'antique *De musica* d'Augustin associait *gestus* et *sonus* dans l'idée d'harmonie musicale ; la vigueur de cette pensée se perdit durant le haut moyen âge. On en relève un dernier écho chez Réginon de Prüm, vers 900, et chez ses imitateurs : le travail du musicien comporte, avec l'application de règles appropriées, action de la voix et des mains [5]. Mais le terme même, non moins que la notion, tendit à s'estomper ou à se

---

2. Bruyne, p. 287-290.
3. *Ibid.,* p. 225.
4. Schmitt, 1984 *a*, p. 127-129.
5. Bruyne, p. 126.

scléroser dans l'usage pour ne réenvahir progressivement le champ intellectif qu'à partir du début du XIIe siècle. On mesure la distance parcourue : pour Remi d'Auxerre, au milieu de IXe, *gestus* désigne le mouvement des mains, *motus* celui du corps entier ; Roger Bacon, vers 1260, entend par ces mots tout mouvement du corps selon qu'il est perçu respectivement par la vue ou par le toucher : seul le premier, *gestus,* peut entrer en harmonie avec les sons et relève à ce titre de la *musica* [6].

C'est dès lors à un comportement corporel global que réfère ainsi *gestus* — embrassant rire, larmes, «pâmoisons» (que les textes narratifs, jusqu'au XVIIIe siècle, ne cesseront de mettre en scène !) : comportement dont tout suggère qu'il constituait un facteur nécessaire de la performance poétique. Les informations précises à ce sujet, certes, sont rares ; les figurations sculptées ou picturales, trop stylisées pour particulariser une action ; les textes, peu variés. Pourtant, à la lumière des recherches récentes de sémiologie gestuelle, le peu que nous savons prend une valeur éminente, s'organise en fait incontournable. Objet de perception sensorielle interpersonnelle, le geste met en œuvre, chez son auteur, des éléments cinétiques (comportant presque toujours un bruit, même faible, à défaut d'accompagnement vocal), des processus thermiques et chimiques, des traits formels tels que dimension et dessin, des caractères dynamiques, définissables en images de consistance et de poids, un environnement, enfin, constitué par la réalité psychophysiologique du corps dont il provient... et de l'environnement de ce corps. Chez celui qui observe le geste, le décodage en implique, fondamentalement, la vue ; mais aussi, dans une mesure variable, l'ouïe, l'odorat, le toucher, et une perception cénesthésique. Certes, il serait abusif d'assimiler toute séquence gestuelle à une phrase, toute gestualité à un système de signes, et d'universaliser la néo- (ou pseudo-) science que les sémioticiens anglosaxons nomment *kinesics*. Reste néanmoins que le geste peut être signe, dans la mesure très générale où il est culturellement conditionné, ainsi que dans la mesure spécifique où il porte, en milieu déterminé, une signification conventionnelle. L'ethnologie enseigne à quel point ce genre de convention peut devenir efficace dans l'usage artistique du geste en performance : des griots de l'Afrique occidentale aux conteurs japonais de *rakugo,* les exemples se rencontrent sur la terre entière, et il est pour le moins vraisemblable que cette ressource de la gestualité ne fut pas ignorée

6. Schmitt 1981, p. 384.

des interprètes médiévaux. Au XIXᵉ siècle encore, plusieurs Manuels d'élocution destinés à des acteurs ou orateurs font une large place à la codification du geste : rien qu'aux États-Unis, on m'en signale trois, celui de M. Caldwell (Philadelphie, 1859), celui de A. M. Bacon (réédité six fois jusqu'en 1872, à Chicago), celui de E. Southwick (à New York, en 1890). On pourrait, avec prudence et de façon volontairement approximative, évoquer une grammaire ou, plus justement, une rhétorique du geste, soutenant, voire suppléant, celle du verbe. Parmi les figures qu'elle enchaîne et combine, la suspension provisoire du mouvement, l'immobilité soudaine, n'est pas la moins efficace... de même que les silences parmi les signes de la voix.

*

Un lien fonctionnel lie en effet à la voix le geste : comme la voix, il projette le corps dans l'espace de la performance et vise à conquérir celui-ci, à le saturer de son mouvement. Le mot prononcé n'existe pas (comme le fait le mot écrit) dans un contexte purement verbal : il participe nécessairement d'un procès général, opérant sur une situation existentielle qu'il altère en quelque façon et dont la totalité engage les corps des participants. Marcel Jousse, au terme de vingt années de recherches et de tentatives pour descendre aux racines mêmes de la spontanéité expressive, posait comme indissociables le geste et la parole, en un dynamisme complexe qu'il appelait *verbomoteur*. A partir de tout autres prémisses, et dans la perspective performancielle, Brecht de son côté se forgea la notion de *gestus* embrassant, avec le jeu physique de l'acteur, une certaine façon de dire le texte et une attitude critique du locuteur envers les phrases qu'il énonce. A la frontière entre deux domaines sémiotiques, le *gestus* rend compte du fait qu'une attitude corporelle trouve son équivalent dans une inflexion de voix, et l'inverse, continûment[7].

D'où la capacité qu'a le geste de symboliser. Les institutions féodales firent de ce trait l'usage constant que l'on sait, en vertu peut-être de formes dégradées de ce que Jousse désigna comme un « rythmo-mimisme » primordial, fondé sur des correspondances cosmiques. Geste hiéroglyphe, lié à cette « vertu expansive des mots » dont parlait Antonin Artaud à propos du théâtre oriental. La langue du geste est aussi celle du

7. Pavis, p. 29-30.

souffle; elle «peuple une sorte de réserve pré-linguistique», écrit I. Fonagy [8], et en quelques cas d'artifice extrême occupe totalement le champ de l'expression : langage gestuel des moines condamnés au silence, mais aussi la pantomime antique, dont les techniques subsistaient encore à l'époque carolingienne [9]. Boncompagno, traitant dans sa *Rhetorica novissima* des transpositions, évoque le discours sans paroles des «amants trop timides pour parler», et qui «font passer leurs sentiments en gestes, signes ou mimique» [10]. D'un point de vue linguistique plus général, Fonagy parle de «mimique audible [11]», tant les registres sensoriels, à ce niveau, interfèrent. La pratique des interprètes de poésie s'inscrit parmi ces comportements, qui en constituent comme le milieu naturel. Boncompagno encore signale l'importance du geste comme révélateur de la figure d'ironie [12]; on a pu soutenir (à propos de récits hagiographiques) que, dans la performance des jongleurs, la mimique l'emportait en signifiance sur le chant, car plus précisément évocatrice et sans doute mieux maîtrisable [13]. *Les Artes praedicandi* témoignent de la séduction qu'exerça, après 1200, cet art sur les nouveaux ordres religieux voués à la prédication.

Cette situation ne pouvait pas ne point affecter profondément la nature même des textes. Le geste contribuait, avec la voix, à en fixer, sinon en composer, le sens. Plusieurs de ceux qui nous restent en portent fugitivement le témoignage, inscrit dans leur littéralité. Le beau *Poème moral* liégeois, d'environ 1200, note, aux vers 3146-3147, le geste du doigt par lequel l'interprète marque le rythme de son récit. Gérard Brault, dans son livre sur la *Chanson de Roland,* tire du texte plusieurs indications probables, relatives à certains gestes dont l'animait le chanteur et dont quelques-uns, peut-être, ou bien constituaient des recettes de métier au même titre que les «formules épiques», ou bien provenaient d'un code culturel d'usage commun : multiplication des déictiques, des discours directs personnalisés, des descriptions impliquant l'esquisse au moins d'un jeu mimique [14]. Ph. Ménard, lorsqu'il relève les nombreuses «expressions corporelles» figurant dans le texte du *Roland,* apporte des arguments à

8. Fonagy, p. 207.
9. Faral 1910, p. 19-20.
10. Goldin 1983, p. 129.
11. Fonagy, p. 51-55.
12. Goldin 1983, p. 59.
13. Apollonio, p. 82-83.
14. Brault, p. 111-115.

cette thèse : comment, en performance, user de telles expressions sans en imiter en quelque façon le contenu ? Mais les chansons de geste ne sont pas en cela privilégiées. Les romans ne sont pas moins riches de marques semblables. J'ai signalé ailleurs le cas des dialogues dépourvus de mention textuelle explicite des changements d'interlocuteur. On citerait aisément bien d'autres faits, absurdes si l'on ne suppose pas l'intervention d'un geste : telle série énumérative, dans la dépendance d'un verbe de perception comme *voir*, et alignant les substantifs précédés de l'article défini, très fortement « monstratif » en ancien français : ainsi aux vers 3802 et suivants du *Cligès* de Chrétien de Troyes. De tels faits se rencontrent souvent encore dans les romans en prose du XIIIᵉ siècle : ainsi, *Lancelot*, XXXVI, 33, où l'indication de lieu exige un geste du lecteur [15]. Le *Tristan* de Gottfried von Strassburg ne contient pas moins de 67 mots ou expressions en français, soit une en moyenne tous les 280 à 300 vers. C'est là, selon toute apparence, un procédé stylistique mis en fort relief par l'usage même qui en est fait : il apparaît en effet principalement (34 fois), en discours direct, sur les lèvres d'un personnage dont il caractérise la courtoisie ou trahit un sentiment violent ; en contexte narratif (23 fois), il sert à qualifier un héros, à désigner une vertu ou un discours chevaleresque ; enfin (10 fois), il permet un jeu de mots ou une figure étymologique. Un emploi valorisé à ce point implique, presque nécessairement, pour le moins une mimique buccale dans l'énonciation du mot choisi. Il est peu de textes avant le XVᵉ siècle qui, examinés de près, ne révèlent ainsi, comme à leur insu, ce qui m'apparaît un trait profond et universel de nature.

On comprend donc que, très tôt, cette civilisation ait tenté de maîtriser l'énergie du geste, et de la faire servir à ses fins particulières. Dès l'époque carolingienne, la pédagogie exploite, pour favoriser la mémorisation, la gestualité du corps ou de la main et des doigts [16]. La plupart des manuels de rhétorique mentionnent au moins l'*actio* ; certains, telle la *Rhetorica novella* de Boncompagno, sont plus explicites : un chapitre, « De gestibus prolocutorum », en traite de l'adéquation du mouvement au discours. Il en condamne du reste l'abus. Du temps de Boncompagno s'est en effet instaurée depuis près d'un siècle une éthique gestuelle, fondée sur l'analogie des mouvements du corps avec ceux de l'âme :

15. Micha, II, p. 15.
16. Riché 1978, p. 195.

Hugues de Saint-Victor, au *De instructione novitiorum,* n'emploie pas moins de seize qualificatifs distincts pour désigner les valeurs morales du geste. Aelred de Rievaux, Gilbert de Tournai, Alain de Lille, Giraut de Cambrie même, d'innombrables documents ecclésiastiques au cours des XIIᵉ et XIIIᵉ siècles visent à modérer et contenir, au nom de la vertu, l'activité gestuelle. Qu'en pouvons-nous, quant à nous, conclure, sinon que cette activité a passé dès lors au premier plan du jeu culturel, dans l'attention et la sensibilité communes? Que s'instaure un trait nouveau de mentalité: un sens aigu de la signifiance des gestes. D'où les condamnations fulminées contre les *gesticulationes* des «histrions». D'où, au début encore du XIVᵉ siècle, la décrétale du pape Jean XXII, *Docta sanctorum patrum,* souvent alléguée par les musicologues et qui, pour condamner l'*ars nova,* s'en prend en particulier à l'excès de ces gestes qui doublent, en les mimant, les paroles chantées [17]. Indignation de prélat conservateur, mais révélatrice de l'importance prise dès lors par le geste dans le fonctionnement social. Objet d'une *disciplina* (qui, tôt ou tard, engendrerait une étiquette), il remplit, dans le contexte d'une réhabilitation contrôlée du corps, un *office.*

Les chanteurs et déclamateurs de poésie ont du mal à se plier à ce cadre-là. Leurs «gesticulations» se déploient dans un autre contexte: celui, au sein de cette société, de l'universalité de la danse. La rareté des documents textuels ou iconographiques et celle, plus grande encore, des recherches sérieuses sur ce point laisse subsister bien des questions insolubles. Nous sommes pourtant en mesure de dégager plusieurs faits, dessinant une perspective générale. Il semble qu'il faille distinguer deux types chorégraphiques, selon qu'ils furent ou non pratiqués par des professionnels. Parmi les danses auxquelles pouvait se livrer, au gré des circonstances, tout un chacun, l'historien (mais peut-être pas le danseur du Xᵉ, du XIIᵉ, du XIVᵉ siècle!) est amené à distinguer encore: certaines, de lointaine origine païenne, initialement liées à des cultes agraires, restèrent jusqu'à l'époque moderne de tradition dans les campagnes; d'autres, issues peut-être de celles-ci mais repensées selon un modèle inspiré des psaumes, furent dès le haut moyen âge intégrées par la liturgie catholique en tant que manifestation de joie spirituelle; d'autres enfin, à partir du XIIᵉ siècle, élaboration courtoise des premières ou des deuxièmes (sinon importées du monde islamique), se répandirent en milieu

17. Chailley 1950, p. 238 et n. 617 à 622.

noble à titre de récréation mondaine. Les jongleurs et surtout jongleresses qui parfois jouaient, lors des danses communes, le rôle de meneur de jeu, pratiquent une danse professionnelle qui, aux yeux du public, constituait l'essentiel de leur art : les représentations figurées qui nous en restent en mettent en valeur l'aspect quasi acrobatique ; les incessantes condamnations ecclésiastiques suggèrent sa lascivité. Les textes nous ont conservé diverses désignations de ces « tours », connotant (comme un langage publicitaire) leur étrangeté et leur apparent exotisme : le « tour français », « champenois », « d'Espagne », « de Bretagne », « de Lorraine », « le tour romain », « *welscher tritt* » (« pas roman »), et le reste. Le succès de cet art ne se démentit jamais. Vers 1400 encore, une certaine Graciosa, originaire de Valence, fit glorieuse carrière de danseuse à travers l'Espagne et la France [18].

On a supposé dans ces pratiques quelque survivance mythique très ancienne, le besoin animiste d'une reproduction des mouvements du ciel. Peut-être. Du moins impliquent-elles, à l'évidence, un sentiment diffus de la ritualité de l'univers. L'homme danse, mais plus encore la femme, exaltant en *gesticulations* sa féminité ; les anges dansent ; les démons ; au XIVe siècle, la Mort même s'y mettra... Faral, jadis, énumérait les témoignages de cette passion généralisée, que les reproches du haut clergé ne firent apparemment qu'attiser : du IXe au XVe siècle, la documentation dont nous disposons atteste une diffusion continue des pratiques chorégraphiques, leur diversification, l'envahissement de toute existence publique et privée par la danse [19]. Pas de fête sans danse ; et celle-ci, dans chaque localité, possède son lieu : la place publique, en Allemagne un pré sous le tilleul ; dans les villes parfois (comme à Cologne depuis 1149) une salle réservée à cette fin ; le plus souvent l'église, seul bâtiment assez vaste et assez sûr.

Avant le XVe siècle ne sont connues que des danses de groupe, à figures, en rond, en chaîne, de la carole aux processions dansées : unité dans le jeu, révélatrice d'un dessein commun. L'effet cohésif du rythme peut être accru par des battements de mains ou d'autres procédés de scansion forte : *maierolles,* décrites par Jean Renart dans *Guillaume de Dole,* danses sous l'arbre, danses de cour et celles de Pâques, de Pentecôte, de la Saint-Jean, cortèges de la Chandeleur ou des Rogations,

---

18. Faral 1910, p. 319 et texte n° 235 ; Salmen, p. 115.
19. Faral 1910, p. 90-92 ; Salmen, p. 74-75.

danses de confréries, danses des clercs à la Saint-Nicolas évoquent ensemble le lien très fort attachant dans cette civilisation le chant et le geste à tous les mouvements affectifs, dans le sens d'une vigoureuse affirmation de l'être. La majorité des danses sont chantées : geste et voix, réglés l'un sur l'autre, assurent une harmonie qui les transcende. La partie chantée, avec ou sans accompagnement instrumental, est en général tenue par un soliste ou un chœur, les danseurs y répondant par une ritournelle. Le texte, déterminé par sa fonction, s'apparente au geste qu'il verbalise. Bref, réduit à l'exclamation, à la sentence ; ou plus ample, à retours strophiques se prêtant aux modulations émotives.

Néanmoins, les textes que les Modernes désignent comme «chansons de danse» ou «à danser» ne sont pas seuls ici concernés : *rondet, ballette, virelai* français, *estampida, saltarella, rotta*, le *Leich* allemand à son origine. Certes, entre ces genres poétiques et musicaux constitués et la danse dont ils furent initialement inséparables s'était instauré un lien génétique, dont provinrent des déterminations communes, inéluctables : ainsi la structure du refrain de rondeau jusqu'en plein XVIe siècle, époque où la dissociation d'avec la danse s'était depuis longtemps opérée. Mais la danse accompagna et soutint bien d'autres formes de poésie : *conduits* et chansons pieuses, imposées durant les processions dansées aux fêtes liturgiques, litanies des Rogations, prières ou formules magiques de la danse «des brandons» ou de celle de la Saint-Jean ; les plus anciens noëls pourraient remonter à des chansons de danse hivernale [20]. La vieille *Sainte Foy* pyrénéenne, l'un des plus vénérables monuments de la poésie occitane archaïque, et qui se déclare elle-même «belle à danser» (*bella'n tresca*, v. 14), fut assurément chantée et mimée sous forme procession- nelle. Le lien attachant alors voix et geste est d'ordre fonctionnel, résul- tant d'une finalité commune. Il n'en est pas moins fort ni, sans doute, efficace. Une longue tradition en illustre la fécondité : de la *Chanson de Clothaire* recueillie par Hildegaire de Meaux vers 850, chantée par des chœurs de femmes s'accompagnant de mouvements rythmiques des mains *(plaudendo)*, à la «carole de Bovon et Mersent» (selon la désigna- tion proposée par Verrier) que rapporte Orderic Vital, la donnant pour chantée par un danseur maudit [21], aux chansons que l'archiprêtre de Hita se vante, v. 6174-6177, d'avoir composées pour des danseuses accompa-

20. Sahlin, p. 152-153 et 179-181.
21. Verrier ; Metzer.

gnant au tambourin leur chant. Au XVIe siècle encore, dans le petit peuple d'Espagne, hommes et femmes (en vertu peut-être d'une ancienne coutume) dansaient au chant du Romancero [22]. A. Pulega, non sans vraisemblance, a suggéré que les Danses macabres des XIVe et XVe siècles ont pu se former par stylisation de sermons dansés [23]. On allongerait aisément cette liste. Et sans doute peu de textes, examinés à la lumière de ces faits, ne révéleraient pas, en quelqu'un de leurs aspects, l'empreinte d'une gestualité. Alfaric jadis montra l'influence du dessein chorégraphique sur la composition et le style de la *Sainte Foy*. Je ne connais guère d'exemple, avant le XIVe siècle, sinon le XVe, d'ouvrage écrit qui ne porte en lui et n'exhibe son désir du geste.

Dans l'indigence de notre information, réduite la plupart du temps à ce que voit notre œil sur la page à l'instant de notre lecture, un point de vue paradoxal nous éclairerait, j'en suis sûr : il consisterait à reconnaître la suprématie absolue de la danse parmi les formes d'art qui mirent en œuvre ou en cause, durant les siècles médiévaux, de quelque manière le corps vivant. La «chanson de danse» ou la *Sainte Foy* feraient ainsi figure de modèle accompli, dont les autres textes se distinguent tout en s'en approchant comme de leur terme. De même qu'elle requiert nécessairement, sauf exceptions rarissimes, la voix humaine, la transmission de la poésie, entre le Xe et le XIVe siècle, requit le geste humain ; et de même que cette voix poétique tendait au chant, le geste poétique tendait à la danse, son ultime accomplissement. J'insiste sur ce point, à mes yeux crucial.

*

Cependant, des multiples éléments constituant le milieu performanciel où se pose et s'impose la voix, tous n'ont pas avec celle-ci un rapport aussi essentiel et constant que le geste. On pourrait les classer selon qu'il est plus lâche ou plus étroit. Ainsi, le costume ou (s'il y en a) l'instrument de musique ou l'accessoire ont dans tel genre une importance fonctionnelle qu'ils n'ont pas ailleurs. Les instruments d'accompagnement ont été l'objet de diverses études. Je renvoie au catalogue raisonné qu'en donne W. Salmen [24]. Quant au costume, les informations sont rares ou équivo-

---

22. Menendez Pidal 1968, I, p. 98-101.
23. Pulega, p. 126-131.
24. Salmen, p. 130-134.

ques. Faral, qui en rassembla un certain nombre, concluait que les
«jongleurs» se distinguaient par quelque excentricité vestimentaire, surtout, à partir du XIIᵉ siècle, par l'éclat des couleurs, rouge, jaune, puis,
souvent, mi-parties dans le sens vertical, à la manière des «fous», vert et
jaune; par la coupe aussi des cheveux, par l'absence de barbe... Ce
portrait ne s'applique sans doute pas à tous les interprètes professionnels:
assez d'entre eux nous sont dépeints comme de pauvres hères dépenaillés
(ce qui n'exclut pas le port de quelque marque); d'autres, en position
stable et en milieu lettré, n'eurent peut-être pas besoin de se distinguer
ainsi. Reste que, pour l'ensemble du public, le chanteur, diseur, lecteur
de poésie doit être immédiatement identifiable à son extérieur. Les didascalies accompagnant, dans bien des manuscrits, les textes dramatiques
dialogués n'insistent pas en vain sur la forme ou la couleur du vêtement
porté par l'acteur: ainsi se manifeste, en quelque manière, une valeur
symbolique ou emblématique attachée soit au personnage représenté, soit
à l'action jouée, soit au discours prononcé: dès le Xᵉ siècle, la description, dans la *Regularis concordia*, du *Quem quaeritis* pascal, matrice de
tout le «théâtre liturgique» à venir, distribue avec soin aube, capes,
encensoirs, palme entre quatre clercs dont elle règle et mesure le pas; les
rubriques de l'*Ordo phophetarum* de Laon, au XIIIᵉ, fixent avec minutie
vêture, coiffure et accessoires signalant et différenciant les treize prophè-
tes; la tenue corporelle même est précisée: Abacuc est bossu; Elizabeth,
enceinte; Nabuchodonosor a le port «superbe», la Sibylle a l'air d'une
folle [25]... Dans le *Jeu d'Adam* français, selon le manuscrit de Tours,
Adam est en rouge, Ève en blanc; lui en «tunique»; elle en robe de voile;
Dieu en dalmatique. La coutume de ces prescriptions se maintint
jusqu'aux drames à grand spectacle du XVIᵉ siècle. Une telle attention
vouée à la signifiance du vêtement et du décor personnel ne peut pas ne
point s'être étendue au-delà des exigences scéniques; et l'histoire des
genres poétiques suggérerait plutôt que ces exigences, universelles et
touchant en principe toute espèce de performance, trouvaient dans la
représentation dialoguée de personnages multiples un lieu d'application
privilégié, mais non pas unique.

La question se pose, à ce propos, de l'usage de masques. Cet usage est
attesté de façon sûre: dès le IVᵉ siècle une tradition ecclésiastique continue y dénonce l'action du Démon, un mensonge infernal, le rejet de

25. Donovan, p. 12 et 176-177.

l'œuvre divine [26]. La présence de masques dans les fêtes carnavalesques, les rites funéraires, les charivaris confirmait cette opinion. Matériellement, le masque était un visage artificiel monstrueux, souvent animal, recouvrant la face et associé ou non avec un déguisement; parfois sans doute était-il peint: des clercs des XIIᵉ-XIIIᵉ siècles, comme Jacques de Vitry ou Étienne de Bourbon, l'évoquent en termes référant au fard: *facies depictae, homo pictus*. Mais qui le portait? Thomas de Cabham en traite dans sa diatribe contre les jongleurs: *transformant et transfigurant corpora sua per turpes saltus et per turpes gestus, vel denudando se turpiter vel induendo horribiles larvas...* («ils transforment et rendent méconnaissable leur corps par leurs honteuses gambades, leurs gestes honteux, voire en se dénudant honteusement ou en s'affublant de masques horribles...»). Est-ce là une allusion aux pantomimes que semblent désigner par ailleurs, en latin et dans les langues vulgaires, des mots de racine *mom-* : *momus, mome* et *momerie, mumm* et *mummery, momaria*? Reste que toute preuve fait défaut, de l'usage de masque dans la performance poétique. Quelque tradition, d'origine probablement païenne antique, dut pourtant subsister, qui resurgira au grand jour, dans l'Italie du début du XVIᵉ siècle, sous la forme de la *commedia dell'arte*. Cette absence presque totale des masques dans la constitution de l'*œuvre* est à mes yeux l'un des caractères les plus notables de la poétique médiévale, impliquant sans doute un sentiment, confus mais très fort, modalisé par le contexte institutionnel chrétien, de la vérité propre du langage de la poésie.

Cette situation même, par le jeu d'interdits et de correctifs qu'elle implique sur le plan moral et celui des comportements, me paraît accroître la valeur sémantique des *circonstances* performancielles dans la formation de l'*œuvre*. J'entends par «circonstances» ce que, d'un point de vue sémiotique ou linguistique, on nomme généralement *contexte*, mais dont je restreins la notion à la constitution du fait poétique. B. Schlieben-Lange, dans un livre récent, distingue dans l'acte locutoire (je traduis: dans la performance) trois éléments contribuant à faire du message énoncé une communication:

- la «situation» immédiate, tenant au fait même que l'on parle; et médiate, tenant à l'environnement discursif, aux autres paroles précédant, suivant ou accompagnant celle que l'on énonce;
- la «région», par quoi il faut entendre les trois espaces, géographique,

26. Schmitt 1984 *b*; Casagrande-Vecchio, p. 925-926, n. 21; Bologna 1984, p. 274.

culturel et social, où les signes mis en œuvre sont connus et employés ;
- le « contexte », embrassant toute la réalité ambiante, considérée
comme physiquement présente dans l'énonciation : la langue même,
arrière-plan de la parole ; le champ discursif, proche, lointain, thématique, où elle s'enracine ; l'ensemble non linguistique, naturel et empirique, historique et mental, parmi les éléments duquel elle se situe [27].

Je retiens pour « circonstances », parmi les divers aspects de ces trois
éléments, ceux qui situent le texte dans l'espace et le temps, conférant
ainsi à l'*œuvre* sa « situation » réelle. Les « circonstances » déterminent
l'*œuvre* en sa totalité. Le texte moderne, écrit et destiné — hors de toute
médiation orale — à la lecture, possède une altérité essentielle, due à sa
nature de communication différée : cette altérité ne sera surmontée que
par un travail, documentation, interprétation, contrôle. Le texte transmis
oralement possède une évidence, une identité dans la présence qui exclut
l'impression, sur-le-champ, d'altérité : il se donne, par là même, pour
véridique et ne peut qu'être reçu pour tel. Or, les circonstances modalisent, localisent, colorent cette véridicité : jusqu'à un certain point, elles
l'engendrent. D'où leur importance extrême dans la réception de l'*œuvre*
et dans les jugements suscités par celle-ci : c'est en vertu d'elles, et
parfois d'elles seules, que les cultures de type oral primaire disent un
poème bon ou mauvais [28] ; en régime oral mixte, cette manière de voir
subsiste nécessairement en partie ; pour le moins, l'*œuvre* ne saurait être
appréciée sans que les circonstances de la performance ne soient prises en
compte. C'est en ce sens qu'il convient d'entendre le sens de l'expression
de « poésie de circonstance », dont on a soutenu avec raison qu'elle
désignait les types les plus anciens de poésie [29] : liée à l'événement,
certes, mais parce que dépendant d'une forme quelconque de mécénat et,
par là, des *circonstances* de son énonciation.

Ne confondons point toutefois, dans un milieu social donné, l'environnement du texte performé (toujours relatif à la position, dans ce milieu,
du corps performant) et la conscience qu'en ont l'interprète et son auditoire. Il arrive (bienheureux alors le médiéviste !) que cette conscience ait
assez de force pour que la circonstance s'inscrive dans le texte, comme le
ferait une citation. Le plus souvent, c'est le public qui est désigné :

27. Schlieben-Lange 1983, p. 13-25.
28. Boyer, p. 243.
29. Matvejevitch, p. 77-87 et 191.

lorsqu'il est assez large, et sans doute rassemblé en plein air, des apostrophes intégrées au récit l'interpellent; lorsqu'il est chevaleresque, le texte comporte quelque allusion à un haut personnage ou à une Cour. Parfois, l'allusion passe par le dénigrement de concurrents, incapables de faire aussi bien. Ces évocations, généralement furtives, sont les plus nombreuses, pour des raisons évidentes: elles peuvent comporter une sanction économique; pour s'assurer l'obole ou le cadeau final, il importe à l'interprète de «personnaliser» l'offre du texte. D'autres allusions concernent le temps de l'œuvre: ainsi, à la laisse 3 de *Girart de Roussillon,* le texte se situe lui-même à un moment de l'année, en plein renouveau d'avril. De longs récits comme les chansons de geste et certains romans comportent des articulations textuelles marquant, selon toute apparence, le passage entre deux ou plusieurs des performances successives exigées pour la réalisation de l'*œuvre.* La référence peut être indirecte et prendre la forme d'une description; mais celle-ci n'a de sens ni de fonction dans le texte que si on l'entend comme s'appliquant à celui-ci même, par effet d'ellipse, de litote ou d'ironie. Ainsi, de la laisse initiale de *Doon de Nanteuil,* vers 1200, dont l'interprète dit se nommer Huon de Villeneuve.

Ces données textuelles toutefois, pour n'être pas exceptionnelles, restent en général équivoques. Force nous est de tenter une saisie *externe,* toujours très incomplète, des circonstances. Du moins certains traits généraux se dégagent-ils, permettant de mesurer approximativement ce que la lecture seule du texte (*notre* lecture) perd de l'*œuvre* telle qu'elle fut. Je me borne à proposer à ce propos quelques observations concernant le temps, le lieu et l'occasion sociale de la performance.

*

L'*œuvre* existe dans le temps de deux manières: par la durée de la performance, ce qu'ailleurs j'ai nommé son *temps intégré;* et par le moment où elle-même s'intègre dans la durée sociale. Le temps intégré différait beaucoup, on peut le supposer, de la durée textuelle, résultant de la simple addition d'un certain nombre de phonèmes: il comportait de nécessaires effets rythmiques, ralentissement ou accélération du *tempo,* de la part de l'interprète «jouant» le texte; il comportait de non moins nécessaires silences, dont il nous est impossible d'apprécier l'étendue, variable sans doute à chaque performance et selon le style personnel de chaque diseur ou chanteur. Impossible aussi, du moins très difficile, de percevoir de quelle manière et dans quelle mesure le « temps intégré » était ou non corrélé au moment de la chronologie où prenait place la performance. Ce temps-là (le « temps d'intégration ») nous est assez souvent connu. Or, prélevé sur la durée socio-historique, il ne peut nous être indifférent car le rapport qu'il implique avec cette durée est, au sein de la performance, créateur de valeurs.

Parfois, le temps d'intégration se situe en un point déterminé

- de quelque cycle cosmique, telles les chansons de l'entrée d'été, qui ont laissé les traces que l'on sait dans la *canso* troubadouresque et dont Bédier, jadis, faisait le prototype du lyrisme « populaire », et Scheludko, un genre largement répandu ;

- du cycle de l'existence humaine, tels les chants ou récits liés à la mort d'un membre du groupe, comme les *planctus, planh*, et autres lamentations ;

- d'un cycle rituel, comme la plus grande partie de la poésie liturgique, en latin ou dans les langues vulgaires, y compris les formes anciennes du « théâtre » ; comme aussi les noëls, qui commencent à apparaître dans nos textes, à travers toute l'Europe, entre le XVe et le XVIIe siècle, mais dont la tradition doit remonter beaucoup plus haut ; comme, peut-être, des chansons de Pâques, dont je discerne des traces parmi les *Romanzen* de Bartsch ;

- de la durée sociale, enfin, mesurant des événements, publics ou privés, récurrents mais aux fréquences imprévisibles : rencontre amoureuse, combat, victoire ; ou, plus spécifiquement, telle fête, tel événement politique. Les exemples sont certainement nombreux, quoique moins bien individualisables, car cette classe de textes, sans doute peu ritualisée, se distingue mal de la performance « libre », je veux dire celle qui n'est pas situable autrement que par rapport à la durée personnelle et intime de l'interprète ou de son auditeur. Le lien par lequel s'y attache le poème de nouveau échappe à notre perception. Il n'en exista pas moins, et cela nous le savons. Que telle Vie de saint ait été lue pour la fête d'un auditeur du même nom ; tel fabliau raconté par allusion à un fait divers récent ; tel roman, en souvenir d'un mariage princier ; telle chanson de croisade, chantée pour le départ d'un chevalier : l'occasion, même fugitive et discrète, s'intégrait à la performance et contribuait à lui donner sens. C'est là une règle absolument générale et qui tient à la nature de la communication orale : le temps d'intégration connote toute performance.

Le *Roland* chanté (admettons-le) au premier rang des combattants de Hastings était-il (la part faite aux autres facteurs de mouvance) le même que le *Roland* chanté devant, qui sait, l'âtre d'un château seigneurial, dans la grande salle, parmi des chevaliers désarmés, leurs ribaudes, leurs chiens? Évidemment non. Et de cette différence, rien ne nous dispense de tenir compte... sinon nos présupposés littéraires.

Les modalités spatiales de la performance interfèrent avec celles du temps. Le lieu, comme le moment, peut être aléatoire en apparence, imposé par des circonstances étrangères à l'intention poétique. Mais une tension parfois se manifeste alors entre les connotations attendues et celles que provoque cette situation : tensions exploitables mimétiquement, aptes à produire à leur tour des effets poétiques positifs. Tel est sans doute l'un des plans de signification de nombreux prologues épiques. Le lieu de la performance, c'est l'espace ouvert au déploiement de l'*œuvre;* et un espace, en même temps que réalité topographique, est toujours une construction socioculturelle. Que, dans la France et l'Espagne du XIIIᵉ siècle, des poèmes satiriques aient été lus sur les places publiques, ce fait les connote fortement et contribue, dans une mesure non négligeable, à leur signifiance : ainsi à Paris, au temps de la « querelle de l'université », ou dans les luttes partisanes de la Castille d'Alphonse X [30]. La localisation de son chant dans l'église, et son insertion à tel ou tel moment de la liturgie, constitue une partie essentielle de la « poésie hymnique », des séquences et tropes de toute espèce. Ainsi des « épîtres farcies », récemment encore étudiées par G. Le Vot : texte latin chanté à la messe, interpolé de vers français, occitans ou catalans qui le commentent, et dont il est possible de reconstituer avec vraisemblance le mode de déclamation : par deux ou trois sous-diacres revêtus d'ornements solennels. La tradition en est assurée du XIIᵉ au XVᵉ siècle; de même, du Xᵉ au XIIᵉ, dans l'ère française et occitane, celle des « chansons de saint », chantées à l'intention des fidèles illettrés, voire en chœur par ceux-ci, sans doute durant ou immédiatement après les offices nocturnes et, au moins en certain cas, comme la *Sainte Foy,* dansées.

Chaque poème semble avoir sa place marquée, moins du reste en vertu de contraintes externes que d'une perception globale de l'existence : parce qu'il fallait que l'espace entier de la vie sociale fût poétiquement occupé. A l'ombre, pour ainsi dire, de l'église, derrière les murs du couvent, se

30. Freeman, p. 107; Poirion 1985, p. 13.

transmet une poésie monastique à laquelle nous devons plusieurs beaux textes, de l'*Aube* de Fleury, du Xe siècle, jusqu'aux *Vers de la mort* de l'abbé cistercien Hélinant de Froimont, composés vers 1195 et qu'on lisait encore aux moines durant le XVIe siècle. Sur le parvis, à ses alentours immédiats, la poésie qui fleurit autour des reliques saintes ou des centres de pèlerinages, les *Miracles de Notre-Dame*, les contes pieux, les *Vers de la mort* encore, au XIIIe siècle, si l'on en croit Vincent de Beauvais[31]. Bédier y situait, un peu abusivement, les chansons de geste. Cependant, d'autres lieux performanciels confèrent à l'œuvre qui s'y manifeste un caractère officiel, contribuant symboliquement à l'exaltation de la puissance publique : *skops* anglo-saxons aux festins royaux, *scaldes* islandais sur le *Thing* où se réunit l'assemblée du peuple. J'ai rappelé ailleurs la coutume du chant épique avant ou pendant les combats. John Barbour, en 1376, dans son poème sur le roi d'Écosse Robert Bruce, raconte que celui-ci, faisant un jour retraite devant le sire de Lorn, voulut traverser le Loch Lomond ; mais, ne disposant que d'un minuscule bateau, il se vit contraint de répartir par petits groupes son armée : l'opération dura vingt-quatre heures, et pendant tout ce temps, pour maintenir le moral de ses gens, le roi leur lut à haute voix le *Roman de Fierabras !* La circonstance, le lieu portaient à son plus haut degré la puissance de l'effet performanciel...

Certaines formes semblent avoir été surtout (mais non exclusivement) destinées à l'usage de petits auditoires, réunis en lieu clos et privé. Ainsi de fabliaux que le conteur récite en cadeau à un hôte et, plus généralement, des romans[32]. J'ai cité l'*Yvain* de Chrétien de Troyes, v. 5350-5368, Froissart et *Méliador*. Gower exprime au roi Henry IV le désir de lire ses ballades devant la Cour assemblée. Des témoignages de ce genre jalonnent six siècles d'histoire, dans tout l'Occident. Plusieurs germanistes, au cours des années 50 et 60, ont supposé, à la suite de E. Jammers, que de telles lectures étaient faites d'une voix chantante, rythmiquement bien distincte de la parole ordinaire : si cette thèse est vraie, on peut en déduire que, en pays allemands du moins, un rapprochement s'instaurait ainsi entre performance privée et performance publique, transformant idéalement, pour le temps de la lecture, la nature et la signification du lieu performanciel. Il se peut que la lecture solitaire (moins souvent attestée, il

---

31. *Speculum historiale*, XXIX, 108 (communication de S. Lusignan).
32. Ainsi Gallais 1964, p. 487-488 ; Ménard 1983, p. 94-95.

est vrai) ait été pratiquée parfois de la même manière : ainsi, la jeune dame, à la strophe 1100 du *Frauendienst* d'Ulrich von Lichtenstein, *las* (« lisait ») la chanson envoyée par le poète : des interprétations diverses de ce passage résulte la probabilité que *lesen* ici veut dire « se chanter à soi-même »[33].

Lieu et temps de la performance peuvent être déterminés par l'occasion sociale à laquelle elle se produit. Certes, au sein de la communauté, poètes, chanteurs, diseurs, conteurs étaient mêlés à tous les événements qui en rythmaient le devenir. Mais quelques-uns de ces événements, éminents dans le train des jours, semblent avoir provoqué plus particulièrement et de façon coutumière le divertissement poétique. Les données fournies par Faral, Menendez Pidal et Salmen dans leurs livres sur les « jongleurs » se corroborent réciproquement : fêtes religieuses ou princières, banquets, noces, expéditions militaires, voyages ; ces mœurs étaient communes aux peuples d'Occident, de la Scandinavie à la Sicile. Une croyance générale attribuait au chant d'un jongleur ou à la lecture à voix haute une influence bénéfique non seulement sur la mélancolie, mais sur les maladies corporelles et les blessures même. Plusieurs rois de Castille et d'Aragon jugeaient, pour cette raison, l'audition de poésie et de musique indispensable au bon ordre de leur vie[34]. D'autres princes partagèrent sans doute cette opinion, et l'on peut admettre qu'elle motiva l'organisation, aux XIIᵉ et XIIIᵉ siècles, de quelques grandes rencontres-débats de poètes dont le souvenir nous a été conservé : celle — au château catalan de Puivert d'Agremont, en 1161 — qu'illustre la chanson de Peire d'Alvernhe, *Cantarai d'aqestz trobadorz,* ou la *Wartburgkrieg* allemande.

*

Un désir travaille ce monde-là de faire de toute réalité un spectacle. Il n'en va, certes, pas autrement de notre monde à nous, depuis trente ou cinquante ans, à cela près que notre principale motivation est publicitaire, les moyens, mass médiumniques, et la fin, commerciale. Jusque bien au-delà du XVᵉ siècle, la motivation fut une soif de connaître, le moyen, la participation sensorielle, et la fin, une joie commune. Opérant (au plus

33. Scholz 1980, p. 144 et 170.
34. Menendez Pidal 1924, p. 107-109.

haut niveau d'existence) le lien et les incessants transferts entre l'homme et Dieu, entre l'univers sensible et l'éternité, la liturgie illustrait de façon exemplaire cette tendance : spectaculaire en ses moindres parties, elle *signifiait* les vérités de foi par un jeu complexe offert aux perceptions auditives (musique, chants, lecture) et visuelles (par la splendeur des bâtiments ; par ses acteurs, leur costume, leurs gestes, leur danse ; par ses décors), tactiles mêmes : on touche le mur saint, on pose un baiser sur le pied de la statue, le reliquaire, l'anneau épiscopal ; on respire le parfum de l'encens, de la cire des cierges. A la base de la société civile, la cérémonie de prestation d'hommage, attachant les uns aux autres dominants et dominés en procession hiérarchique, constitue une performance que nous dirions théâtrale ; l'ordalie, qui met la justice divine de part dans l'administration du droit, se maintint jusqu'au XIIᵉ siècle, moins comme preuve que comme rite ; et, au XVᵉ siècle encore, les miniatures du *Sachsenspiegel* témoignent de l'importance, en terroir germanique, des gestes et postures stylisés dans la revendication judiciaire ; mais le fait est plus général et fut durable : de nos jours encore, on lève la main pour prêter serment. La Cour princière, centre de cohésion sociale et d'où émane le pouvoir, est une scène sur laquelle se joue un drame public mettant en œuvre un répertoire limité (mais qui se renouvelle peu à peu) de thèmes et d'images. Dès l'époque mérovingienne, le train de vie des rois s'y déploie comme une parade emblématique ; les Carolingiens relèvent la tradition ; les Capétiens la retrouvent pour leur compte, ainsi que leurs grands feudataires. Au XIIIᵉ siècle, les rois de France assignent à ce théâtre de la Puissance un lieu désormais fixe : leur « hôtel ». Ceux de Naples et les ducs de Bourgogne les imiteront, puis les autres, jusqu'à Charles Quint et aux maîtres de l'Escorial. Chemin faisant, le spectacle s'est concentré sur quelques actes privilégiés du prince dont les chroniqueurs du XVᵉ rivaliseront à brosser des descriptions splendides : fêtes dynastiques, tournois (dont, à partir du XIIIᵉ siècle, s'inspire une danse de dames nobles, occasion d'un genre poétique nouveau !), « Joyeuses Entrées » ; mais, plus que tout, dès une haute époque (VIIIᵉ-IXᵉ siècle), le repas : instant notoire où le Maître reprend force et vie, consomme (en un symbolisme homophagique très ancien, dont personne alors ne perçoit plus la signification) l'offrande de la terre, selon un protocole dont le luxe ostentatoire s'accroît au XIIᵉ siècle, et que les Bourguignons porteront à son extrême complexité. Par là s'affermit, sur le peuple spectateur, l'emprise de ceux qui le gouvernent. A partir de la fin du XIIIᵉ siècle, le théâtre de la Cour a perdu toute innocence; il prépare les esprits à l'irrésistible croissance prochaine du pouvoir de l'État.

De l'Église et des Cours rayonne ainsi le modèle de la Fête. Mais la fête est partout, dans cette société, éclat périodique de passion et de rire, pour ou contre, célébration ou carnaval (mais, à la longue, le carnaval aussi fut récupéré par les forces de l'Ordre!), intégrant, en une vaste comédie collective, les contradictions ouvertes ou latentes de ce que jouait, de ce dont se jouait, le spectacle. Or, c'est ici même que s'insère, dans la matière sociale, le jeu poétique, que, pour ma part, j'évoque sous l'appellation de théâtralité, terme référant très précisément à notre théâtre et à la pratique impliquée par celui-ci. L'élément structurel et sémantique commun entre les termes ainsi donnés pour continus — performance médiévale, théâtre moderne — réside dans la présence physique simultanée, articulée autour d'un corps humain par l'opération de sa voix, de tous les facteurs sensoriels, affectifs, intellectifs d'une action totale. D'où le mépris affecté par plusieurs savants, jusqu'au XIIIe siècle, pour la poésie en langue vulgaire : ainsi Gautier Map en plusieurs passages du *De nugis* [35]. Dans leur latin, c'est le mot *mimus* qui surgit alors sous le calame : les formes théâtrales antiques *(comoedia, tragoedia),* communément reçues comme dialogues lettrés, destinés à la seule lecture, ne laissaient pas d'autre terme disponible.

Pourtant, au cours du XIIe siècle, un changement se dessine dans l'attitude de quelques lettrés. Le premier, Hugues de Saint-Victor, avant 1140, élaborant, au livre II du *Didascalicon,* une classification des arts, introduit (chapitre 28), parmi les sept *artes mechanicae,* les *theatrica.* L'idée et en partie le texte même sont empruntés à Isidore, *Etymologiae,* livre XVIII, qui signalait les jeux de la Rome impériale comme un art maudit, instigateur d'idolâtrie; le texte de Hugues efface ces connotations défavorables. Rédigé au passé (alors que tous les verbes, dans les autres chapitres, sont au présent), il réfère implicitement à des mœurs révolues. Pourquoi donc cette innovation, ou cette redécouverte, après six siècles d'oubli? Nul doute que ne s'exerçât sur les doctes, dans la première moitié du XIIe siècle, une pression culturelle qui leur interdisait d'ignorer la théâtralité de la poésie ni l'ensemble de techniques et d'affects qu'elle mobilisait. Suivant la tradition augustinienne, corrigée dans le sens d'une confiance un peu plus grande en l'homme, Hugues considère les *artes*

---

35. James, p. 187, 189, 203, 207, 224.

comme des remèdes accordés par Dieu à la race d'Adam après le péché de celui-ci, afin de lui permettre, si elle les utilise correctement, de restaurer son intelligence du monde (ce sont les arts «théoriques»), sa vertu (les arts «pratiques») et son pouvoir sur les choses (arts «mécaniques»). Ces derniers forment une septénaire dont trois membres constituent les moyens par lesquels la nature humaine se préserve des agressions extérieures, et quatre (agriculture, chasse, médecine et *theatrica*) grâce auxquels elle entretient son corps. L'emplacement des *theatrica* dans cette hiérarchie est d'autant plus significatif que la poésie *(poetarum carmina)* figure ailleurs, parmi les arts de la logique, partie «dissertative»! La distinction me paraît refléter celle qu'un esprit cultivé devait sentir entre l'écriture latine et la poésie de langue vulgaire. Une glose insérée, sans doute au XIIe siècle encore, dans la *Philosophia mundi* de Guillaume de Conches fait référence au chapitre de Hugues et pose la question : pourquoi les *theatrica,* et ici même ? Réponse : parce que deux besoins vitaux se font jour chez l'homme, se donner du mouvement (entendre : d'imagination ?) pour combattre la langueur de l'esprit, et du plaisir afin de compenser la fatigue des tâches corporelles [36]. Les *theatrica,* ensemble de procédures dont résulte la théâtralité, ne sont donc pas mauvais en eux-mêmes ; tout au plus dangereux, ce qui justifie la sévérité ecclésiastique envers *mimi* et *histriones.* La voix vive du jongleur, la parole gesticulée des poètes, la musique, la danse, ce jeu scénique et verbal qui est langage du corps et mise en *œuvre* des sensualités charnelles : tout cela, ici et maintenant, est aussi médecine, équivoque mais efficace, des âmes. La démarche ainsi opérée par le philosophe n'a qu'une portée limitée : la pensée d'alors manquait d'instruments épistémologiques adéquats pour conceptualiser ces jeux du corps. N'empêche que, lorsque vers 1150, dans le *Policraticus,* Jean de Salisbury évoque les acteurs du théâtre antique, la description qu'il en donne lui est manifestement inspirée par les interprètes de poésie qu'il rencontre autour de lui : «Ils récitaient en public des histoires inventées, œuvre des gestes de leur corps, de l'habileté de leurs paroles et des modulations de leur voix» *(gestu corporis arteque verborum et modulatione vocis factas et fictas historias sub aspectu publico referebant)* [37].

Retombée de l'intérêt des doctes : si Richard de Saint-Victor, dans son

---

36. Taylor, p. 205, n. 68.
37. Webb, p. 46.

Liber exceptionum (vers 1150-1160), reprend le passage de son maître Hugues, Geoffroy de Saint-Victor, dans le *Microcosmus,* exclut les *theatrica* de la série des arts mécaniques; Raoul de Longchamp, dans son commentaire d'Alain de Lille, en 1216, ne les mentionne que pour mémoire, suivis d'un « et autres choses semblables » qui les banalise; les encyclopédies du XIIIe siècle généralement les rejettent[38]. Vincent de Beauvais, au livre XI du *Speculum doctrinale,* vers 1250, reprend, en la modifiant, la liste de Hugues: mais le caractère même de son œuvre en limite sur ce point la portée; il compile un répertoire d'*auctoritates,* florilège de tout ce qui, depuis Isidore, fut écrit sur le théâtre; l'intérêt personnel en est absent. Robert Kilwardby, *De ortu philosophiae,* XI, à la même époque, écarte des arts les *theatrica,* inconvenants pour des croyants. Après eux, le silence se fait. Mais déjà les franciscains ont commencé de s'intéresser à la théâtralité de la parole; et bientôt Thomas d'Aquin esquissera, relativement à la réalité de son temps, la première réflexion critique sur ce « travail » destiné à fournir une *delectatio*[39]. Quand vers 1400, Eustache Deschamps, dans le *Miroir de mariage,* v. 9254-9267, énumère plaisamment les « arts mécaniques », il met en tête celui qui consiste « à faire les chants et à chanter par art musique »: figure de répétition, que justifie sans doute en ce contexte le désir de mettre en valeur la part d'une activité corporelle, la gorge, mais aussi les mains jouant d'un instrument accompagnateur, et les mouvements ainsi engendrés. Nous sommes enfin rentrés dans l'actualité vivante.

Pour un intellectuel nourri de souvenirs antiques réinterprétés, en contexte scolaire, comme purs produits de l'écriture, le spectacle en effet qu'offrait la poésie de langue vulgaire souffrait d'une ambiguïté congénitale: cantonnée dans une zone limite entre l'art et la vie, participant de l'un et de l'autre, donc suspecte de deux points de vue opposés. En fait, il est vrai (mais jusqu'à quel point ces hommes s'en rendaient-ils compte?) qu'il existe une contradiction permanente, au moins virtuelle, entre l'art et certaines des règles, socialement acceptées, du groupe. Stylisation s'oppose à norme sociale comme, à une éthique, une esthétique. Or, la stylisation de la poésie vulgaire embrasse, au-delà du texte, l'action de son interprète et les modalités de sa réception. D'où la multiplication des malentendus. Les codifications, du reste très souples, adoptées par les

---

38. Lusignan 1982, p. 35-38; Bruyne, p. 392-393.
39. Casagrande-Vecchio, p. 922-923; Tatarkiewicz, p. 263-272.

divers genres poétiques vulgaires tenaient (par suite même de leur visualité) du « langage des images » picturales et sculpturales récemment déchiffré par F. Garnier. A l'époque carolingienne, les hommes d'Église condamnaient globalement l'usage de ces codes en le déclarant « païen », voire « diabolique ». Sans doute y flairaient-ils la manifestation d'un besoin profond de sacralisation du vécu : ce besoin dont étaient sorties ensemble, dans un passé très lointain, les formes religieuses et les formes poétiques, concurrence intolérable pour l'orthodoxie du catholicisme médiéval. La ritualité — la « théâtralité » — poétique finit, certes, à la longue par s'atténuer, mais non pas dans ses manifestations concrètes car jusqu'au XVe siècle et, partiellement, au XVIIe, le corps y resta totalement impliqué. C'est son objet qui se déplaça peu à peu (à mesure, du reste, de la diffusion de l'écriture), au point que, passé 1500, dans tout l'Occident la poésie apparaît comme une entreprise, désormais laïcisée et métaphorisée, de théâtralisation du quotidien.

Rien n'en isole (avant cette époque tardive) ce que nous nommons abusivement le *théâtre* et que désigne alors un vocabulaire flottant, référant à l'idée de jeu réglé : *ordo, ludus, jeu, play, spel*. De rares rhétoriciens, comme Geoffroy de Vinsauf et Jean de Garlande, s'interrogeant à propos des comédies de Térence, empruntent à Platon l'expression de *genus dramaticon* (« type de discours *dramatique* »), défini par le fait que l'auteur s'y exprime par la bouche de personnages[40]. Distinction inapplicable à la langue vulgaire ainsi que, dans une grande mesure, à la poésie latine de ce temps : l'interprète, fût-ce le lecteur public, est ici personnage ; et les exemples ne manquent pas, où un compère lui donne réplique, un musicien l'accompagne... d'où pluralité dans la performance. La difficulté qu'éprouvèrent les médiévistes classificateurs du XIXe siècle à situer dans un paradigme les formes dites, en désespoir de cause, monologue ou dialogue « dramatiques » témoigne de cette apparente ambiguïté.

Le signifiant du signifié textuel est un être vivant. Hors jargon, je traduirais que le sens du texte se lit dans la présence et le jeu d'un corps humain. Le texte devient *chaud*, selon la terminologie de McLuhan : la performance n'est divertissement que de façon seconde ; elle n'est en rien commodité ; elle est communication de vie, sans réserve. Elle remplit pour le groupe la fonction du rêve pour l'individu : libération imaginaire,

---

40. Hult 1983, p. 53-56.

réalisation ludique d'un désir. D'où son extraordinaire puissance dans l'économie de cette civilisation.

*

F. Lopez Estrada le disait récemment en d'autres termes à propos de textes espagnols anciens : l'œuvre n'est complète que lorsqu'elle unit lettre, mélodie et situation [41]. D'un point de vue sémiologique, on poserait que sa communication s'opère selon deux circuits emboîtés et mutuellement dépendants l'un de l'autre : l'interprète qui énonce le texte à l'intention d'un auditeur fonctionne à la fois comme « narrateur » (selon la littéralité de ce texte) et comme informateur, par le biais des circonstances, ces dernières constituant un « commentaire » de la lettre, mais un commentaire intégré indissociablement à celle-ci. En ce sens, l'*œuvre* médiévale tient davantage de ce qu'est pour nous le film cinématographique que de notre littérature [42]. D'où l'action exercée par les conditions performancielles sur la textualité, et que semblent révéler certaines recherches récentes (ainsi sur l'usage des temps verbaux dans la chanson de geste), ou confirmer des observations d'ordre très général, par exemple sur la longueur moyenne respective des textes, soit narratifs, soit « lyriques », et ses variations au cours du temps : ainsi le fait que, du Xe au XIIe siècle, s'opère un allongement régulier des récits chantés ; la courbe moyenne, entre l'an 900 et 1100, s'inscrit dans la tranche de 200 à 600 vers ; entre 1100 et 1150-1160, de 1 500 à 2 500 ; ensuite, de plus de 5 000 : cette progression par bonds n'est-elle pas, pour une part au moins, liée à la modification des conditions de performance ? Il y a longtemps déjà que Jean Rychner affirmait, contre beaucoup d'autres, l'influence de ces dernières sur la composition des poèmes [43]. Ce qu'il écrivait alors de l'épopée mérite, me semble-t-il, d'être prudemment généralisé.

C'est pourquoi l'on peut s'interroger sur les distinctions que, prisonniers d'une esthétique classicisante, nous sommes portés à faire entre les *genres* poétiques de l'époque antérieure au XVIe siècle. La distinction véritable, pour les hommes de ce temps-là, ne provenait-elle pas des circonstances performancielles plus que de tout autre facteur ? F. Bäuml,

41. Lopez Estrada 1983, p. 17.
42. Cf. Casetti, p. 22-27.
43. Rychner 1955, p. 46-59.

au détour d'une phrase, se le demandait dès 1980[44]. Un genre, en effet, résulte de l'agencement — dans l'histoire — des propriétés sémantiques et pragmatiques du discours, analogue à ce qu'est, dans l'instant, l'acte de parole. Il se définit selon les trois axes que déterminent ses traits structuraux, ses relations avec les autres genres et son rapport avec le contexte historique. Or, en performance, les éléments de ce contexte sont assumés, réellement ou symboliquement, par les corps en présence. La stylisation du jeu vocal, des mouvements, voire du décor, leur codification, même assez floue, contribuent puissamment à l'établissement du rapport en question, reconnaissable d'emblée et objet de jugements qualitatifs. N'est-ce pas ce qu'entendait P. Bec lorsqu'il écrivait que la « chanson de femme » constitue moins un « genre » qu'un « type lyrique » ? N'est-ce pas aux nécessités engendrées par le mode franciscain de théâtralisation prédicatoire qu'est due la formation du genre des *laudi?* L'opposition entre farce et *sottie* au XVe siècle (problème disputé s'il en est!) ne résulte-t-elle pas tout bonnement de la différence de costume des acteurs? De là, par ailleurs, ce que conservent de fluide et comme d'informel toutes ces distinctions génériques jusqu'au milieu du XVIe siècle. Rien de ce que l'on a écrit sur les *fabliaux* depuis cent cinquante ans n'a pu fournir une définition stable du genre. Le *roman* même, tard venu, n'est cerné que de frontières en pointillé ; et, chez les grands rhétoriqueurs d'environ 1500, les seuls « genres » identifiables (tel le rondeau) le sont en vertu de leur rapport à la musique ou à la danse...

En performance, le texte prononcé constitue, de façon première, un signal sonore, actif comme tel, et n'est message articulé que de façon seconde. D'où, pour le médiéviste, une aporie critique, puisqu'il ne peut saisir *in situ* la performance. Pourtant, cette impossibilité ne justifie en rien la négligence avec laquelle on tend à mettre entre parenthèses, sinon, avec superbe, à ignorer, le problème. Il n'est pas, tant s'en faut, inconcevable de reconstituer (dans plusieurs cas particuliers que l'on tiendra pour exemplaires, et fût-ce en s'aidant avec prudence de travaux ethnologiques) les facteurs de l'opération performancielle (temps, lieu, circonstances, contexte historique, acteurs) et de percevoir, au moins globalement, la nature des valeurs investies — dont celles que véhicule ou produit le texte. Dans les conditions optimales d'information, nous sommes conduits jusqu'au point extrême où l'imagination critique aspire à relayer

44. Bäuml 1980, p. 246, n. 23.

la recherche : où j'entends soudain, étouffé mais audible, *ce* texte, où je perçois, dans une éclaircie, *cette* œuvre, moi, sujet singulier qu'une érudition préalable a (souhaitons-le !) dépouillé des présupposés les plus opaques tenant à *mon* historicité, à *mon* enracinement dans cette autre culture, la nôtre... Certes, en soi, et pût-elle aboutir ainsi, la reconstitution demeurerait folklorique et ne saurait, tout en y contribuant, véritablement fonder une connaissance. Il me paraît pourtant nécessaire que l'idée de sa possibilité et, si je puis dire, l'espoir de sa réalisation soient intériorisés, sémantisés, intégrés à nos jugements et à nos choix méthodologiques.

Conclusion

13. Et la « littérature » ?

Le cas du roman. - L'illusion littéraire.

A plusieurs reprises, dans les chapitres précédents, j'ai fait allusion à quelque spécificité du genre romanesque. Par-delà, en effet, diverses questions historiques (qu'est-ce que le « roman » ? d'où vient-il ?), se pose un problème de civilisation : dans un monde de la voix, le « roman » semble viser à l'étouffement de celle-ci. L'étouffe-t-il réellement ? Sans doute, non. Certes, si l'on réserve (comme le font les médiévistes français en général) le terme de *roman* pour désigner les formes poétiques narratives les plus nouvelles apparaissant, au cours de la seconde moitié du XIIᵉ siècle, en France puis en Allemagne (ainsi, les ouvrages de Chrétien de Troyes), force est de constater que leur fonctionnement ne laisse plus guère à la voix que le statut d'instrument, asservi au texte écrit qu'elle a pour office, par lecture à haute voix, de faire connaître. C'est là, par rapport à l'ensemble des traditions poétiques d'alors, une grande différence pratique, mais non pas une situation fondamentalement contradictoire. L'historien doit simplement enregistrer le fait que, à terme, après deux ou trois siècles, cette différence allait produire une mutation qualitative considérable et affecter la conscience qu'a l'homme moderne de ses relations avec le langage. F. Bäuml, dans son étude sur les *Nibelungen,* soutient que, lors de la performance orale proprement dite, théâtralement déployée, l'auditoire perçoit immédiatement et en bloc l'auteur, le récitant, le narrateur et le texte, ces quatre éléments formant un tout indissociable ; dans la lecture à haute voix, en revanche, l'auditeur ne perçoit de cette façon que le récitant et le texte. D'où un effet de distance, qu'un auteur avisé peut diversement exploiter.

A tort, plutôt qu'à raison, le problème, lorsqu'il fut énoncé, le fut en termes de genèse : une abondante littérature critique, dans les années 40, 50, 60 encore de notre siècle, traita du « passage » de l'épopée au roman. Que signifiait-on par *passage,* cela restait obscur, à moins que, à la manière de F. M. Marín, on n'éclairât la discussion d'une vue quasi métaphysique de la procession du langage à partir de formes archétypiques : pour cet auteur espagnol, le « roman » constitue, avec l'épopée, l'une des deux ramifications d'un discours narratif primordial [1]. Une conception analogue, d'origine romantique, est impliquée dans l'usage des médiévistes allemands, qui se servent des mots *Epos, Epik* pour désigner aussi bien l'*Eneit* de Veldeke, le *Tristrant* d'Eilhart, l'*Iwein* de Hartman que le *Nibelungenlied* ou le *Dietrich*. Une perspective s'ouvre ainsi, trop générale pour être efficace dans l'interprétation des textes ; mais qui permet, me semble-t-il, de mieux les situer. Le « roman » surgit en effet, vers 1160-1170, à la jonction de l'oralité et de l'écriture. Posé d'emblée comme écrit, transmissible par lecture seule (à l'intention, il est vrai, d'auditeurs), le « roman » récuse l'oralité des traditions anciennes, qui finiront, à partir du XVe siècle, par se marginaliser en « culture populaire ». Formalisé en langue vulgaire, mais en vertu de hautes exigences narratives ou rhétoriques, le roman ne récuse pas moins, en fait, la suprématie du latin, support et instrument du pouvoir des clercs. Contrairement aux contes dont se nourrit le commun du peuple, il requiert de vastes dimensions : longues durées de lecture et d'audition, où les enchaînements du récit, quelque embrouillés que parfois ils apparaissent, sont projetés vers un avant jamais clos, exclusif de toute circularité. Le discours retrouve ainsi, à son niveau propre, garantissant des connotations plus riches, le trait d'incomplétude et d'indéfinité des paroles ordinaires, celles qui au fil des jours disent la vie. Il s'oppose en cela au discours redondant et fermé de la poésie plus ancienne.

L'expression *mettre en roman,* fréquente dans le français du XIIe siècle, désigne le processus permettant d'atteindre cette fin : opérée par un individu frotté de culture livresque, la *mise en roman* a pour destinataire quelqu'un du milieu chevaleresque et noble. Le premier promeut, par le moyen de la plume et de l'encre, à l'intention, en principe exclusive, du second un énoncé de leur langue naturelle commune au statut *auctorial* du livre. C'est par dissociation de l'expression que prit naissance notre nom *roman :* initiative, selon toute apparence, de Chrétien de Troyes, où se marque la force d'impact des pratiques scolaires sur celle de cet écrivain. *Roman,* originellement adverbe, issu du latin *romanice,* réfère au vernaculaire : donc, de façon primaire, à l'oral. D'où une ambiguïté. C'est

1. Marín, p. 49-57.

pourquoi les « romanciers » se défendent, se gardent à droite et à gauche, opposant tour à tour leur « roman » aux écrits latins (à la hauteur desquels il se hisse) et aux récits colportés par les conteurs, qu'ils écartent avec mépris. Sans doute, vers 1180, certains avaient-ils oublié (ou feignaient-ils d'ignorer) le sens premier de *mettre en roman :* abusivement rendue, chez beaucoup de médiévistes, par « traduire », l'expression me semble référer, plutôt qu'au seul transfert linguistique, au commentaire qu'un maître prononce sur un livre faisant autorité. *Mettre en roman,* c'est proprement « gloser » en langue vulgaire, « mettre, en clarifiant le contenu, à la portée des auditeurs », « faire comprendre, en adaptant aux circonstances ». Comment entendre autrement les premiers vers de *Guillaume de Dole,* ou le prologue de *Cligès,* v. 1-25, témoignage explicite ? Cette histoire est authentique, dit Chrétien, car elle est contenue dans un livre de la bibliothèque de Saint-Pierre à Beauvais ; de ce livre fut tiré le conte (bien connu) dont je vous donne ici l'adaptation expliquée, par là mieux signifiante : comme jadis je vous ai fourni celle de l'*Ars Amandi* d'Ovide. Le « roman » se démarque de tout ce qui, de notoriété publique, se fonde sur la seule tradition orale. En fait, il tient étroitement à celle-ci, qui reste l'une de ses sources d'inspiration. Il n'en revendique que plus fort (fût-ce, comme ici, par un jeu de passe-passe) sa parenté avec quelque texte latin. On a, récemment, fondé sur ce trait la distinction entre les genres du « roman » et du *lai,* créations contemporaines dont la seconde se donne expressément, au contraire, pour issue de la tradition orale [2]. Les premiers « romanciers » toutefois ne pouvaient se montrer unanimes dans la définition de leur dessein, et l'on observe, pendant un demi-siècle et plus, bien des flottements, que trahissent les désignations hésitantes du genre nouveau : *roman,* connoté par l'idée de glose, conservera longtemps pour concurrents *conte,* allusion à une oralité désormais dominée ; *aventure,* évoquant une projection dans un temps ouvert ; et *histoire,* qui est vérité accomplie [3].

Quelle que fût la prise de position personnelle de chaque auteur, la valeur éminente qu'il accordait, en fait, à l'écriture modifiait ses relations non seulement avec son texte, mais avec l'auditeur. C'est là ce qu'entendent, me semble-t-il, les médiévistes américains pour lesquels l'« ironie » est constitutive du genre. Le « roman » procède à une initiation

---

2. Schmolke-Hasselmann, p. 14.
3. *Ibid.,* p. 22-23.

critique de son auditeur, il l'engage (de manière plus ou moins habile) dans une quête du sens, une enquête, certes limitée par les contraintes symboliques pesant sur la culture d'alors, irréalisable néanmoins sans le truchement de l'écrit. Tout se passe comme si la généalogie du récit écrit de langue vulgaire, jusque vers 1200 — quels qu'en fussent l'argument, la longueur et la complexité —, remontait à l'une des « formes simples » jadis cataloguées par Jolles, le *Casus,* narration consistant à interroger : où est la vérité? où, la justice? Tel est, très littéralement, le thème central du *Tristan* de Béroul ou, avec humour, d'*Éracle.* On sent la pression du courant dialectique qui traverse le siècle. Une réflexion sur l'écriture (indépendante de la tradition rhétorique) s'ébauche ainsi, en langue vulgaire, à propos de récits de fiction à l'exclusion de tous autres textes. Or, les « romans » de cette époque-là constituent en Occident les plus anciennes fictions avouées pour telles, sous le voile transparent d'une prétendue historicité. Ce lien attachant la fiction à la conscience de l'écriture tient peut-être à ce qu'une performance réduite à la lecture évacue les éléments les plus forts de la théâtralité poétique. La fiction par ailleurs et l'exigence « ironique » d'une découverte du sens jouent en faveur de la lente émergence, entre 1150 et 1250, des valeurs individuelles, de la notion de personnalité; en faveur de l'implication d'un sujet dans son langage [4]. D'où l'utopie, inhérente à ce discours [5], et (à cause du relent totalitaire qui en émane?) la mauvaise conscience, le besoin de justification, les renvois clichés à l'histoire, la prétention de véridicité. Pour les hommes d'Église, les « romans » ne sont que *fabulae vanae, nugae, mensonges,* voire *romans de vanité.* Ces tensions s'apaiseront peu à peu, au XIIIe et au XIVe siècle, au fur et à mesure de la diffusion de l'écriture dans la classe dominante et de la diminution du prestige de la voix.

L'équivocité foncière du genre « romanesque » trahit cette situation. Une poésie dont le fonctionnement implique la prédominance de la voix manifeste une vérité indiscutable, possède par là une plénitude rendant possible son perpétuel recommencement. Le discours d'une poésie dont la part vocale est réduite, se divise, joue contre lui-même, engendre en soi la contradiction. L'homme qui le parle et celui qui l'entend commencent à savoir qu'ils ne sauront jamais. La puissance d'abstraction s'accroît pourtant avec le rôle de l'écriture dans la genèse et l'économie des textes,

---

4. Gourevitch, p. 310-311; Bloch 1977, p. 188-202; Zink 1985, p. 27-46.
5. Ollier 1984.

mais elle dénie toute équivalence entre le langage et la vérité, équivalence qui exalte au contraire la performance théâtralisée. L'image sensible du corps performant a été en grande partie gommée : dans ce blanc s'esquissent les premiers traits, encore maladroits et pâles, dessinant le profil d'un auteur absent, pourvoyeur de signification. C'est ainsi que le « roman » des XIIᵉ-XIIIᵉ siècles, du XIVᵉ encore, se donne pour une réponse poétique adéquate à la demande du monde chevaleresque ; mais, en sous-œuvre, le travaille une tension entre ce dessein social et le désir d'un auteur. Sa langue a perdu la parfaite transparence, alors même qu'il aspire confusément à l'universalité. En cette seconde moitié du XIIᵉ siècle, seule la langue vulgaire parlée est véritablement *maternelle :* écrite, elle dévie du côté du latin, du Père, des Pouvoirs, de l'Autre. Le roman, parce que l'écriture s'inscrit dans son projet même, devient alors le lieu d'une expérience mal exprimable, mal convenable : la langue qui fut celle de l'enfance, qui reste celle des travaux et des jours, s'altère, soudain « langue étrangère », ce *bel mentir* qu'évoque Ogrin au vers 2327 du *Tristan* de Béroul à propos de l'épître qu'il va composer : alors, résonnent sous le masque (exhibés et dissimulés ensemble) les échos de profondeurs troublantes, en vain (apparaît-il) réprimées, ce « bruissement de la langue » dont parle Roland Barthes, cet excès de sens...

*

Dans le grand brassage de nouveautés qui agite la seconde moitié du XIIᵉ siècle, la parole vive demeure en fait une source irremplaçable d'informations : Chrétien de Troyes lui-même, intervenant à titre d'auteur dans ses romans ou recourant à l'intermédiaire de narrateurs (ainsi, Calogrenant dans le *Chevalier au Lion*), intègre « en abyme » à sa littéralité une vocalité fictive [6]. A la même époque, Marie de France, dans le prologue dont elle coiffe ses *Lais,* insiste sur l'audition qui précéda l'écriture et d'où celle-ci tire sa justification finale, de sorte que la voix ne cesse d'y rester présente [7]. L'auteur du *Tyolet,* louant, dans son exorde, la vertu des temps anciens, rappelle qu'alors les beaux récits d'aventure imaginés par les chevaliers se racontaient de vive voix à la Cour, où des clercs les mettaient en latin par écrit : il nous reste à les traduire... De

---

6. Ollier 1974 *a* et *b*.
7. Dragonetti 1973, p. 32-36 ; Ollier 1983, p. 76-77.

nombreux « romans » du XIIe siècle invoquent cette procession du récit oral à l'écrit, souvent par la médiation d'un premier texte latin (sans doute fictif) : de l'*Érec* de Chrétien au *Méraugis* de Raoul de Houdenc, au *Bel Inconnu*, à *Guillaume de Dole*, à la *Violette*, au *Châtelain de Couci*, au *Tristan* de Thomas, à celui de Gottfried, à celui d'Eilhart ! Les romans en prose du XIIe siècle, aussi bien le *Lancelot* français que le *Tristano* italien ou la *Demanda* portugaise, se donnent comme projection d'un *conte*, à la fois narrateur impersonnel et source du récit : « Le conte dit alors... », « Alors se tait le conte... », phrases-refrains qui ne reviennent pas moins de cent fois dans les seuls tomes II et III du *Lancelot-Graal* (éd. O. Sommer). Elles y scandent et organisent le récit, dessinant l'espace énonciatif où s'actualise, à la lecture publique, une relation performancielle caractérisée par l'effacement de toute trace d'un narrateur externe [8]. Étrange aboutissement d'un long effort philosophique, juridique, moral, linguistique même, du XIIe siècle, qui tendit à une désaliénation de la parole, hâta la substitution, à la force pure, du discours organisé et de la contestation oratoire — et débouchera finalement sur un renforcement des pouvoirs de l'écriture ! L'histoire des poésies de langue vulgaire est prise dans ce mouvement, en suit les méandres et en intègre les contradictions.

Au milieu du XIIIe siècle, les jeux n'étaient pas encore faits. Certes, le texte du « roman » avait d'ores et déjà acquis, grâce en partie à l'usage de la prose, une capacité d'abstraction, de réflexion sur soi, d'*autotélie* qu'il ne possédait pas en régime plus librement vocal. L'écrit tire, si je puis dire, sur ses amarres, aspire à dériver, il récuse le présent de la voix, se complexifie, proclame son existence hors de *nous*, hors de *ce* lieu. Or, à de tels effets, la prose se prête mieux que le vers : celui-ci, par son rythme, par le jeu des sons, par la mimique plus accusée qu'exige sa récitation, maintient avec plus de ténacité et d'évidence tous les éléments d'une présence physique et de son environnement sensible. Vers 1200, en plusieurs milieux lettrés, on s'en avise : le vers, en vertu de cette présence même, indiscutable, échappe au contrôle rationnel ; ce qu'il énonce est par l'auditeur reçu pour vrai, sans autre critère : son discours est donc, en réalité et de manière fondamentale, « mensonge ». C'est ce terme qu'emploient, dans les années 1190-1220, aussi bien le traducteur du pseudo-Turpin que Pierre de Beauvais dans son *Bestiaire*, l'anonyme auteur de

---

8. Perret 1982 ; Burns, p. 35-54.

l'*Histoire ancienne,* un adaptateur des *Vies des pères,* le chroniqueur du règne de Philippe Auguste ; le clerc allemand qui mettait en prose l'*Elucidarium* pour l'empereur Henri le Lion, quoique plus discret, n'en pensait pas moins : les vers, dit-il, *niht schriben van die warheit* (« ne rendent pas la vérité »)[9]. Mais aussi, un changement plus profond se produit, au niveau du sens narratif, dans cette répudiation du vers traditionnel. On l'a souvent noté : le « roman » en vers est heureux, ouvert, optimiste ; le « roman » en prose tend à se fermer en tragédie. On a rapproché le premier, pour ce trait, des vieux contes folkloriques. N'est-ce pas plutôt là l'un des effets de la présence commune des corps dans la performance — effets très atténués, sinon suspendus, dans la lecture à haute voix, même expressive, de longs textes de prose ? A l'époque où se constituent les premiers de ceux-ci, apparaissent les premiers Mémoires dictés et notés en prose, ceux de Villehardouin et de Robert de Clari ; bientôt, le *je,* lorsqu'il surgit dans le texte poétique, perdra de son universalité, se fissurera au contact d'un sujet individuel, laissera filtrer quelque aveu. Comme nous peut-être, en notre fin de siècle, nos prédécesseurs du XIIe, attentifs aux signes de décrépitude que donnait leur monde, éprouvaient-ils le besoin d'un discours « vrai » (ils ne pouvaient penser, comme nous, « scientifique ») sur leur histoire, pour en assurer, au moins en espoir, les fondations. De fait, durant les XIVe et XVe siècles, de plus en plus le « roman », écrit en prose, se farcira de récits « historiques », mêlera ses inventions merveilleuses au souvenir d'une famille princière bien réelle (*Mélusine* et les Lusignan), d'un personnage « réel », *Fouke Fitz Warin* ou *Moriz von Graûn* allemand, ou Jacques de Lalaing sous le masque du petit Jean de Saintré. *Don Quichotte* s'inscrira, pour une part, dans cette perspective.

Pourtant, ces glissements successifs, à long terme ces bouleversements, ne suffisent ni à réduire à néant l'opération vocale dans la diffusion de l'œuvre ni à gommer du texte toutes les marques de sa foncière oralité. Quels que soient les soucis des doctes, les effets de l'œuvre, pour le praticien, continuent jusqu'au XVe siècle, et plus tard encore dans bien des milieux, à dépendre de sa réception par un auditoire. Poètes autant qu'interprètes y restent sensibilisés : telle est sans doute la principale raison du maintien tardif du vers, à côté de la prose, dans les genres narratifs : Froissart encore, 1385-1388, choisit cette forme pour son

9. Woledge-Clive, p. 27-30.

Méliador. Les fréquentes interventions du «romancier» dans son texte — ses appels au dédicataire, parfois aux auditeurs — prolongent elles aussi une tradition formée sous un régime de libre oralité, mais leur interprétation est plus ambiguë. A long terme, elles annoncent une intériorisation du rapport entre l'écrivain et l'écrit; formellement, elles ne s'écartent guère des exclamations de chanteurs de geste, sinon du boniment de jongleur: elles impliquent un jeu performanciel. L'emploi, remarquable dans la narration, du présent de l'indicatif — trait souvent relevé — s'explique moins comme figure de «présent historique» que comme présence vocale: on l'a prouvé pour le roman en vers [10]; le procédé n'est pas inconnu dans la prose, comme celle de l'*Estoire du Graal*. L'abondance des discours directs, monologues et dialogues, quoique en soi indifférente, favorise, à la lecture, les effets de voix et de mimique: ou serait-ce l'inverse? De même, l'importance thématique attachée à la parole et à la voix dans des romans comme l'*Iwein* de Hartmann ou le *Tristan* de Gottfried: Tristan est beau parleur, il connaît les langues étrangères, il chante à ravir; Iseut partage ces talents... De quelle manière le lecteur animait-il de tels passages? la question mérite d'être au moins posée. Des faits de ce genre sont nombreux. Les miniatures du manuscrit BN fr. 378 du *Roman de la Rose,* accompagnées de rubriques signalant les changements d'interlocuteur dans le dialogue des vers 1881-1952, visent à une explicitation dramatique des rôles. Elles s'opposent à d'autres miniatures rubriquées, marquant des articulations du récit [11]. De toute manière, le texte éclate ainsi scéniquement, référant à quelque réalisation performancielle, réelle ou fictive. Que celle-ci ait été non seulement réelle, mais plus fortement théâtralisée que par une simple lecture assez neutre, la tradition manuscrite très diversifiée de plusieurs romans le ferait supposer: ainsi, cas extrêmes, le *Tristrant* d'Eilhart ou le *Lancelot* moyen-néerlandais.

Bien des «romans» offrent des traits structuraux évoquant les techniques de théâtralisation du texte. Le *Tristan* de Béroul, dont la composition a posé tant de faux problèmes, constitue en français l'un des exemples les plus notables. L'aspect archaïque qu'il est censé offrir n'est que la face textuelle d'un caractère général fortement mimique. Je ne doute guère que nous ne soyons là en présence d'un «roman» joué, au sens

10. Ollier 1978.
11. Hult 1984, p. 260-261.

306

quasi scénique du mot... comme le fut, selon mon interprétation, l'*Éracle* de Gautier d'Arras, comme le furent encore sans doute, selon A. C. Baugh, dans l'Angleterre des XIIIe et XIVe siècles, *King Horn, Guy of Warwick* et quelques autres.

*

L'invention, au XIIe siècle, du *roman* marque, dans l'itinéraire poétique de l'Occident, un commencement, peu s'en faut, absolu. On peut tenir aujourd'hui le fait pour établi, en dépit des incertitudes qui embrument encore le détail de cette histoire... en dépit, surtout, de la surenchère à laquelle nous avons assisté, au cours des années 70 et 80, en France plus qu'ailleurs, dans les études sur le *roman*. Le résultat en fut un déplacement, certes justifiable, de perspective, mais davantage une grave distorsion *moderno-centriste* de l'idée que nous nous faisons du « moyen âge ». Globalement, le phénomène romanesque présente un aspect homogène : le même faisceau de causes produisit localement des effets tellement semblables que la tentation est forte pour le critique de les réduire à l'identité. Peut-être conviendrait-il d'insister, au contraire, sur la diversité. Ainsi, on ne saurait nier que le « roman », au carrefour de l'oralité poétique traditionnelle et de la pratique scripturaire latine, ne surgisse comme le résultat d'une réflexion active sur cette dualité du dire — comme une réaction au conflit d'autorité qu'elle engendre. Embouchés sur une matière jusqu'alors livrée aux seules transmissions orales, les romans dits « bretons » (tels ceux de Chrétien de Troyes) en opèrent une transmutation en écriture, aussi radicale que celle dont pouvaient, dans leur athanor, rêver les alchimistes. Mais c'est l'opération inverse qui se perpétue dans les romans dits « antiques » : une tradition écrite et latine s'y voit adaptée, grâce à une série de transformations, à certaines au moins des conditions de l'oralité — ne serait-ce que l'usage de la langue vulgaire et de ce que, sur tous les plans, il implique. D'où — pour prendre d'éminents exemples —, dans l'*Énéas* non moins que dans *Érec,* les éléments d'un dialogisme fondamental, la prise en charge simultanée de discours qui tendent, sans y parvenir, à se neutraliser l'un l'autre. Mais la tendance, ici ou là, est différemment polarisée, et l'on ne saurait sans abus la décrire dans les mêmes termes.

Ce que nous font entendre, collectivement, ces textes, c'est une pluralité non seulement de thèmes et de tons (peu importe), mais de types de discours. Et ce qui, je le pense, distingue fondamentalement entre ceux-ci, c'est la position qu'ils occupent au carrefour que j'évoquais; c'est la double relation qui les unit ou les oppose à l'écriture et aux coutumes vocales, et s'inscrit dans la généalogie de leur forme. Certaines œuvres de ce grand XIIe siècle raisonnable en figurent le côté chaotique, archaïque peut-être, ou baroque. Mais c'est moins ce caractère comme tel que je mettrais en cause que le trait initial dont il provient et qu'indirectement il manifeste : la prépondérance, parmi les valeurs mises en *jeu* par l'écriture, de celles qui s'attachent au modèle performanciel, c'est-à-dire — au sens complet du terme — *dramatique*. P. Dronke naguère soulignait avec force l'aspect programmatiquement « a-grammatical » d'une longue série de textes dès la fin du XIe siècle, tel (disait-il) le *Ruodlieb* : par un refus de ce qui sans doute paraissait à certains auteurs comme un asservissement aux exigences d'une écriture aliénante. Aussi bien, quand Wolfram dans *Parzival* se vante d'être illettré, j'entendrais qu'il feint de repousser une conception totalisante de la lettre : ce que cet auteur glose aussitôt (115.21 à 116.4), en déniant à son poème le statut de livre.

L'écrivain de langue vulgaire, en cette fin du XIIe siècle, transite entre la voix et l'écriture, entre un dehors et un dedans : il entre, s'installe, mais conserve le souvenir mythifié d'une parole originelle, originale, issue d'une poitrine vivante, dans le souffle d'une gorge singulière. Au XVe siècle encore, le narrateur (usant de la première personne), dans la *Demanda do Santo Graal* portugaise, invoque à la fois, comme source et garant, un livre latin et un *conto,* évidemment oral. Dans cette tension, qui le produit et le soutient, le signifiant tend à déborder ce qui s'est inscrit sur la page, à se répandre dans la matière théâtrale non comme telle enregistrée, présente pourtant au sein du texte, sous l'aspect d'une volonté de « diction » au sens où ce terme référerait à une rhétorique de la voix et à une grammaire des mouvements du corps.

Dans un essai plusieurs fois déjà cité, j'ai étudié de ce point de vue l'*Éracle* de Gautier d'Arras, en l'opposant aux textes, contemporains, de Chrétien de Troyes : roman mal ficelé, dépourvu d'unité, parasité de digressions adventices, mais d'une ardeur où fusionnent en un chatoyant alliage cent éléments hétérogènes; d'une verdeur tour à tour caustique, galante, héroïque, attendrie; où le verbe tantôt colle à la nudité du vécu, tantôt claque au vent des paroles comme une bannière : joyeux, courant son train sans trop de souci des horaires — à l'opposé de la science synthétisante, de la mesure intériorisée, du travail en pleine épaisseur sémantique, d'un Chrétien de Troyes, lequel fut sans doute à la Cour de Champagne, en quelque occasion entre 1170 et 1180, *compain* de Gautier d'Arras. L'un et l'autre clercs, vraisemblablement ecclésiastiques — et rivaux, si l'on admet que le prologue du *Chevalier à la Charette* réfère à la dédicace d'*Éracle*. Où Chrétien creuse et concentre en profondeur, Gautier déploie une histoire à la manière des futurs conteurs picaresques. *Éracle* étire, comme notre propre existence, comme celle de son héros, de la naissance à la mort, une infinie suite bigarrée d'événements tour à tour menus ou majeurs ; il condense en un temps de lecture — d'audition — plutôt court un temps narratif très long. D'où un surprenant effet, à la fois de retenue et d'expansion, de mouvement centripète et d'éclatement centrifuge. L'extrême diversité de la narration se ramasse, sans rien perdre de sa fraîcheur, dans le sens non point même d'une intention évidente, mais de l'unicité d'une *action :* celle de Gautier, par laquelle il s'adresse à nous. La forte mais confuse unité de l'œuvre est l'unité d'une performance.

Gautier d'Arras apparaît ainsi comme un admirable *conteur* — de ceux peut-être que Chrétien de Troyes accuse, au prologue d'*Érec*, de « dépecer et corrompre » leur matière. Gautier n'a que faire des complaisances esthétiques par lesquelles certaine écriture savante sémantise, en le fixant, un discours. Sa démarche zigzaguante le fait passer, d'un vers à l'autre, de l'abstraction raffinée de l'univers courtois à l'apparente banalité et à la truculence de l'ordinaire. Mais ce contraste, en lui-même, ne fait pas *sens :* il fait *plaisir.* C'est là sa fin. D'où l'aspect dé-centré que parfois prend le texte ; son côté moins incohérent qu'irrémédiablement fragmentaire. Tout se passe comme si, paradoxalement, le texte n'était plus que l'un des enjeux de l'action qui se noue et se dénoue en lui. Dans le récit qu'inscrit sa plume, l'auteur proclame l'immanence de valeurs qui sont celles de la voix aimée — innommée. Il procède en cela simultanément à plusieurs niveaux ou selon plusieurs axes :

- au niveau stylistique (trivial et le moins décisif), en adoptant tels procédés ou techniques assez fréquents dans la poésie orale pour constituer, par cumul, une allusion globale, voire une imitation efficace ;

- au niveau thématique, en tissant dans le réseau narratif un motif récurrent qui réfère à la parole, au son ou à l'effet de la voix, à la puissance du verbe prononcé ;

- dans l'axe des finalités, en situant le texte entier dans la perspective concrète d'une performance : en y intégrant les qualités spécifiques exigibles dans la réalité corporelle de celle-ci.

Loin de moi l'idée de présenter Gautier comme un héraut de la poésie orale ; ni son roman comme une sorte de chanson de geste. Gautier m'apparaît plutôt, dans le texte d'*Éracle,* comme non encore asservi, en ce troisième quart du XIIe siècle, aux mentalités scripturales, alors en rapide expansion parmi les clercs de milieu courtois. Il serait utile d'instaurer sur ce point une comparaison avec *Ille et Galeron,* l'autre roman de Gautier et que celui-ci déclare postérieur à *Éracle.* On peut, non sans motif, se demander si Gautier — durant les dix ou quinze années (entre 1170 et 1185) où l'on tient la preuve qu'il fut actif — ne fut pas déchiré entre deux conceptions esthétiques difficilement compatibles : celle qui privilégie la voix vive et celle qui se fonde sur les propriétés et les implications de l'écriture. Gautier ne fut pas le seul sans doute dans cette situation.

Dès le milieu du XIIe siècle, en effet, les clercs commencent à percevoir une différence de statut quasi ontologique entre l'écriture et la voix : les prologues de nos « romans » la formulent en termes d'*auctoritas,* ce que je traduirais par légitimité à l'égard d'une vérité transcendante. D'où, de la part de l'écrivant, une revendication autojustificatrice de *clergie,* science assurée et, pour le texte qu'il écrit, de la qualité de *livre.* De la trentaine d'occurrences de ce dernier terme, relevées par Mölk dans divers prologues entre 1150 et 1250, les deux tiers, il est vrai, désignent par là quelque ouvrage latin savant, source prétendue et garant d'un récit ; mais les autres, dès 1170 environ, leur ouvrage même. Ainsi Chrétien de Troyes, *Lancelot,* v. 24-25. Le contraste est significatif ; mais il fait problème, et celui-ci, intériorisé, se manifeste parfois au niveau des motifs ou de la syntaxe narratifs. Ainsi, dans le long épisode de la lettre d'Ogrin, aux vers 2330-2652 du *Tristan* de Béroul. Trois quarts de siècle plus tard, les auteurs (peut-être une équipe de clercs champenois) du *Lancelot-Graal,* vaste cycle romanesque en prose constitué au cours des années 1225-1235 (puis refait dans la plupart des langues européennes), reprennent, avec un sérieux et une certaine lourdeur scolastiques, les termes de ce qui reste pour eux difficulté conceptuelle : comment, pourquoi, à quelle fin une écriture — et de langue commune — dans cet univers où la plupart des puissances passent par la voix ? Ils répondent à ces questions en mettant en scène le texte même qu'ils élaborent : ils le donnent pour la transcription d'un récit dicté par Merlin à son secrétaire, Blaise. Dans la *Demanda* portugaise, libre adaptation du cycle français, le roi Arthur lui-même exige la mise par écrit du récit des aventures constituant ce roman : l'auteur, au XVe siècle, requiert la garantie de la puissance politique suprême. Celle de Merlin avait en son temps un sens plus lourd de connotations : Merlin (de l'historicité duquel on ne commença que très tardivement à douter) est un prophète illustre, annonciateur et garant du règne glorieux d'Arthur ; qui plus est, né d'une vierge et d'un démon, rédimé par la sainteté de sa mère, Antéchrist inversé ! La seconde partie du cycle raconte de façon circonstanciée cette histoire, afin d'asseoir l'autorité de l'ensemble. Le prophète, intermédiaire d'un message providentiel, fonde la réalité de ce que note l'écrivain. L'auteur inconnu du roman se décharge, par l'intermédiaire de Blaise, de la responsabilité que lui impose l'exigence de véridicité liée à l'*histoire* qu'il raconte et dont il proclame la très haute et obscure vérité. Un acteur est ainsi, en même temps, narrateur des actions qu'il produit et fait produire à d'autres ; un deuxième narrateur, subordonné à celui-ci, enregistre ce qui, sous sa plume, est en train de devenir un livre ; le discours d'un troisième (que nous appelons l'« auteur ») englobe, reproduit et actualise le tout. Ce que nous lisons se situe ainsi au terme d'une généalogie de paroles, assumant sous des formes hiérarchiquement emboîtées les avatars d'une originelle voix vive.

*

Seul — parmi les genres poétiques dont la tradition est attestée avant le milieu du XIIIe siècle — le « roman » tend, en sa spécularité, à se donner pour activité ayant en soi sa propre fin. Explicite ou implicite, sa revendication d'un tel statut le distingue de tous les autres arts de ce temps, dont le projet demeure inséparable des tensions et mouvements religieux, politiques, familiaux, interpersonnels, bref, d'un projet global de société où ils s'intègrent fonctionnellement. Cette originalité du roman apparaîtrait, à vue superficielle, moins nette par rapport aux troubadours, dans la mesure où le « grand chant courtois » suppose jeu, détour, ruse discursive, incessante jonglerie verbale et conceptuelle. Mais la jonglerie est l'une des constantes de toute poésie, du VIe au XVe siècle, sinon au XVIe ; et la visée romanesque est moins de jouer le monde, la vie, le langage, que de les déjouer pour, ultimement, leur substituer un univers à la merci de l'homme. C'est pourquoi le « roman » seul, parmi les pratiques poétiques du XIIe siècle, du XIIIe, du XIVe encore, dans une moindre mesure du XVe, entre (en forçant un peu, mais sans trop de mal) dans le cadre à la fois idéal et pragmatique que désigne notre terme de *littérature*.

J'insiste, au risque d'enfoncer une porte ouverte, et du reste sans prêter au « littéraire » une définition précise qu'il n'a pas. L'un des impératifs méthodologiques auquel aucun médiéviste ne se déroberait sans fausser de façon irrémédiable la perspective consiste à écarter, comme totalement inadéquate à son objet, la notion de « littérature »... quitte à revenir ensuite, avec la plus extrême cautèle, sur les conséquences de cette exclusion. Hugo Kuhn l'écrivait déjà, en 1967, à propos du XIIIe siècle allemand [12]. Il importe en effet, ni plus ni moins qu'à la validité du discours sur le « moyen âge », d'échapper au préjugé ou à l'inertie en vertu desquels (depuis le romantisme) on a tendance à parler de *littérature* (mais, aussi bien aujourd'hui, d'*écriture,* voire de *texte*) comme d'une essence ou d'un fonctionnement dégagé des conditionnements temporels. Non que, simplement, les modalités de la « littérature » se transforment au cours des siècles, ni que les décalages de plan suffisent à rendre compte de ses états successifs : il n'existe pas de catégorie « littérature » en soi. Les remarques initiales de T. Todorov à ce sujet, dans ses *Genres du discours,* s'appliquent non seulement, de façon théorique, à l'ensemble des textes modernes, mais, historiquement, à toute succession des discours [13]. La « littérature » n'exista (n'existe encore) que comme partie d'un tout chronologiquement singulier, reconnaissable à diverses marques (telle l'existence de disciplines parasitaires, dénommées « critique » ou « histoire » littéraires), néanmoins difficile à spécifier en théorie. La littérature en effet est partie de l'environnement culturel où nous pouvons la nommer ; et s'interroger sur sa validité, c'est pour nous plus ou moins nous distancer de nous-mêmes. En position parmi nous, depuis trois ou quatre siècles, de discours dominant, elle n'a certes pas cessé d'être, de l'intérieur, contestée dans ses variations ; elle ne le fut jamais, jusqu'à nos jours, dans ses constantes.

On ne saurait douter que le langage est un fait universel, définitoire de l'humanité. Il est probable que toute donnée primaire de l'expérience constitue le fondement possible d'un art (ainsi le langage, d'une poésie). Mais la littérature n'appartient pas, comme telle, à cet ordre de valeurs. Plus encore que l'idée de Nature, elle appartient à l'arsenal des mythes que se constitua peu à peu, à l'aube des Temps modernes, la société bourgeoise en expansion : celle-ci le conserva, envers et contre tout, aussi

---

12. Kuhn 1968, p. 247-248.
13. Todorov, p. 13-26.

longtemps que l'anima un véritable projet, manifestation de son dynamisme et ressource inépuisable de justification. La *littérature* aura tenu autant que ce projet ; et si sa légitimité, son existence même aujourd'hui sont mises en cause, c'est que le projet a fait long feu, alors qu'aucun autre n'assure la relève. La littérature constitue ainsi un fait historique complexe mais, dans la perspective des longues durées, nécessairement transitoire. Globalement, et à terme assez lointain, peut-être la considérerait-on sans désavantage critique comme un phénomène ponctuel, de durée limitée, étroitement conditionné par une situation culturelle. De cette dernière, les siècles médiévaux, jusque vers 1150-1200, s'approchèrent pas à pas, avec lenteur et sans conscience toujours claire de ce qui se tramait en eux.

L'histoire du mot *littérature* jette quelque lumière sur cette évolution. Le latin *litteratura,* calqué sur le grec *grammaticê,* dénotait à l'époque de Cicéron, à celle encore de Tacite, le fait de tracer des lettres ou, par extension, l'alphabet lui-même, tandis que Quintilien l'employait comme substitut des termes grecs désignant la grammaire et la philologie. Dans l'usage des Pères de l'Église, le terme réfère à l'érudition générale conférée par l'enseignement païen, d'où une fréquente nuance péjorative : *Quoniam non cognovi litteraturam,* dit le Psaume dans la Vulgate, *introibo in potentias Domini* (« Parce que j'ignore la "littérature", j'entrerai dans la gloire du Seigneur »). Pour Tertullien, *litteratura* signifie à peu près « idolâtrie ». La tradition latine médiévale élimine la connotation défavorable, mais recourt assez rarement à ce mot scolaire, lui préférant *litterae.* On en est toujours là aux XVe-XVIe siècles ; cependant les humanistes tendent à restreindre la signification, considèrent la seule connaissance des « bons » écrivains de l'Antiquité, ceux mêmes qui fondent alors le canon poétique et fournissent les modèles de l'art d'écrire. Les langues vulgaires qui, dans les divers pays occidentaux, empruntèrent le mot latin pour l'habiller à leur guise, s'en écartèrent sémantiquement à peine. Ainsi, le français du XIIe siècle use simultanément des formes *lettreüre* et *littérature* pour désigner la connaissance de l'écrit et des livres faisant autorité, parfois la matérialité même de l'écriture. *Lettreüre,* devenu *lettrure,* disparaît au XIVe siècle. Quant à son doublet, il subit la concurrence de *lettres,* puis, par référence aux auteurs anciens tenus pour « classiques », *bonnes lettres* au XVIe siècle et, depuis 1650, *belles-lettres,* digne pendant des *beaux-arts.* Vers 1730, le vent tourne, et *lettres* recule devant *littérature :* mouvement commun à toutes nos langues. L'Anglais

Samuel Johnson, vers 1780, signifie par *literature* tantôt une culture personnelle fondée sur les lectures exquises, tantôt la production de textes propres à de telles lectures. A la même époque en France, la *littérature*, c'est aussi l'ensemble de ces textes. Cette extension de sens est un fait international, lié à la constitution, dans l'Europe du siècle des Lumières, d'une science esthétique. Cette dernière, lorsqu'elle s'applique à l'œuvre de langage, prend en compte, à l'exclusion de tous autres, un type particulier de discours. C'est à lui que réfère *littérature*, non moins qu'au groupe des hommes qui en sont les producteurs et les consommateurs privilégiés [14]. Des expressions se créent, précisant cette dernière perspective : *littérateur* tente en vain, au temps de la Régence, d'évincer *homme de lettres ;* au milieu du siècle on évoque la *gent littéraire,* le *monde littéraire…* c'est-à-dire, déjà, les membres d'une institution.

Littérature et sa famille lexicale donnaient ainsi, peu avant 1800, forme et visage à un ensemble de représentations et de tendances errantes — et tardivement associées — dans la conscience européenne depuis quatre, cinq ou six siècles : préhistoire confuse, qui avait très lentement émergé des zones du non-dit. Une notion nouvelle se constituait, au sein des traditions existantes, par l'imposition de plusieurs schèmes de pensée, fonctionnant de manière occulte comme paramètres critiques : idée d'un « sujet » énonciateur autonome, de la possibilité d'une saisie de l'autre, la conception d'un « objet » réifié, la précellence accordée à la référentialité du langage et, simultanément, à la fiction ; présupposition de quelque sur-temporalité d'un certain type de discours, socialement transcendant, suspendu dans un espace vide et constituant par lui-même un Ordre. D'où l'engendrement d'une catégorie impérative, promue porteuse de valeurs que le moyen âge avait attribuées, non sans mollesse, aux *auctores* antiques, et subsumant, à son niveau, tous les facteurs du savoir ; fixation, dans les langues vulgaires, d'un canon de textes modèles, proposés à l'admiration et à l'étude : fermeture de l'horizon imaginaire, opposé à l'incessante ouverture des formulismes primitifs. Mais la formation d'un canon, dans la culture d'un groupe social, trahit peut-être l'effroi que ressentent les individus de ce groupe, du fond de leur besoin de survivre. Quelle peur, si cela est vrai, quels doutes, quelle désespérance, a maintenus parmi nous, en leur donnant figure, pendant trois ou quatre siècles, notre « littérature » ? Peut-être l'Antiquité avait-elle conçu quelque notion

---

14. Wolfzettel, p. 8-15.

proche de celle-ci. Du moins est-il assuré qu'elle ne fut point transmise et qu'il n'y eut pas ici de continuité. La thèse contraire de Curtius, dans un livre célèbre mais aujourd'hui dépassé, simplifiait abusivement cette histoire. La tradition antique, renouée à haute époque médiévale par des lettrés comme Fortunat, revivifiée, pour ses vertus politiques, aux temps carolingiens, s'étouffa dans les siècles mêmes où les lettrés prenaient conscience de l'existence autonome des langues vulgaires.

C'est autour de l'idée et, en français, du terme de *clergie,* issus des milieux scolaires du XIIᵉ siècle, que s'opéra la première cristallisation d'éléments qui, beaucoup plus tard, contribueraient à la formation de l'idée de « littérature ». Une tendance, héritée des rhéteurs de la basse Antiquité ou puisée à la lecture des *auctores,* se marquait alors même, dans l'esprit des clercs, à concevoir le discours écrit comme relativement autonome, langage libéré de son contexte immédiat. Aussi longtemps que cette réflexion concerna le seul latin, elle demeura trop spécifique pour affecter durablement les mentalités et les conduites : son champ d'application était, à terme, condamné au rétrécissement ; en fait, passé 1250, et pour deux ou trois siècles, le latin fera surtout fonction de langue technique. Mais dès une époque qui, selon les lieux, s'étend de 1150 environ à la fin du XIIIᵉ siècle, voici que sont mis par écrit les textes de récits, de chansons, de pièces liturgiques en langue vulgaire. Peut-être même certains de ces textes avaient-ils été composés le stilet ou le calame à la main. Par le biais de cette technologie, s'introduisait discrètement ce que L. Costa Lima nomme un « contrôle de l'imaginaire », dont l'efficacité n'apparaît pleinement qu'après 1500, par-delà une ère de tensions croissantes, commune (sous des aspects divers) à toutes les nations occidentales : tensions entre les énergies poétiques traditionnelles et des forces cherchant à imposer au verbe une rationalité propre, au détriment de la parole vive ; une capacité réflexive au détriment de la présence. La culture occidentale, à mesure que, dès le XIIᵉ siècle, elle se laïcisait davantage, transférait ainsi sur les détenteurs de l'écriture la vieille conception théologique du Locuteur divin. Le langage désormais ne servait plus au simple exposé d'un mystère du monde, n'était plus l'instrument d'un discours en lui-même hors de question : dorénavant, le langage se fait ; les discours émiettés ne tiennent plus leur autorité que de l'individu qui les écrit. L'idée moderne d'auteur et les pratiques qu'elle commande, la relation qui en découle entre l'homme et *son* texte : tout commence à prendre forme, sporadiquement, au XIIᵉ siècle. On a signalé, en latin,

Orderic Vital ; en français Chrétien de Troyes et Gace Brulé, lointains ancêtres [15]...

Ces mutations s'amorcent dans un monde où déjà tente de s'instaurer un ordre social que domineront les facteurs économiques ; une zone de « culture » va s'en isoler, s'entourer de barrières préservatrices ; un *dehors*, s'opposer au *dedans* : texte *vs* hors-texte, puis, un jour encore lointain, littérature *vs* le reste. Dès la fin du XIIe siècle, une perception diffuse de ces implications se fait jour dans quelques aveux, dans certaines rodomontades d'« auteurs » de langue vulgaire : ainsi les protestations de tant de romanciers contre les *conteurs* (leurs rivaux, entés sur la tradition orale), les *jongleurs,* rebelles à la discipline de l'écriture : simple cliché ? Peut-être, car aussi bien les chanteurs de geste y recourent ; il n'en est pas moins révélateur, par son universalité même. L'auteur russe du *Dit de la campagne d'Igor,* à la même époque, distingue son art de celui, plus fruste, d'un barde nommé Boyan. Dans l'Espagne du XVe siècle, le marquis de Santillane en son *Proemio* se démarque avec mépris des fabricants de ces *romances* et de ces histoires dont tirent leur plaisir les gens de condition basse et servile ! A cette époque, la plupart des Cours d'Occident ont leurs ménestrels attitrés, salariés, stables : précurseurs de nos hommes de lettres. La conscience d'une différence était prise, ineffaçable désormais.

*

Tous ces traits, longtemps épars, ont commencé de se rassembler, en effet, en même temps qu'ils s'accusaient, au cours des XIVe-XVe siècles. Les signes dès lors se multiplient. C'est ainsi qu'à partir de la seconde moitié du XIIIe, se constituent les anthologies auxquelles la poésie du « grand chant courtois » européen doit d'avoir échappé à l'oubli : chansonniers occitans, compilés en France du Nord ou en Italie après l'effondrement du monde méridional ; chansonniers français, *canzonieri, cancioneros,* tout au long des années 1300, 1400, parfois recopiés, refaits, recombinés par des amateurs du XVIe, du XVIIe siècle encore, témoins d'une volonté de mettre à part et en vedette, de constituer un canon qui fasse autorité en langue vulgaire ; de désigner de nouveaux classiques. Déjà, vers 1300, ces intentions s'exprimaient entre les lignes du *De*

---

15. Garand, p. 101-103 ; Baumgartner 1984, p. 9 ; Zink 1985, p. 38-41.

vulgari eloquio III, II, 8, lorsque Dante invoquait l'exemple de ces « docteurs illustres » que sont Bertran de Born, Arnaut Daniel, Giraut de Bornelh, Cino da Pistoia. Le premier texte de langue romane à être traduit (au sens où nous entendons ce mot, et non adapté, refait) en d'autres langues romanes fut le *Décaméron* de Boccace : nouvel indice de « canonisation », en même temps que de clôture de ces langues jusqu'alors mutuellement ouvertes les unes aux autres. Autre signe encore : la dissociation progressive, dès le XIIIᵉ siècle en Italie, puis généralement au XIVᵉ, du texte poétique et de la musique, c'est-à-dire l'abandon du chant (quitte à ce qu'un spécialiste, plus tard, « mette en musique » ces vers) ; la réduction de l'opération vocale au registre parlé. Guillaume de Machaut, mort en 1377, fut en France le dernier poète musicien ; en Allemagne Oswald von Wolkenstein, mort en 1445, le dernier poète chanteur... et dont on vantait la voix. Autre signe : la personnalisation du discours poétique, çà et là et de loin amorcée depuis environ 1200, hâtée après 1300 et qui triomphe peu après chez Pétrarque, plus tard et sous des aspects divers chez Charles d'Orléans, chez Villon, chez plusieurs auteurs du *Cancionero de Baena*. Une fiction de vraisemblance rapporte à l'« auteur » le *je* de l'énoncé ; et les circonstances dont le texte le dit sujet, à une expérience concrète et particulière. Cette fiction représentative (qui eût été inimaginable au XIIᵉ siècle) implique une duplicité langagière, *je* est *jeu* trompeur et la rhétorique dominante évacue du discours poétique toute revendication de vérité. L'œuvre de Villon illustre mieux que toute autre, par le biographisme naïf et vain qu'elle suscita chez les interprètes, la rouerie d'un langage absolutiste, ainsi retourné sur soi. Peu s'en faut dès lors que ne soit atteinte, selon l'expression de Victor Brombert, « cette frontière-transgression, à partir de laquelle la parole est remplacée par la littérature, et l'homme par l'auteur-plume[16] ». En dépit des ambiguïtés et des incertitudes subsistant avant que ne commencent à rimer les grands rhétoriqueurs bourguignons, les dés sont jetés désormais. L'*Art de dictier* d'Eustache Deschamps, en 1392, et les « Arts de seconde rhétorique » qui lui succèdent en France durant plus de cent ans, le *Const van Rhetoriken* du Flamand Mathÿs Castelein esquissent une réflexion sur l'écriture, historique en même temps que technique, multipliant les références à des auteurs modèles, fortement individualisés, censés garantir la « forme nouvelle » et qui lui confèrent, dans le temps, ses lettres de

16. Brombert, p. 418.

noblesse : car cette forme est aussi, est surtout, savoir-faire distinct, au service d'une fonction de thésaurisation culturelle.

La diffusion de l'imprimerie fit tomber les derniers obstacles à la constitution de ce qui deviendrait — par-delà ce «moyen âge» — une *littérature*. A terme, elle bouleversait les relations entre l'auteur et son texte, celui-ci et le public. L'œuvre des plus anciens rhétoriqueurs, un Chastellain, un Robertet, le grand Molinet, resta de leur vivant manuscrite ; la seconde génération, celle de Gringore, Andrieu de La Vigne, Jean Lemaire, bénéficia de la technologie nouvelle : ce fait marqua la poésie ainsi diffusée, moins dans sa forme apparente que dans ses intentions motrices, ouverture sur un public plus impersonnel, en même temps que mise «en abyme» du moi écrivant. Dans ce temps même, à travers l'Europe à peine convalescente de l'une des pires crises de son histoire, une classe dominante menacée exerce ses répressions au nom d'un ordre auquel plus personne ne croit. Le discours poétique se replie, s'isole dans son propre plaisir et, de quelque prétexte thématique qu'il se décore, cherche en lui-même sa justification et une liberté : cette intériorisation, due aux circonstances d'un monde transformé, fut sans doute le facteur constitutif déterminant de nos «littératures».

Les poésies européennes, avant la fin du XIIe siècle, çà et là du XIIIe, n'avaient rien connu de tel. Lors même qu'apparaissent, à l'horizon de la France et de l'Allemagne de 1150-1180, les premiers textes annonciateurs d'une «littérature», ils s'intègrent encore, de toutes leurs racines et par leur dessein immédiat, dans la culture globalement orale du XIIe siècle. D'une certaine manière, il est vrai, la littérarisation d'une œuvre commence dès sa mise par écrit. Mais ce n'est là qu'une apparence. Dans le «roman», et beaucoup plus fortement encore dans les autres genres poétiques, ce qui subsiste, au cœur du texte, d'une présence vocale suffit à freiner, voire à bloquer, la mutation. Ce n'est que très lentement, et non sans faux-fuyants ni retours, que se dégage, des vocalités originelles, cette littérature en gestation. Celle-ci, par ses structures, son mode de fonctionnement, les valeurs qu'elle promeut et peu à peu imposera dans la société européenne, s'oppose de manière presque contradictoire aux pratiques poétiques traditionnelles. Ces dernières sont déjà vieilles, dans les langues vulgaires, de trois ou quatre siècles lorsque apparaissent les premiers prodromes d'un âge littéraire ; elles résisteront deux ou trois siècles encore à cette poussée, et ne céderont tout à fait que le jour où basculeront sous elles leurs fondements épistémique, idéologique, socio-politique : l'univers auquel elles donnaient voix.

Alors, dans les lointains du XVIIᵉ, du XVIIIᵉ siècle, la littérature aura imprégné le discours poétique d'un besoin de régulation, aura réveillé en lui le désir d'une systématisation des textes, conçue mythiquement comme avènement qualitatif, comme universalité, sinon comme humanisme. Auparavant, malgré les tendances travaillant en ce sens plusieurs formes ou secteurs de la poésie, la diversité des discours n'a pas de limites : la rhétorique même n'en trace pas vraiment ; plusieurs illustres médiévistes des années 1910 à 1950, de Wilmotte à Faral et à Curtius, ont surévalué ces contraintes et construit un modèle abstrait, sans rapport qu'occasionnel avec les pratiques, poussés qu'ils étaient, à leur insu, par le souci de prouver que la parole poétique médiévale appartint au même ordre de réalité que notre littérature. Certes, une régulation quelconque du discours est, en toute occasion, nécessaire à en marquer le caractère monumentaire : la seule régulation toujours assurée dans les poésies traditionnelles n'est pas ou pas seulement textuelle, elle est vocale, et reçue pour telle. D'où une différence de statut dans la mémoire collective. Le texte traditionnel n'y reste jamais isolé, mis à part d'une action ; il est fonctionnalisé comme jeu, au même titre que les jeux du corps, dont il participe réellement en performance. Comme jeu, il procure un plaisir provenant de la répétition et des ressemblances. Le texte « littéraire », peu après sa première diffusion, s'inscrit dans l'archive justement dénommée « culture littéraire », à ce titre privilégié, relevant dès sa genèse de ce qui, foncièrement, est un académisme. Le texte traditionnel, parmi les discours du groupe social, ne jouit comme tel et hors performance d'aucun privilège. C'est pourquoi sans doute la notion de plagiat n'émerge pas avant le XVIᵉ siècle : dénégation de la féconde intertextualité orale [17].

Le texte « littéraire » est clos : à la fois en vertu de l'acte qui, matériellement ou idéalement, le referme et dans l'intervention d'un sujet qui effectue cette clôture. Mais celle-ci provoque le commentaire, suscite la glose, de sorte qu'à ce niveau le texte s'ouvre, et que l'un des traits propres de la « littérature » est son interprétabilité. Le texte traditionnel, en revanche, du seul fait qu'il transite par la voix et le geste, ne peut qu'être ouvert, d'une ouverture primaire, radicale, au point d'échapper parfois, par éclairs, au langage articulé : c'est pourquoi il esquive l'inter-

17. Ruhe.

prétation, du moins toute interprétation globale. Quand notre « littérature » enfin s'instaurera, à l'époque que nous appelons classique, les diverses parties du discours social se seront dissociées en vertu de compétences désormais discontinues, politique, morale, religieuse, menaçant de laisser une lacune qu'il est, pour la société, vital de combler : celle d'un discours total et homogène, apte à assumer le destin collectif. La littérature jouera ce rôle [18]. Elle deviendra institution. Elle exercera une hégémonie de fait sur les représentations socioculturelles que l'Europe puis l'Amérique se forment d'elles-mêmes. Elle absorbera, en s'y substituant, la rhétorique et sa fonction normative, les « belles-lettres » et l'idée de culture « libérale » qui s'y rattache ; elle déplacera vers le praticien littéraire la notion d'*auctor* que la tradition médiévale référait aux sources permanentes du savoir. Il en résulte une tendance moralement totalitaire, qui s'étend aux discours mêmes tenus *sur* la littérature : celle du moyen âge en particulier, dans la pratique des médiévistes. Tel est le cercle qu'il importe de briser. Le texte poétique médiéval ne fut pas, en son temps, hégémonique : simplement, il fut utile. La littérature sert presque inévitablement l'État. Dès la fin du XVe siècle, rois et princes confient à des rhétoriqueurs le soin de leur propagande ; le mémoire de Chapelain à Colbert, vers 1660, engage la littérature française et, à sa suite, européenne dans une voie dont elle ne s'écartera guère jusqu'à nos jours : les révoltes idéologiques, ou ce qui se proclame tel, le travail du texte, les mises en question du langage, les essais de dé-construction, rien n'empêchera le discours littéraire, fût-ce contre les sujets qui le prononcent, de viser une totalité, et celle-ci, le plus souvent, d'être récupérée, identifiée à un Ordre.

La société où se formèrent et se transmirent les poésies traditionnelles ignorait tout monopole du pouvoir. Le discours poétique y disait l'univers et la liberté, sinon l'incohérence, de ce qui existe, et rien de ce qu'il proposait n'était vérifiable au-delà d'une sphère étroite, autour de chacun de ses auditeurs : dans la portée d'une voix. Les rois du XIIe siècle, en Angleterre, en France, en Espagne, en Allemagne, tentèrent de s'approprier le pouvoir. Ce fut le temps des premières émergences « littéraires ». Le mouvement s'était définitivement assuré quand, trois siècles plus tard, s'imposaient les monarchies absolues ; son aboutissement coïncida avec la formation des nationalismes. Ces synchronismes n'ont rien d'anecdoti-

---

18. Reiss 1982 *a*, p. 55-107.

que. Ils mesurent, dans l'histoire, l'incubation puis la croissance d'une réalité nouvelle, aux composantes mal dissociables. Le « moyen âge » et ses traditions discursives ne sont ici que très partiellement concernés : pas du tout aux époques anciennes, à peine par la suite, un peu durant ce que Huizinga nomma son automne.

*

Le terme de *littérature* fait ainsi écran entre le médiéviste et l'objet de son étude, exclusif de toute institution de cette espèce. Il est, certes, loisible d'analyser dans sa signification tels traits d'extension très générale : constitution d'un « monument » langagier, réflexivité, et le reste. Ces traits débordent, et réfèrent moins à la spécificité « littéraire » qu'à ce que possède de radical le fait poétique. Une partie en cela des propositions énonçables à propos de notre « littérature » est applicable aux textes médiévaux. Mais on ne saurait les prendre pour point de départ. Je n'entends pas, en m'exprimant ainsi, formuler un jugement de valeur, mais bien essayer de cerner un fait. La *littérature,* c'est ce qui est venu après : dans une période de l'histoire occidentale où se transformaient, dépérissaient, parfois se viciaient les anciennes coutumes dont s'engendrèrent les formes poétiques du « moyen âge ». La *littérature,* c'est ce que produisit, dans un effort admirable des hommes pour dépasser leur crise de conscience, ce « désenchantement du monde » dont parlait Max Weber. Faudrait-il plutôt tirer profit, dans notre réflexion sur les cultures médiévales, des doutes répandus aujourd'hui sur le sens, la fonction, l'avenir du « fait littéraire » ? Sartre déjà posait la question de sa pérennité. Depuis quelques années il tend à se dissiper comme objet de connaissance, voire simplement de perception. Simultanément, le statut de l'« histoire de la littérature » est remis en question.

De telles incertitudes ne sont pas propres à notre époque ; elles s'associent aux regrets qu'inspire périodiquement depuis trois siècles une prétendue décadence de la culture livresque : constante paradoxale, où l'on pourrait discerner les accès récurrents d'une nostalgie de la voix vive. Mais la logique discursive qui constitua notre « littérature » fonctionne aujourd'hui de pis en pis ; une menace d'aliénation connote plus ou moins tous les sens produits par elle. Preuve en soit la fortune dont jouit pendant une vingtaine d'années la « théorie littéraire » : compensation — peut-être honteuse — d'une perte de foi en la validité des littératures. L'allemand désigne d'un mot lourd, mais sans ambiguïté, « dé-différenciation » *(Ent-differenzierung)*, cette mort métaphorique de la littérature, immergée dans la culture de masse. Or, la « littérature de masse », *para-littérature, Trivial-Literatur,* ou de quelque nom qu'on la désigne, produit de substitution (par-delà les cassures culturelles successives des XVe, XVIe, XVIIIe siècles) d'une vieille poésie vocale, a recueilli et préservé plusieurs traits de celle-ci ; fonctionnellement, elle la remplace en la prolongeant. Les romans d'Eugène Sue réutilisaient des trucs de chanteur de geste ; sous le second Empire encore, dans les immeubles parisiens des quartiers ouvriers, il arrivait que le concierge fît à haute voix lecture d'un feuilleton aux locataires assemblés : il n'y a pas si longtemps, on lisait ainsi en famille. De nos jours, se déplacent les lieux de cette voix : séries radiophoniques, télévisées et, plus subtilement, l'omniprésente bande dessinée, qui relaya au XIXe siècle les *almanachs* disparaissant. La parole y triomphe, figurée en bulles issues de bouches peintes, en contre-point d'une image offerte à la perception directe et brute, réduisant à presque rien l'opération de décodage.

De cette expérience, que le médiéviste fasse son miel. C'est d'une culture de masse que relève globalement la poésie médiévale, non d'une « littérature ». Les clercs, écrivains, gens d'écriture dans l'exercice de leur fonction, précurseurs certes du monde moderne, forment dans la société européenne des siècles médiévaux une infime minorité — d'influence, il est vrai, considérable mais ce n'est pas cela qui est ici en cause. Les jongleurs, récitants, ménestrels, gens du verbe forment l'immense majorité de ceux par qui la poésie s'insère dans l'existence sociale : elle s'y insère par l'œuvre de la voix, seul *mass medium* alors existant ; et mieux le texte se prête à l'effet vocal, plus intensément il remplit sa fonction ; plus la vocalité qu'il manifeste apparaît intentionnelle, mieux il agit. Penser « littérature » à ce propos, avec les connotations qui en parasitent aujourd'hui l'idée, c'est courir le risque d'un enfermement élitique. D'un enfermement ethnocentrique aussi, dans une expérience historiquement limitée, particulière aux nations européennes et américaines des siècles derniers. Dès lors se faussent les perspectives aussitôt que le regard se déplace dans l'espace ou dans le temps. La seule démarche qui peut-être romprait le cercle et sans doute rétablirait une plus juste visée s'inspirerait d'une anthropologie culturelle et ne se proposerait d'objet que situé parmi les existences concrètes et les circonstances où il fut d'abord perçu.

Documentation

Les titres ou sous-titres de certaines des études citées ici sont très longs. Je les abrège en les réduisant à leurs premiers mots si cette opération n'en altère pas le sens.

Je désigne par les abréviations suivantes quelques revues auxquelles les références sont nombreuses :

CCM : Cahiers de civilisation médiévale

MER : Medioevo romanzo

OL : Olifant (publication de la branche USA-Canada de la société Rencesvals)

P : Poétique

RLR : Revue des langues romanes

SP : Speculum

TLL : Travaux de linguistique et de littérature (publiés par le Centre de philologie et de littératures romanes de l'université de Strasbourg)

De plus, j'emploie, dans les titres : *Z.f.* pour « *Zeitschrift für* » ; *A.* pour « Archive(s), Archiv », etc. ; *M.* pour « moyen âge, Mittelalter, medioevo », etc. ; *m.* pour les adjectifs correspondants en diverses langues ; *ed(s).* désigne l'éditeur responsable d'un volume collectif ; *édit.*, une édition de texte.

Adler (S.) 1975, *Epische Spekulanten*, Munich.

Aebischer (P.) 1964, *Le Mystère d'Adam*, édit., Genève et Paris.

Agamben (G.) 1983, « La glossolalie comme problème philosophique », *le Discours psychanalytique*, 6.

Ahern (J.) 1982, « Singing the Book : Orality in the Reception of Dante's *Comedy* », *Annals of Scholarship*.

Alfaric (P.) et Hoepffner (E.) 1926, *La Chanson de sainte Foy*, édit., Paris, 2 vol.

Alleau (R.) 1953, *Aspects de l'alchimie traditionnelle*, Paris.

Allen (J. B.) 1982, *The Ethical Poetic of the Later M.*, Toronto.

Alvar (M.) 1974, « Un exemple de littérature populaire : la collection des villancicos de Malaga », *Mélanges de la Casa Velasquez*, X.

- 1977, *La poesia trovadoresca en España y Portugal*, Barcelone.

- 1981, *Epica española m.*, Madrid.

Amira (K. von) 1909, *Die Handgebärden in der Bildungshandschrift des Sachsenspiegels*, Munich.

Anders (W.) 1974, *Balladensänger und mündliche Komposition*, Munich.

Andrea (A. d') 1975, « Dante, la mémoire et le livre », *in* Roy-Zumthor.

Andrieux (N.) 1982, « Variante ou variance », in *Ch. de geste*.

Apollonio (A.) 1981, « La drammaturgia m. », in *Storia del teatro italiano*, I, Florence (rééd.).

Aragon Fernandez (M. A.) 1976, « Campos semanticos y recurrencia lexica en la narrativa francesa del siglo XII », *MER* III.

Ariès (P.) 1977, *L'Homme devant la mort*, Paris.

Armistead (S.) 1981, « Epic and Ballad : a Traditionalist Perspective », *OL* 8.

- , Margarethen (S.) *et al.* 1977, *El romancero judeo-español*, Madrid.

Appel (C.) 1915, *Bernart von Ventadorn : Seine Lieder*, édit., Halle.

Arnold (I.) 1938, *Le Roman de Brut de Wace*, édit., Paris, 2 vol.

Arrathoon (L. A.) ed. 1984, *The Craft of Fiction*, Rochester.

Ashby (G. B.) 1976, *A Generative Grammar of the Formulaic Language*, New York.

Assmann (J. et A.) et Hardmeier (C.) eds. 1983, *Schrift und Gedächtnis*, Munich.

Aston (S. C.) 1971, « The Provençal Planh : the Lament for a Prince », *in* Cluzel (I.) et Pirot (F.) eds., *Mélanges dédiés à Jean Boutière*, Liège.

Aubailly (J.-C.) 1976, *Le Monologue, le Dialogue et la Sotie*, Paris.

Auerbach (E.) 1958, *Literatursprache und Publikum*, Berne.

Auroux (S.), Chevalier (J.-C.) *et al.* 1985, *La Linguistique fantastique*, Paris.

Avalle (S. D.) 1960, *Peire Vidal, Poesie*, édit., Milan, 2 vol.

- 1961, *La letteratura m. in lingua d'oc nella sua tradizione manoscritta*, Turin.

- 1965, *Latino « circa romançum » e « rustica romana lingua »*, Padoue.

- 1966 *a*, « La cantilena di San Farone », in *Studi Siciliano*.

- 1966 *b*, *Alle origini della letteratura francese*, Turin.

- 1984, *Il teatro m. e il Ludus Danielis*, Turin.

Bahat (A.) 1980, « La poésie hébraïque m. dans les traditions musicales », *CCM* XXIII.

Bakhtine (M.) 1970, *L'Œuvre de François Rabelais et la Culture populaire*, Paris (original russe de 1965).

Balduino (A.) 1970, *Cantari del Trecento*, Milan.

Baldwin (J. W.) 1970, *Masters, Princes and Merchants*, Princeton.

Bar (F.) 1984, « Faits de style parlé dans le Lancelot », *in* Dufournet (J.) ed., *Approches du « Lancelot » en prose*, Paris et Genève.

Bartoli Langeli (A.) 1983, « Culture grafiche e competenze testuali », *in* Cortelazzo (M. A.) ed., *Retorica e classi sociali*, Padoue.

Bartsch (K.) 1870, *Altfranzösische Romanzen und Pastourellen*, édit., Leipzig.

Batany (J.) 1982, « Le manuscrit de Béroul », *in* Buschinger (D.) ed., *La Légende de Tristan au M.*, Göppingen.

- 1985, «*L'interpretatio* chez le Reclus de Molliens», *in* Auroux-Chevalier.

Battaglia (S.) 1965, *La coscienza letteraria del M.*, Naples.

Baugh (A. C.) 1959, «Improvisation in the Middle English Romance», *Proceedings Philosophical Society of America,* 103.

- 1967, «Middle English Romances», *SP* XLII.

Baumgartner (E.) 1984, «Remarques sur la poésie de Gace Brulé», *RLR.*

- 1985, «Espace du texte, espace du manuscrit», *in Écritures* II, Paris.

Bäuml (F.) 1977, «The Unmaking of the Hero», *in* Scholler (H.) ed., *The Epic in m. Society,* Tübingen.

- 1980, «Varieties and Consequences of m. Literacy and Illiteracy», *SP* 55.

Beaujouan (G.) 1966, «La science dans l'Occident m.», in *la Science antique et médiévale (Histoire générale des sciences,* I), Paris.

Bec (P.) 1977, *La Lyrique française au M.,* Paris.

Beer (J.) 1968, *Villehardouin Epic Historian,* Genève.

Bénichou (P.) 1969, *Creación poetica en el romancero tradicional,* Madrid.

Bennett (P.-E.) 1980, «Encore Turold dans la tapisserie de Bayeux», *Annales de Normandie,* 30.

Benson (L.) 1966, «The Literary Character of Anglo-Saxon Formulaic Poetry», *Publications Modern Language Association of America,* 81.

Benton (J. F.) 1984, *Self and Society in m. France,* Toronto.

Bernabei (F.) 1984, *Forme storiche e momenti problematici della critica d'arte,* Padoue.

Bernard (M.) 1980, «La voix dans le masque», *Traverses,* 20.

Berthelot (A.) 1982, *L'Enchanteur et le Livre,* thèse de 3ᵉ cycle, université Paris-IV, inédite.

Beyschlag (S.) 1969, *Altdeutsche Verskunst in Grundzügen,* Nuremberg.

Bezzola (R.) 1944-1963, *Les Origines et la Formation de la littérature courtoise,* Paris, 5 vol. (cité vol. III, 1963).

Bloch (R. H.) 1977, *m. French Literature and Law,* Berkeley.

- 1983, *Etymologies and Genealogies,* Chicago et Londres.

Boesch Gajano (S.) et Sebastiani (L.) eds. 1984, *Culto dei santi, istituzioni e classi sociali,* Rome.

Boglioni (P.) ed. 1979, *La Culture populaire au M.,* Montréal et Paris.

- 1984, «Pèlerinages et religion populaire au M.», in *Wahlfahrt kennt keine Grenzen,* Munich.

Bologna (C.) 1982, «L'ordine francescano e la letteratura», in *Letteratura italiana* I, Turin.

- 1983, «Il modello francescano di cultura e la letteratura volgare delle origini», *Storia della città,* 26/27.

- 1984, «Fra devozione e tentazione», *in* Boesch Gajano-Sebastiani.

Bond (G. A.) 1985, «The Last Unpublished Troubadour Songs», *SP* 60.

Boogaard (N. Van den) 1969, *Refrains et Rondeaux du XIIe au début du XIVe s.*, Paris.

- 1985, *Autour de 1300,* Amsterdam.

Boswell (J.) 1985, *Christianisme, Tolérance sociale et Homosexualité,* Paris.

Bourgain (L.) 1879, *La Chaire française au M.,* Paris.

Bouthillier (D.) et Torrel (J.-P.) 1982, « De la légende à l'histoire », *CCM* XXV.

Boutière (J.) et Schutz (A. H.) 1973, *Biographies des troubadours,* rééd., Paris.

Bowra (C.) 1978, *Heroic Poetry,* Londres (1re éd. 1952).

Boyer (P.) 1984, « La tradition comme genre énonciatif », *P* 58.

Bozzola (C.) et Ornato (E.) 1980, *Pour une histoire du livre manuscrit au M.,* Paris.

Branca (V.) 1960, *Giovanni Boccacio, « Decameron »,* édit., Florence, 2 vol.

- 1964, *Boccacio m.,* Florence.

Brault (G.) 1978, *The Song of Roland,* Philadelphie et Londres, 2 vol.

Bremond (C.), Le Goff (J.) et Schmitt (J.-C.) 1982, *L'Exemplum (Typologie des sources du M.,* 40), Tournai.

Brinkmann (H.) 1971, « Verhüllung als literarische Darstellung im M. », *in* Zimmermann.

Brombert (V.) 1982, « L'auteur effacé ou le moi de l'infini », *P* 52.

Brown (P.) 1981, *The Cult of the Saints,* Chicago.

- 1985, *La Société et le Sacré,* Paris (original anglais de 1982).

Brunel (C.) 1935, *Bibliographie des manuscrits littéraires en ancien provençal,* Paris.

Brusegan (R.) 1981, « La medicina dell'impossibile », *Paragone,* 380.

Bruyne (E. de) 1958, *Estudios de estética m.,* Madrid (original français de 1946, Bruges), 3 vol. (cité vol. II).

Buchan (D.) 1972, *The Ballad and the Folk,* Londres.

Buchholz (P.) 1980, *Vorzeitkunde : mündliches Erzählen und Ueberlieferung im m. Skandinavien,* Neumünster.

Bulatkin (E.) 1972, *Structural Arithmetic Metaphore in the Oxford Roland,* Columbus (Ohio).

Bullock-Davies (C.) 1978, *Menestrellorum multitudo,* Cardiff.

Bulst (W.) 1984, *Lateinisches M.,* Heidelberg.

Bumke (J.) 1982, *Literarisches Mäzenatentum,* Darmstadt.

Burger (M.) 1957, *Recherches sur la structure et l'origine des vers romans,* Genève.

Burke (P.) 1980, *Cultura popolare nell' Europa moderna,* Milan (original anglais de 1978).

Burns (J.) 1985, *Arthurian Fictions,* Columbus (Ohio).

Buschinger (D.) 1973, « La composition numérique du *Tristrant* d'Eilhart », *CCM* XVI.

- 1980, *Eilhart von Oberg, Tristrant,* édit., Göppingen.

- 1983, « Le curé Konrad, adaptateur de la *Chanson de Roland* », *CCM* XXVI.

Buttimer (C. H.) 1939, *Hugh of Saint-Victor, Didascalicon*, édit., Washington.

Byock (J.) 1984, « Sagaform : Oral Prehistory and Icelandic Social Context », *New Literary History*, XVI.

Calin (W.) et Duggan (J.-J.) 1981, « Un débat sur l'épopée vivante », *OL* 8.

Calkins (R. G.) 1984, *Illustrated Books of the M.*, Londres.

Camproux (C.) 1984, *Écrits sur les troubadours*, Montpellier, 2 vol.

Capitani (O.) 1983, « Il M. : una mentalità del moltiplice », *Intersezioni*, III.

Casagrande (C.) et Vecchio (S.) 1979, « Clercs et jongleurs dans la société m. », *Annales ESC*, 34, 5.

Casetti (F.) 1983, *Il film e il suo spettatore* (*Documents du Centre de sémiotique*, 123), Urbino.

Catalan (D.) 1984, « El romancero, hoy », *Boletin informativo Juan March*, 133.

Cerquiglini (B. et J.) 1976, « L'écriture proverbiale », *Revue des sciences humaines*, 163.

Certeau (M. de) 1985, « Le parler angélique ; figures pour une poétique de la langue », *in* Auroux-Chevalier.

Ch. de geste : La Chanson de geste et le Mythe carolingien (Mélanges René Louis), Vézelay, 1982, 2 vol.

Chailley (J.) 1950, *Histoire musicale du M.*, Paris.

- 1982, « Du *Tu autem* de *Horn* à la musique des chansons de geste », in *Ch. de geste*.

Chapelot (J.) et Fossier (R.) 1980, *Le Village et la Maison au M.*, Paris.

Chartier (R.) 1985 *a*, « Volkskultur und Gelehrtenkultur », *in* Gumbrecht-Link-Heer.

- 1985 *b*, « Du livre au livre », in *Pratique de la lecture*, Marseille.

Chasca (E. de) 1972, *El arte juglaresca en el « Cantar de mio Cid »*, Madrid (1re éd. 1967).

Chaunu (P.) 1984, *Le temps des réformes*, Bruxelles (1re édit. 1975, Paris).

Chaytor (H. J.) 1967, *From Script to Print*, New York (1re édit. 1945, Londres).

Chazan (R.) 1973, *m. Jewry in Northern France*, Baltimore.

Chiarini (G.) 1964, *Juan Ruiz, « El libro de buen amor »*, édit., Naples.

Cipolla (C.) 1969, *Literacy and Development in the West*, Hardmondsworth (Penguin).

Cirese (A.) 1972, *Cultura egemonica e culture subalterne*, Palerme.

Clanchy (M. T.) 1979, *From Memory to Written Record : England 1066-1307*, Cambridge (Mass.).

Clausen (A. M.) 1976, *Le origini della poesia lirica in Provenza e in Italia*, Copenhague.

Clements (R. J.) et Gibaldi (J.) 1977, *Anatomy of the Novella*, New York.

Comen (G.) ed. 1931, *La Comédie latine en France au M.*, Paris, 2 vol.

Coleman (J.) 1981, *m. Readers and Writers*, Londres.

Coluccia (R.) 1975, «Tradizioni auliche e popolari nella poesia del regno di Napoli», *MER* II.

Cormier (R.) 1981, «L'épopée irlandaise médiévale», in *Actes du VIIIe Congrès de la société Rencesvals,* Pampelune.

Corti (M.) 1973, «Il genere *disputatio*», *Strumenti critici,* VII.

Costa Lima (L.) 1984, *O controle do imaginario,* São Paulo.

Cox (H.) 1971, *La Fête des fous,* Paris (original anglais de 1969).

Cranney (A. G.) *et al.* 1982, «Rate and Reading Dynamics», *Journal of Reading* (mars).

Crisciani (C.) et Gagnon (C.) 1980, *Alchimie et Philosophie au M.,* Montréal.

Crosby (R.) 1936, «Oral Delivery in the M.», *SP* XI.

Cummins (P.) 1982, «Le problème de la musique et de la poésie dans l'estampie», *Romania,* 103.

Curschmann (M.) 1967, «Oral Poetry in m. English, French and German Literature», *SP* XLII.

- 1968, *Spielmansepik,* Stuttgart.

Curtius (E. R.) 1956, *Littérature européenne et M. latin,* Paris (original allemand de 1948).

Dahnke (E.) 1935, *L'Hérésie de Fauvel,* Leipzig et Paris.

Davenson (H.) 1944, *Le Livre des chansons,* Neuchâtel.

Davy (M.-M.) 1955, *Essai sur la symbolique romane,* Paris.

Delahaye (H.) 1922, *La Passion des martyrs et les Genres littéraires,* Bruxelles.

- 1955, *Les Légendes hagiographiques,* Bruxelles.

Delaruelle (E.) 1975, *La Piété populaire au M.,* Turin.

Delbouille (M.) 1959, «Les chansons de geste et le livre», in *Techn.*

Delisle (L.) 1905, *Recherches sur la librairie de Charles V,* Paris, 2 vol.

Delumeau (J.) 1978, *La Peur en Occident,* Paris.

- 1983, *Le Péché et la Peur,* Paris.

Dembowski (P.) 1983, *Jean Froissart and his «Meliador»,* Lexington (Kentucky).

Dennery (A.) 1982, «Les notations musicales au M.», *Médiévales,* 1.

- 1983, «Du melos à la note», *Médiévales,* 4.

Diverres (A.) 1956, *La Chronique métrique attribuée à Geoffroy de Paris,* édit., Paris.

Donovan (R.) 1958, *The Liturgical Drama in m. Spain,* Toronto.

Dragonetti (R.) 1960, *La Technique poétique des trouvères,* Bruges.

- 1961*a*, *Aux frontières du langage poétique,* Gand.

- 1961*b*, «La poésie, cette musique naturelle», in *Fin du M. et Renaissance* (Mélanges Robert Guiette), Anvers.

- 1964, «*Aizi* et *aizimen* chez les plus anciens troubadours», in *Mélanges de linguistique romane et de littérature m. offerts à Maurice Delbouille,* Gembloux.

- 1973, « Le lai narratif de Marie de France », in *Littérature, Histoire, Linguistique* (Mélanges Bernard Gagnebin), Lausanne.
- 1980, *La Vie de la lettre au M.*, Paris.
- 1982, *Le Gai Savoir dans la rhétorique courtoise*, Paris.
- 1984, « Le Jeu de saint Nicolas de Jean Bodel », in Arrathoon.
- , Leupin (A.) et Mela (Ch.) 1983, « L'enjeu et l'événement », *l'Esprit créateur*, XXIII.

Dubois (G.) 1970, *Mythe et Langage au XVIe s.*, Bordeaux.

Duby (G.) 1978, *Les Trois Ordres du féodalisme*, Paris.

Duggan (J. J.) 1975*a*, *La « Chanson de Roland », Formulaic Diction and Poetic Craft*, Berkeley.

- ed. 1975*b*, *Oral Poetry*, Londres.
- 1981, « La théorie de la composition orale des chansons de geste », *OL* 8.

Duhoureau (B.) 1982, « Le rayonnement de la *Chanson de Roland* dans la culture populaire pyrénéenne », in *Ch. de geste*.

Duval (P.) 1975, *Recherches sur les structures de la pensée alchimique*, Paris.

Eckhardt (C.) ed. 1980, *Essays in the Numerical Criticism of m. Literature*, Londres.

Egan (M.) 1984, *The Vidas of the troubadours*, New York.

Ehrlich (K.) 1983, « Text und sprachliches Handeln », in Assmann-Hardmeier.

Eichmann (R.) 1979, « Oral Composition : a Recapitulative View », *Neuphilologische Mitteilungen*, 8.

Eisenstein (E.) 1979, *The Printing Press as an Agent of Change*, Londres et New York.

Emden (W. van) et Bennett (P.) eds. 1984, *Guillaume d'Orange and the Chansons de geste* (Mélanges Duncan McMillan).

Ernst (I.C.T.) 1962, *Lexikon technologiae latinorum rhetoricae*, réimpr. Hildesheim.

Faral (E.) 1910, *Les Jongleurs en France au M.*, Paris.

- 1922, *Courtois d'Arras*, édit., Paris.
- 1924, *Les Arts poétiques des XIIe et XIIIe s.*, Paris.
- et Bastin (J.) 1959, *Œuvres complètes de Rutebeuf*, édit., Paris, 2 vol.

Faulhaber (C. B.) 1976, « Neotraditionalism, Formulism and Recent Studies in the Spanish Epic », *Romance Philology*, 30.

Febvre (L.) et Martin (H.-J.) 1971, *L'Apparition du livre*, Paris, (1re édition 1958).

Ferrand (F.) 1982, « Esprit et fonction de la danse au XIIIe s. », *la Recherche en danse*, 1.

Fink (E.) 1966, *Le Jeu comme symbole du monde*, Paris (original allemand de 1960).

Flandrin (J.-L.) 1981, *Le Sexe et l'Occident*, Paris.

Fleischer (E.) 1983, «Hebrew Liturgical Poetry in Italy», in *Italia judaica,* Rome.

Flori (J.) 1984, «Les origines de la chevalerie», *CCM* XXVII.

Foerster (W.) et Koschwitz (E.) 1921, *Altfranzösisches Uebungsbuch; die ältesten Sprachdenkmäler,* rééd. Leipzig.

Folena (G. F.) 1964, «Ueberlieferungsgeschichte der altitalienischen Literatur», in *Geschichte der Textüberlieferung,* II, Zurich.

- 1982, «Metodi moderni e letteratura antica», in *Actes du XVIe congrès de linguistique et philologie romanes* I, Palma de Majorque.

Foley (J. M.) ed. 1981, *Oral traditional Literature* (Mélanges A. B. Lord), Columbus (Ohio).

Fonagy (I.) 1983, *La Vive Voix,* Paris.

Fowler (D. C.) 1968, *A Literary History of the Popular Ballad,* Durham (N. C.).

Franceschetti (A.) 1973, «Rassegna di studi sui cantari», *Lettere italiane,* XXV.

Frank (I.) 1966, *Répertoire métrique de la poésie des troubadours,* Paris, 2 vol.

Franklin (S.) 1985, «Literacy and Documentation in Early m. Russia», *SP* 60.

Frappier (J.) 1976, *Études d'histoire et de critique littéraire,* Paris.

Friedman (J.-B.) 1985, «Les images mnémotechniques dans les manuscrits de l'époque gothique», *in* Roy-Zumthor.

Freeman (N.) 1970, *Poetic Patterns in Rutebeuf,* Newhaven (Conn.).

Fromm (H.) 1974, «Der oder die Dichter des *Nibelungenlieds*», in *Acta del IVe congresso latino americano de estudios germanicos,* São Paulo.

Fry (D. K.) 1975, «Caedmon as a Formulaic Poet», *in* Duggan 1975 *b.*

Gagnon (C.) 1977, *Description du «Livre des figures hiéroglyphiques» de Nicolas Flamel,* Montréal.

- 1982, «Alchimie, techniques et technologies», *in* Allard (G.) et Lusignan (S.) eds., *Les Arts mécaniques au M.* (Cahiers d'études médiévales, 7, Montréal).

Gallais (P.) 1964 et 1970, «Recherches sur la mentalité des romanciers français du M.», *CCM* VII et XIII.

Galmés de Fuentes (A.) 1978, *Epica árabe y épica castellana,* Barcelone.

- 1979, «Le *Charroi de Nîmes* et la tradition arabe», *CCM* XXII.

Garand (C.) 1981, «Auteurs latins et autographes des XIe et XIIe s.», *Scrittura e civiltà,* 5.

Garin (E.) 1969, *M. et Renaissance,* Paris (original italien de 1953).

Garnier (F.) 1982, *Le Langage de l'Image au M.,* Paris.

Gatto (G.) 1979, «Le voyage au paradis», *Annales ESC,* 34, 5.

Geanakoplos (D. J.) 1976, *Interaction of the Sibling Byzantine and Western Cultures,* New Haven (Conn.).

Gérold (T.) 1932, *La Musique au M.,* Paris.

Gerritzen (W. P.) 1976, «Corrections and Indications for Oral Delivery in the Middle Dutch *Lancelot* Manuscripts», in *Litterae Textuales* (Mélanges G. Lieftinck), Amsterdam.

Gilissen (J.) 1982, *La Coutume* (*Typologie des sources du M.*, 41), Tournai.

Gitton (B.) 1982, « De l'emploi des chansons de geste dans les combats », in *Ch. de geste*.

Giullari 1978 : *Il contributo dei giullari alla drammatica italiana delle origini*, Rome.

Glendinning (R.) et Bessaron (H.) eds. 1983, *Edda*, Winnipeg.

Goddard-Elliott (A.) 1983, *The «Vie de saint Alexis» in the 12th and 13th century*, Chapell Hill.

Godzich (W.) et Kittay (J.) (1987) *The Emergence of Prose* (à paraître).

Goldberg (A.) 1985, « Der verschriftete Sprechakt als rabbinische Literatur », in Assmann-Hardmeier.

Goldin (D.) 1978, « Scrittura e figura negli exempla hamiltoniani », in *M. e rinascimento veneto*, Padoue.

- 1983, *Boncompagno da Signa, Testi*, Venise.

Goldin (F.) 1981, « Le temps de la chronique dans la *Chanson de Roland* », in *Actes du VIIIe Congrès de la société Rencesvals*, Pampelune.

Gonfroy (G.) 1982, « Le reflet de la *canso* dans le *De vulgari eloquentia* et dans les *Leys d'amors* », *CCM* XXV.

Goody (J.) ed. 1968, *Literacy in Traditional Societies*, Cambridge.

- 1979, *La Raison graphique*, Paris (original anglais de 1977).

Gossmann (E.) 1974, *Antiqui und Moderni im M.*, Munich.

Gourevitch (A.) 1983, *Les Catégories de la culture médiévale*, Paris (original russe de 1972).

Graboïs (A.) 1975, « The *Hebraica Veritas* and Jewish-Christian Relations in the 12th century », *SP* 50.

Grauss (F.) 1975, *Lebendige Vergangenheit : Ueberlieferung im M.*, Vienne.

Green (D. H.) 1979, *Irony in the m. Romance*, Cambridge.

Green (R. F.) 1980, *Poets and Princepleasers : Literature and the English Court in the Late M.*, Toronto.

Greene (R. L.) 1977, *The Early English Carols*, Oxford (1re éd. 1935).

Gruber (J.) 1983, *Die Dialektik des Trobars*, Tübingen.

Grundmann (H.) 1958, « Litteratus-illitteratus : der Wandel einer Bildungsform », *A.f. Kulturgeschichte*, 40.

Gschwind (U.) 1976, *Le Roman de Flamenca*, édit., Berne, 2 vol.

Guénée (B.) 1980, *Histoire et Culture historique dans l'Occident m.*, Paris.

- et Lehoux (F.) 1968, *Entrées royales françaises 1328-1515*, édit., Paris.

Gumbrecht (H. U.) 1985, « The Body versus the Printing Press », *Poetics*, 14.

- (1986), « Beginn der Literatur, Abschied vom Körper ? » (à paraître).

- et Link-Heer (U.) eds. 1985, *Epochenschwellen und Epochenstruktur*, Francfort.

Gutenbrunner (S.) 1956, « Ueber Rollencharakteristik und Choreographie beim Vortrag m. Dichtung », *Z.f. deutsche Philologie*, 75.

Gybbon Monypenny (G. B.) 1965, « The Spanish *mester de clerecía* and its Intended Public », in *m. Miscellany Presented to Eugen Vinaver*, Manchester.

Hackett (W. M.) 1953, 1955, *Girart de Roussillon*, édit., Paris, 3 vol.

Haidu (P.) 1978, « Au début du roman, l'ironie », *P* 36.

Hajnal (I.) 1954, *L'Enseignement de l'écriture aux universités m.*, Budapest.

Halbwachs (M.) 1950, *La Mémoire collective*, Paris.

Hall (B.) 1982, « Production et diffusion de certains traités techniques au M. », in Allard (G.) et Lusignan (S.) eds., *Les Arts mécaniques au M.* (Cahiers d'études médiévales, Montréal, 7).

Hammerstein (R.) 1980, *Tanz und Musik des Todes*, Berne.

Hamori (A.) 1974, *On the Art of m. Arabic Literature*, Princeton.

Hanning (R. W.) 1972, « The Social Significance of 12th Century Romance », *Medievalia et humanistica*, 3.

- 1982, « The Audience as Co-Creator in the First Chivalric Romances », *Yearbook of English Studies*, 11.

Hardt (M.) 1973, *Die Zahl in der « Divina Commedia »*, Francfort.

Harris (J.) 1983, « Eddic Poetry as Oral Poetry », in Glendinning-Bessaron.

Hartung (W.) 1982, *Die Spielleute : eine Randgruppe in der Gesellschaft des M.*, Wiesbaden.

Harvey (L. P.) 1975, « Oral Composition and the Performance of Novels of Chivalry in Spain », in Duggan 1975 *b*.

Hasenohr (G.) 1986, « La locution verbale figurée chez Jean Le Fèvre », in Stefano 1986 *b*.

Haskins (C. H.) 1982, *The Renaissance of the 12th Century*, Cambridge (1ʳᵉ éd. 1927).

Haug (W.) 1983, « Schriftlichkeit und Reflexion », in Assmann-Hardmeier.

Haupt (B.) ed. 1985, *Zum m. Literaturbegriff*, Darmstadt.

Haymes (E.) 1977, *Das mündliche Epos*, Stuttgart.

Heers (J.) 1971, *Fêtes, Joutes et Jeux dans les sociétés d'Occident à la fin du M.*, Montréal et Paris.

Heger (K.) 1960, *Die bisher veröffentlichen Hargas*, Tübingen.

Hellgardt (E.) 1973, *Zum Problem symbolbestimmter und formalästhetischer Zahlenkomposition*, Munich.

Hieatt (C.) et Butler (S.) 1977, *Vin, Pain et Venaison*, Montréal (original anglais de 1976).

Hilka (A.) et Schumann (O.) 1930, 1941, 1970, *Carmina burana*, édit., Heidelberg, 3 vol.

Hilty (G.) 1970, « La poésie mozarabe », *TLL* VIII.

Hitze (R.) 1965, *Studien zu Sprache und Stil der Kampfschilderung in den chansons de geste*, Genève.

Holland (W.) 1973, « Formulaic Diction and the Descent of a Middle English Romance », *SP* 48.

DOCUMENTATION

Holzappel (O.) 1973, «Die epische Formel in der deutschen Volksballade», *Jahrbuch f. Volkslieddichtung*, 18.
- ed. 1978, *The Europaen m. Ballad*, Odense.
Huchet (J.-C.) 1983, «Les masques du clerc», *Médiévales*, 5.
Hult (D.) 1982, «Vers la société de l'écriture», *P* 50.
- 1983, «The Limits of Mimesis», *l'Esprit créateur*, XXIII.
- 1984, «Closed Quotations : the Speaking Voice in the *Roman de la Rose*», *Yale French Studies*, 67.
Hunt (R. W.) 1980, *Collected Papers on the History of Grammar in the M.*, Amsterdam.
Husson (B.) 1978, préface au *Grand et le Petit Albert*, édit., Paris.
Isambert (F.) 1982, *Le Sens du sacré : fête et religion populaire*, Paris.
Jackson (W. T. H.) 1965, *Die Literaturen des M. : eine Einführung*, Heidelberg.
- ed. 1980, *The Interpretation of m. Lyric Poetry*, New York.
Jaeger (C. S.) 1983, «The Courtier Bishop», *SP* 58.
James (M. R.) 1914, *Walter Map. De nugis curialium*, édit., Oxford.
Jammers (E.) 1959, «Der musikalische Vortrag des altdeutschen Epos», *Der Deutschunterricht*, 11, 2.
Jauss (H. R.) 1959, *Untersuchungen zur m. Tierdichtung*, Tübingen.
- 1978, *Pour une esthétique de la réception*, Paris (original allemand de 1967).
Jeanroy (A.) 1973, *La Poésie lyrique des troubadours*, réimpr. Genève (1ʳᵉ édit. 1934), 2 vol.
Jenny (L.) 1976, «La stratégie de la forme», *P* 27.
- 1984, «Poétique et représentation», *P* 58.
Johnston (A. F.) 1975, «The Plays of the Religious Guilds of York», *SP* 50.
Jolles (A.) 1972, *Formes simples*, Paris (original allemand de 1929).
Jonsson (B.), Solheim (S.) et Danielson (E.) eds. 1978, *The Types of the m. scandinavian Ballad*, Oslo.
Jousse (M.) 1925, *Le Style oral rythmique chez les verbo-moteurs*, Paris.
- 1974, 1975, 1978, *L'Anthropologie du geste*, Paris, 3 vol.
Joutard (P.) 1983, *Ces voix qui nous viennent du passé*, Paris.
Jullian (M.) et Le Vot (G.) 1981, «Approches des danses m.», *Ballet-Danse* (janvier).
Kaiser (G.) 1978, «Zum hochm. Literaturbegriff», *in* Haupt.
Kastner (H.) 1981, *Harfe und Schwert : der Spielmann bei Gottfried von Strassburg*, Tübingen.
Kay (S.) 1983, «The Epic Formula : a Revised Definition», *Z.f. französische Sprache und Literatur*, 93.
Kendon (A.) 1982, «The Study of Gesture», *Recherches sémiotiques* (Toronto), II.
Ker (N. R.) 1957, *Catalogue of Manuscripts Containing Anglo-Saxon*, Oxford.

335

Kilito (A.) 1985, *L'Auteur et ses doubles : essai sur la culture arabe classique*, Paris.

Kleinschmidt (E.) 1976, « Minnesang als höfisches Zeremonialhandeln », *in* Haupt.

Klopsch (P.) 1972, *Einführung in die mittellateinische Verslehre*, Darmstadt.

Kneepkens (C.) et Reijnders (H.) 1979, *Magister Siguinus, Ars lectoria*, édit., Leyde.

Konigson (E.) 1975, *L'Espace théâtral m.*, Paris.

Koopmans (J.) 1984, *Quatre Sermons joyeux*, édit., Genève.

Krauss (H.) 1980, *Epica feudale e publico borghese*, Padoue.

- ed. 1981, *Europäisches HochM.*, Wiesbaden.

Kuhn (H.) 1960, *Zur Typologie mündlicher Sprachdenkmäler*, Munich.

- 1968, « Aspekte des 13. Jahrhunderts in der Literatur », *in* Haupt.

Kuhn (H.) 1971, *Das alte Island*, Dusseldorf, rééd. augmentée (1re éd. 1878).

Kuhn (S. M.) 1972, « Cursus in Old English », *SP* 47.

Kuhs (E.) 1982, *Buchstabendichtung*, Heidelberg.

Kully (R. M.) 198 , « Die Jüdin und der Priester », *Wirkendes Wort*, 22, 2.

Kunstmann (P.) et Dube (M.) 1982, *Concordance analytique de « La mort Artu »*, Ottawa.

Labatut (J.-P.) 1978, *Les Noblesses européennes*, Paris.

Lacroix (B.) 1971, *L'Historien au M.*, Montréal et Paris.

Laforte (C.) 1981, *Survivances m. dans la chanson folklorique*, Québec.

Lafortune-Martel (A.) 1984, *Fête noble en Bourgogne au XVe s. (Cahiers d'études médiévales*, 8), Montréal.

Lamb (K.), Philipps (E.) *et al.* 1977, 1978, *La dama y el pastor*, Madrid, 2 vol.

Lambert (M.) 1977, *m. Heresy*, Londres.

Langlois (E.) 1974, *Recueil d'Arts de seconde rhétorique*, réimpr. Genève (1re éd. 1902).

Lascaux (G.) 1973, *Le Monstre dans l'art occidental*, Paris.

Laudi drammatiche umbre delle origini, 1981, Viterbe.

Lausberg (H.) 1960, *Handbuch der literarischen Rhetorik*, Munich, 3 vol.

Lawrence (W.) 1967, *Beowulf and Epic Tradition*, Londres.

Lawton (D.) 1983, « The Unity of Middle English Alliterative Poetry », *SP* 58.

Leclercq (J.) 1957, *L'Amour des lettres et le Désir de Dieu*, Paris.

- 1975, « Le thème de la jonglerie dans les relations entre saint Bernard, Abélard et Pierre le Vénérable », *in Pierre Abélard, Pierre le Vénérable*, Paris.

Lecoy (F.) 1973, « A propos d'un conte de Sseu Ma Ts'ien », *in Mélanges de langue et de littérature du M. offerts à Teruo Sato*, Nagoya.

Lecoy de La Marche (A.) 1886, *La Chaire française au M.*, Paris.

Lee (C.) 1983, *Les Remaniements d'Auberée*, Naples.

- 1984, « Il giullare e l'eroe », *MER* IX.

Legge (D.) 1963, *Anglo-Norman Literature and its Background*, Oxford.

Le Goff (J.) 1964, *La Civilisation de l'Occident m.*, Paris.

- 1977, *Pour un autre M.*, Paris.
- 1980, « L'apogée de la France urbaine m. », in *Histoire de la France urbaine*, II, Paris.
- 1981, *La Naissance du purgatoire*, Paris.
- 1985, *L'Imaginaire médiéval*, Paris.

Lejeune (R.) 1961, « Pour quel public la farce de Pathelin a-t-elle été rédigée ? », *Romania*, 8.
- 1975, « Le troubadour lombard de la galerie littéraire satirique de Peire d'Alvernhe », *Marche romane*, XXV.

Lepage (Y.) 1978, *Les Versions en vers du « Couronnement de Louis »*, édit., Genève.

Lerer (S.) 1985, « Artifice and Artistry in *Sir Orfeo* », *SP* 60.

Leupin (A.) 1982, *Le Graal et la Littérature*, Lausanne.

Le Vot (G.) 1982, « Troubadours et trouvères », in *Histoire de la musique*, I, *le Monde m.*, Paris.
- 1983 *a*, « A propos des jongleurs de geste » (communication au Colloque « Confluencias de las culturas musicales », Madrid, à paraître).
- 1983 *b*, *Les Chansons de troubadours du ms fr. 20050 de la BN*, thèse 3ᵉ cycle, université de Paris-IV, inédite.
- 1984, « La tradition musicale des épîtres farcies », *in* Actes du colloque « m. Monody and Regional Tradition », Veszprén (à paraître).

Levy (B. S.) et Szarmach (P.) eds. 1981, *The Alliterative Tradition in the 14th Century*, Kent (Ohio).

Lewicka (H.) 1978, « La farce m. était-elle un genre populaire ? », *TLL* XVI.

Linke (H.) 1964, « Kapitelüberschriften in den Handschriften F und P von Hartmanns *Iwein* », *Z.f. deutsches Altertum*, 93.
- 1968, *Epische Strukturen in der Dichtung Hartmanns von Aue*, Munich.

Lomazzi (A.) et Renzi (L.) 1976, « Monumenti del volgare veneto », in *Storia della cultura veneta*, Vincenza, I.

Lopez Estrada (F.) 1970, *Introducción a la literatura m. española*, Madrid.
- 1983, « Poetica m. », in *El comentario de textos*, Madrid.

Lord (A. B.) 1971, *The Singer of Tales*, New York (17ᵉ éd. 1960).
- 1975, « Perspectives on Recent Work on Oral Literature », *in* Duggan 1975*b*.

Lote (G.) 1949, *Histoire du vers français*, I, Paris.

Lug (H. R.) 1983, « Nichtschriftliche Musik », *in* Assmann-Hardmeier.

Luhmann (N.) 1985, « Das Problem der Epochenbildung », *in* Gumbrecht-Link-Heer.

Lusignan (S.) 1982, « Les arts mécaniques dans le *Speculum historiale* de Vincent de Beauvais », *in* Allard (G.) et Lusignan (S.), *Les Arts mécaniques au M.* (*Cahiers d'études médiévales*, 7), Montréal.
- 1986, *Parler vulgairement : la réflexion intellectuelle sur le fait de la langue française au XIIIᵉ et XIVᵉ s.*, Montréal et Paris.

McLuhan (M.) 1967, *La Galaxie Gutenberg*, Paris (original anglais de 1962).

McMillan (D.) 1978, « Notes d'ecdotique : fantômes et mirages dans la *Chevalerie Vivien* », *TLL*, XVI.

Maddox (D.) et Sturm-Maddox (S.) 1980, « Intertextual Discourse in the William Cycle », *OL* 7.

Magoun (F.) 1953, « Oral Formulaic Tradition in Anglo-Saxon Poetry », *SP* 28.

Maguire (H.) 1981, *Art and Eloquence in Byzantium*, Princeton.

Maillart (J.) 1961, *Évolution et Esthétique du lai lyrique*, Paris.

- 1982, *Adam de la Halle : perspective musicale*, Paris.

Maksidi (G.) et Sourdel (J.) eds. 1982, *La Notion d'autorité au M. : Islam, Byzance, Occident*, Paris.

Mancini (M.) 1980 *a*, « Cortigiani e cavalieri-predoni », *Z.f. Literaturgeschichte*, 4.

- 1980 *b*, *Iacopone da Todi, Laude*, édit., Rome (1ʳᵉ édit. 1974).

Manselli (R.) 1975, *La Religion populaire au M.*, Montréal et Paris.

Marchello-Nizia (C.) 1978, « Ponctuation et unités de lecture dans les manuscrits m. », *Langue française*, 40.

- 1985, *Dire le vrai : l'adverbe « si » en français m.*, Genève.

Marín (F. M.) 1971, *Poesia narrativa árabe y épica hispanica*, Madrid.

Marinis (M. de) 1984, *L'esperienza dello spettatore* (*Documents du Centre de sémiotique*, 138), Urbino.

Marti (M.) 1973, *Storia dello stil nuovo*, Lecce.

Martin (H.-J.) et Chartier (R.) 1982, *Histoire de l'édition française*, I, *Du M. au milieu du XVIIᵉ s.*, Paris.

Matsubara (H.) 1973, « A propos du *Dit de l'unicorne* : pérégrination d'un avadana », *Études de littérature française*, 22, Tokio.

Matvejevitch (P.) 1979, *Pour une poétique de l'événement*, Paris.

Mazouer (C.) 1980, « Les indications de mise en scène dans les drames de Pâques », *CCM* XXIII.

Medeiro (M.-T.) 1982, « Temps de l'histoire, temps du récit dans la *Chanson de Roland* », *le Moyen Age*, 88.

Mehler (U.) 1981, *Dicere und cantare : zur musikalischen Terminologie und Aufführungpraxis des m. geistlichen Dramas*, Ratisbonne.

Meier (C.) et Ruberg (U.) eds. 1980, *Text und Bild : Aspekte des Zusammenwirkens zweier Künste*, Wiesbaden.

Ménard (Ph.) 1982, « Les jongleurs et les chansons de geste », in *Ch. de geste*.

- 1983, *Les Fabliaux*, Paris.

- 1984, « Les gestes et expressions corporelles de la *Chanson de Roland* », in Emden-Bennett.

Menendez Pidal (R.) 1924, *Poesia juglaresca y juglares*, Madrid.

- 1968, *Romancero hispánico*, Madrid, 2 vol. (1ʳᵉ éd. 1953).

- *et al.* eds. 1957, 1963, *Romancero tradicional*, édit., Madrid, 2 vol.

Merci (P.) 1982, « Circolazione orale e tradizione scritta nelle chansons de geste », *in* Cerin (G.) *et al.* eds., *Oralità e scrittura nel sistema letterario,* Rome.

Mermier (G.) 1973, « The *Chanson de Roland's* mysterious AOI », *The Michigan Academician,* 5, 4.

Meschonnic (H.) 1982, *Critique du rythme,* Lagrasse.

Metzer (E.) 1972, *Zur frühesten Geschichte der europäischen Balladendichtung,* Francfort.

Meyer (H.) 1975, *Die Zahlenallegorese im M.,* Munich.

Meyer Schapiro 1973, *Words and Pictures,* La Haye.

Micha (A.) 1964, « Ueberlieferungsgeschichte der französischen Literatur des M. », *in Geschichte der Textüberlieferung,* II, Zurich.

- 1978-1983, *Lancelot en prose,* édit., Genève, 9 vol.

Michael (W.) 1971, *Das deutsche Drama im M.,* Berlin.

Minnis (A. J.) 1985, *m. Theory of Authorship,* Londres.

Mitchell (B.) et Robinson (F. C.) 1982, *Guide to Old English,* Toronto.

Molho (M.) 1974, « La notion de « populaire » en littérature : domaine espagnol », *Mélanges de la Casa Velasquez,* X.

Mölk (U.) 1969, *Französische Literaturästhetik des 12. und 13. Jahrhunderts,* Tübingen.

- 1981, « Die provenzalische Lyrik », *in* Krauss 1981.

- 1985, « Das Zeugnis Bernards von Angers », *in* Ruhe-Behrens.

- et Wolfzettel (F.) 1972, *Répertoire métrique de la poésie lyrique française des origines à 1350,* Munich.

Morris (C.) 1972, *The Discovery of the Individual 1050-1200,* New York.

Muchembled (R.) 1978, *Culture populaire et Culture des élites,* Paris.

Müller (U.) 1985, « Die Färöischen Tanzballaden », *in* Fuss (K.) ed., *Die Färöischen Lieder der Nibelungen sage,* II, Göppingen.

- 1986, communication au Colloque d'Amiens sur Tristan (à paraître, Müller [U.] et Buschinger [D.] eds.).

Murphy (J.) 1978, *m. Eloquence,* Berkeley.

Nelli (R.) 1972, *Les Cathares,* Paris.

Nichols (S.) 1979, « The Generative Function of *chant* and *récit* in Old French Epic », *OL* 6.

Nigris (C. de) 1984, « Punctuación y pausas en Enrique de Villena », *MER* IX.

Norberg (D.) 1954, *La Poésie rythmique latine du haut M.,* Stockholm.

Ogilvy (J.) 1963, « Mimi, scurrae, histriones », *SP* XXXVIII.

Ollier (M.-L.) 1974*a*, « Le discours en abyme ou la narration équivoque », *MER* I.

- 1974*b*, « The Author in the Text », *Yale French Studies,* 51.

- 1976, « Sentence et proverbe : le discours d'autorité », *Revue des sciences humaines,* I.

- 1978, « Le présent du récit », *Langue française*, 40.
- 1983, « Les lais de Marie de France, ou le recueil comme forme », *in* Picone-Stefano-Stewart.
- 1984, « Utopie et roman arthurien », *CCM* XXVII.
- 1986*a*, « Specificité discursive d'une locution : *si m'aist Dex* », *in* Stefano 1986*a*.
- 1986*b*, « Le statut de la vérité et du mensonge dans le *Tristan* de Béroul », communication au colloque d'Amiens sur Tristan (à paraître).
- (1987), « Discours intérieur et temporalité », *in* Baumgartner (E.), Marchello-Nizia (Ch.) et Ferrand (F.) eds., *Le Nombre du temps*, Paris.
- et Lusignan (S.) 1986, *Lexique de Chrétien de Troyes : introduction, index et concordance*, Montréal et Paris.
Ong (W.) 1967, *Presence of the Word*, New Haven (Conn.).
- 1977, *Interfaces of the Word*, Ithaca (N. Y.).
- 1982, *Orality and Literacy*, Londres et New York.
Opland (J. H.) 1980, *Anglo-Saxon Oral Poetry*, New Haven (Conn.).
Ourliac (P.) 1985, « Coutume et mémoire : les coutumes françaises au XIIIᵉ s. », *in* Roy-Zumthor.
Ouy (G.) et Reno (C.) 1980, « Identification des autographes de Christine de Pizan », *Script*, 34.
Paden (W.) 1983, « Europe from Latin to Vernacular », *in* Thompson (D. W.) ed., *Performance of Literature in Historical Perspective*, Lanham.
- 1984, « The Role of the Joglar in the Troubadour Lyric Poetry », *in* Noble (P. S.) et Peterson (L.) eds., *Chrétien de Troyes and the troubadours*, Cambridge.
Paroli (T.) 1975, *Sull' elemento formulare nella poesia germanica antica*, Rome.
Pasero (N.) 1973, *Guglielmo IX d'Aquitania, Poesie*, édit., Modène.
- 1984, « Niveaux de culture dans les chansons de geste », in *Essor et Fortune de la chanson de geste dans l'Europe et l'Orient latin*, I, Modène.
Pasqualino (A.) 1969, « Il repertorio epico dell'opera dei puppi », *Uomo e cultura*, II, 3-4.
- 1970, « I Reali di Francia », *Uomo e cultura*, III, 5-6.
Pastoureau (M.) 1979, *Traité d'héraldique*, Paris.
Pavis (P.) 1981, *Problèmes d'une sémiologie du geste théâtral* (*Documents du Centre de sémiotique*, 101-102), Urbino.
Payen (J.-C.) 1968, *Le Motif du repentir dans la littérature française du M.*, Genève.
- 1974, *Les « Tristan » en vers*, édit., Paris.
Payer (P.) 1984, *Sex and the Penitencials*, Toronto.
Pearcy (R.) 1984, « Sentence and *solas* in the Old French Fabliaux », *in* Arrathoon.
Peloso (S.) 1983, *M. nel sertão*, Naples.

Perret (M.) 1982, « De l'espace romanesque à la matérialité du livre », *P* 50.

- 1986, « *Ci a* + substantif abstrait », *in* Stefano 1986*b*.

Picchio (R.) 1970, « Le canzoni epiche russe e la tradizione letteraria », in *La poesia epica e la sua formazione*, Rome.

Pickens (R.) 1978, *The Songs of Jaufre Rudel*, édit., Toronto.

Picone (M.), Stefano (G. Di), Stewart (P.) eds. 1983, *La Nouvelle*, Montréal.

Pike (K. L.) 1981, *Tagmemics : Discourse and Verbal Art*, Ann Arbor.

Pires Fereira (J.) 1979, *Cavalaria em cordel*, São Paulo.

Poirion (D.) 1972, « Chanson de geste ou épopée ? », *TLL* X.

- 1985, « Jean de Meun et la querelle de l'université », in *Traditions polémiques* (*Cahiers Saunier*, 2), Paris.

Porras Barrenechea (R.) 1962, *Los cronistas del Perù*, Lima.

Poulin (J.-C.) 1979, « Entre magie et religion : recherches sur les utilisations marginales de l'écrit dans la culture populaire du M. », *in* Boglioni 1979.

Poyatos (F.) 1981, « Toward a Typology of Somatic Signs », *Recherches sémiotiques* (Toronto), I, 2.

Predelli (M.) 1979, « Note sur la littérature populaire italienne au XIVe s. », *in* Boglioni 1979.

Pulega (A.) 1983, *I sermoni in verso e l'Arlabecca*, Bergame.

Quinn (W. A.) et Hall (A. S.) 1982, *Jongleur : a Modified Theory of Oral Improvisation*, Washington.

Räkel (H.) 1977, *Die musikalische Erscheinungsform der Trouvèrepoesie*, Berne et Stuttgart.

Rasmussen (J.) 1958, *La Prose narrative du XVe s.*, Copenhague.

Rawanake (S.) 1976, *Höfische Strophenkunst*, Munich.

Ray (R.) 1980, « Bede's *Vera lux historiae* », *SP* 55.

Raynaud de Lage (G.) 1966, 1968, *Roman de Thèbes*, édit., Paris, 2 vol.

Reiss (T.) 1982*a*, *The Discourse of Modernism*, Ithaca (N. Y.).

- 1982*b*, « The Environment of Literature and the Imperative of Criticism », *Europa*, IV.

Renoir (A.) et Hernandez (A.) eds. 1982, *Approach to Beowulfian Scansion*, Berkeley.

Renzi (L.) 1968, *Canti narrativi tradizionali romeni*, Florence.

Rey-Flaud (H.) 1973, *Le Cercle magique : essai sur le théâtre en rond à la fin du M.*, Paris.

- 1980, *Pour une dramaturgie du M.*, Paris.

Reynolds (R. E.) 1979, « The Sacred Mathematics of Sacred Orders in the Early M. », *SP* LIV.

Ribard (J.) 1970, *Jean de Condé, La messe des oiseaux*, édit., Genève.

- 1979, « Le *Tristan* de Béroul, un monde de l'illusion ? », *Bulletin bibliographique de la Société internationale arthurienne*, XXXI.

Richard (J.) 1981, *Les Récits de voyage et de pèlerinage* (*Typologie des sources du M.*, 38), Tournai.

Richaudeau (F.) 1969, *La Lisibilité*, Paris.

- et Gauquelin (M. et F.) 1982, *La Lecture rapide*, Paris.

Riché (P.) 1962, *Éducation et Culture dans l'Occident barbare*, Paris.

- 1978, « Apprendre à lire et à écrire dans le haut M. », *Bulletin de la Société des antiquaires de France*.

- 1979, *Écoles et Enseignement dans le haut M.*, Paris.

- 1985, « Le rôle de la mémoire dans l'enseignement m. », *in* Roy-Zumthor.

Ricœur (P.) 1983, *Temps et Récit*, I, Paris.

Riedinger (A.) 1985, « The Old English Formula in Context », *SP* 60.

Rieger (A.) 1985, « Image et imaginaire de la femme à travers l'enluminure », *CCM* XXVIII.

Rieger (D.) 1975, *Der « Vers de dreyt nien »* Wilhelms von Aquitanien, Heidelberg.

- 1983, « Audition et lecture dans le domaine de la poésie troubadouresque », *RLR* 87.

Rigoni (M.-A.) 1983, « Écriture mosaïque et connaissance universelle chez Pic de la Mirandole », *le Discours psychanalytique*, 6.

Riquer (M. de) 1959, « Épopée jongleresque à écouter, épopée romanesque à lire », in *Techn.*

Roeder (A.) 1974, *Die Gebärde im Drama des M.*, Munich.

Roloff (V.) 1973, *Reden und schweigen : zur Tradition und Gestaltung eines m. Themas*, Munich.

Romancero en la tradición oral moderna (El —), 1972, Madrid.

Romeralo (A. S.) 1969, *El villancico*, Madrid.

- Armistead (S. G.) *et al.* 1980, *Bibliografía del Romancero oral*, Madrid.

Roncaglia (A.) 1975, « Etnomusicologia e filologia romanza », *in* Carpitella (D.) ed., *L'etnomusicologia in Italia*, Palerme.

- 1977, « Gli Arabi e le origini della lirica romanza », *Ulisse*, XIV.

- 1984, « Per il 750e anniversario della scuola poetica siciliana », *Rendiconti dell' Academia dei Lincei*, Rome.

Roques (M.) 1948, *Renart, branche I*, édit., Paris.

- 1951, *Renart, branche II*, édit., Paris.

Rossler (W.) 1983, « Schriftkultur und Fiktionalität », *in* Assmann-Hardmeier.

Roy (B.) et Zumthor (P.) eds. 1985, *Jeux de mémoire : aspects de la mnémotechnie m.*, Montréal.

Ruffinato (A.) 1974, « Sillavas cuntadas e quaderna via in Berceo », *MER* I.

Ruhe (E.) 1985, « Les plumes du paon et le mouton assimilé », *in* Ruhe (E.) et Behrens (R.) eds., *M.-bilder aus neuer Perspective*, Munich.

Runnals (G. A.) 1981, « The Staging of André de La Vigne's *Mystère de saint Martin* », *Tréteaux*, III, 2.

Rychner (J.) 1955, *La Chanson de geste : essai sur l'art épique des jongleurs*, Genève et Lille.

- 1960, *Contribution à l'étude des fabliaux*, Genève, 2 vol.

- 1970, *L'Articulation des phrases narratives dans « La mort Artu »*, Genève.

- 1971, « *Renart* et ses conteurs », *TLL* IX.

- 1983, *Les Lais de Marie de France*, édit., Paris.

Saenger (P.) 1982, « Silent Reading : its Impact on Late m. Script and Society », *Viator*, 13.

Sahlin (M.) 1940, *Étude sur la carole m.*, Upsala.

Saint-Pierre (B.) 1979, « Mourir au XVe s. », *in* Sutto (C.) ed., *Le Sentiment de la mort au M.*, Montréal.

Salmen (W.) 1983, *Der Spielmann im M.*, Innsbruck.

Sargent (H.) et Kittredge (C.) 1904, *English and Scottish Popular Ballads*, édit., Boston.

Saxer (V.) 1982, « Légende épique et légende hagiographique », in *Ch. de geste.*

Sayce (O.) 1982, *The m. German lyric 1150-1300*, Oxford.

Sayers (W.) 1983, « The jongleur Taillefer at Hasting », *Viator*, 14.

Sbisà (M.) et Fabbri (P.) 1980, *Models for a Pragmatic Analysis*, Urbino (*Documents du Centre de sémiotique*, 91).

Schach (P.) 1984, *Icelandic Sagas*, Boston.

Schechner (R.) et Schuman (M.) 1976, *Ritual, Play and Performance*, New York.

Schimmel (H.) 1937, *The Oral Law*, New York.

Schirock (B.) 1982, *Parzivalrezeption im M.*, Darmstadt.

Schlieben-Lange (B.) 1979, « Reden und schreiben im romanischen M. », *Lendemains*, 16.

- 1983, *Traditionen des Sprechens*, Mayence.

Schmitt (J.-C.) 1978, « Le geste, la cathédrale et le roi », *l'Arc*, 72.

- 1981, « *Gestus-gesticulatio* », in *la Lexicographie du latin m.*, Paris.

- 1984*a*, « Between Text and Image », *History and Anthropology*, I.

- 1984*b*, *Les Masques, le Diable, les Morts dans l'Occident m.* (*Documents du Centre de sémiotique*, 136-137), Urbino.

- 1985, « Les morts qui parlent ; voix et visions au XIIe s. », *in* Auroux-Chevalier.

Schmolke-Hasselmann (B.) 1980, *Der arthurische Versroman*, Tübingen.

Schnabel (H.) 1985, « Die hochm. Situation », *in* Haupt (original de 1972).

Scholler (H.) 1977, *The Epic in m. Society*, Tübingen.

Scholz (M.) 1980, *Hören und lesen : studien zur primären Rezeption der Literatur im 12. und 13. Jahrhundert*, Wiesbaden.

- 1984, « On Presentation and Reception Guidelines in the German Strophic Epic of the Late M. », *New Literary history*, XVI.

Schonk (T. A.) 1985, « A Study of the Auchinleck Manuscript », *SP* 60.

Schulze-Busacker (E.) 1985, *Proverbes et Expressions proverbiales dans la littérature du M. français*, Paris.

Schwarzbaum (H.) 1968, *Studies in Jewish and World Folklore*, Berlin.

Schweikle (G.) 1970, *Dichter über Dichter in mittelhochdeutsche Literatur*, Tübingen.

See (K. von) 1980, *Skaldendichtung*, Zurich et Munich.

Segre (C.) 1957, *Li bestiaire d'amours di maistre Richart de Fornival*, édit., Milan.

- 1971, *La Chanson de Roland*, édit., Milan.

Singleton (C. S.) 1974, *Giovanni Boccacio, « Decameron »*, *edizione diplomatica dell'autografo*, Baltimore.

Siraisi (N. G.) 1975, « The Music of Pulse in the Writings of Italian Physicians (14th and 15th century) », *SP* 50.

Smith (C.) 1984, « On the Lost Literature of m. Spain », *in* Emden-Bennett.

Smoje (D.) 1979, « La mort et l'au-delà dans la musique m. », *in* Sutto (C.) ed., *Le Sentiment de la mort au M.*, Montréal.

Smoldon (W. L.) 1980, *The Music of the m. Church Drama*, Londres.

Sorrento (L.) 1922, « Il *Proemio* del marchese di Santillana », *Revue hispanique*, 55.

Speer (M.) 1980, « Wrestling with Change : Old French Textual Criticism and *Mouvance* », *OL* 7.

Speroni (G. B.) 1975, *La Poissance d'amours*, édit., Florence.

Stanesco (M.) 1985, « Sous le masque de Lancelot », *P* 61.

Stappler (P.) 1970, *Königsteiner Liederbuch*, édit., Munich.

Stefano (G. Di) ed. 1986a, *La Locution* (nº spécial du *Moyen Français*, 14-15).

- 1986b, *Dictionnaire des locutions en moyen français*, Paris et Montréal.

Stegagno-Picchio (L.) 1982, *La Méthode philologique*, Paris, 2 vol.

Stevick (R. D.) 1962, « The Oral Formulaic Analysis of Old English Verse », *SP* XXXVII.

Stiennon (J.) 1973, *Paléographie du M.*, Paris.

Stock (B.) 1983, *The Implications of Literacy*, Princeton.

- 1984, « m. Literacy », *New Literary History*, XVI.

Storey (C.) 1968, *La Vie de saint Alexis*, édit., Genève.

Straeten (E. Van der) 1972, *Les Ménestrels aux Pays-Bas*, réimpr. Genève (original de 1878).

Strecker (K.) 1926, *Die Cambridger Lieder*, Berlin.

Studi (in onore di I.) Siciliano, Florence, 2 vol., 1966.

Suard (F.) 1981, « La tradition épique aux XIVe et XVe s. », *Revue des sciences humaines*, 183.

Szoverffy (J.) 1983, « Zum Standort der europäischen Literatur », *in* Szoverffy (J.) ed., *m. Komponenten des europäischen Bewusstseins*, Berlin.

Taeger (B.) 1970, *Zahlensymbolik bei Hraban, bei Hincmar und im Heliand*, Munich.

Tatarkiewicz (W.) 1965, « Theatrica; the Science of Entertainment », *Journal of History of Ideas*.

Tavani (G.) 1967, *Repertorio metrico della lirica portoghese*, Rome.

Taylor (J.) 1961, *The « Didascalicon » of Hughes of Saint Victor*, New York.

Techn. : La Technique littéraire des chansons de geste, Paris, 1959.

Tessier (A.) 1977, « Le public des farces en France à la fin du XVᵉ s. », in *Das Theater und sein Publikum*, Vienne.

Thiry (C.) 1978, *La Plainte funèbre (Typologie des sources du M.*, 30), Tournai.

Thompson (W.) 1939, *The Literacy of the Laity in the M.*, Berkeley.

Thorndike (L.) 1955, « Versus memoriales », *Traditio*, 11.

Thoss (D.) 1972, *Studien zum « Locus amoenus » im M.*, Vienne.

Todorov (T.) 1978, *Les Genres du discours*, Paris.

Treitler (L.) 1981, « Written and Literate Process in the Transmission of m. Music », *SP* 56.

Triaud (A.) 1982, « A propos du boniment de jongleur en tête du manuscrit d'Oxford de *Girart de Roussillon* », in *Ch. de geste*.

Tritsmann (B.) 1984, « Nerval et l'indétermination textuelle », *P* 60.

Tschirch (F.) 1966, *Untersuchungen vom Grenzrain zwischen Germanistik und Theologie*, Berlin.

Tubach (F.) 1969, *Index exemplorum*, Helsinki.

Turville-Petre (T.) 1983, *The Alliterative Revival*, Woodbridge.

Tyssens (M.) 1967, *La Geste de Guillaume d'Orange dans les manuscrits cycliques*, Paris.

Uitti (K.) 1975, « The Clerkly Narrator Figure in Old French Hagiography and Romance », *MER* II.

Vance (E.) 1982, « Saint Augustine : Language as Temporality », *in* Lyons (J. D.) et Nichols (S.) eds., *Mimesis : from Mirror to Method*, Hannover (NH).

Varvaro (A.) 1985, *Letteratura romanza del M.*, Bologne.

Vauchez (A.) 1984, « Antisemitismo e canonizzazione popolare », *in* Boersch Gajano-Sebastiani.

Vecchi (G.) 1951, *Pietro Abelardo, I planctus*, édit., Modène.

- 1952, *Poesia latina m.*, édit., Parme.

Verrier (J.) 1932, « La plus ancienne citation de carole », *Romania*, 58.

Voorwinden (N.) et Haan (M. de) 1979, *Oral Poetry : das Problem der mündlichkeit m. epischer Dichtung*, Darmstadt.

Waddel (H.) 1926, *The Wandering Scholars*, Londres.

Waelkens (L.) 1984, *La Théorie de la coutume chez Jacques de Révigny*, Leyde.

Wailes (S.), « The Romance of Kudrun », *SP* 58.

Wainmayer (B.) 1982, *Studien zur Gebrauchssituation früher deutscher Druck-prosa*, Munich.

Waldon (R.) 1957, « Oral Formulaic Technique and Middle English Alliterative Poetry », *SP* XXXII.

Walker (R. M.) 1971, «Oral Delivery or Private Reading?», *Forum for Modern Language Studies*, 7.

Wapnewski (P.) 1980, *Deutsche Literatur des M.*, Göttingen.

Wardropper (B.) 1980, «Meaning in m. Spanish Folksong», *in* Jackson 1980.

Webb (C.) 1909, *John of Salisbury, Policratici libri VIII*, édit., Oxford.

Webber (R. H.) 1951, «Formulaic Diction in the Spanish Ballad», *University of California publications in Modern Philology*, 34, 2.

- 1975, «Assonance Determination in the *Cantar de mio Cid*», *OL* 3.

Weinrich (H.) 1971, *Literatur für Leser*, Stuttgart.

- 1973, *Le Temps*, Paris (original allemand de 1964).

Werf (H. Van der) 1972, *The Chansons of the Troubadours and Trouvères*, Utrecht.

Werner (J.) 1979, *Beiträge zur Kunde der Literatur des M.*, réimpr. Erlangen (original de 1905).

West (B.) 1983, *Epic, Folk and Christian Tradition in the «Poema de Fernan Gonzalez»*, Madrid.

Wienbruch (U.) 1971, «*Signum, significatio* und *illuminatio* bei Augustin», *in* Zimmermann.

Williams (S.) 1969, «An Author's Role in 14th Century Book Production», *Romania*, 90.

Wilson (D. M.) 1980, *Les Mondes nordiques*, Paris (original anglais de 1980).

Winkler (E.) 1942, «Or dient, content et fabloient», *Z.f. französische Sprache und Literatur*, 64.

Woledge (B.) et Clive (H.) 1964, *Répertoire des plus anciens textes en prose française*, Genève.

Wolfgang (L.) 1976, *Bliocadran*, édit., Tübingen.

Wolfzettel (F.) 1982, *Einführung in die französische Literaturgeschichtsschreibung*, Darmstadt.

Wunderli (P.) 1965, «Die ältesten romanischen Texte unter dem Gesichtspunkt von Protokoll und Vorlesen», *Vox romanica*, 24.

Yates (F.) 1969, *The Art of Memory*, Harmondsworth (Penguin) (1re éd. 1966).

- 1985, *Giordano Bruno e la tradizione ermetica*, Rome (original anglais de 1964).

Yamashita (H.) 1982, «A Note on Some Narrative Techniques in m. Japanese Storytelling», *Bulletin de la faculté des lettres de l'université de Nagoya*, 79.

Zaal (J.) 1962, *A lei francesca : étude sur les chansons de saints galloromanes du XIe s.*, Leyde.

Zavarin (V.) et Coote (M.) 1979, *Theory of the Formulaic Text* (*Documents du Centre de sémiotique*, 88-89), Urbino.

Zguta (R.) 1978, *Russian Minstrels*, Philadelphie.

Zimmermann (A.) ed. 1971, *Der Begriff der Representatio im M.*, Berlin.

Zink (M.) 1976, *La Prédication en langue romane avant 1300*, Paris.
- 1985, *La Subjectivité littéraire*, Paris.
Zipoll (R.) 1981, *Kay Ka'us ibn Iskandar « Il libro dei consigli »*, Milan.
Zumthor (P.) 1957, « Un traité d'horlogerie du XVIe s. », *Z.f. romanische Philologie*.
- 1959, « Étude typologique des planctus contenus dans la *Chanson de Roland* », in *Techn.*
- 1963*a*, *Langue et Techniques poétiques à l'époque romane*, Paris.
- 1963*b*, « Les planctus épiques », *Romania*, 84.
- 1965, « Le vers comme unité d'expression dans la poésie romane archaïque », in *Actes du Xe congrès de linguistique et philologie romanes*, II, Paris.
- 1970, « La chanson de Bele Aiglentine », *TLL* VIII.
- 1972, *Essai de poétique m.*, Paris.
- 1973, *Histoire littéraire de la France m.*, réimpr. Genève (1re éd. 1954).
- 1975, *Langue, Texte, Énigme*, Paris.
- 1978, *Le Masque et la Lumière*, Paris.
- 1980*a*, *Parler du M.*, Paris.
- 1980*b*, « D'une poésie littérale », *Revue des sciences humaines*, 179.
- 1981, « Paroles de pointe ; le *rakugo* japonais », *Nouvelle Revue française*, 337.
- 1982, « Le Discours de la poésie orale », *P* 52.
- 1983, *Introduction à la poésie orale*, Paris.
- 1984*a*, « L'écriture et la voix : le roman d'Éracle », in Arrathoon.
- 1984*b*, « The Impossible Closure of the Oral Text », *Yale French Studies*, 67.
- 1984*c*, *La Poésie et la Voix dans la civilisation médiévale*, Paris.
- 1984*d*, « Un trompe-l'œil linguistique ? Le refrain de l'aube bilingue de Fleury », *Romania*, 105.
- 1986, « m. Stil. Plädoyer für eine anthropologische Konzeption », in Gumbrecht (H. U.) et Pfeiffer (L.) eds., *Stil*, Francfort.
- 1987, *Pierre Abélard. Les planctus*, Gourdon.
Zutt (H.) 1979, *Die Bedeutung des gesprochenen Wortes in Hartmanns Iwein*, Tübingen.
Zwettler (M.) 1978, *The Oral Tradition of Classical Arabic Poetry*, Columbus (Ohio).

Table

MAME IMPRIMEURS À TOURS
DÉPÔT LÉGAL : MARS 1987 - N° 9546 (12938).